基于产品追溯的
召回供应链管理理论

戴　宾　李建斌　著

国家自然科学基金资助项目（编号：71671133，72171178，71831007）

科学出版社

北　京

内 容 简 介

经济全球化与数字经济的飞速发展促使越来越多的企业开始在全球范围内选择供应商来提升供应链的竞争力。然而，全球采购在带来竞争优势的同时也带来了新的风险，特别是供应缺陷导致的产品召回风险。本书旨在提出基于产品召回的供应链管理理论，帮助企业从供应链视角管理产品召回问题。主要贡献如下：第一，提出了供应链追溯能力、价格及产品可靠性的联合优化策略，揭示了供应链追溯能力对传统供应链运作的影响机制。第二，研究了不同供应链类型下的最优召回努力策略与定价策略决策，揭示了供应链场景下不同供应链成员的均衡召回努力策略决策。第三，在产品召回与不确定市场需求下，研究产品召回供应链的合约设计来协调供应链。

本书主要以经济全球化与数字经济背景下的召回供应链场景来研究上述问题，提出企业界与学术界所关心的相关问题，并尝试回答一部分。本书可作为相关专业的大学生和研究生的学习用书，也可作为部分企业管理与技术人员、学术研究人员的参考用书。

图书在版编目（CIP）数据

基于产品追溯的召回供应链管理理论 / 戴宾，李建斌著. —北京：科学出版社，2022.12

ISBN 978-7-03-071524-1

Ⅰ. ①基… Ⅱ. ①戴… ②李… Ⅲ. ①企业管理－供应链管理－研究 Ⅳ. ①F274

中国版本图书馆 CIP 数据核字（2022）第 028219 号

责任编辑：王丹妮 陶 璇 / 责任校对：杜子昂
责任印制：张 伟 / 封面设计：有道设计

科 学 出 版 社 出版

北京东黄城根北街 16 号
邮政编码：100717
http://www.sciencep.com

北京中科印刷有限公司印刷
科学出版社发行 各地新华书店经销

*

2022 年 12 月第 一 版 开本：720 × 1000 1/16
2022 年 12 月第一次印刷 印张：17 1/4
字数：340 000

定价：186.00 元
（如有印装质量问题，我社负责调换）

作 者 简 介

戴宾，教授/博导，香港科技大学工业工程与物流管理方向博士、曾入选湖北省"楚天学者计划"及武汉大学"珞珈青年学者计划"。主要研究领域为物流与供应链管理、电子商务供应链优化和共享/平台经济。目前在 *Naval Research Logistics*、*IIE Transactions*、*IEEE Transactions on Engineering Management*、*European Journal of Operational Research*、*Transportation Research Part E: Logistics and Transportation Review*、*International Journal of Production Economics*、*International Journal of Production Research* 等，以及国内《系统工程理论与实践》《中国管理科学》《管理工程学报》等权威期刊发表 30 余篇论文。撰写的 2 篇案例入选中国管理案例共享中心案例库。在国家级出版社科学出版社出版物流方面专著 1 部。主持（完成）国家自然科学基金项目 3 项、国家自然科学基金重点项目子课题 2 项、省部级项目 3 项，已结题国家自然科学基金青年科学基金项目后评估为特优。曾获 *Industrial Engineer* 杂志"Featured Article"奖、湖北省社会科学优秀成果奖二等奖（省人民政府）、湖北省侨联"梁亮胜侨界科技奖励基金"二等奖、湖北发展研究奖三等奖（省人民政府）、武汉大学人文社会科学优秀成果一等奖、中国物流学术年会优秀论文一等奖。曾为卓尔智联集团有限公司、广东卓志供应链科技集团有限公司、深圳供电局有限公司、西门子变压器（武汉）有限公司、中百控股集团股份有限公司、中国建设银行股份有限公司湖北省分行、广西壮族自治区发展和改革委员会、湖北省体育局、河北张家口高新技术产业开发区管理委员会等企业和政府部门提供咨询服务。

李建斌，教授/博导，华中科技大学管理学院副院长，入选 2020 年教育部"长江学者奖励计划"青年项目，国家自然科学基金重点项目主持人。主要研究领域为物流与供应链管理、电子商务供应链优化及医药供应链管理。目前在国际商学院 UTD24 期刊 *Information System Research*、*Productions and Operations Management* 发表 3 篇文章，在国际一流期刊 *Decision Sciences*、*Naval Research Logistics*、*IEEE Transactions on Engineering Management*、*Journal of Mathematical Economics*、*Journal of the Association for Information Systems*、*Omega*、*Transportation Research Part E: Logistics and Transportation Review*、*European Journal of Operational Research*、*International Journal of Production Economics*、*International Journal of Production Research* 等及国内权威期刊《管理科学学报》《中国管理科学》《系统

工程理论与实践》等发表 80 多篇文章，撰写的 4 篇案例入选中国管理案例共享中心案例库，以及在国际毅伟案例库发表 1 篇案例。主持（完成）国家自然科学基金重点项目 1 项、面上项目 3 项、青年科学基金项目 1 项。曾获首届华人学者管理科学实践奖、中国物流学会优秀论文一等奖及青年新锐奖、华中科技大学学术新人奖、华中卓越学者称号，曾入选湖北省"楚天学者计划"、第十二批"3551 光谷人才计划"、教育部新世纪优秀人才支持计划；已结题国家自然科学青年科学基金项目后评估为特优。

前　　言

经济全球化与数字经济的飞速发展促使越来越多的企业开始在全球范围内选择供应商来降低成本，提升供应链的竞争力，而全球采购在带来竞争优势的同时，也带来了新的风险，譬如由供应商原材料缺陷导致的产品污染或安全问题等产品召回风险。为了保护消费者的人身财产安全，各国相继建立了相应的产品召回制度，即要求企业召回目前已经销售到市场上的缺陷产品。近年来，在汽车、电子产品、食品、医药、玩具、家具等各个行业，由于原材料供应、运输、生产、存储等供应链环节出现污染或者瑕疵，产品召回事件频频发生。这不仅给企业带来了巨大的产品更换、修复等召回成本损失，同时也严重影响了企业的信誉以及消费者对政府在产品安全监管方面的信心，甚至危害到社会公共安全。因此，如何减少召回事件带来的损失，对企业而言是至关重要的管理难题与挑战，面向产品召回风险的召回供应链管理已经成为供应链管理的一个重要议题。

一旦召回事件发生，产品召回制度一般要求企业回溯风险发现的源头，然后召回除确定无污染产品外的其他所有产品，包括污染产品和存在污染嫌疑的产品。因此，产品召回的损失取决于产品召回事件的概率及每次召回的产品的数量。供应链追溯是降低产品召回经济损失最有前景的方式之一。首先，可追溯系统可以帮助企业更加准确地区分有污染产品和无污染产品，从而减少因有污染嫌疑而召回的产品数目，降低产品召回损失；其次，供应链追溯系统可以保证快速地查找问题的原因，并有针对性地快速对产品进行召回或撤回，有效降低产品召回的影响；最后，可追溯系统可以增加供应链的透明度，明确各供应链成员对产品召回损失的责任，从而保证各供应链成员的生产质量管理和信息沟通，降低产品召回事件的发生概率。因此，供应链追溯能力设计是企业应对产品召回供应链管理需要解决的关键问题，也极具现实意义。本书结合产品召回供应链中存在的管理挑战与需要，研究了降低产品召回损失的多种策略，主要创新之处包括：①供应链追溯能力设计；②不同供应链类型下的召回努力策略决策；③产品召回供应链的合约设计。

本书的主要内容包括以下几个方面。

第一，从总体上介绍了产品召回事件的现状、召回供应链的基本概念，以及本书的研究目的、意义与主要内容，回顾了国内外关于召回供应链管理的相关研究与不足，简述了本书的主要创新点与工作，并对相关的研究内容进行综述。

第二，研究了供应链追溯能力与价格的联合优化，包括内生定价下供应链追溯能力和价格的联合优化决策、供应商的召回模式决策，以及竞争性召回供应链中的追溯能力与可靠性优化的交互作用机制。

第三，研究了召回供应链的召回努力策略，包括促销努力与生产努力对召回努力策略的影响，成本分担合约下在竞争性供应链及装配供应链中的召回努力策略决策。

第四，研究了召回供应链中的合约设计，包括不确定市场下的固定保险合约设计、线性保险合约设计，以及能同时协调召回努力及数量决策的供应链合约设计。

第五，对本书的相关研究进行总结，并展望今后可能的发展方向。

与现有的考虑产品召回的供应链管理研究相比，本书从供应链追溯能力设计视角出发，在不同结构的供应链中联合优化追溯能力、价格及可靠性，探索它们之间的交互作用机制，同时也解释了供应链追溯能力对传统运作管理的影响机制。本书在对召回供应链中召回努力策略的研究中，在相关研究的基础上，考虑了传统运营努力（譬如促销努力和生产努力），以及召回成本分担合约对召回努力策略决策的影响机制，并进一步探索了这种影响机制在竞争性供应链及装配供应链中的差异性。在对召回供应链的合约设计研究中，结合行业实践情况，在不确定市场需求的实际情形下，深入研究了纯收益共享合约，收益共享与固定比例、线性比例、阈值召回成本分担复合合约，线性保险合约，固定保险合约等对产品召回供应链的召回努力与数量决策及供应链绩效的影响。

本书以具体的实践为背景对召回供应链管理进行了深入研究，提出了学术界及企业界应该关注、研究的相关问题，并尝试回答其中的部分问题。

本书在写作和出版过程中得到了许多人的帮助和支持。感谢合作导师香港科技大学工业工程与数据分析系李家硕教授，团队合作学生范雷、奴宇、张永喆、苏洋洋、陈诗淼、蔡莎莎、谢霞等。本书的部分内容取材于我们共同的研究成果。另外，感谢团队硕士研究生王明陆、喻家乐、杨青蓓、陈金枝、杜玉文、简皓，他们对材料的精心整理保障了本书的写作进程。

目　　录

第1章 绪 论

1.1 产品召回与供应链追溯能力

1.1.1 产品召回的基本概念

产品召回是指当发现产品存在可能危害消费者健康、安全的缺陷时，生产商主动收回销售到流通领域和市场终端消费者手中的产品来控制风险的措施。典型的缺陷原因可能来源于产品设计、原材料缺陷、原材料污染、生产流通过程污染等。例如，奶粉等如果存在原材料污染可能会影响小孩的身体健康与生命安全，玩具过于坚硬或锋利或者存在重金属超标可能会危害儿童身体，电子产品的电池设计或原材料缺陷可能会引发爆炸造成人身安全危害，汽车的刹车制动管或者气囊的设计缺陷可能引发安全质量事故等。由于产品往往采用批量生产的模式进行生产，因此，缺陷产品一般具有批量性的特点，如不加以干预控制，可能带来巨大的财产和人身安全隐患。如果不及时采取召回控制措施，就会延误在社会上消除隐患的时机，促使危害进一步扩大。一旦发生产品召回事件，产品生产商要依法向政府相关部门报告，对缺陷进行认定，并告知消费者缺陷风险，从市场消费者手中无偿收回缺陷产品或者存在缺陷嫌疑的产品，通常采用修理、更换、赔偿等积极有效的措施来控制风险。产品召回的核心取决于产品缺陷的认定及厂家责任的认定，而厂家责任的认定取决于缺陷源头的识别。目前，常用的产品召回的方式有两种：一种是"自愿认证，强制召回"，一种是"强制认证，自愿召回"。强制认证主要针对涉及人身安全的产品，如电器、食品、玩具、建材、防护用品、药品等。

产品召回是指在发现安全问题或产品缺陷后应退回产品的要求。《中华人民共和国产品质量法》第四十六条指出："本法所称缺陷，是指产品存在危及人身、他人财产安全的不合理的危险；产品有保障人体健康和人身、财产安全的国家标准、行业标准的，是指不符合该标准。"当产品在被使用过程中由于可靠性随时间下降而发生故障时，产品制造商会从各级分销商、零售商和消费者手中回收产品（Chao et al.，2009）。产品召回和一般的产品三包退换货是两个不同的概念。首先，原因不同，产品召回的典型原因是产品存在缺陷，而产品三包退换货原因主要是产品和消费者的需求不匹配，而不能说明产品存在设计上不合规的问题，如购买前后消费者效用的变化（Su，2009）或者购买产品后出现故障（Hsiao and Chen，

2014）。其次，主体不同，产品召回是针对产品的生产商或者经销商，而产品三包退换货是针对个体消费者。再次，目的不同，产品召回是为了控制批量性的产品缺陷可能引发的人身财产安全风险，产品召回的单位召回成本可以远高于销售价格。而产品三包退换货主要是为了提升品牌在消费者心中的形象，促进消费者的购买行为，退货的单位成本一般也不会高于销售价格。最后，产品召回的影响范围较广，某一产品发生召回会导致该批次产品所有产品被召回，而退货是独立的，只针对具体消费者购买的具体产品。

1.1.2 产品召回制度

缺陷产品召回制度最初起源于美国的汽车行业。冯永琴等（2015）指出美国是最先实行缺陷产品召回制度的国家，也是实际运用召回措施最频繁的国家。1966 年，针对汽车行业的产品召回，美国率先出台了《国家交通及机动车安全法》，授权美国运输部下属的国家公路交通安全管理局负责制定机动车的安全标准，并监督汽车制造商执行有关标准。其中，国家公路交通安全管理局下属的缺陷调查办公室具体负责汽车召回管理工作。经过多年的发展，美国出台了各行业产品召回的相关法律法规，形成了较为完善的召回制度体系。美国消费品安全委员会（Consumer Product Safety Commission，CPSC）承担了召回相关法规的制定与执行工作，其成立于 1972 年，直属美国总统管辖，现有管理目录上的产品约 15 000 种，种类涵盖电器、玩具、烟花爆竹等消费品。但汽车、武器、食品、化妆品等领域的产品归由专门的部门管辖，如美国运输部下属的国家公路交通安全管理局管辖汽车领域的召回事件，美国运输农业部下属的食品安全检疫局处理食品安全领域的召回事件。当企业存在缺陷产品时，CPSC 参与管辖的召回是强制性的，具体而言，产品召回程序如图 1.1 所示。

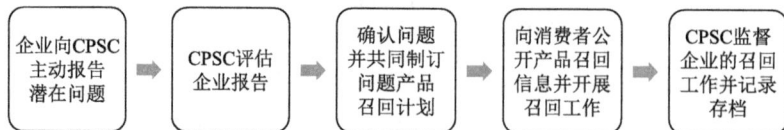

图 1.1　美国 CPSC 产品召回程序

（1）企业将产品可能存在的问题与来源向 CPSC 报告。这个阶段企业可以主动发现并汇报潜在的产品安全问题，并告知监管机构。

（2）CPSC 对企业的报告进行评估。CPSC 在收到企业的主动报告后，首先将确认产品问题是否存在，若存在则根据标准对危害等级进行进一步划分。

（3）确认产品问题存在后，企业与 CPSC 结合企业实际情况与安全需求，共同制订问题产品召回计划。

（4）企业与 CPSC 向消费者公开产品召回相关信息并开展召回工作，此时企业的召回工作受到 CPSC 的监督。

（5）在监督企业完成召回工作后，CPSC 对其跟踪监管的此次召回工作进行记录和存档。

在美国对汽车行业的产品召回出台相应法律法规后，许多国家和地区也制定了自己有关的产品安全与召回的相关法规。欧盟的产品安全法规体系始自 20 世纪 70 年代，目的在于适应欧洲经济一体化与商品自由流通的需求。2001 年，欧盟制定了《通用产品安全指令》（2001/95/EC），自 2004 年 1 月开始实施，该指令适用于欧盟所有成员国内的通用产品，奠定了欧盟产品安全法规的基础。欧盟各成员国需要以该指令为基本法，根据国内实际情况，将其转化为国内立法，从而使产品安全与召回在欧盟内部具备可通行的统一标准。欧盟《通用产品安全指令》（2001/95/EC）共包括 7 章、24 条、4 个附件，对产品安全、产品召回与撤回概念做出界定。其中对召回的定义为制造商或分销商将已经供应到消费者手中或者可能已经由消费者使用的危险产品召回的措施。从产品召回的程序看，指令要求成员国在进行产品召回时受到欧盟委员会的监督，具体程序如图 1.2 所示。

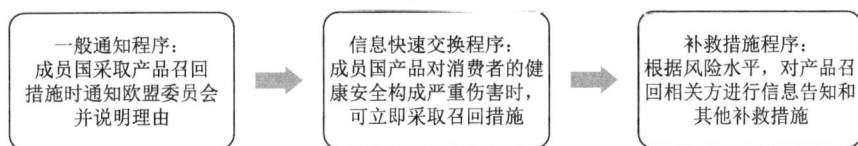

图 1.2　欧盟成员国产品召回程序

（1）一般通知程序。成员国采取产品召回措施时，需要将措施通知委员会并说明召回理由。

（2）信息快速交换程序。若成员国需要召回的产品对消费者的健康和安全构成严重伤害，需要在紧迫的时间内召回，可以采取信息快速交换程序进行通知，此时欧盟各成员国的市场监管部门可根据实际情况立即采取措施，推进有害产品的召回工作，保障消费者的安全与健康。

（3）补救措施程序。针对需要召回产品的补救措施程序分为提前计划、风险评估与补救措施三个方面。其中提前计划要求成立补救措施小组，对潜在产品问题信息、涉事个人与组织信息进行监控与记录。风险评估要求企业识别已发生危害的起因与性质，将存在的风险按照轻微风险、中等风险、严重风险进行评价划分。补救措施要求根据风险评估所划分的风险水平做出不同程度的反应，对涉及产品召回的消费者、制造商、经销商进行信息告知和采取其他补救措施。

我国的产品召回制度起步较晚，首个法规同样针对汽车领域，即 2004 年由国家质量监督检验检疫总局①、国家发展和改革委员会、商务部、海关总署四部委联合发布的《缺陷汽车产品召回管理规定》。经过多年的建设完善，我国建立了初步的召回法律法规体系，由基本法和行政法规及部门规章组成。在基本法方面，包括 2009 年的《中华人民共和国食品安全法》，对食品召回制度进行了基础的规定；2010 年开始施行的《中华人民共和国侵权责任法》第四十六条规定"产品投入流通后发现存在缺陷的，生产者、销售者应当及时采取警示、召回等补救措施。未及时采取补救措施或者补救措施不力造成损害的，应当承担侵权责任"；2013 年修正的《中华人民共和国消费者权益保护法》，对召回相关制度进行了明确规定。在行政法规及部门规章层面，除最初发布的《缺陷汽车产品召回管理规定》外，政府各部门针对食品安全、儿童玩具、医药品等领域陆续出台了管理办法，并不断根据市场需求推进其他领域召回法规的起草与制定。

1.1.3 供应链追溯能力

随着经济全球化，企业的供应链愈加复杂，产品召回事件更加普遍。在经济全球化带来的巨大压力下，取得成本优势是企业生存的必然需求，许多企业采取的应对策略为全球采购及产品外包。在降低生产成本，提高企业竞争力的同时，全球采购及产品外包也使供应链变得更为复杂。在跨越全球的供应链体系中，单个企业需要同时管理产品从供货、生产、运输到存储的全部环节。若其中任意环节出现问题，将导致瑕疵产品流向终端，最终可能引发大批量的产品召回事件。例如，当企业在全球范围内选择可以带来成本优势的供应商时，若供应商使用了受污染的原材料，将导致产品存在安全问题，需要企业召回已经销售到市场上的缺陷产品，甚至处理使用同一条生产线生产的其他具有污染风险的产品。这种产品召回行为会给企业带来巨大的运营压力，要求企业不仅要迅速确定污染源、逆向物流以追溯问题产品，还需要同时考虑如何制定有效的公关和赔偿策略安抚消费者情绪。产品召回与产品安全事件的频发损害的不仅是企业的经济利益，也会严重影响涉事企业甚至同行业其他企业的信誉，降低消费者对政府市场监管的信心，危害社会公共安全。

近年来，国内外的产品召回事件在各行各业都十分普遍，其中汽车、药品、医疗设备、电子产品、玩具、食品等行业是产品召回事件的频发领域，引发了广

---

① 2018 年 3 月，根据第十三届全国人民代表大会第一次会议批准的国务院机构改革方案，将国家质量监督检验检疫总局的职责整合，组建中华人民共和国国家市场监督管理总局；将国家质量监督检验检疫总局的出入境检验检疫管理职责和队伍划入海关总署；将国家质量监督检验检疫总局的原产地地理标志管理职责整合，重新组建中华人民共和国国家知识产权局；不再保留中华人民共和国国家质量监督检验检疫总局。

泛的重视与研究（Marucheck et al.，2011）。根据美国 CPSC 对 2013～2018 年召回事件的统计，2017 年召回事件数量最少，共 1375 件，2018 年召回事件数量最多，共 2106 件，可见召回事件具有频发性。具体来看，在汽车制造行业，据中国国家质量监督检验检疫总局统计，截至 2018 年 2 月，六家汽车制造商各自召回了超过 10 万辆汽车，其中包括东风日产和长安福特汽车，其汽车设计和质量都不足。在医药行业，美国强生公司在 2005 年至 2013 年共召回 51 次受污染药物（房磊，2013）。2018 年 7 月，长生生物科技股份有限公司因狂犬病疫苗造假而被迫召回超过 779 万支问题疫苗，公司也因无力偿还 91 亿元罚款而退市，不仅如此，此次召回事件让社会对国内整个医药行业产生怀疑（张学庆，2019）。在 3C①行业，由于手机所用电池存在自燃隐患，2016 年，三星召回旗下 Galaxy Note 7 手机，损失高达 170 亿美元（Samsung，2016）。在玩具行业，2007 年 8 月，美国最大玩具商美泰公司在全球召回近 1820 万件存在安全隐患及铅含量超标的儿童玩具，而被召回的玩具中约 85%源自美泰公司的设计问题，15%是由个别企业生产违规所致，此次召回事件也将"中国制造"推上风口浪尖（何必，2007）。在食品加工行业，由于原材料的蔬菜存在被李斯特菌和沙门氏菌感染的风险，美国共召回了超过 240 万磅②的即食沙拉、披萨等即食食品，其中涉及哈里斯·迪特尔（Harris Teeter）、克罗格（Kroger）、全食超市（Whole Foods）、沃尔玛（Walmart）等知名零售厂商。在国内，2008 年，三鹿集团召回三聚氰胺超标奶粉 904 吨并最终破产，此次"毒奶粉"事件也严重损害了消费者的生命安全（丁焕和人和，2008）。无论是全球知名的跨国企业还是中小型企业，在全球供应链中，都面临着产品召回事件的风险。随着产品召回事件的持续增加，企业、监管者、投资者甚至消费者逐渐意识到产品召回是不可避免的（Berman，1999）。大家的关注点也从为什么发生产品召回开始转向如何降低产品召回带来的损失。

　　频发的产品召回事件影响的不仅是发生问题的某个环节，而且对供应链整体上的各个成员都造成了影响。产品召回在给企业带来损失的同时也会影响行业内部的竞争，Ball 等（2018）通过实证研究表明产品召回会给制药行业竞争带来不利影响。同时，Kalaignanam 等（2013）发现产品召回越严重的公司，越能够吸取经验教训，在未来发生产品召回的概率越低。有学者提出，溢出效应的存在会扩大某个企业产品召回的负面影响范围。对产品类别和产品品牌的溢出效应意味着同一类别中没有发生召回的竞争者也会因为被认为与召回相关而受到指责，或若有一个品牌的产品持续出现丑闻，则这个品牌的其他产品市场也会受到影响。例如，在食品加工行业中，Marsh 等（2004）发现肉类产品召回不仅影响生产几种

---

① 3C 是计算机（computer）、通信（communication）和消费电子产品（consumer electronics）三类电子产品的简称。

② 1 磅 = 0.453 592 千克。

特定肉制品的公司，还会对非肉类产品造成影响，这表明产品召回影响超出了产品类别的限制。在国内，2008 年三鹿奶粉事件不仅重创了消费者对事发企业产品质量的信心，也影响了国产奶粉行业的整体信誉。在玩具行业，Freedman 等（2012）在研究行业内的产品召回后发现，整个行业范围内产品召回巨大的溢出效应导致没有发生过任何产品召回事件的生产商也遭受了严重销售损失。由于产品召回对相关企业所在的供应链整体的绩效都会产生显著的负面影响，解决复杂供应链中的召回问题，使企业在全球供应链中获得成本优势的同时降低召回发生概率并提高召回能力，对企业生存和行业发展而言至关重要。

供应链追溯能力是指通过在产品上粘贴可追溯性标签，对产品从原材料和零件的采购到加工、装配、流通、销售等各流程的历史信息在供应链全程予以追踪和追溯的能力。供应链追溯能力一般可以分为供应链可追溯性和内部可追溯性两个层面。图 1.3 展示了供应链可追溯性和内部可追溯性的关系。供应链可追溯性是指可以追踪（溯及）从原材料和零件的采购到加工、流通、销售全流程历史记录的状态。意味着上游的生产商可以知道自己的产品"去往哪里（＝可追踪）"，下游的供应链成员与消费者可以知道自己手中的产品"来自哪里（＝可溯源）"。因此，一旦产品在消费环节被发现存在缺陷，生产商可以利用供应链可追溯性快速定位与认定产品缺陷出现的源头。当然对于消费者而言，供应链可追溯性也可以作为高信赖度产品的选择标准，提高顾客的支付意愿。内部可追溯性是指在整个供应链中的某企业或工厂，在企业内部限定的特定范围内掌握原材料或零件转换为产品的全过程状态的可追溯性。例如，在发动机装配工厂中，追溯从某供应商购入某批次的凸轮轴、活塞等发动机零件，以及将这些零件装配到某批次发动机产品的制造与检查等历史记录。图 1.4 展示了制造企业内部工序的可追溯性。

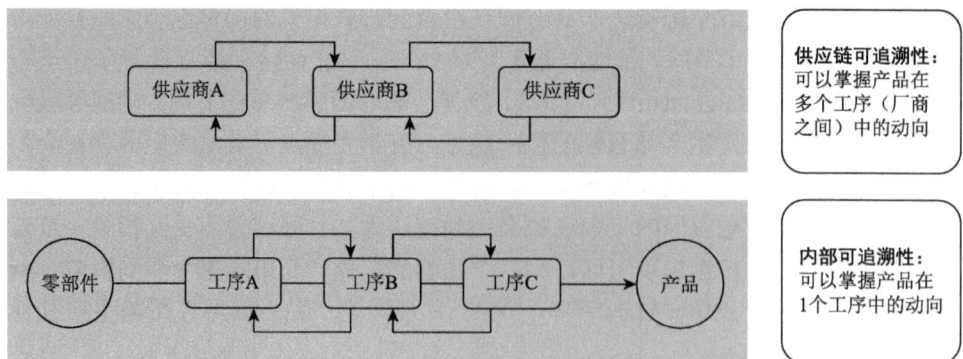

图 1.3　供应链可追溯性与内部可追溯性

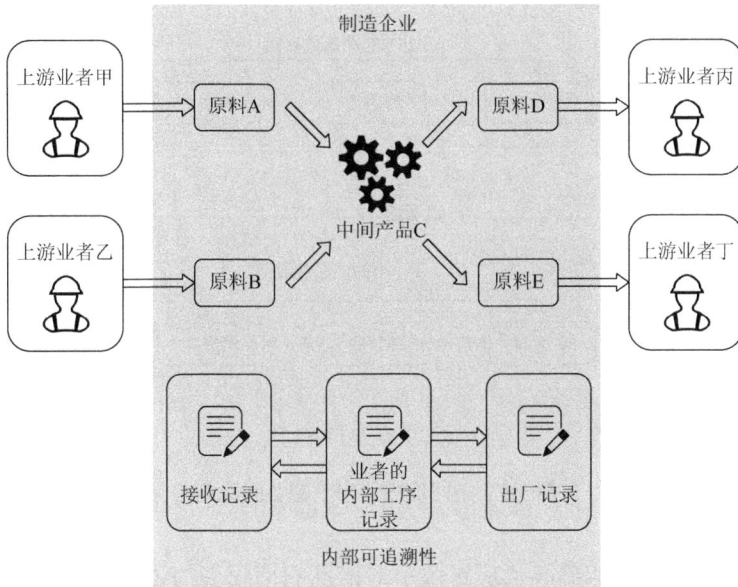

图 1.4　制造企业工序的可追溯性

通过建立供应链追溯系统或提高追溯能力，能够有效降低产品召回对供应链绩效的影响。在经济损失方面，首先，可追溯系统可以帮助企业更加准确地区分有污染产品和无污染产品，从而减少因存在污染嫌疑而召回的产品数目，降低产品召回损失，图 1.5 展示了追溯能力与产品召回比例的关系；其次，实证研究表明，产品召回损失和产品召回的开始时间与产品销售的开始时间之间的时间差有着显著关系，产品召回越早，其损失就越小（Hora et al.，2011）。因此，一旦产品出现污染，供应链追溯系统可以保证快速地查找问题的原因，并有针对性地快速对产品进行召回或撤回，有效降低产品召回的影响；最后，可追溯系统可以增

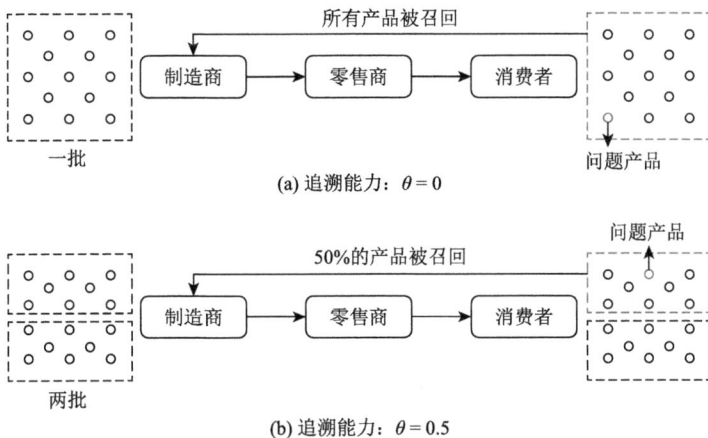

(a) 追溯能力：$\theta = 0$

(b) 追溯能力：$\theta = 0.5$

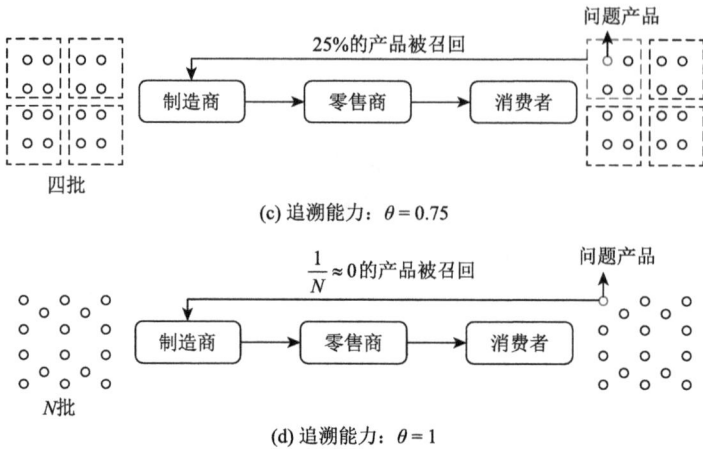

(c) 追溯能力：$\theta = 0.75$

(d) 追溯能力：$\theta = 1$

图 1.5 不同追溯能力下的召回比例

加供应链的透明度，明确各供应链成员对产品召回损失的责任，从而保证各供应链成员的生产质量管理和信息沟通，降低产品召回事件的发生概率。

建立可追溯系统是降低产品召回经济损失最有前景的方式之一（Huang et al.，2012），因此，欧盟、美国、加拿大、澳大利亚等相继建立了可追溯系统（Lee and Park，2008）；同时，可追溯系统也被认为是产品安全策略的必要部分之一（Memon et al.，2015）。可追溯系统通过在产品上粘贴可追溯性标签，对商品或行为的历史和使用或位置予以追踪来实现。可追溯系统最初的建立与发展主要源于欧洲"疯牛病"等食品安全问题引发的大众对食品召回管控的要求。在食品安全方面，许多国家的政府机构和消费者都要求建立食品供应链的可追溯机制，并且许多国家已开始制定相关的法律，以法规的形式将可追溯系统纳入食品物流体系中。其中射频识别（radio frequency identification，RFID）技术是基于单位的可追溯单元技术，可通过无线电讯号识别特定目标并读写相关数据，无须识别系统与特定目标之间建立机械或光学接触。RFID的实际应用流程为RFID标签数据初始化与绑定、实时数据采集、数据上传显示。

（1）RFID标签数据初始化与绑定。用供应链成员的相关信息注册进入RFID公共服务系统，通过在产品或产品包装上粘贴电子标签将标签与单个产品进行绑定，以便收集该产品在生产全流程中的数据信息。

（2）实时数据采集。产品与产品包装上粘贴RFID电子标签后，RFID传感器与天线相连，传感器与阅读器集成，与条码技术要求的人工手持条码枪采集数据不同，将自动采集流水线物品的标签，获取产品生产实时数据。

（3）数据上传显示。生产线上采集的产品信息通过制造执行系统（manufacturing execution system，MES）被传输至数据服务器，通过供应链信息整合，供应链成员可以查看产品生产相关信息，实现产品安全追溯、质量评估等多种应用服务。

在生产过程中,对每个产品的信息都进行收集和追溯的工作是大量而烦琐的,而 RFID 技术能够帮助企业实现对产品生产、加工、存储、销售等各个环节的信息进行跟踪记录。当消费终端报告存在问题产品时,可以根据数据服务器所记录的信息进行逆向追溯,从而确定可能受到影响的所有批次产品范围并锁定问题产品发生的源头,可见其在追溯工作中具有以下优势。

(1)自动化采集,效率高,人工成本低。RFID 技术能够对流水线上产品的电子标签进行自动采集,从而替代了条码技术下专人使用手持条码枪对产品条码信息进行逐个采集的工作,有效提高了生产线制造数据采集的效率,并节省了人工成本。

(2)精准化采集,避免了错误采集。面对生产线上大量需要记录数据的产品,人工采集极易产生错漏。而使用 RFID 技术时,若采取内置的进场天线与一体式阅读器,能够避免生产线数据的漏读和串读,实现精准化采集。

(3)标签循环利用,减少成本。RFID 技术使用的电子标签可以在终端回收并循环使用,重新绑定产品或产品包装,用于信息的采集收录,从而减少纸质的耗材成本。

(4)多样的数据呈现模式,便于监控管理。在 RFID 智能生产线系统自动采集并传输生产数据后,许多技术提供厂商能够根据企业的个性化需求设置数据显示模式,实时展示产品信息,并能实现与其他系统的对接展示,方便生产管理人员监控生产情况。

由于追溯系统在产品召回中的优势,不同类型的追溯技术在各个行业的供应链中都得到了广泛应用,以对产品在供应链中的数据信息进行全程的采集监控,最终有效地提高了企业在产品召回时对问题产品的溯源能力,加快了企业处理召回问题的响应速度并降低了召回产品的数量和召回成本。除了应用可追溯系统,提升召回能力外,企业还可以通过采取其他召回努力来降低产品召回的负面影响,如采取可靠性努力,即在生产过程中通过产品设计、生产管理等方式提升产品质量,降低缺陷产品比例,从而降低召回发生的可能性。同时,供应链内部成员间可以采取合约设计共担风险、共享收益,从而降低召回给供应链绩效带来的损失。因此,本书重点从供应链追溯能力视角研究产品召回供应链管理理论。

1.2 产品召回事件现状

1.2.1 美国 CPSC 产品召回概况

作为最先建立召回制度的国家,美国形成了较为成熟的召回制度体系,在 CPSC 的监管下,美国在许多消费品市场上发生的召回事件规模居世界首位。根据 CPSC 统计,2013~2018 年,每年发生的召回事件次数均在 1000 次以上,2018 年达到 2000 余次,保持在较高水平(图 1.6)。

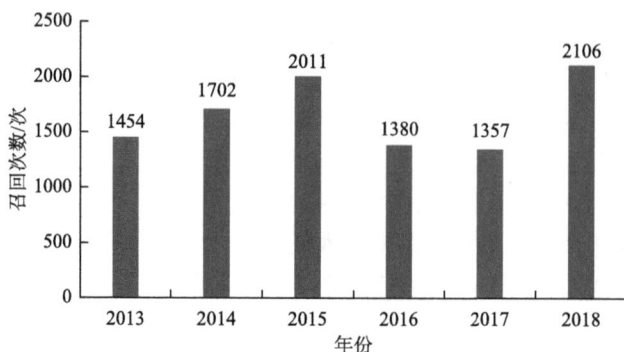

图 1.6 2013～2018 年 CPSC 统计召回事件次数

从召回事件发生的原因看，儿童产品/铅超标是引起召回最大的缺陷原因。2013～2018 年，超过三分之一的召回事件都由儿童产品/铅超标引发。跟踪标签违规是导致产品召回的第二大原因，占比超过 2013～2018 年召回事件总数的 26%。第三大原因是第三方证书违规，在召回总数中占比近 10%。除以上三大原因外，造成产品召回的主要原因还包括超过邻苯二甲酸盐永久禁令限制、小零件、未能安装符合 ASME/ANSI[①]标准的封面、艺术材料标签、玩具油漆/儿童用品（图 1.7）。

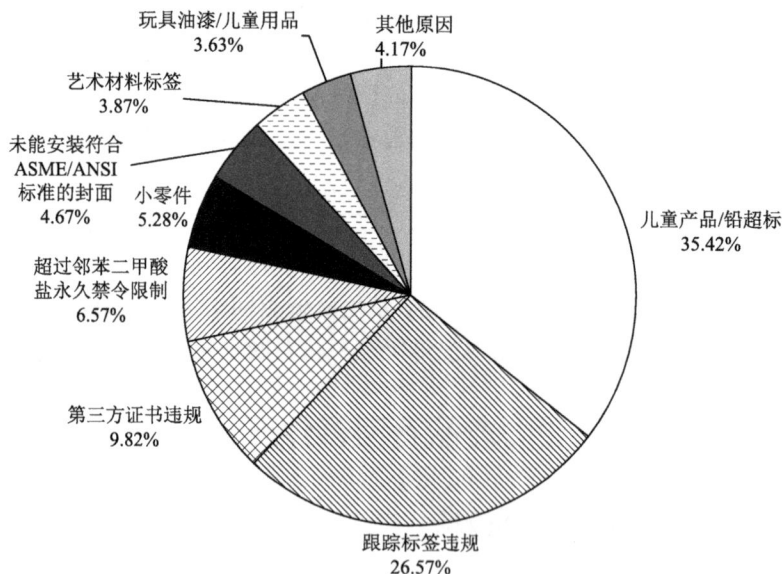

图 1.7 2013～2018 年 CPSC 统计召回事件主要原因

----

① ASME 即 American Society of Mechanical Engineers，美国机械工程师协会；ANSI 即 American National Standards Institute，美国国家标准学会。

1.2.2　中国产品召回概况

　　自 2004 年中国开始实施《缺陷汽车产品召回管理规定》以来，中国的产品召回制度从汽车领域开始逐步建立并完善，召回事件数量在十几年间总体呈增长趋势。以最早受到国家质量监督检验检疫总局召回监管的汽车行业为例，2004 年最初实施产品召回制度时，全年召回汽车数量仅 30 万辆，2013 年达到 500 万辆。2016～2018 年连续三年召回汽车数量超过 1000 万辆，年度召回数量超过德国、英国、日本等汽车市场发达国家，仅次于美国，保持着较高的汽车召回数量水平。从每年召回次数看，2004 年中国汽车市场召回仅有十余次，到 2010 年召回首次超过 100 次。在 2015 年及之后，保持每年召回 200 次以上，平均不到两天发生一次召回，意味着实施召回已成为汽车生产企业的常态化活动（图 1.8）。

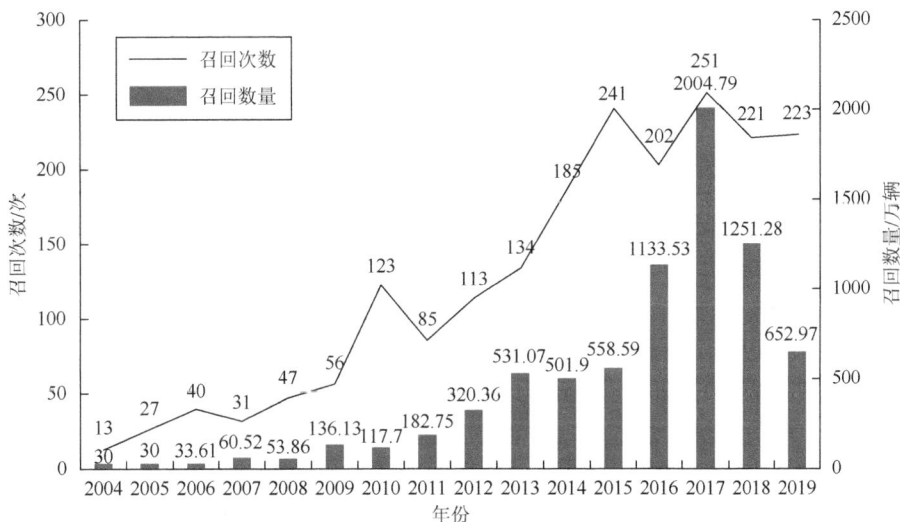

图 1.8　2004～2019 年汽车产品召回的次数与数量

　　除企业主动发起的缺陷产品召回外，随着政府对产品召回制度体系的不断完善，国家市场监督管理总局不断通过向汽车行业发起缺陷调查的方式，对中国市场上销售的汽车产品进行质量检测。针对检验存在缺陷的问题产品，国家市场监督管理总局将要求企业采取措施进行召回以维护市场秩序，保障消费者权益。从召回性质看，汽车行业中受到国家市场监督管理总局缺陷调查影响而发生的召回事件次数近年来整体呈上升趋势。2012 年以前，受政府调查影响发生的召回事件次数较少，年均不足十起，涉及的召回车辆数量较低。2014 年以来，由政府调查推动的汽车产品召回数量均在 300 万辆以上，召回次数大多保持在 50 次以上，政府监管对汽车市场召回的影响不断增强（图 1.9）。

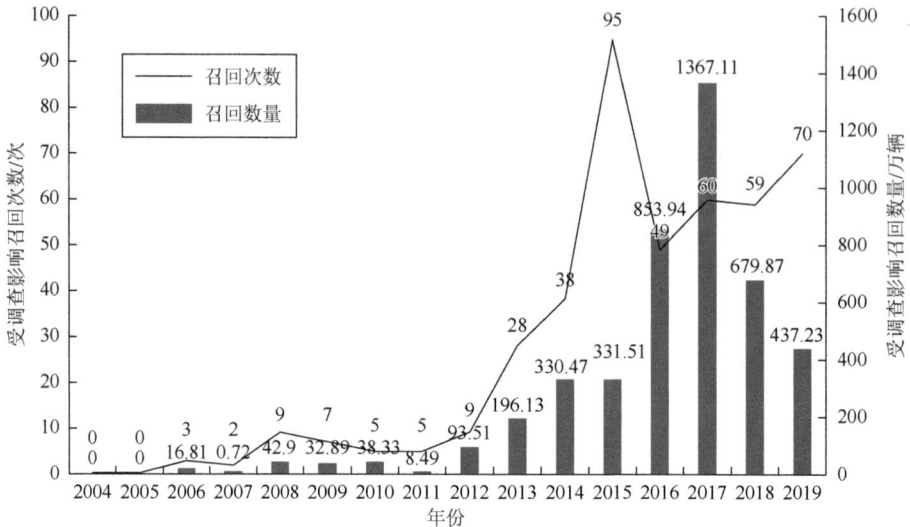

图 1.9　2004～2019 年受调查影响汽车召回的次数与数量

从汽车召回缺陷涉及问题所在总成来看，2019 年气囊和安全带、发动机为缺陷产生的主要部件，各占召回总数量的 30%左右。其中因气囊和安全带缺陷而发生的召回次数为 46 次，涉及车辆 215.18 万辆；发动机缺陷导致的召回次数为 47 次，涉及车辆 198.02 万辆。悬架系统和电气设备也各导致了约 10%的召回，分别涉及召回车辆 72.19 万辆和 65.50 万辆。除此之外，车身、传动系、制动系、转动系、车胎和车轮及附加设备的缺陷也是一些汽车召回事件发生的原因（图 1.10）。

除率先受到制度约束与政府监管的汽车领域外，消费品召回事件也是中国市场产品召回的重要组成部分。根据国家市场监督管理总局数据统计，2008～2011 年，消费品召回制度体系尚不成熟，每年召回次数为 10 次左右，召回的消费品数量不超过 200 万件。在 2013 年，消费品召回次数首次超过 100 次。2016 年开始实施的《缺陷消费品召回管理办法》对消费品召回的要求具体化、程序化和制度化，加强了省级质监部门的召回监管能力，将消费品召回的范围从儿童玩具、电子电器拓展到儿童用品、家具、文教体育用品、家用日用品、日用纺织品、服装和五金建材等，使消费品召回次数与数量都得到了巨大提升。2017 年消费品召回数量超过 2000 万件，2018 年消费品召回次数达到 730 余次（图 1.11）。

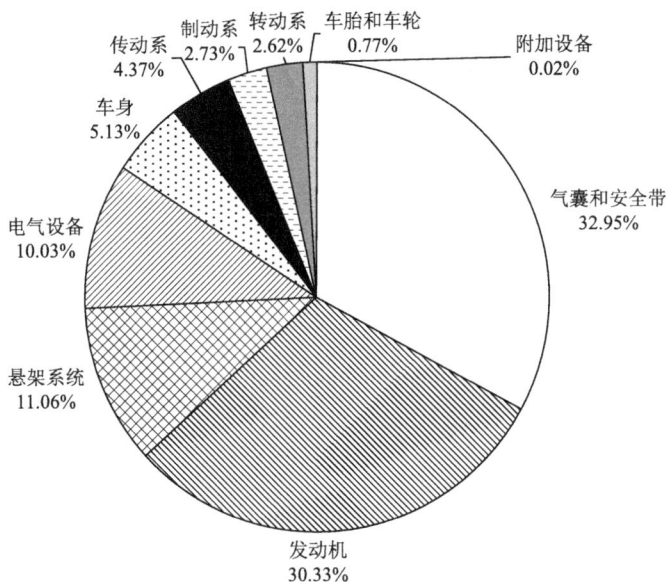

图 1.10 2019 年汽车召回缺陷涉及问题所在总成分布情况

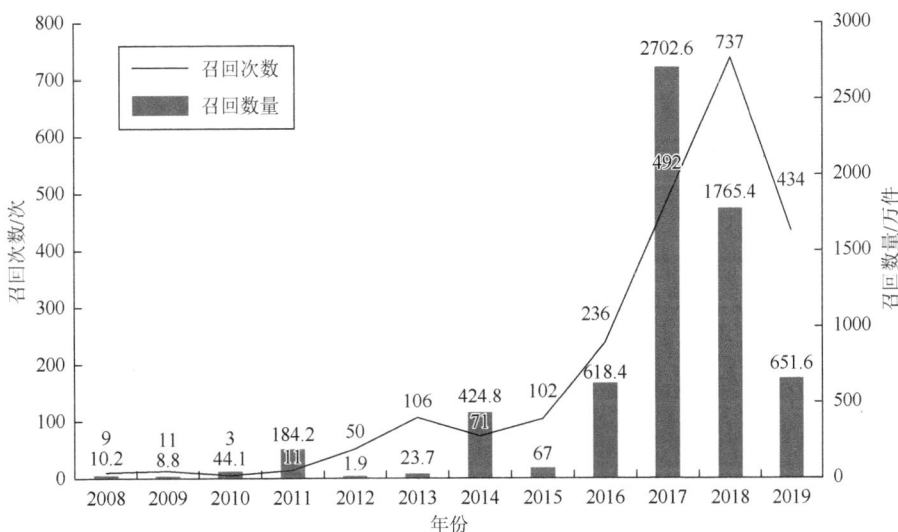

图 1.11 2008～2019 年消费品召回的次数与数量

从召回性质看,消费品召回中受到国家市场监督管理总局缺陷调查影响而发生的召回事件次数整体呈上升趋势。2008 年至 2011 年,整体上消费品召回数量较少,其中受政府缺陷调查影响的召回不足 50%。2012 年受缺陷调查影响导致的召回事件数量逐步上升,以 2016 年《缺陷消费品召回管理办法》的实施为标志,随着政府监管能力的加强，政府监管参与影响的召回事件次数与召回消费品数量大幅增加，占消费品召回总数的一半以上。2017 年召回的 2700 余万件消费品中有将近 2500 万件是受政府缺陷调查影响，2018 年发生的 730 余次消费品召回中有 640 余次是受政府缺陷调查影响（图 1.12）。

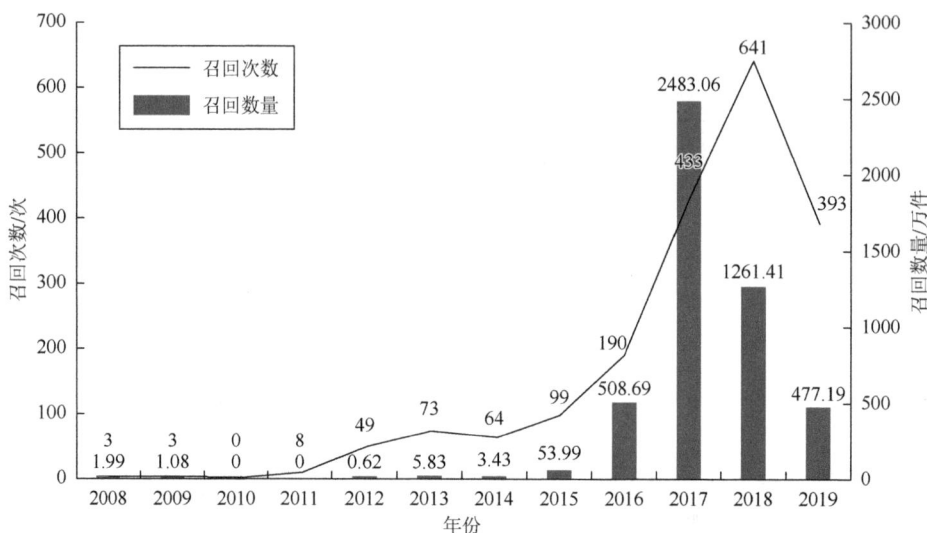

图 1.12　2008～2019 年受调查影响的消费品召回次数与数量

从消费品召回的产品类别看，2019 年召回的消费品中，超过 40% 的产品为儿童用品，召回次数达 193 次，涉及产品 273.15 万件。电子电器和文教体育用品各占召回产品数量的约 25% 和约 20%，其中电子电器产品召回 81 次，产品数量超过 160 万件，文教体育用品召回 12 次，产品数量为 137.35 万件。其余约 10% 的召回消费品种类包括食品相关产品、家用日用品、日用纺织品和服装、其他交通运输设备、家具、五金建材等（图 1.13）。

由此可见，产品召回在国内外各行业都是普遍存在的问题。近年来，随着政府对产品召回监管制度的完善及消费者产品安全意识与维权意识的提高，缺陷产品导致的产品召回发生的概率不断增加。从引发召回事件的原因看，在产品设计、生产制造等环节的诸多缺陷问题都与供应商的可靠性努力不足有关，因此，研究如何通过提高追溯能力，采取召回努力或供应链内部的合约设计以减少召回发生的概率及损失，是极具现实意义的。

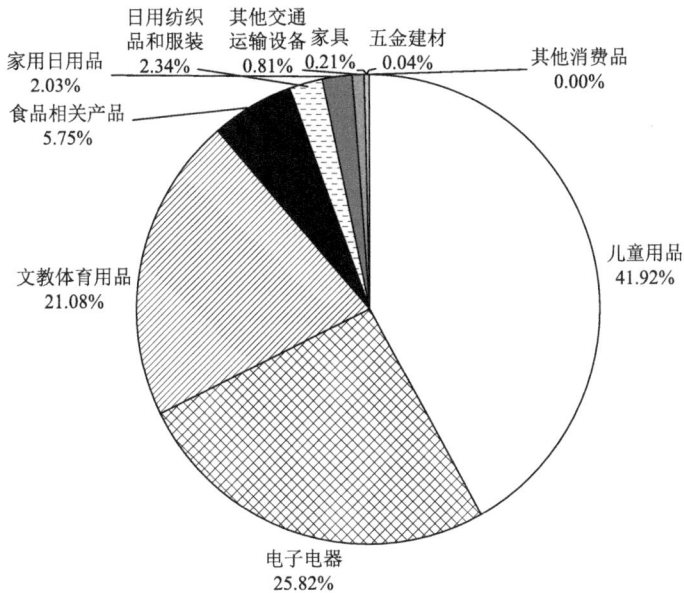

图 1.13 2019 年消费品召回产品类别分布

1.3 研究目的及意义

随着市场经济与贸易全球化的发展，企业之间的竞争变得日益激烈，越来越多的企业开始在全球范围内选择供应商来保持竞争优势。而全球采购在带来成本优势的同时，也给企业带来了前所未有的风险，譬如由供应商原材料缺陷导致的产品污染或安全问题等。为了保护消费者的人身财产安全，各国建立了相应的产品召回制度，即要求企业召回目前已经销售到市场上的缺陷产品。近年来，在汽车、电子产品、食品、医药、玩具、家具等各个行业，由于原材料供应、运输、生产、存储等供应链环节出现污染或者瑕疵，产品召回事件频频发生。这不仅给企业带来了巨大的产品更换、修复等召回成本损失，同时也严重影响了企业的信誉，以及消费者对政府在产品安全监管方面的信心，甚至危害到社会公共安全。因此，如何减少召回事件带来的损失，对企业而言是至关重要的管理难题与挑战，面向产品召回风险的召回供应链管理已经成为供应链管理的一个重要议题。

产品召回制度一般要求企业回溯风险发现的源头，然后召回除确定无污染产品外的其他所有产品，包括污染产品和存在污染嫌疑的产品。因此，产品召回的损失取决于产品召回事件的概率及每次召回的产品的数量。供应链追溯是降低产品召回经济损失最有前景的方式之一。因此，供应链追溯能力设计是企业应对产品召回供应链管理需要解决的关键问题，也极具现实意义。本书结合产品召回供应链中存在的管理挑战与需要，研究了降低产品召回损失的多种策略。首先，我们研究了供应链中的追溯能力优化问题及在不同的召回策略下企业追溯能力与定价的联合优化，以及追溯能力与可靠性优化的相互作用。其次，从不同视角对召回努力策略展开研究：考虑促销努力和生产努力的召回努力研究、基于成本分担合约的供应商可靠性召回努力策略、装配式供应链基于成本分担合约的供应商可靠性召回努力策略。最后，研究了供应链中的合约设计问题。结合收益共享合约和成本分担合约，研究保险合约对订货策略的影响，设计了三种复合合约机制激励供应链成员采取召回努力，并分析了这些供应链的协调性。主要研究目的如下。

（1）选择合适的追溯模式以及召回地点，寻找各种召回成本以及不同供应链模式下企业追溯能力与定价的联合优化策略，以得到各企业之间的优化平衡策略解，为整个供应链找到绩效最大化的运营方式，进而协调供应链各个成员之间的优化策略。

（2）供应商的召回努力策略影响着召回事件发生的概率和召回成本，因此，要考虑不同的召回成本分担合约，以研究不同场景下供应链的最优召回努力策略和定价策略，帮助供应链减少召回成本和降低召回事件概率。

（3）在产品召回和不确定市场需求背景下，基于收益共享和成本分担角度，研究合约设计如何影响制造商的订货决策、召回努力策略和利润水平，为召回供应链的合约制定提供决策基础。

从供应链追溯能力视角研究产品召回供应链管理具有广泛的应用前景。

（1）帮助供应链中的企业抉择最优的追溯策略，有效降低产品召回的经济损失。同时可靠的供应链追溯系统可以全面提升信息化水平以及市场反应速度，持续降低在确定污染源过程中的机会损失，提高产业核心竞争力以及公司形象。

（2）供应链追溯策略对供应链中各成员的供应链决策有着显著影响，因此本研究可以帮助企业在面临产品召回的供应链中进行追溯策略和供应链决策的联合优化。

（3）保证产品全过程的追溯和溯源，增加供应链的透明度，不但符合消费者日益增强的产品安全意识，还能进一步明确生产者、加工者和销售者之间的责任，促进供应链健康发展。

（4）为国家宏观政策以及第三方追溯平台建设提供指导参考，实现食用农产品"从农田到餐桌"全过程追溯管理。

供应链追溯策略的研究本质是一个供应链优化问题，即供应链各成员采用什么样的追溯能力来平衡追溯成本与召回成本以最小化损失，从而使自己或者供应链的效益最大。同时，供应链追溯策略是从工程实践中提炼出来的一个新课题。因此，基于供应链追溯能力的产品召回供应链管理理论研究有着显著的现实意义。

（1）"十三五"规划将绿色发展，建设资源节约型、环境友好型社会以及提高产业核心竞争力摆在极其重要的位置。最优的追溯策略能准确区分被污染产品、有污染嫌疑产品和无污染产品，减少召回的产品，节约资源和能源。

（2）完善产品质量安全管理，避免存在安全隐患的产品给人带来危害，同时这也是参与全球竞争，应对技术壁垒的需要。

（3）追溯系统是工业4.0和《中国制造2025》有效实施的前提与保证。

（4）追溯策略能提高供应链的透明度，保障产品安全问题，提高顾客满意度，对我国国民经济和社会发展意义重大。

本书的主要理论意义主要体现在以下几个方面。

（1）在产品召回背景下，考虑不同的供应链模型，对追溯能力与价格的联合优化、追溯能力与可靠性优化的相互作用进行了讨论，丰富了对追溯能力的研究。

（2）在不同的成本分担合约下，研究了确定性市场和不确定性市场下供应链的召回努力策略，形成了较为完整的供应链召回努力策略研究。

（3）考虑了不确定市场需求下的产品召回，研究不同合约设计与供应链成员订货决策、召回努力策略的优化，丰富了供应链背景下通过合约设计解决产品召回问题的研究。

在实践意义上，本书对企业而言具有广泛的应用前景。

（1）有助于企业实施最优的追溯策略、召回策略以及定价策略，企业可以根据污染源和召回位置等因素选择合适的追溯模式和召回策略，进而降低其产品的召回成本，达到利润最优化的目标。

（2）有助于供应链成员在不同成本分担合约下制定出最优的召回努力策略，进而降低其产品的召回成本，达到利润最优化的目标。

（3）有助于从业者共同设计供应链中的召回成本分担合约和定价策略，根据合作侧重方向来选择分担合约。

（4）有助于维持供应链的协调性，对加强供应链上下游合作，制定合约改善绩效具有一定参考意义。

在全球供应链环境下，产品召回成为企业不可回避的问题。本书在对企业的现实生产和服务进行深入分析的前提下，对召回供应链中的各个问题展开了深入研究。本书各章节的内容将分别对相应的问题及方案进行介绍，希望为企业生产提供切实可行的指导和借鉴。

1.4　国内外研究现状

产品召回对供应链绩效有着显著影响，因此，考虑产品召回的供应链决策引起了许多学者的广泛关注。目前从产品召回角度研究供应链绩效主要有以下两个方面：首先是通过建立供应链追溯系统或提高追溯能力来降低产品召回发生的概率以及产品召回成本。其次是通过供应链成员之间的合约设计来降低产品召回对供应链绩效的影响。本书主要从召回事件的影响、追溯能力与定价策略的联合优化、召回努力策略和召回供应链合约设计四个方面对召回供应链进行研究。

1.4.1　召回事件的影响

Barber 和 Darrough（1996）研究了美国汽车行业的召回数据，并分析了召回对公司品牌、消费者购买意愿和公司价值的影响。因此，这就需要对如何管理多个供应链合作伙伴的召回激励措施进行更深入的了解，以改善供应链绩效并降低召回事件发生的可能性。Sherefkin（2002）记录福特公司 76%的质量问题源于其第一级供应商。但是，召回成本通常由制造商承担，原因如下：①无法选择备选方案；②召回原因很难找到；③缺乏有效的成本分摊方法。这不仅打击了制造商，而且阻碍了供应链质量的提高。Rupp（2004）称由产品质量问题引起的产品召回将带来召回成本、销售下降、声誉损失和诉讼纠纷等风险。质量改进有助于减少召回造成的损失，如 Kumar 和 Schmitz（2011）使用六西格玛方法探索了产品召回管理以及避免召回的原因、成本和措施。提高召回水平可以减少信息不对称。Fritz 和 Schiefer（2009）开发了一种合适的跟踪过程和决策模型，该模型还支持了解部门的僵局。Lindley（2007）通过模拟模型研究了召回成本和肉类工厂追踪成本之间的交易。基于污染源识别的准确性，Piramuthu 等（2013）通过存在污染的三个显著性可见标准研究了三条易变质食品供应链中的召回品种。Thakur 等（2010）研究了在散装谷物处理中平衡总成本和可追溯性的散装谷物混合问题，并提出了多目标混合整数规划模型。Fan 等（2015）调查了 RFID 技术对供应链决策的影响。Balachandran 和 Radhakrishnan（2005）证明了制造商向供应商提供质量成本分摊协议可以确保质量问题的责任所在，并为改进流程提供激励措施。Tang（2018）研究发现，在由供应商、制造商和银行组成的供应链中，供应链中断的风险会受到供应商行为的影响。由于供应商的行为是不可观察的，因此如何有效地促进供应商的行为是制造商和银行的难题。

考虑到产品召回往往会带来企业在经济、名誉等多方面的重大损失，为了解决产品召回中的产品追踪难、成本分摊无法明确等痛点问题，本书从追溯能力与价格的联合优化、召回努力策略和召回供应链合约设计对产品召回进行了研究，对已有的产品召回研究进行了补充。

1.4.2　追溯能力与价格的联合优化

和追溯能力与定价策略的联合优化有关的文献主要有两个方面：追溯策略和定价策略。

追溯策略的研究主要分为追溯模式以及追溯能力两个方面。对追溯模式而言，主要体现在对追溯系统的研究上。追溯系统在缓解产品召回问题方面有许多潜在的好处，如限制召回规模（Pouliot，2008），使用 RFID 获取订单进度信息（Gaukler et al.，2008；Huang et al.，2012）等。可追溯系统影响评估的经济分析涉及以下几个方面：对于不同追溯系统的效益和成本的评估（Fritz and Schiefer，2009）、可追溯性和利润之间的关系（Pouliot，2008）、可追溯性对召回成本的边际影响（Piramuthu et al.，2013）、可追溯性对供应链决策的影响（Saak，2016；Fan et al.，2015），以及可追溯性对最优检验策略的影响（Yao and Zhu，2020）。而追溯系统的模块和结构设计问题在不同行业受到了广泛的关注（Ngai et al.，2007；Liu et al.，2009；Zhao et al.，2009）。Zhang 等（2009）提出在肉类供应链中使用 RFID 技术来追溯流程和进行产品召回。Ruiz-Garcia 等（2010）提出在食品供应链中使用互联网系统来进行数据处理。Akkerman 等（2010）对食品质量、安全及可持续性的定量运营管理方法进行了综述分析。Dai 等（2015a）提出用基于公理化设计的方法来设计供应链追溯系统，数字实验结果表明该方法不仅能从整体上优化追溯链，并能激励供应链成员主动加入追溯系统。目前国内对供应链追溯策略优化的研究很少，主要研究了追溯能力的评价，并主要应用在食品供应链方面。基于食品科学追溯策略角度，林凌（2009）从不对称信息理论的视角分析了食品安全方面可追溯系统的原理及国内外建设食品安全可追溯系统的现状。董雪（2010）从宏观层次和实践角度对有机农产品的质量控制管理研究中的相关文献做了理论综述分析。龚强和陈丰（2012）在一个由下游销售者和上游农场组成的垂直供应链结构中，考察了追溯能力的提高如何改善供应链中食品安全水平及上下游企业利润。

对追溯能力而言，Golan 等（2004）借鉴可追溯体系本身特性的差异提出追溯能力可以从"宽度"、"深度"和"准确度"三个层面来衡量。目前追溯能力的定义多以描述角度为主。较为常用的追溯能力衡量指标为追溯颗粒（Bollen et al.，2007；Karlsen et al.，2011，2012）或者可追溯单元的大小。可追溯单元（traceable unit）是指在供应链成员之间被唯一标识的最小单位的产品或者资源（Kim et al.，1999）。在追溯能力的优化方面，Dupuy 等（2005）提出了一个批量扩散模型，在食品供应链中采用混合整数线性规划，通过最小化批量来最优化追溯能力。Rong 和 Grunow（2011）在食品供应链中提出了一个生产分销计划模型，然后根据批量扩散模型,通过混合整数线性规划和启发式算法来最优化追溯能力。Gandino 等(2009)研究了农产品工厂内外部的追溯能力,研究发现有 RFID 和无 RFID 的水果仓库的结果差别较大,且有 RFID 工厂的加工过程均为自动的。他们认为自动程度的关键是内部追溯能力的准确度、完整度和可靠程度,并进一步分析了实施半自动水平的工厂虽然需要较大的启动成本,但维持成本却相对较小;而半自动系统相对于手工系统而言,其快速读取和记录使其反应较快。Nishantha 等(2010)研究发现中小型企业通常采用非全自动系统是因为受到自身规模的限制。在现实中,怎样选择有合适追溯能力的追溯系统是企业面临的一个难点。Piramuthu 等(2013)在一个三阶段易变质供应链中,在不同的追溯水平(定性水平)下,研究了当污染发生在不同阶段时的召回机制。Aiello 等(2015)通过可追溯单元的大小来衡量追溯能力,研究了追溯能力对易腐烂产品供应链的期望价值和利润的影响,并通过数值分析的方法探究到最优的追溯能力,即最优的可追溯单元大小。Dai 等(2017)也研究了追溯能力的优化,但他们的重点是在考虑内生定价的供应链中追溯成本和召回成本的情况下,在可追溯单元规模和价格方面对追溯能力进行联合优化。

定价策略主要研究的是供应商、制造商及零售商组成的供应链如何相互博弈最终找到价格均衡解。Chao 等(2009)在需求为外生变量的条件下,分析了产品召回的实质是制造商与供应商的成本分担问题,发现菜单合同能有效降低制造商的成本和改善产品质量,并提出了一个基于根源分析的成本分担机制。Dai 等(2015b)提出了一个兴趣分享机制来促使供应商改善追溯能力,从而降低制造商的成本;同时,他们研究了三种同水平的追溯能力(供应商层次、批量层次、单件产品层次)对供应链各成员利润的影响,从而为各成员的追溯能力决策提供参考。考虑追溯能力对召回成本的影响,Wang 等(2009)建立了一个关于易变质食品最优追溯能力的模型以使得食品召回影响最小,进而更好地保持了产品原先的质量,然后基于两级及三级供应链的情况对该模型进行具体的分析。Fritz 和 Schiefer(2009)将复杂性和追溯与追溯模型联系起来,特别从多个供应链水平的角度(包括企业、部门和政府)分析了成本与收益。由于存在多个不同的利益部门,最终该模型会维持一个稳定的水平保持不变。上述研究中追溯能力只有两个状态,即使用与不使用,并没有从定量的角度来衡量和优化供应链追溯能力及其对供应链绩效的影响。

目前大多数文献侧重从定性的角度研究不同追溯水平对企业利润或者成本的影响,鲜少从定量的角度考虑供应链追溯能力对召回成本和供应链利润的影响。已有的文献大多只研究了供应链追溯策略的优化,没有考虑其他供应链决策,也没有将追溯策略、召回策略以及定价策略结合起来分析。本书在竞争供应链中把追溯策略、召回策略和定价策略联合优化,为追溯能力与价格的联合优化方面的文献提供了补充。

1.4.3　召回努力策略

各大公司已经在产品召回风险管理方面付出了巨大努力，可以分为可靠性努力和追踪努力两大类。产品可靠性努力是指提高产品质量，旨在降低召回概率，采取更新生产设备或供应链成员之间的合同设计的形式。追踪努力旨在通过在供应链中应用 RFID 跟踪或条形码跟踪来加强跟踪功能，从而减小产品召回后果。供应链可追溯性在许多经济体中引起了相当大的关注，如美国设立《消费品安全改进法》（公法编号 110-314）、日本开发在线果蔬追溯信息系统（Seica）。这些关于可追溯性的法规或标准促使各行业中建立可追溯系统的公司逐渐增多，供应链追踪能力逐步改善。在供应商努力水平方面的研究，主要有以下文献。

Handfield 等（2000）、Liu（2009）、Wang 等（2010）讨论了运营管理中的产品质量改进，买方公司投资改善供应商的流程，以降低成本，提高质量和可靠性。此外，Baiman 等（2000）分析了产品之间的关系质量，质量成本和可以承包的信息。Balachandran 和 Radhakrishnan（2005）指出制造商向供应商提供质量成本分摊协议以确保质量问题的责任在现实中很常见。许多以前的研究都与质量管理的合同设计有关，如 Reyniers 和 Tapiero（1995a）的固定份额合同、Chao 等（2009）的选择性根本原因分析合同，将早期失败与晚期失败区分开来进行供应链成员的质量改进工作。大多数研究都集中在关于供应链成员之间质量改进的合同设计上，学者中很少有人在产品召回的背景下研究产品质量的提高。

关于分担合约的文献通常假设供应商的努力或从努力中获得的能力是可观察的，因此 Roels 等（2010）考虑与努力相关的合同条款，或努力实现的能力（Kim et al.，2007；Corbett et al.，2005；Plambeck and Taylor，2006）。一些文献关注定价机制对供应商努力的影响，比较事前决策和事后决策（van Mieghem and Dada，1999；Bernstein et al.，2015；Kim and Netessine，2013）。Iyer 等（2005）和 Zhu 等（2007）考虑买方给供应商投入资源，并分析此类投资对供应商改进工作的影响。与供应链管理文献不同，拍卖文献侧重于供应商竞争，而非供应商努力。拍卖文献中的大多数都假设了一个外生的供应基础。研究供应基地设计的文献考虑了供应商竞争价值与其他因素，如供应商资格成本（Riordan，1996），供应商多元化（Wan and Beil，2009），购买效率低、成本较高之间的权衡（Klotz and Chatterjee，1995；Lewis and Yildirim，2002），以及生产不经济（Tunca and Wu，2009）。Agrawal 和 Nahmias（1997）考虑了与每个供应商相关的固定成本及对供应商可靠性改进的投资（Wang et al.，2010），以及是否为现有供应商引入未来的竞争及供应可靠性问题（Li，2013；Shugan，1985）。

石岿然等（2014）在质量和需求双重不确定条件下研究了零售商与制造商的

质量投资决策、销售努力决策、定价决策以及成本分摊比例，得到零售商最终博弈取得的成本分担比例小于使制造商利润最优的取值。刚号和唐小我（2014）研究了信息的对称性对于供应链成员决策的影响。由于现实中市场需求往往受到销售努力的影响，有大量学者对此展开了研究：庞庆华等（2013）分析了努力因素对收益共享契约协调供应链的影响，解释了此时收益共享契约无法协调供应链的原因。Ma 等（2013）研究了在 Stackelberg 模型中，不同个体主导会影响双方的努力水平，而主导的个体通常更愿意做出努力。代建生（2018）分别研究了销售商的促销努力在可观测和不可观测时退货政策的选择问题。以上文献都局限于研究单一的努力因素，如供应商的努力同样可以影响市场需求，胡本勇和曲佳莉（2015）发现在考虑努力因素时，由于努力投入的外部性，单纯的期权销量担保模型缺乏对节点企业努力行为的激励，无法实现供应链协调。

目前，很少有文献在召回供应链中采取不同的召回成本分担方式，并通过设计分担合约促进供应商提高努力水平。本书对分担方式的合约设计进行了研究，并对比各种合约的有利性，为召回努力策略方面的文献提供了补充。

1.4.4　召回供应链合约设计

Dai 等（2015b）研究了一个制造商和两个供应商组成的二级供应链中的产品召回问题，发现利润共享机制可以提高供应链成员的经济利润和可追溯性。肖迪和潘可文（2012）研究发现，收益共享契约可以促使供应商改进产品质量，减少产品召回成本，提高供应链成员的利益。另外，传统供应链研究发现，风险或成本分担合约可以改善供应链绩效，譬如 Chao 等（2009）讨论了如何通过共享产品召回成本来改进产品质量的合约设计问题。刘学勇等（2012）在线性市场需求情形下，研究了由单制造商和单供应商组成的供应链中的产品召回成本分担合约问题。而保险合约的本质是风险共担。产品召回的供应链合约设计的本质是通过共担由产品召回带来的风险来提高供应链的绩效。保险合约作为一种转移风险的手段，近年来在供应链管理领域吸引了许多学者进行研究。Lodree 和 Taskin（2008）探讨了不确定市场需求情形下非营利机构的保险合约设计。解慧慧等（2012）研究了服务外包情形下的供应链保险合约设计问题以及保险公司的决策。Huang 等（2013a）研究了投保人背景财富是随机的情形下最优保险合约设计问题。Wang 和 Luo（2015）研究了供应链企业在资金约束的情形下的最优保险合约设计和订货决策。保险合约在增强企业风险管理方面也成为许多学者关注的重点。Dong 和 Tomlin（2012）研究了营业中断保险和运营指标之间的关系，发现保险可以增加库存的边际价值和紧急采购的整体价值。Dong 等（2018）研究了企业生产链上库存、中断保险和准备行动之间的相互影响。Serpa 和 Krishnan（2017）研究发现保险合约可以减少搭便车问题，提高风险管理效率。同时在实践中，线性合约非常普遍，在供应链中，许多问题是利用线性合约来研究的。Evans（2010）在委托代理的采购模型中，研究了类型依存的保留效用对最优线性合约的影响，发现保留效用可以通过线性菜单合约来实现。Bose 等（2011）的研究表明，在许多重要的经济问题中，线性合约非常接近完全最优合约。魏光兴和覃燕红（2010）研究了基于公平偏好的激励合约，发现公平偏好小的最优激励合约是线性结构的。孟卫东等（2013）通过线性合约研究了供应链联合促销的相互激励模型，发现存在最优的线性合约使渠道利益达到最大化。在供应链保险合约的研究中，有大量文献采用线性合约的形式研究供应链中保险合约的设计问题，譬如 Dong 和 Tomlin（2012）、Serpa 和 Krishnan（2017）等的研究。Echazu 和 Frascatore（2012）在考虑产品召回的情形下，研究了确定性市场需求情形下的保险合约设计与供应商努力程度决策，即只存在产品召回情形下的供应链保险合约设计问题。Lin 等（2010）考虑了不确定市场需求下的保险合约设计问题来协调供应链。

目前，很少有文献在不确定市场需求背景下研究召回供应链合约设计和供应链协调。本书在不确定市场需求背景下对召回供应链中的供应合约设计进行了研究，并对比各种合约的有利性以及供应链协调能力，为召回供应链合约设计方面的文献提供了补充。

1.5　本书主要创新点

本书的主要创新点包括以下几个。

（1）在供应链追溯能力研究方面，现有文献大多是基于分散式来优化追溯能力，而没有考虑追溯能力在降低召回成本和提高可追溯性方面的效益。更重要的是，他们没有量化召回成本与追溯能力之间的关系，以及追溯能力优化和供应链决策之间的交互作用。因此，本书利用外部召回概率，采用组合理论构建了一个能综合考虑供应链追溯能力、原材料特性及制造商质量控制策略的召回成本模型，然后基于该成本模型对制造商、供应商及供应链的追溯能力和价格进行了联合优化。同时比较了两种不同模式下制造商的最优批量（最优追溯能力），以及对各个参数做了灵敏度分析，研究了追溯能力和供应链决策之间的相互作用，如问题参数对双重边际化效应的影响。

（2）供应链追溯能力作为用于识别诸多产品缺陷问题的主要手段之一，已成为供应链可见性能力的重要特征。供应链风险管理的相关文献大多数涉及的努力是审计、检验及质量改进，而本书主要考虑的是可靠性努力与可追溯性。此外，本书关注竞争性供应链背景下追溯能力与产品可靠性优化的相互作用，讨论了追溯能力竞争对供应链决策的具体影响机制，并进一步研究了竞争制造商的均衡追溯能力决策。研究了具有产品召回的竞争性供应链中的最优产品可靠性和追溯能力，丰富了经典供应链风险管理方面的文献，展示了可追溯性如何与传统的产品可靠性及两个竞争制造商的追溯决策相互影响。在竞争性供应链中，除了产品差异化和渠道差异化的价格竞争外，还考虑了可追溯性差异化的竞争，证明了这种竞争不会影响两个竞争制造商的均衡努力决策结构。

（3）在召回努力策略的研究方面，大部分文献通过激励供应商或制造商提升召回努力来降低产品召回概率，很少在召回供应链中同时考虑销售或生产努力。而本书的市场需求与产品价格和努力水平有关。在此基础上，本书还分别考虑了制造商的促销努力和供应商的生产努力对供应链召回努力决策的影响。在线性市场需求下，考虑了内生的批发价格，研究了不同潜在市场规模和初始期望单位召回成本下供应链的最优召回努力策略；在供应链召回努力的基础上，同时优化供应链召回努力策略、制造商的促销努力策略和供应商的生产努力，分别研究了促销努力及生产努力对供应链召回努力及召回概率的影响。从产品召回概率的角度分别研究了确定性市场和不确定性市场下供应链的召回努力策略，充实了召回努力策略的研究。

（4）考虑装配供应链的召回努力策略，大多数研究都集中在关于供应链成员之间质量改进的合约设计，很少有作者在产品召回的背景下研究装配供应链中产品质量的提高。本书的创新之处在于，以提升不同成本系数供应商的可靠性努力为重点，考虑了供应商竞争和成本分担合约，依据供应链成员自身努力水平将召回成本在供应链各成员间进行分担，揭示合约设计与供应商努力及供应链利润的关系。通过考虑供应商层面的召回努力竞争，在由单制造商和双供应商组成的装配供应链中，研究了不同成本分担合约对供应商召回努力优化的影响机制。

（5）在传统的批发合约情形下，产品召回和不确定市场需求均会给制造商带来不确定的损失，这不仅仅给制造商的订货决策带来了挑战，更影响了整个供应链的绩效。目前大量文献主要集中于研究只考虑不确定市场需求的订货决策，并发现通过风险共担模式的合约设计可以改善供应链的绩效。但是，基本上没有学者研究过同时考虑产品召回与不确定市场需求的订货决策问题，特别是线性保险合约下的订货决策问题。而本书则是在同时考虑产品召回与不确定市场需求带来的双重不确定损失的情形下，研究了制造商的订货策略，以及制造商应该采取什么形式的供应链保险合约来改善自己及供应链的绩效，同时研究了供应链保险合约下的最优订货决策，以及保险合约对最优订货决策的影响机制。探索了不确定需求下召回供应链的最优保险合约决策，并研究了产品召回概率、市场需求大小及波动性对最优保险合约决策与最优订货决策的影响。

（6）成本分担合约被广泛运用于质量控制、产能投资、供应链中断等问题，但很少有人在召回供应链背景下进行研究。因此，考虑到收益共享合约的局限性，本书在产品召回的背景下同时从收益共享和召回成本共享的角度设计供应链合约，结合了三种常用的成本分担机制，即固定比例成本分担机制、线性成本分担机制和阈值成本分担机制对收益共享合约做出了改进，并对比分析了这三种合约的激励机制，充实了供应链合约设计理论。

1.6　召回供应链管理理论

产品召回供应链管理理论主要是通过召回供应链中的供应链优化及合约设计来解决存在产品召回风险的供应链绩效管理问题。首先，建立可追溯系统是降低产品召回经济损失最有前景的方式之一，可追溯系统可以帮助企业更加准确地区分有污染产品和无污染产品，从而减少因污染嫌疑而召回的产品数目，降低产品召回损失。其次，供应链的召回努力可以改进产品的质量，控制污染，改良缺陷设计等，以提高产品的可靠性，降低召回事件发生的概率从而减小产品召回对供应链绩效的影响。最后，召回供应链中的合约设计是改善供应链绩效的有效方式，供应链成员可以通过设计共享收益、共担风险等合约来改善或者协调召回供应链的绩效。本书的研究主要针对召回供应链的特点及存在的问题，从供应链追溯能力视角，研究数个贴近实际的、具有意义的问题，并提出一系列的新模型、新理论和新策略，进而得到一些管理启示。

本书的主体内容包含三部分：产品召回供应链中的追溯能力与价格优化、产品召回供应链中的召回努力和产品召回供应链中的合约设计。目前，产品追溯系统是用来缓解产品召回问题最有效的方式之一，产品召回供应链中的追溯能力与价格优化主要是从制造商和供应商角度在集中式与分散式供应链或者召回发生在供应商和制造商层面去联合优化追溯能力与价格。产品召回供应链中的召回努力主要是研究考虑促销努力与生产努力、不同的成本分担合约下供应链召回努力的策略及竞争供应链中可追溯性与可靠性优化的相互作用。产品召回供应链中的合约设计是协调或者改善分散式供应链的常用手段，主要考虑收益共享合约，收益共享与固定比例、线性比例、阈值召回成本分担复合合约，线性保险合约，固定保险合约是否能协调或改善供应链以及协调或改善时的参数条件，具体的研究内容见图 1.14。

通过以上综述可见，对产品召回供应链的研究是蓬勃发展的领域。本书的主要内容集中在以下几个方面：第 1 章为绪论，主要介绍研究背景并对相关研究进行回顾；第 2～4 章为产品召回供应链中追溯能力与价格优化研究；第 5～7 章为产品召回供应链中的召回努力研究；第 8～10 章为产品召回供应链中的合约设计研究；第 11 章为展望与总结。详细描述如下。

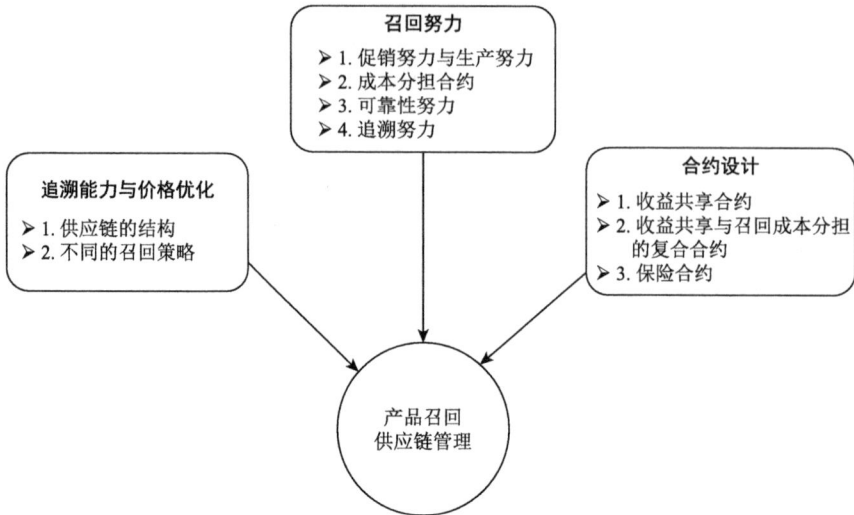

图 1.14　产品召回供应链管理

1.6.1　产品召回供应链中的追溯能力与价格优化研究

（1）内生定价下供应链追溯能力和价格的联合优化。在一条由一个供应商、一个制造商和一个零售商组成的三级价格内生供应链中，在产品召回的情形下，借助博弈论和组合数学理论提出一个召回成本模型。本书分别在集中式供应链和分散式供应链中对追溯能力及价格进行联合优化，并进一步探究了追溯能力与供应链决策之间的相互关系。研究各主要参数（单位追溯成本、单位召回成本、制造商质量检测水平）如何影响追溯能力、价格及供应链的利润。基于我们的分析，在集中式和分散式供应链中存在唯一的追溯能力和零售/批发价格使得供应链的利润最大化，最优追溯策略的选择与单位追溯能力与单位召回成本比率、质量检测标准有关。并且我们发现在成本比率较大或者较小背景下，改善追溯能力能扩大或者消除双重边际效应。

（2）不同召回策略下供应商追溯能力与定价策略研究。在一个价格内生的二级供应链中，本书研究了基于零售价格内生条件下产品召回发生在供应商/制造商层次的供应商追溯能力及价格的联合优化，并进一步研究了追溯能力和供应链决策之间的关系。研究各主要参数（单位追溯成本、单位召回成本、制造商质量检测水平）如何影响供应商追溯能力、价格及供应商的利润。最后通过数值分析供应商在不同召回策略下（产品召回发生在供应商/制造商层次）的最优追溯能力、价格及供应商利润。基于我们的分析，在制造商层次召回时，存在唯一的供应商最优追溯能力及零售/批发价格使得供应链的利润最大化。并且当单位召回成本、单位追溯成本或单位检测成本增大时，最优零售价格和最优批发价格增大，同时供应商的最优利润减少。

（3）存在产品召回的竞争供应链中追溯能力与可靠性优化的相互作用。在一条由两个制造商与两个零售商组成的二级召回供应链中，本书使用 Stackelberg 博弈模型来捕获制造商、零售商和消费者之间的相互作用。首先，分别在制造商无追溯、单制造商追溯、双制造商追溯三种模式下研究两个竞争制造商最优的产品可靠性努力以及追溯努力策略。其次，通过比较两个竞争制造商在三种模式下的利润得出两个竞争制造商最优的追溯模式。再次，考虑两个竞争制造商不对称的市场需求对两个竞争制造商最优的产品可靠性努力及追溯努力策略的影响。最后，研究各主要参数（追溯努力投资成本系数、产品追溯竞争强度）如何影响两个竞争制造商最优模式的选择、产品可靠性努力及最优利润。基于我们的分析，当追溯能力投资成本系数较低时，追溯能力可以完全替代产品可靠性；而当成本系数较高而可靠性投资成本系数较低时，追溯能力可以提高产品可靠性。投资追溯能力始终对制造商自身有利，当追溯能力投资成本系数足够大时，也会使没有追溯能力的竞争者受益。我们发现投资追溯能力的制造商的利润会随着追溯能力竞争强度的增加而增加。

1.6.2　产品召回供应链中的召回努力研究

（1）考虑促销努力与生产努力的召回努力策略研究。在一条由单个供应商和单个制造商组成的二级召回供应链中，本书首先构建一个供应商领导的 Stackelberg 模型，分别研究了三种情形下供应链的最优召回努力策略：仅考虑供应商和制造商的召回努力，同时考虑供应链召回努力和制造商的促销努力，以及同时考虑供应链召回努力和供应商的生产努力。首先，研究各主要参数（初始期望单位召回成本、潜在市场份额、召回努力成本系数、生产努力成本系数）如何影响最优的供应链召回努力、制造商促销努力及供应商的生产努力。其次，通过对比考虑促销努力和生产努力两种情形，分析了不同情形下供应链最优策略。最后，通过数值分析比较促销努力和生产努力对供应链召回努力以及各成员利润的影响。基于我们的分析，只有当潜在市场份额足够大时，供应链才会有生产销售活动，且潜在市场份额越大，供应链双方召回努力越大。同时供应链最优召回努力策略与潜在市场份额和初始期望单位召回成本有关。最终，选择供应链采取生产努力还是制造商选择促销努力取决于双方的努力成本系数。

（2）基于成本分担合约的供应商可靠性召回努力策略。在一个由单个制造商与两个供应商组成的二级装配供应链中，制造商监测零配件质量并进行改善，召回成本由三方分担，制造商设计召回成本分担方式以促进努力成本系数不同的两个供应商提升其质量改进努力。基于我们的分析，在供应商最优努力策略方面，供应商间进行线性分担，总能比固定比例分担更好地刺激高努力成本系数供应商提升努力，往往供应链核心供应商都面临较高的努力成本，为激励此类核心供应商提升可靠性努力，使用线性分担无疑更加明智；在利润方面，努力成本系数越大，阈值策略越会保护供应商利润，当面临一些高努力成本系数的供应商时，采取阈值策略不仅可以增加制造商自身利润，也可使供应联盟更加长久稳定。

（3）成本分担合约对供应商可靠性召回努力策略的影响研究。在一条由单个供应商和单个制造商组成的二级召回供应链中，本书首先构建一个制造商领导的Stackelberg 模型，分别研究了比例分担合约、线性分担合约及阈值分担合约下的最优供应商可靠性努力策略。首先，研究各主要参数（潜在市场份额、努力成本系数、召回努力成本系数、期望单位召回成本）如何影响最优的供应商可靠性努力。其次，在不同的潜在市场份额下，比较分析了三种成本分担合约下的供应商最优可靠性努力、最优的零售价格、供应链各成员及供应链总体的利润。最后，通过数值分析努力成本系数对供应商最优可靠性努力及供应链各成员和供应链利润的影响。基于我们的分析，在三种合约下最优供应商可靠性努力和最优利润的大小与潜在市场份额的大小有关。而制造商和供应链的最优利润与成本系数和潜在市场份额有关。

（4）基于成本分担合约的装配供应链召回努力策略研究。考虑一条由单个制造商与两个供应商组成的二级装配供应链，制造商向两个供应商订购相同数量的零配件并进行加工。本书构建一个制造商领导的 Stackelberg 模型，分别研究了比例分担合约、线性分担合约下供应商最优的召回努力策略。首先，研究各主要参数（制造商承担召回成本比例）如何影响最优的供应商召回努力。其次，比较固定比例召回成本分担合约与线性召回成本分担合约下供应商最优召回努力策略。最后，通过数值分析固定比例召回成本分担合约及线性召回成本分担合约在不同参数设定下对供应链成员及供应链总体利润的影响。基于我们的发现，供应商更倾向于固定比例召回成本分担合约，而制造商更倾向于采取线性召回成本分担合约。线性召回成本分担合约更能激励供应商提升可靠性努力水平，两种合约在不同的召回成本下可以增加供应链的利润。

1.6.3　产品召回供应链中的合约设计研究

（1）考虑产品召回的供应链固定保险合约与订货决策。针对一个由单供应商和单制造商组成的二级供应链，在同时考虑产品召回和不确定市场需求的情形下，站在制造商的角度研究供应链保险合约下的订货决策及实现供应链协调的最优保险合约决策。首先，考虑产品召回与不确定市场需求情形下的集中式和分散式供应链下的最优订货量。其次，考虑产品召回与不确定的市场需求情形下保险合约供应链的制造商最优订货量，以及实现供应链协调的最优保险合约费用和制造商承担损失的比例。研究了主要参数（产品召回概率、制造商承担损失的比例）对最优订货量的影响，并与不存在保险合约的最优订货量比较。最后，研究了市场需求服从均匀分布时，制造商最优订货量与实现供应链协调的最优保险合约费用。基于我们的分析，保险合约可以提高制造商的最优订货量来降低双边边际效益。同时，存在一个最优且唯一的保险合约来实现供应链协调。

（2）产品召回供应链中线性保险合约与订货决策。考虑一个由单供应商和单制造商组成的二级供应链，在不确定市场需求情形下考虑产品召回，站在制造商角度研究供应链线性保险合约下的最优订货决策及最优线性保险合约决策。首先，在考虑产品召回的情形下分别研究集中式和分散式供应链下制造商的最优订货决策。其次，考虑产品召回与线性保险合约下制造商的最优订货决策及线性保险合约决策。研究各主要参数（不确定市场需求的概率密度函数、固定费用、批发合约下的期望损失）如何影响最优的供应链线性保险系数。最后，研究均匀分布情况下考虑产品召回的订货与线性保险合约决策，并用数值分析不同产品召回概率和不同线性保险合约的固定费用对制造商及供应链的最优利润的影响。基于我们的分析，最优的订货决策与产品召回概率及线性保险系数相关，存在唯一的最优订货量来最大化制造商的利润。并且最优的线性保险系数与线性保险合约的固定费用及产品召回概率有关。

（3）考虑不确定性市场的供应链合约设计研究。在一条由单个供应商和单个制造商组成的二级供应链中，供应商生产零部件并出售给下游造商，制造商对零部件进一步加工得到最终产品。本书在不确定性市场下构建一个制造商领导的Stackelberg 模型，分别研究了收益共享合约、收益共享与固定比例召回成本分担合约、收益共享与线性比例召回成本分担合约、收益共享与阈值召回成本分担合约下制造商最优订货量和供应链各成员最优召回努力水平。首先，研究不同合约下供应链协调或者改善的参数范围。其次，对比了四种合约以及传统供应链下的最优决策，包括最优订货量与最优召回努力水平。最后，通过数值分析四种合约下供应链各成员及供应链的利润。基于我们的发现，收益共享与阈值召回成本分担合约及收益共享与线性比例召回成本分担合约能够使订货量和召回努力水平达到最优并协调供应链。

第2章　召回供应链追溯能力与价格的联合优化研究

2.1　导　　言

随着企业以牺牲产品可靠性为代价增加全球供应链以保持竞争力，产品召回正成为供应链管理中一个相当具有挑战性的问题，召回不仅损害了公司的声誉，还造成了重大的经济损失，如更换和修复缺陷产品的费用。产品召回的本质是对产品的风险来源进行相应的识别，然后对不能明确识别为风险源的产品实施全面召回。所以到目前为止，追溯系统被认为是减少召回成本最有前景的解决方案之一（Huang et al.，2012）。此外，通过将可追溯性与运营管理功能相结合，可以提高供应链的效率。供应链追溯自2005年1月1日起已成为欧盟的一项法律义务，在其他发达经济体也引起了相当大的关注，如美国《消费品安全改进法》（公法编号110-314）和日本的在线果蔬追溯信息系统Seica（Lee and Park，2008）。到目前为止，中国也启动了追溯法规。例如，2021年修正的《中华人民共和国食品安全法》第四十二条规定："国家建立食品安全全程追溯制度。食品生产经营者应当依照本法的规定，建立食品安全追溯体系，保证食品可追溯。国家鼓励食品生产经营者采用信息化手段采集、留存生产经营信息，建立食品安全追溯体系。国务院食品安全监督管理部门会同国务院农业行政等有关部门建立食品安全全程追溯协作机制。"因此，研究供应链中追溯系统的设计是一个很有意义的问题，特别是研究追溯能力的优化，它在追溯系统性能中起到主要决定作用。

供应链可追溯性是指通过在整个供应链中记录的标识来追溯一个实体（可追溯单元）的历史、应用或位置的能力（Nguyen，2004）。到目前为止，现有的文献主要集中在追溯系统的体系结构设计上。例如，模块和结构的设计，以及与之相关的各种行业的标识、编码和数据访问系统，如粮油（Liu et al.，2009）、家禽（Cebeci et al.，2009）和飞机（Ngai et al.，2007）。为了便于数据采集，RFID被用于肉类供应链中的追溯流程和产品召回（Zhang et al.，2009）。食品供应链中使用了基于网络的数据处理系统（Ruiz-Garcia et al.，2010）。Dai等（2015a）提出了一种基于公理化设计方法的供应链可追溯系统设计方法。然而，这些工作在评价可追溯性系统时没有考虑经济性分析。

经济性分析是评价追溯系统性能的一个重要方面，对追溯能力的设计具有重要意义。Dessureault（2006）根据对加拿大乳制品加工企业的实证调查，评估了追溯系统的效益和成本。Lindley（2007）通过一个仿真模型研究了肉品厂召回成本和追溯成本之间的权衡。Pouliot（2008）开发了一个分析模型，基于对可追溯性的支付意愿研究可追溯性与利润之间的关系。Fritz 和 Schiefer（2009）开发了一个决策表，通过降低召回成本及与不同追溯系统相关的成本实现了相对效益。Kumar 和 Schmitz（2011）通过六西格玛 DMAIC 方法分析了消费品供应链中的召回管理，以及原因、成本和预防召回的措施。基于各种追溯技术的比较，Appelhanz 等（2016）提出了木质家具行业产品信息获取、处理和提供的可追溯性信息系统，并采用成本效益模型对系统可行性进行了研究。虽然上述研究试图探讨追溯能力对降低召回成本的影响，但并未明确指出追溯能力与召回成本或供应链绩效之间的关系。在这种情况下，实践者很难决定是否采用追溯系统的追溯能力。因此，本章的主要目标是量化追溯能力与召回成本之间的关系，然后通过使供应链绩效最大化来优化追溯能力和价格。

追溯能力主要决定追溯系统的性能（Dabbene and Gay，2011）。追溯能力的优化吸引了大量学者进行研究。Dupuy 等（2005）提出了一种基于混合整数线性规划（mixed-interger linear program，MILP）的批次分散式模型，以优化食品行业的批次大小和批次混合问题。利用链分散式的概念，Rong 和 Grunow（2010）利用 MILP 开发了一个食品供应链的生产和配送规划模型，并为具有不同风险态度的决策者提供了启发式解决方案。Thakur 等（2010）研究了散装谷物处理中平衡总成本和可追溯性的散装谷物混合问题，并提出了一个多目标混合整数规划模型，通过将谷物升降机上的批量聚集造成的食品安全风险最小化来最小化可追溯性工作。Wang 等（2009）优化了易腐食品的生产批量大小和批量分散式政策。Piramuthu 等（2013）研究了三级易腐食品供应网络中的召回动态，在存在污染的情况下，基于污染源识别的准确性，通过三种不同的能见度水平进行了研究。他们重点研究了污染可以追溯到其来源的几个不同的粒度级别，以及在由供应商、制造商和零售商组成的供应链中召回的阶段。Fan 等（2015）调查了 RFID 技术对供应链决策的影响。Saak（2016）研究了供应链为什么投资及何时投资可追溯系统的问题，并确定了存在完美的可追溯性不是最优的情况。综上所述，现有文献大多是基于分散性来优化追溯能力，而没有考虑可追溯性在降低召回成本和提高可追溯性方面的效益。更重要的是，现有文献没有量化召回成本与追溯能力之间的关系，以及污染与召回成本之间的关系。

Dai 等（2015b）在一个制造商和两个供应商组成的两阶段供应链中，基于给定的技术成本、召回成本和零售价格，设计了单体级、批量级和条码级的追溯能力。此外，他们还提出了一种收益共享机制来设计供应链追溯系统，以更好地协调不同供应链成员的收益，并基于所提出的责任计算模型量化不同设计参数下的预期总责任。但在实际操作中，零售价格可能是内生的，召回成本取决于制造商投放市场的产品数量、成品和原材料的可追溯单元大小及原材料的质量检验要求。更重要的是，他们只关注单体级、批量级和条码级的追溯能力，而不是介于单体级和条码级之间的粒度级别。Aiello等（2015）利用数值分析确定了经济的可追溯单元大小，该单元根据水果和蔬菜等易腐产品追溯系统实施的预期值优化供应链利润。然而，他们没有考虑来自供应商的污染及追溯能力优化和供应链决策之间的交互作用。这促使我们在研究内生定价的供应链时，考虑追溯成本和召回成本，从可追溯单元大小和价格的角度研究追溯能力的联合优化问题。

本书对供应链追溯与定价策略进行了研究，并进一步分析了追溯策略、召回策略及定价策略等内容，为供应链追溯系统的决策提供了良好的管理借鉴。我们利用外部召回概率，利用组合理论建立了一个包含供应商和制造商追溯能力的显式召回成本模型，同时比较了两种不同模式下制造商的最优批量（最优追溯能力），以及对各个参数做了相关的灵敏度分析，研究了追溯能力和供应链决策之间的相互作用，如问题参数对双重边际化效应的影响。

本章的其余部分组织如下：2.2节描述了集中式供应链和分散式供应链中的联合优化问题；2.3节得到了上述联合优化问题的显式解，并给出了最优追溯和定价策略；2.4节分析了问题参数对最优追溯能力的影响，以及追溯能力和问题参数对定价策略和供应链利润的影响；最后，我们在2.5节对本章进行了总结。

2.2　追溯能力与价格的联合优化问题与建模

食品安全和产品召回成本主要取决于供应链追溯能力，其中追溯能力的一种重要衡量标准是可追溯单元的大小，而可追溯单元大小指的是某可追溯产品的批次规模（Aiello et al.，2015）。目前有两种常用的可追溯单元：通过RFID追溯的单品和通过条码追溯的批量产品。基于单品的可追溯单元主要应用于畜牧业和水产养殖业，而另一种基于批量产品的可追溯单元主要应用于乳品工业、农业、电子和汽车工业。在本章中的追溯能力指的是基于一个批次产品的可追溯单元。很明显可追溯单元越小，则追溯能力越强。然而，在一个追溯能力很强的供应链中，可追溯单元数量就会增加，这意味着会有很高的追溯成本。因此，需要获得最优可追溯单元大小（追溯能力）来平衡追溯成本和召回成本，使得供应链利润最大化或者对顾客的负面影响最小化。当没有关于供应链可追溯性规定或者召回责任与供应链可追溯性之间关系不清楚时，供应链成员往往不愿意采用可追溯系统。

本章研究基于产品批次自动追溯系统，应用于由一个供应商、一个制造商、一个零售商和许多顾客构成的供应链。假设产品召回问题仅来自供应商有缺陷的组件，也就是说有缺陷的组件不来自制造商。我们考虑一个风险中性的垄断制造商从单一的供应商订购原材料进行生产，然后销售其产品至单一零售商直到终端客户。一些原材料存在着缺陷的风险，制造商使用质量检验的方式，拒绝一些不合格可追溯单元，来减少原材料的供应缺陷率。其他确认合格的可追溯单元将从供应商运到制造商。制造商紧接着将一个可追溯的原材料单元分成若干个可追溯的产成品单元。然后，根据零售商的订单将成品交付给零售商，并最终将其运输到客户端。因此，原材料与产成品的可追溯单元大小是不相同的。且假设由原材料缺陷导致的有缺陷的产品都能在顾客端被检测到。一旦有缺陷的产品出现在顾客端，制造商有责任召回包括有缺陷的产品在内的所有可追溯的单元。供应链研究框架如图 2.1 所示。

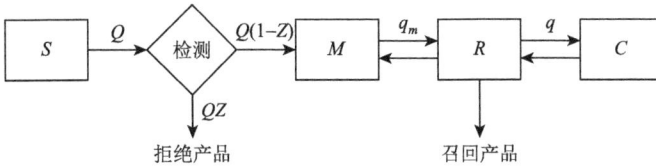

图 2.1　质量检测与产品召回流程图

S 表示供应商，M 表示制造商，R 表示零售商，C 表示顾客

假设供应商原材料每个可追溯单元（大小为 n）中出现缺陷品的数目服从参数为 λ 的泊松分布，当其中缺陷产品的数目大于 t 时，该可追溯单元的原材料将会被拒收。因此不同的质量检测要求将会导致不同的平均原材料拒收比率 Z，假设制造商每生产一件产品消耗一件原材料，且一个可追溯单元的原材料用来生产 z 个可追溯单元的产品，令制造商产品的可追溯单元大小为 m，那么 $n = zm$。此外，假设 C_r，C_t 和 C_{tr} 分别表示单位召回成本、一个可追溯单元检测成本和一个可追溯单元追溯成本。q 表示市场销售量，p 表示产品的市场销售价格。假设销售量满足 $q \in [0, 2a]$，市场价格为 $a - q / 2$，该模型在很多文献中被广泛引用（Hu et al.，2015）。此处，我们称 a 为市场规模大小。另外，w_s 和 w_m 分别表示原材料和成品的批发价格。

在下面，我们将研究集中式和分散式供应链中的联合优化问题。研究这两条供应链的动机包括以下几个方面：①两种供应链在现实中都是常见的，我们旨在为两种供应链提供追溯能力和价格的联合优化策略；②比较两种供应链中的优化策略，以探索集中式供应链的影响；③研究问题参数和追溯能力对双重边际化效应的影响。

2.2.1　集中式供应链

在集中式供应链中，企业从供应商处采购原材料来生产产品，然后将产品销售到终端客户。本章假设集中式供应链的收入为 pq，其中 p 表示零售价格，q 表示生产销售的产品数量。企业的成本由四部分构成：购买原材料成本 $w_s Q(1 - Z)$，其中 $Q(1 - Z)$ 表示通过质量检测后原材料的数量；质量检测成本 $C_t \dfrac{Q}{n}$，其中 C_t 表示每个可追溯原材料单元的质量检测成本，n 表示一个批次的原材料大小，Q 表示企业订购的总原材料数量；追溯成本 $C_{tr}\dfrac{q}{m}$，其中 C_{tr} 表示单位追溯成本，q 表示生产销售出去的产品数量，m 表示可追溯成品单元的大小；召回成本 $C_r qf(m,n,\lambda,t)$，其中 $f(m,n,\lambda,t)$ 表示期望产品召回比率（通过质量检测的有缺陷原材料流入最终产品导致需要召回批次的比率）。因此集中式供应链期望利润函数为 $pq-$ $w_s Q(1-Z)-C_t\dfrac{Q}{n}-C_{tr}\dfrac{q}{m}-C_r qf(m,n,\lambda,t)$。因为我们考虑的是一个周期的问题，故假设原材料残余价值为 0。很明显，集中式供应链应该充分利用原材料来生产产品以满足需求，这说明通过检查的原材料数量 $Q(1-Z)$ 应该等于最终产品数量 q。因此，对于需要解决的问题而言，集中式供应链通过优化销售价格 p 和追溯能力 m 来使得其利润最大化，其中特别是需要权衡追溯成本和召回成本。下面是集中式供应链模式下追溯能力和价格的联合优化模型：

$$\max_{p,m} E(\pi)=pq-w_s q-C_t\frac{q}{n(1-Z)}-C_{tr}\frac{q}{m}-C_r qf(m,n,\lambda,t) \qquad (2.1)$$

$$\text{s.t.} \quad p-a+\frac{q}{2}=0$$
$$n-m\geq 0$$
$$0\leq Z\leq 1$$
$$p\geq 0,\quad m\geq 0,\quad q\geq 0 \qquad (2.2)$$

在集中式企业中，由于价格是内生的，q 与 p 相关，因此最优价格取决于供应商和制造商的追溯能力及所有其他问题参数。然而，考虑到追溯能力 m 的优化，问题的实质是如何权衡追溯成本和召回成本。第一个约束条件描述了产品销售数量与市场价格之间的关系，这在文献中被广泛使用，如 Hu 和 Kostamis（2015）。第二个约束条件保证了成品的批量小于原材料的批量，也就是说，一批原材料将用来生产多批成品，这在大多数制造企业，特别是食品和医药行业中很常见。第三个约束条件保证了来自所选供应商的材料只能被制造商的质量检验政策部分拒绝，否则将不会选择供应商。其他的所有约束条件都源于问题参数的定义。

2.2.2 分散式供应链

在分散式供应链中，决策顺序如下：首先制造商通过设定一个合适的订购量 Q，追溯能力 m 和批发价格 w_m 来最大化其利润，然后零售商基于批发价格 w_m 决定最优的零售价格使其利润最大化。为了解决追溯能力与价格的联合优化问题，零售商的问题必须在制造商的问题之前被优化。对于零售商的问题而言，由于零售商利润为 $(p-w_m)q$，其中 $p-a+q/2=0$，易知零售商最优价格为 $(a+w_m)/2$，因此零售商的最优订货量为 $a-w_m$。制造商的输出量表示为 q_m，类似于在集中式供应链中的问题，通过质量检测的可利用原材料数量 $Q(1-Z)$ 应该等于制造商输出产品数量 q_m。批发价格 w_m 和制造商的输出产品数量 q_m 决定了制造商的收益，由于零售商的最优订货量为 $a-w_m$。由此可知，制造商的利润函数可以表示为 $w_m \min(a-w_m, q_m) - w_s q_m - C_t \dfrac{q_m}{n(1-Z)} - C_{tr}\dfrac{q_m}{m} - C_r q_m f(m,n,\lambda,t)$。当 $q_m \geqslant a - w_m$ 时，很明显制造商的利函数是一个关于 q_m 的减函数，不失一般性，当产出量 $q_m \leqslant a - w_m$ 时，制造商然后能够决定一个充分大的批发价格 w_m 来确保实现 $w_m - w_s - \dfrac{C_t}{n(1-Z)} - \dfrac{C_{tr}}{m} - C_r f(m,n,\lambda,t) > 0$，这表明制造商的利润是关于 q_m 的一个增函数，因此最优的产出量应该设定为 $q_m = a - w_m$。类似于集中式供应链的模型，可知分散式供应链中追溯能力和价格的联合优化模型为

$$\max_{w_m, m} E(\pi_m) = (w_m - w_s)q_m - C_t\frac{q_m}{n(1-Z)} - C_{tr}\frac{q_m}{m} - C_r q_m f(m,n,\lambda,t) \quad (2.3)$$

$$\text{s.t.} \quad q_m - a + w_m = 0$$

$$w_m - w_s \geqslant 0$$

$$n - m \geqslant 0$$

$$0 \leqslant Z \leqslant 1$$

$$w_s \geqslant 0, \quad m \geqslant 0, \quad q_m \geqslant 0 \quad (2.4)$$

与集中式供应链中的情况类似，分散式供应链中制造商批发价格的优化取决于供应商和制造商的追溯能力，以及所有其他问题参数。追溯能力优化的实质是要权衡追溯成本和召回成本。因此，我们期望集中式供应链和分散式供应链具有相同的最优追溯能力。此外，供应链的召回成本不仅取决于制造商的追溯能力，还取决于供应商的追溯能力。然而，实际上，大多数时候是制造商负责产品召回，这也解释了为什么大多数产品召回事件的风险来源于供应商，如 1997 年哈德逊食品公司召回肉类，2007 年至 2014 年美泰公司召回玩具。该问题的第一个约束条件描述了产品销售数量与制造商批发价格之间的关系，这是在 Stackelberg 博弈对零售商问题进行优化的基础上的，其他约束条件与集中式供应链中的约束条件完全相同。

2.3　追溯能力与价格的联合优化

与 Dupuy 等（2005）提出的 MILP 模型和 Dai 等（2015）及 Aiello 等（2015）提出的数值分析方法不同，我们提出了一个非线性规划模型来共同优化追溯能力和价格。该模型的意义在于三个方面。第一，利用组合理论建立了包含供应商和

制造商追溯能力的显式召回成本模型，而不是外生召回概率。第二，该模型可以研究供应链追溯能力对供应链决策的影响，而不仅仅是制造商的追溯能力。第三，即使我们提出的非线性规划模型是非凸的，我们也得到了各种情况下最优追溯和定价策略的显式解，这比数值分析结果更容易使用。

2.3.1 期望产品召回率

在本章中，仅考虑由供应商污染导致的产品召回，就意味着用于生产的有缺陷产品将会污染到最终的成品，从而导致产品的召回。因此，厂商通常对原材料进行质量检测来降低产品召回比率。然而，在现实的大多数情况下，对需要检查的原材料进行全检是不经济的。更重要的是即使进行全检也不能保证缺陷率为零，特别是对于易变质的原材料更是如此。因此，抽样检测被广泛应用于控制原材料的不合格率。我们假设每个可追溯单元中原材料的缺陷率服从泊松分布，λ 用表示平均缺陷率（Aiello et al.，2015），则在检测之前一个可追溯原材料单元中有 k 个缺陷品的概率如下：

$$P_b(k) = \frac{\lambda^k e^{-\lambda}}{k!}, \ k = 0,1,\cdots,n \qquad (2.5)$$

对于一个抽样检测而言，一个可追溯原材料单元中有超过 t 个缺陷品被检测出将会被拒收，则通过质量检测后一个可追溯的原材料单元中含有 k 个缺陷品的概率如下：

$$P_a(k) = \frac{\lambda^k / k!}{\sum\limits_{j=0}^{t} \lambda^j / j!}, \ k = 0,1,\cdots,t \qquad (2.6)$$

由于每批原材料将被用来生产 z 个可追溯单元的产品，因此，该批原材料中的 k 个缺陷品将随机流入到 z 个可追溯单元的产品中，相当于把 k 个缺陷品随机分配到 z 个可追溯单元中。令一个可追溯单元产品中缺陷品的数量为 y，如果该可追溯单元产品中存在缺陷品，即 $y > 0$，将会被召回。因此一个可追溯单元产品中有 j 个缺陷品的概率为

$$P_r(j) = \frac{\dbinom{z}{j}\dbinom{k-1}{j-1}}{\dbinom{z+k-1}{k}}, \ j = 0,1,\cdots,z \qquad (2.7)$$

因此，给定一个具有 k 个缺陷品的原材料可追溯单元，平均被污染或召回的产品可追溯单元数为

$$E(y\,|\,k) = \frac{\sum_{j=1}^{z} j \binom{z}{j}\binom{k-1}{j-1}}{\binom{z+k-1}{k}} = \frac{z\sum_{j=1}^{z} \binom{z-1}{j-1}\binom{k-1}{j-1}}{\binom{z+k-1}{k}} \tag{2.8}$$

根据组合数学中的范德蒙德卷积公式: $\sum_{j=1}^{z} \binom{z-1}{j-1}\binom{k-1}{j-1} = \binom{z+k-2}{k-1}$, 因此给定一个具有 k 个缺陷品的原材料可追溯单元, 平均被污染或召回的产品可追溯单元数可化简为

$$E(y\,|\,k) = \frac{z\binom{z+k-2}{k-1}}{\binom{z+k-1}{k}} = \frac{km}{(k-1)m+n} \tag{2.9}$$

因此, 用检测阈值为 t 的抽样检测方式来检测一个缺陷率为 λ 的原材料, 则每一个批次的原材料中期望召回可追溯单元数目由 $\sum_{k=1}^{t} P_a(k)E(y\,|\,k)$ 决定, 因此每一原材料单元的期望产品召回概率为

$$f(m,n,\lambda,t) = \sum_{k=1}^{t} \frac{km}{(k-1)m+n} \frac{\lambda^k/k!}{\sum_{j=0}^{t}\lambda^j/j!} \tag{2.10}$$

根据上面表达式可知, 产品召回成本不仅取决于制造商的追溯能力, 而且与供应商的追溯能力有关。因此, 从供应链的角度来研究最优的追溯能力就显得特别有意义。

2.3.2 追溯能力和价格的联合优化

利用期望产品召回率的公式, 我们证明了目标函数的二阶导数不是正的就是负的。这表明无论是集中式供应链还是分散式供应链, 追溯能力和价格的联合优化都是一个非凸优化。在本节中, 我们将描述如何解决联合优化问题, 以获得封闭形式的解。下面是一个定理, 说明了在集中式供应链中的最优追溯能力和价格。

定理 2.1 在集中式供应链中, 最优追溯能力和价格与单位追溯成本、单位召回成本、质量检测阈值以及原材料可追溯单元大小有关。

情况 1: 当 $C_{tr}/C_r > \delta(t,n)$ 时, 存在唯一的最优追溯能力指标 $m_c^* = n$ 和零售价格 p_c^* 使得供应链的利润最大, 其中,

$$p_c^* = \frac{1}{2}\left(a + w_s + \frac{C_{tr}}{n} + \frac{C_t}{n(1-Z)} + C_r\sum_{k=1}^{t}\frac{\lambda^k/k!}{\sum_{j=0}^{t}\lambda^j/j!}\right) \tag{2.11}$$

情况2：当 $C_{tr}/C_r \leqslant \varphi(t,n)$ 时，存在唯一的最优追溯能力指标 $m_c^* = 1$ 和零售价格 p_c^* 使得供应链的利润最大，其中，

$$p_c^* = \frac{1}{2}\left(a + w_s + C_{tr} + \frac{C_t}{n(1-Z)} + C_r\sum_{k=1}^{t}\frac{k}{k-1+n}\frac{\lambda^k/k!}{\sum_{j=0}^{t}\lambda^j/j!}\right) \tag{2.12}$$

情况3：当 $\varphi(t,n) < C_{tr}/C_r \leqslant \delta(t,n)$ 时，存在唯一的最优追溯能力指标 m_c^* 和零售价格 p_c^* 使得供应链的利润最大，其中，

$$\frac{C_{tr}}{(m_c^*)^2} - C_r\sum_{k=1}^{t}\frac{kn}{[(k-1)m_c^*+n]^2}\frac{\lambda^k/k!}{\sum_{j=0}^{t}\lambda^j/j!} = 0$$

$$p_c^* = \frac{1}{2}\left(a + w_s + \frac{C_{tr}}{m_c^*} + \frac{C_t}{n(1-Z)} + C_r\sum_{k=1}^{t}\frac{km_c^*}{(k-1)m_c^*+n}\frac{\lambda^k/k!}{\sum_{j=0}^{t}\lambda^j/j!}\right) \tag{2.13}$$

其中，$\varphi(t,n) = \sum_{k=1}^{t}\frac{kn}{(k-1+n)^2}\frac{\lambda^k/k!}{\sum_{j=0}^{t}\lambda^j/j!}$ 和 $\delta(t,n) = \sum_{k=1}^{t}\frac{n}{k}\frac{\lambda^k/k!}{\sum_{j=0}^{t}\lambda^j/j!}$。

证明　在集中式供应链中期望供应链利润表示为 $P(m,p)$，对 $P(m,p)$ 关于 m 求一阶以及二阶偏导数，可得

$$\frac{\partial P(m,p)}{\partial m} = 2(a-p)\left(\frac{C_{tr}}{m^2} - C_r\sum_{k=1}^{t}\frac{kn}{((k-1)m+n)^2}\frac{\lambda^k/k!}{\sum_{j=0}^{t}\lambda^j/j!}\right)$$

$$\frac{\partial^2 P(m,p)}{\partial m^2} = \frac{-4(a-p)}{m^3}\omega(m)$$

其中，$\omega(m) = C_{tr} - C_r\sum_{k=1}^{t}\frac{k(k-1)n}{(k-1+n/m)^3}\frac{\lambda^k/k!}{\sum_{j=0}^{t}\lambda^j/j!}$。很显然，$\omega(m)$ 是关于 m 的一个

严格单调减函数。

$$\omega(1) = C_{tr} - C_r \sum_{k=1}^{t} \frac{k(k-1)n}{(k-1+n)^3} \frac{\lambda^k / k!}{\sum_{j=0}^{t} \lambda^j / j!} = C_{tr} - C_r \psi(t,n)$$

$$\omega(n) = C_{tr} - C_r \sum_{k=1}^{t} \frac{(k-1)n}{k^2} \frac{\lambda^k / k!}{\sum_{j=0}^{t} \lambda^j / j!} = C_{tr} - C_r \phi(t,n)$$

其中，$\psi(t,n) = \sum_{k=1}^{t} \frac{k(k-1)n}{(k-1+n)^3} \frac{\lambda^k / k!}{\sum_{j=0}^{t} \lambda^j / j!}$ ；$\phi(t,n) = \sum_{k=1}^{t} \frac{(k-1)n}{k^2} \frac{\lambda^k / k!}{\sum_{j=0}^{t} \lambda^j / j!}$ 。

$$\left.\frac{\partial P(m,p)}{\partial m}\right|_{m=1} = 2(a-p)\left(C_{tr} - C_r \sum_{k=1}^{t} \frac{kn}{(k-1+n)^2} \frac{\lambda^k / k!}{\sum_{j=0}^{t} \lambda^j / j!}\right)$$

$$= 2(a-p)(C_{tr} - C_r \varphi(t,n))$$

$$\left.\frac{\partial P(m,p)}{\partial m}\right|_{m=n} = 2(a-p)\left(\frac{C_{tr}}{n^2} - C_r \sum_{k=1}^{t} \frac{1}{kn} \frac{\lambda^k / k!}{\sum_{j=0}^{t} \lambda^j / j!}\right)$$

$$= \frac{2(a-p)}{n^2}(C_{tr} - C_r \delta(t,n))$$

其中，$\varphi(t,n) = \sum_{k=1}^{t} \frac{kn}{(k-1+n)^2} \frac{\lambda^k / k!}{\sum_{j=0}^{t} \lambda^j / j!}$ ；$\delta(t,n) = \sum_{k=1}^{t} \frac{n}{k} \frac{\lambda^k / k!}{\sum_{j=0}^{t} \lambda^j / j!}$ 。

因为 $\frac{kn}{(k-1+n)^2} - \frac{k(k-1)n}{(k-1+n)^3} = \frac{kn^2}{(k-1+n)^3} > 0$，则有 $C_{tr} - C_r \sum_{k=1}^{t} \frac{kn}{(k-1+n)^2} \frac{\lambda^k / k!}{\sum_{j=0}^{t} \lambda^j / j!} <$

$C_{tr} - C_r \sum_{k=1}^{t} \frac{k(k-1)n}{(k-1+n)^3} \frac{\lambda^k / k!}{\sum_{j=0}^{t} \lambda^j / j!}$，即 $C_{tr} - C_r \varphi(t,n) < \omega(1)$。

因为 $t > 1$，可知 $\frac{kn}{(k-1+n)^2} < \frac{(k-1)n}{k^2}$，因此 $\varphi(t,n) < \phi(t,n)$，即 $\omega(n) <$

$C_{tr} - C_r \varphi(t,n)$。

因为 $\frac{n}{k} - \frac{(k-1)n}{k^2} = \frac{n}{k^2} > 0$，则 $C_{tr} - C_r \sum_{k=1}^{t} \frac{n}{k} \frac{\lambda^k / k!}{\sum_{j=0}^{t} \lambda^j / j!} < C_{tr} - C_r \sum_{k=1}^{t} \frac{(k-1)n}{k^2} \frac{\lambda^k / k!}{\sum_{j=0}^{t} \lambda^j / j!}$，

即 $C_{tr} - C_r\delta(t,n) < \omega(n)$。因此 $C_{tr} - C_r\delta(t,n) < \omega(n) < C_{tr} - C_r\varphi(t,n) < \omega(1)$，由 $\omega(m)$ 是关于 m 的一个严格单调减函数，存在以下三种情况：$\omega(1) < 0$；$\omega(n) > 0$；$\omega(1) > 0$ 且 $\omega(n) < 0$。

情况1：当 $\omega(1) < 0$ 时，即 $\dfrac{C_{tr}}{C_r} < \psi(t,n)$，$\dfrac{\partial^2 P(m,p)}{\partial m^2} > 0$。

由 $C_{tr} - C_r\delta(t,n) < \omega(n) < C_{tr} - C_r\varphi(t,n) < \omega(1)$，所以 $\left.\dfrac{\partial P(m,p)}{\partial m}\right|_{m=1} < 0$，$\left.\dfrac{\partial P(m,p)}{\partial m}\right|_{m=n} < 0$。由 $P(m,p)$ 是关于 m 的严格减函数，表明此时存在一个可追溯单元大小 $m_c^* = 1$ 的唯一的最优追溯能力使得供应链利润最大化。

情况2：当 $\omega(n) > 0$ 时，即 $\dfrac{C_{tr}}{C_r} < \phi(t,n)$，$\dfrac{\partial^2 P(m,p)}{\partial m^2} < 0$。

因为 $C_{tr} - C_r\delta(t,n) < \omega(n) < C_{tr} - C_r\varphi(t,n) < \omega(1)$，所以 $\left.\dfrac{\partial P(m,p)}{\partial m}\right|_{m=1} > 0$。

如果 $\left.\dfrac{\partial P(m,p)}{\partial m}\right|_{m=n} > 0$，可知 $\delta(t,n) < \dfrac{C_{tr}}{C_r}$，表明此时存在一个可追溯单元大小 $m_c^* = n$ 的唯一的最优追溯能力使得供应链利润最大化。如果 $\left.\dfrac{\partial P(m,p)}{\partial m}\right|_{m=n} < 0$，可知 $\phi(t,n) < \dfrac{C_{tr}}{C_r} < \delta(t,n)$，表明此时存在一个可追溯单元大小 m_c^* 的唯一的最优追溯能力使得供应链利润最大化。

情况3：当 $\omega(1) > 0$ 且 $\omega(n) < 0$ 时，表明 $\dfrac{\partial P(m,p)}{\partial m^2}$ 先为负然后增加变为正。因为 $C_{tr} - C_r\delta(t,n) < \omega(n)$，可知 $\left.\dfrac{\partial P(m,p)}{\partial m}\right|_{m=n} < 0$。如果 $\left.\dfrac{\partial P(m,p)}{\partial m}\right|_{m=1} > 0$，由此可知 $\psi(t,n) < \dfrac{C_{tr}}{C_r}$，$\varphi(t,n) < \dfrac{C_{tr}}{C_r}$ 和 $\dfrac{C_{tr}}{C_r} < \phi(t,n)$，即 $\varphi(t,n) < \dfrac{C_{tr}}{C_r} < \phi(t,n)$，表明此时存在一个可追溯单元大小 m_c^* 的唯一的最优追溯能力使得供应链利润最大化。如果 $\left.\dfrac{\partial P(m,p)}{\partial m}\right|_{m=1} < 0$，可知 $\psi(t,n) < \dfrac{C_{tr}}{C_r}$，$\varphi(t,n) < \dfrac{C_{tr}}{C_r}$ 和 $\dfrac{C_{tr}}{C_r} > \phi(t,n)$，即容易知道 $\psi(t,n) < \dfrac{C_{tr}}{C_r} < \varphi(t,n)$，表明此时存在一个可追溯单元大小 $m_c^* = 1$ 的唯一的最优追溯能力使得供应链利润最大化。

因此，当 $\dfrac{C_{tr}}{C_r} > \delta(t,n)$，存在一个可追溯单元大小为 n 的唯一的最优追溯能力；当 $\dfrac{C_{tr}}{C_r} \leqslant \varphi(t,n)$，存在一个可追溯单元大小为 1 的唯一的最优追溯能力；当 $\varphi(t,n) <$

$\dfrac{C_{tr}}{C_r} \leqslant \delta(t, n)$，存在唯一的最优追溯能力 m_c^*，且满足如下方程：

$$\frac{C_{tr}}{(m_c^*)^2} - C_r \sum_{k=1}^{t} \frac{kn}{((k-1)m_c^* + n)^2} \frac{\lambda^k / k!}{\sum_{j=0}^{t} \lambda^j / j!} = 0 \qquad (2.14)$$

对于最优零售价格而言，供应链利润 $P(m, p)$ 是一个关于 p 的凹函数，且最优零售价格满足如下函数表达式：

$$p_c^* = \frac{1}{2}\left(a + w_s + \frac{C_{tr}}{m_c^*} + \frac{C_t}{n(1-Z)} + C_r \sum_{k=1}^{t} \frac{km_c^*}{(k-1)m_c^* + n} \frac{\lambda^k / k!}{\sum_{j=0}^{t} \lambda^j / j!} \right) \qquad (2.15)$$

证毕。

定理 2.1 表示集中式供应链模式下，在一定的阈值范围内，存在唯一的最优追溯能力和价格的函数表达式。当单位追溯成本与单位召回成本的比率足够大时，即其超过一个由质量检测阈值、原材料可追溯单元大小构成的阈值函数时，最优的追溯策略是采用批次追溯（可追溯单元大小为 n，即表示一个批次的原材料用于生产一个可追溯单元的成品），如条码追溯技术。这解释了当没有监管存在或者追溯技术的发展还处于早期时，企业为什么没有自发采用追溯系统。当单位追溯成本与单位召回成本的比率足够小时，即其不超过一个由质量检测阈值、原材料可追溯单元大小构成的阈值函数时，最优的追溯策略是采用单体追溯，如 RFID 追溯技术。当单位追溯成本与单位召回成本的比率适中时，即其介于由质量检测阈值、原材料可追溯单元大小构成的两个阈值函数的中间时，采用一个适中可追溯单元大小 m_c^* 的批次追溯模式为优势策略。根据上面的定理，通过施加一个很大的召回成本或者显著地降低追溯成本能有效地激励供应链成员选择单体追溯的追溯模式。此外，研究还发现最优的零售价格取决于最优的追溯能力，两者之间的关系将放在 2.4 节研究。

在分散式供应链中，参与者进行 Stackelberg 博弈。事件的顺序如下：①制造商设定一个最优的追溯能力和批发价格来最大化自身的利润；②基于制造商的批发价格，零售商向制造商订购数量为 q 的产品来最大化自身利润。这种情况也可以通过逆向推导获得。下面的定理表示在分散式供应链中的最优追溯能力、批发价格及零售价格。

定理 2.2　在分散式供应链中，最优追溯能力和价格与单位追溯成本、单位召回成本、质量检测阈值及原材料可追溯单元大小有关。

情况 1：当 $C_{tr} / C_r > \delta(t, n)$ 时，存在唯一的最优追溯能力指标 $m_d^* = n$、相关的最优批发价格 w_m^* 和零售价格 p_d^* 使得供应链的利润最大，方程组的表达式如下。

$$w_m^* = \frac{1}{2}\left(a + w_s + \frac{C_{tr}}{n} + \frac{C_t}{n(1-Z)} + C_r \sum_{k=1}^{t} \frac{\lambda^k / k!}{\sum_{j=0}^{t} \lambda^j / j!} \right)$$

$$p_d^* = \frac{1}{4}\left(3a + w_s + \frac{C_{tr}}{n} + \frac{C_t}{n(1-Z)} + C_r \sum_{k=1}^{t} \frac{\lambda^k / k!}{\sum_{j=0}^{t} \lambda^j / j!} \right) \tag{2.16}$$

情况 2：当 $C_{tr} / C_r \leqslant \varphi(t,n)$ 时，存在唯一的最优追溯能力指标 $m_d^* = 1$、相关的最优批发价格 w_m^* 和零售价格 p_d^* 使得供应链的利润最大，方程组的表达式如下。

$$w_m^* = \frac{1}{2}\left(a + w_s + C_{tr} + \frac{C_t}{n(1-Z)} + C_r \sum_{k=1}^{t} \frac{k}{k-1+n} \frac{\lambda^k / k!}{\sum_{j=0}^{t} \lambda^j / j!} \right)$$

$$p_d^* = \frac{1}{4}\left(3a + w_s + C_{tr} + \frac{C_t}{n(1-Z)} + C_r \sum_{k=1}^{t} \frac{k}{k-1+n} \frac{\lambda^k / k!}{\sum_{j=0}^{t} \lambda^j / j!} \right) \tag{2.17}$$

情况 3：当 $\varphi(t,n) < C_{tr} / C_r \leqslant \delta(t,n)$ 时，存在唯一的最优追溯能力指标 m_d^*、相关的最优批发价格 w_m^* 和零售价格 p_d^* 使得供应链的利润最大，方程组的表达式如下。

$$\frac{C_{tr}}{(m_d^*)^2} - C_r \sum_{k=1}^{t} \frac{kn}{((k-1)m_d^* + n)^2} \frac{\lambda^k / k!}{\sum_{j=0}^{t} \lambda^j / j!} = 0$$

$$w_m^* = \frac{1}{2}\left(a + w_s + \frac{C_{tr}}{m_d^*} + \frac{C_t}{n(1-Z)} + C_r \sum_{k=1}^{t} \frac{km_d^*}{(k-1)m_d^* + n} \frac{\lambda^k / k!}{\sum_{j=0}^{t} \lambda^j / j!} \right)$$

$$p_d^* = \frac{1}{4}\left(3a + w_s + \frac{C_{tr}}{m_d^*} + \frac{C_t}{n(1-Z)} + C_r \sum_{k=1}^{t} \frac{km_d^*}{(k-1)m_d^* + n} \frac{\lambda^k / k!}{\sum_{j=0}^{t} \lambda^j / j!} \right) \tag{2.18}$$

其中，$\varphi(t,n) = \sum_{k=1}^{t} \frac{kn}{(k-1+n)^2} \frac{\lambda^k / k!}{\sum_{j=0}^{t} \lambda^j / j!}$ 和 $\delta(t,n) = \sum_{k=1}^{t} \frac{n}{k} \frac{\lambda^k / k!}{\sum_{j=0}^{t} \lambda^j / j!}$。

证明　在分散式供应链中期望供应链利润表示为 $F(m,w_m)$ ，对 $F(m,w_m)$ 关于 m 求一阶及二阶偏导数，可得

$$\frac{\partial F(m,w_m)}{\partial m} = (a-w_m)\left(\frac{C_{tr}}{m^2} - C_r \sum_{k=1}^{t} \frac{kn}{((k-1)m+n)^2} \frac{\lambda^k / k!}{\sum_{j=0}^{t} \lambda^j / j!}\right)$$

$$\frac{\partial^2 F(m,w_m)}{\partial m^2} = \frac{-2(a-w_m)}{m^3} \omega(m)$$

其中，$\omega(m) = C_{tr} - C_r \sum_{k=1}^{t} \frac{k(k-1)n}{(k-1+n/m)^3} \frac{\lambda^k / k!}{\sum_{j=0}^{t} \lambda^j / j!}$ 。

$$\frac{\partial F(m,w_m)}{\partial m}\bigg|_{m=1} = (a-w_m)\left(C_{tr} - C_r \sum_{k=1}^{t} \frac{kn}{(k-1+n)^2} \frac{\lambda^k / k!}{\sum_{j=0}^{t} \lambda^j / j!}\right)$$

$$= (a-w_m)(C_{tr} - C_r \varphi(t,n))$$

$$\frac{\partial F(m,w_m)}{\partial m}\bigg|_{m=n} = \frac{a-w_m}{n^2}\left(C_{tr} - C_r \sum_{k=1}^{t} \frac{n}{k} \frac{\lambda^k / k!}{\sum_{j=0}^{t} \lambda^j / j!}\right) = \frac{a-w_m}{n^2}(C_{tr} - C_r \delta(t,n))$$

其中，$\varphi(t,n) = \sum_{k=1}^{t} \frac{kn}{(k-1+n)^2} \frac{\lambda^k / k!}{\sum_{j=0}^{t} \lambda^j / j!}$ ；$\delta(t,n) = \sum_{k=1}^{t} \frac{n}{k} \frac{\lambda^k / k!}{\sum_{j=0}^{t} \lambda^j / j!}$ 。

基于定理 2.1 可知存在以下三种情况。

情况 1：当 $\omega(1) < 0$ 时，即 $\frac{C_{tr}}{C_r} < \psi(t,n)$ ，$\frac{\partial^2 F(m,w_m)}{\partial m^2} > 0$ 。

由于 $C_{tr} - C_r \delta(t,n) < \omega(n) < C_{tr} - C_r \varphi(t,n) < \omega(1)$ ，所以 $\frac{\partial F(m,w_m)}{\partial m}\bigg|_{m=1} < 0$ ，

$\frac{\partial F(m,w_m)}{\partial m}\bigg|_{m=n} < 0$ 。$F(m,w_m)$ 是关于 m 的严格减函数，表明此时存在一个可追溯单元大小 $m_d^* = 1$ 的唯一的最优追溯能力使得供应链利润最大化。

情况 2：当 $\omega(n) > 0$ 时，即 $\frac{C_{tr}}{C_r} < \phi(t,n)$ ，$\frac{\partial^2 F(m,w_m)}{\partial m^2} < 0$ 。

由 $C_{tr} - C_r \delta(t,n) < \omega(n) < C_{tr} - C_r \varphi(t,n) < \omega(1)$ ，所以 $\frac{\partial F(m,w_m)}{\partial m}\bigg|_{m=1} > 0$ 。

如果 $\left.\dfrac{\partial F(m, w_m)}{\partial m}\right|_{m=n} > 0$，由此可知 $\delta(t, n) < \dfrac{C_{tr}}{C_r}$，表明此时存在一个可追溯单元

大小 $m_d^* = n$ 的唯一的最优追溯能力使得供应链利润最大化。如果 $\left.\dfrac{\partial F(m, w_m)}{\partial m}\right|_{m=n} < $

0，可知 $\phi(t, n) < \dfrac{C_{tr}}{C_r} < \delta(t, n)$，表明此时存在一个可追溯单元大小 m_d^* 的唯一的最

优追溯能力使得供应链利润最大化。

情况 3：当 $\omega(1) > 0$ 且 $\omega(n) < 0$ 时，表明 $\dfrac{\partial^2 F(m, w_m)}{\partial m^2}$ 先为负然后增加变为正。

因为 $C_{tr} - C_r \delta(t, n) < \omega(n)$，可知 $\left.\dfrac{\partial F(m, w_m)}{\partial m}\right|_{m=n} < 0$。如果 $\left.\dfrac{\partial F(m, w_m)}{\partial m}\right|_{m=1} > 0$，由

此可知 $\psi(t, n) < \dfrac{C_{tr}}{C_r}$，$\varphi(t, n) < \dfrac{C_{tr}}{C_r}$ 和 $\dfrac{C_{tr}}{C_r} < \phi(t, n)$，即 $\varphi(t, n) < \dfrac{C_{tr}}{C_r} < \phi(t, n)$，表明

此时存在一个可追溯单元大小 m_d^* 的唯一的最优追溯能力使得供应链利润最大化。

如果 $\left.\dfrac{\partial F(m, w_m)}{\partial m}\right|_{m=1} < 0$，由此可知 $\psi(t, n) < \dfrac{C_{tr}}{C_r}$，$\varphi(t, n) < \dfrac{C_{tr}}{C_r}$ 和 $\dfrac{C_{tr}}{C_r} > \phi(t, n)$，即

$\psi(t, n) < \dfrac{C_{tr}}{C_r} < \varphi(t, n)$，表明此时存在一个可追溯单元大小 $m_d^* = 1$ 的唯一的最优追

溯能力使得供应链利润最大化。

因此，当 $\dfrac{C_{tr}}{C_r} > \delta(t, n)$，存在一个可追溯单元大小 n 的唯一的最优追溯能力；

当 $\dfrac{C_{tr}}{C_r} < \phi(t, n)$，唯一最优追溯能力为 $m_d^* = n$；当 $\dfrac{C_{tr}}{C_r} \leqslant \varphi(t, n)$，存在一个可追溯

单元大小 1 的唯一的最优追溯能力 m_d^*；当 $\varphi(t, n) < \dfrac{C_{tr}}{C_r} \leqslant \delta(t, n)$，存在唯一的最

优追溯能力 m_d^*，且满足如下方程：

$$\frac{C_{tr}}{(m_d^*)^2} - C_r \sum_{k=1}^{t} \frac{kn}{((k-1)m_d^* + n)^2} \frac{\lambda^k / k!}{\sum\limits_{j=0}^{t} \lambda^j / j!} = 0 \tag{2.19}$$

对于最优批发价格而言，因为供应链利润 $F(m, w_m)$ 是一个关于 w_m 的凹函数，且最优批发价格满足如下函数表达式：

$$w_m^* = \frac{1}{2}\left(a + w_s + \frac{C_{tr}}{m_d^*} + \frac{C_t}{n(1-Z)} + C_r \sum_{k=1}^{t} \frac{km_d^*}{(k-1)m_d^* + n} \frac{\lambda^k / k!}{\sum\limits_{j=0}^{t} \lambda^j / j!} \right) \tag{2.20}$$

证毕。

定理 2.2 表示分散式供应链中，在一定的阈值范围内，存在唯一的最优追溯能力、相关的最优批发价格和零售价格的函数表达式。当单位追溯成本与单位召回成本的比率足够大时，即其超过一个由质量检测阈值、原材料可追溯单元大小构成的阈值函数时，最优的追溯策略是采用批次追溯（可追溯单元大小为 n，即表示一个批次的原材料用于生产一个可追溯单元的成品），如条码追溯技术。这解释了当没有监管存在或者追溯技术的发展还处于早期时，企业为什么没有自发地采用追溯系统。当单位追溯成本与单位召回成本的比率足够小时，即其不超过一个由质量检测阈值、原材料可追溯单元大小构成的阈值函数时，最优的追溯策略是采用单体追溯，如 RFID 追溯技术。当单位追溯成本与单位召回成本的比率适中时，即其介于由质量检测阈值、原材料可追溯单元大小构成的两个阈值函数的中间时，采用一个适中可追溯单元大小 m_d^* 的批次追溯模式为优势策略。根据上面的定理，易知最优批发价格和零售价格都与最优追溯能力直接有关。当追溯能力偏离最优追溯能力时，最优批发价格和零售价格都增加，这表明最优追溯能力能减小双重边际效应。

定理 2.3　在集中式和分散式供应链中，最优追溯能力通过单位追溯成本与单位召回成本之比以及质量检测阈值来确定。

情况 1：当 $t > t_0$ 且 $\delta(n,n) \leqslant C_{tr} / C_r \leqslant \delta(1,n)$ 时，或者当 $C_{tr} / C_r > \delta(1,n)$ 时，存在唯一的最优追溯能力指标 $m^* = n$，使得供应链的利润最大化。

情况 2：当 $t \geqslant t_1$ 且 $\varphi(1,n) \leqslant C_{tr} / C_r \leqslant \varphi(n,n)$ 时，或者当 $0 \leqslant C_{tr} / C_r \leqslant \varphi(1,n)$ 时，存在唯一的最优追溯能力指标 $m^* = 1$，使得供应链的利润最大化。

情况 3：否则，存在唯一的最优追溯能力指标 m^*，使得供应链的利润最大化，最优追溯能力的表达式满足下面的方程：

$$\frac{C_{tr}}{(m^*)^2} - C_r \sum_{k=1}^{t} \frac{kn}{((k-1)m^*+n)^2} \frac{\lambda^k / k!}{\sum_{j=0}^{t} \lambda^j / j!} = 0 \tag{2.21}$$

其中，$\varphi(t,n) = \sum_{k=1}^{t} \frac{kn}{(k-1+n)^2} \frac{\lambda^k / k!}{\sum_{j=0}^{t} \lambda^j / j!}$；$\delta(t,n) = \sum_{k=1}^{t} \frac{n}{k} \frac{\lambda^k / k!}{\sum_{j=0}^{t} \lambda^j / j!}$；$\frac{C_{tr}}{C_r} = \delta(t_0,n)$ 和

$\frac{C_{tr}}{C_r} = \varphi(t_1,n)$。

证明　对于集中式和分散式供应链而言，有

$$\varphi(t+1,n) - \varphi(t,n) = \sum_{k=1}^{t+1} \frac{kn}{(k-1+n)^2} \frac{\lambda^k / k!}{\sum_{j=0}^{t+1} \lambda^j / j!} - \sum_{k=1}^{t} \frac{kn}{(k-1+n)^2} \frac{\lambda^k / k!}{\sum_{j=0}^{t} \lambda^j / j!}$$

$$= \sum_{k=1}^{t} \frac{kn}{(k-1+n)^2} \frac{\lambda^k / k!}{\sum\limits_{j=0}^{t+1} \lambda^j / j!} + \frac{n(t+1)}{(t+n)^2} \frac{\lambda^{t+1} / (t+1)!}{\sum\limits_{j=0}^{t+1} \lambda^j / j!} - \sum_{k=1}^{t} \frac{kn}{(k-1+n)^2} \frac{\lambda^k / k!}{\sum\limits_{j=0}^{t} \lambda^j / j!}$$

$$= \frac{-\lambda^{t+1} / (t+1)!}{\sum\limits_{j=0}^{t+1} \lambda^j / j! \sum\limits_{j=0}^{t} \lambda^j / j!} \sum_{k=1}^{t} \frac{kn}{(k-1+n)^2} \frac{\lambda^k}{k!} + \frac{n(t+1)}{(t+n)^2} \frac{\lambda^{t+1} / (t+1)!}{\sum\limits_{j=0}^{t+1} \lambda^j / j!}$$

$$= \frac{\lambda^{t+1} / (t+1)!}{\sum\limits_{j=0}^{t+1} \lambda^j / j!} \left(\frac{n(t+1)}{(t+n)^2} - \sum_{k=1}^{t} \frac{kn}{(k-1+n)^2} \frac{\lambda^k / k!}{\sum\limits_{j=0}^{t} \lambda^j / j!} \right)$$

$$（2.22）$$

当 $n \geq t+1 \geq 3$ ，因为函数 $\dfrac{xn}{(x-1+n)^2}$ 是关于 x 的一个严格增函数，由此可知

$\dfrac{kn}{(k-1+n)^2} < \dfrac{n(t+1)}{(t+n)^2}$ ，故：

$$\sum_{k=1}^{t} \frac{kn}{(k-1+n)^2} \frac{\lambda^k / k!}{\sum\limits_{j=0}^{t} \lambda^j / j!} < \frac{n(t+1)}{(t+n)^2} \sum_{k=1}^{t} \frac{\lambda^k / k!}{\sum\limits_{j=0}^{t} \lambda^j / j!} < \frac{n(t+1)}{(t+n)^2} \quad （2.23）$$

即 $\varphi(t+1,n) - \varphi(t,n) > 0$ 。

这表明 $\varphi(t,n)$ 是关于 t 的一个严格单调增函数。又由

$$\delta(t+1,n) - \delta(t,n) = \sum_{k=1}^{t+1} \frac{n}{k} \frac{\lambda^k / k!}{\sum\limits_{j=0}^{t+1} \lambda^j / j!} - \sum_{k=1}^{t} \frac{n}{k} \frac{\lambda^k / k!}{\sum\limits_{j=0}^{t} \lambda^j / j!}$$

$$= \sum_{k=1}^{t} \frac{n}{k} \frac{\lambda^k / k!}{\sum\limits_{j=0}^{t+1} \lambda^j / j!} + \frac{n}{t+1} \frac{\lambda^{t+1} / (t+1)!}{\sum\limits_{j=0}^{t+1} \lambda^j / j!} - \sum_{k=1}^{t} \frac{n}{k} \frac{\lambda^k / k!}{\sum\limits_{j=0}^{t} \lambda^j / j!}$$

$$= \frac{-\lambda^{t+1} / (t+1)!}{\sum\limits_{j=0}^{t+1} \lambda^j / j! \sum\limits_{j=0}^{t} \lambda^j / j!} \sum_{k=1}^{t} \frac{n}{k} \frac{\lambda^k}{k!} + \frac{n}{t+1} \frac{\lambda^{t+1} / (t+1)!}{\sum\limits_{j=0}^{t+1} \lambda^j / j!} \quad （2.24）$$

$$= \frac{n\lambda^{t+1} / (t+1)!}{\sum\limits_{j=0}^{t+1} \lambda^j / j!} \left(\frac{1}{t+1} - \sum_{k=1}^{t} \frac{1}{k} \frac{\lambda^k / k!}{\sum\limits_{j=0}^{t} \lambda^j / j!} \right)$$

$$= \frac{n\lambda^{t+1} / (t+1)!}{(t+1)\sum\limits_{j=0}^{t+1} \lambda^j / j! \sum\limits_{j=0}^{t} \lambda^j / j!} \left(\sum_{j=0}^{t+1} \frac{\lambda^j}{j!} - (t+1) \sum_{k=1}^{t} \frac{1}{k} \frac{\lambda^j}{j!} \right)$$

假设 $1-t\lambda<0$，则

$$\sum_{j=0}^{t+1}\frac{\lambda^j}{j!}-(t+1)\sum_{k=1}^{t}\frac{1}{k}\frac{\lambda^j}{j!}=1-t\lambda-\frac{t-1}{2}\frac{\lambda^2}{2!}-\cdots-\frac{1}{t}\frac{\lambda^t}{t!}<0 \qquad (2.25)$$

因此 $\delta(t+1,n)-\delta(t,n)<0$。表明 $\delta(t,n)$ 是关于 t 的一个严格单调减函数。这意味着当 $\delta(n,n)<\dfrac{C_{tr}}{C_r}<\delta(1,n)$ 时，$\exists t_0$ s.t. $\dfrac{C_{tr}}{C_r}=\delta(t_0,n)$，当 $\varphi(1,n)<\dfrac{C_{tr}}{C_r}<\varphi(n,n)$ 时，$\exists t_1$ s.t. $\dfrac{C_{tr}}{C_r}=\varphi(t_1,n)$。因为 $\varphi(1,n)<\varphi(n,n)<\delta(n,n)<\delta(1,n)$，根据定理 2.1，可知存在以下 5 种情况。

情况 1：当 $\dfrac{C_{tr}}{C_r}<\varphi(1,n)$，因为 $C_{tr}-C_r\delta(t,n)<\omega(n)<C_{tr}-C_r\varphi(t,n)<\omega(1)$，对于所有 t，均有 $\left.\dfrac{\partial P(m,p)}{\partial m}\right|_{m=1}<0$ 且 $\left.\dfrac{\partial P(m,p)}{\partial m}\right|_{m=n}<0$。根据定理 2.1，由 $P(m,p)$ 是关于 m 的严格减函数，可知此时存在一个可追溯单元大小 $m_c^*=1$ 的唯一的最优追溯能力使得供应链利润最大化。

情况 2：当 $\varphi(1,n)\leqslant\dfrac{C_{tr}}{C_r}<\varphi(n,n)$，因 $C_{tr}-C_r\delta(t,n)<\omega(n)<C_{tr}-C_r\varphi(t,n)<\omega(1)$，若 $t<t_1$，则有 $\left.\dfrac{\partial P(m,p)}{\partial m}\right|_{m=1}>0$ 且 $\left.\dfrac{\partial P(m,p)}{\partial m}\right|_{m=n}<0$。根据定理 2.1，可知此时存在唯一的最优追溯能力 m_c^* 使得供应链利润最大化。若 $t>t_1$，则有 $\left.\dfrac{\partial P(m,p)}{\partial m}\right|_{m=1}<0$ 且 $\left.\dfrac{\partial P(m,p)}{\partial m}\right|_{m=n}<0$。根据定理 2.1，由 $P(m,p)$ 是关于 m 的严格减函数，可知此时存在一个可追溯单元大小 $m_c^*=1$ 的唯一的最优追溯能力使得供应链利润最大化。

情况 3：当 $\varphi(n,n)\leqslant\dfrac{C_{tr}}{C_r}<\delta(n,n)$，因 $C_{tr}-C_r\delta(t,n)<\omega(n)<C_{tr}-C_r\varphi(t,n)<\omega(1)$，对于所有 t，均有 $\left.\dfrac{\partial P(m,p)}{\partial m}\right|_{m=1}>0$ 且 $\left.\dfrac{\partial P(m,p)}{\partial m}\right|_{m=n}<0$。根据定理 2.1，可知此时存在唯一的最优追溯能力 m_c^* 使得供应链利润最大化。

情况 4：当 $\delta(n,n)\leqslant\dfrac{C_{tr}}{C_r}\leqslant\delta(1,n)$，因 $C_{tr}-C_r\delta(t,n)<\omega(n)<C_{tr}-C_r\varphi(t,n)<\omega(1)$，若 $t<t_0$，则有 $\left.\dfrac{\partial P(m,p)}{\partial m}\right|_{m=1}>0$ 且 $\left.\dfrac{\partial P(m,p)}{\partial m}\right|_{m=n}<0$。根据定理 2.1，可知此时存在唯一的最优追溯能力 m_c^* 使得供应链利润最大化。若 $t>t_0$，则有 $\left.\dfrac{\partial P(m,p)}{\partial m}\right|_{m=1}>$

0 且 $\left.\dfrac{\partial P(m,p)}{\partial m}\right|_{m=n} > 0$。根据定理 2.1，可知此时存在一个可追溯单元大小 $m_c^* = n$ 的唯一的最优追溯能力使得供应链利润最大化。

情况 5：当 $\delta(1,n) < \dfrac{C_{tr}}{C_r}$，因 $C_{tr} - C_r\delta(t,n) < \omega(n) < C_{tr} - C_r\varphi(t,n) < \omega(1)$，对于所有 t，均有 $\left.\dfrac{\partial P(m,p)}{\partial m}\right|_{m=1} > 0$ 且 $\left.\dfrac{\partial P(m,p)}{\partial m}\right|_{m=n} > 0$。根据定理 2.1，可知此时存在一个可追溯单元大小 $m_c^* = n$ 的唯一的最优追溯能力使得供应链利润最大化。

类似地，在分散式供应链系统中，上面的结论仍然成立，证毕。

定理 2.3 描述的是与单位追溯成本与单位召回成本比率及质量检测阈值有关的追溯策略。具体分类见图 2.2。一方面，当成本比率（单位追溯成本/单位召回成本）足够大时，采用一个大小为 n 的可追溯单元的追溯模式为优势策略；另一方面，当成本比率足够小时，采用 RFID 技术的单体追溯模式为优势策略。当单位追溯成本与单位召回成本比率在一个适中的范围内时，采用一个大小为 m^* 的可追溯单元的批次追溯模式更为有利。在其他条件下，基于质量检测阈值的阈值策略也制约着最优追溯策略的选择。当成本比率适当的小时，如果质量检测阈值大于一个确定的值，采用 RFID 技术的单体追溯模式为优势策略，反之，采用一个大小为 m^* 的可追溯单元的批次追溯模式更为有利。当成本比率适当的大时，如果质量检测阈值大于一个确定的值，用一个大小为 n 的可追溯单元的追溯模式为优势策略，反之，采用一个大小为 m^* 的可追溯单元的批次追溯模式更为有利。

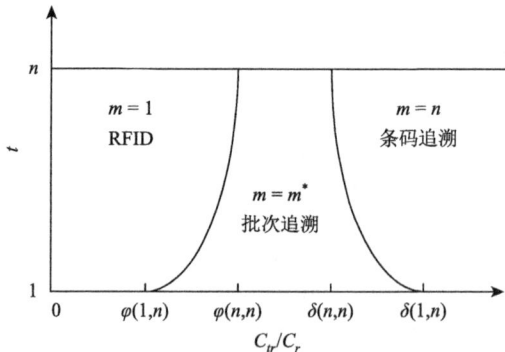

图 2.2　成本比率及质量检测阈值对最优追溯策略的影响

根据 Hu 和 Kostamis（2015）和 Saak（2016）的观点，考虑到顾客对可追溯产品的额外支付意愿，价格反映函数可以重新表述为

$$p = a - \dfrac{q}{2} + \dfrac{\gamma}{m} \tag{2.26}$$

其中，$\frac{\gamma}{m}$ 表示顾客对追溯批次大小为 m 的可追溯产品的额外支付意愿。由于批次规模 m 越小，追溯能力越强。因此，顾客会对每种产品产生更大的支付意愿。那么集中式供应链的利润是

$$E(\pi) = pq - w_s q - C_t \frac{q}{m(1-Z)} - (C_{tr} + \gamma)\frac{q}{m} - C_r qf(m, n, \lambda, t) \qquad (2.27)$$

令 $C_{tr}' = C_{tr} + \gamma$，考虑到对可追溯产品的额外支付意愿，供应链利润将与我们在式（2.1）中所述的完全相同。当处于分散式供应链中，情形与之类似。因此，即使考虑到对可追溯产品的额外支付意愿，上述最优追溯和定价策略仍然适用，只是对单位追溯成本的解释略有不同。

2.4　最优追溯能力与价格的讨论分析

在这一节中，主要对最优追溯能力、最优零售价格及最优批发价格进行分析。首先，我们比较了在集中式和分散式供应链下的最优追溯能力之间的关系。其次，研究了问题参数对最优追溯能力以及供应链决策的影响。最后，分析了在集中式和分散式供应链下最优追溯能力对供应链决策的影响。

推论 2.1　集中式和分散式供应链的最优追溯能力相等。

证明　根据定理 2.1 和定理 2.2，当成本比率（单位追溯成本/单位召回成本）足够大或者足够小时，易知最优追溯能力是一个大小为 n 或 1 的可追溯单元。在其他情况下，集中式和分散式供应链的最优追溯能力都满足相同的方程，且方程均有唯一的解 m^*。因此，集中式和分散式供应链的最优追溯能力相等（ $m^* = m_c^* = m_d^*$），证毕。

推论 2.1 比较了在集中式和分散式供应链下，基于内生价格和产品召回情况下的最优追溯能力。在本章提出的联合优化的问题中，最优追溯能力的本质是用来权衡追溯成本与召回成本，最后发现在集中式和分散式供应链下两者相等。因此，两个系统具有相同的最优追溯能力，表明集中式供应链不能够提高最优追溯能力。

推论 2.2　在集中式和分散式供应链中，当单位追溯成本与单位召回成本比率在适中的范围内时，若单位召回成本增大，单位追溯成本减小，或者质量检测阈值增加时，最优追溯能力增加。其他情况下，不论问题参数怎么变化最优追溯能力始终保持不变。

证明　根据定理 2.1 和定理 2.2，当单位追溯成本相比于单位召回成本足够大或者足够小时，最优追溯能力将为 n 或者 1，此时问题参数不能对其产生影响。然而，当单位追溯成本与单位召回成本比率在适中的范围内时，最优追溯能力

m^* 可以通过一阶导数条件获得。下面将逐个探讨问题参数对最优追溯能力的影响。

（1）对于单位召回成本而言，一阶条件对 C_r 求偏导，可得

$$f'_{m^*}(m^*,n,\lambda,t)+\frac{2C_{tr}}{(m^*)^3}\frac{\partial m^*}{\partial C_r}+C_r f''_{m^*}(m^*,n,\lambda,t)\frac{\partial m^*}{\partial C_r}=0 \qquad (2.28)$$

将一阶条件 $\dfrac{C_{tr}}{(m^*)^2}-C_r f'_{m^*}(m^*,n,\lambda,t)=0$ 代入，可得

$$f'_{m^*}(m^*,n,\lambda,t)+\frac{C_r}{m^*}(2f'_{m^*}(m^*,n,\lambda,t)+m^* f''_{m^*}(m^*,n,\lambda,t))\frac{\partial m^*}{\partial C_r}=0 \qquad (2.29)$$

其中，$f'_{m^*}(m^*,n,\lambda,t)=\displaystyle\sum_{k=1}^{t}\frac{kn}{((k-1)m^*+n)^2}\frac{\lambda^k/k!}{\displaystyle\sum_{j=0}^{t}\lambda^j/j!}$ ，$f''_{m^*}(m^*,n,\lambda,t)=-\displaystyle\sum_{k=1}^{t}\frac{2k(k-1)n}{((k-1)m^*+n)^3}\frac{\lambda^k/k!}{\displaystyle\sum_{j=0}^{t}\lambda^j/j!}$ 。

由于：

$$2f'_{m^*}(m^*,n,\lambda,t)+m^* f''_{m^*}(m^*,n,\lambda,t)$$

$$=\sum_{k=1}^{t}\frac{2kn}{((k-1)m^*+n)^2}\frac{\lambda^k/k!}{\displaystyle\sum_{j=0}^{t}\lambda^j/j!}-m^*\sum_{k=1}^{t}\frac{2k(k-1)n}{((k-1)m^*+n)^3}\frac{\lambda^k/k!}{\displaystyle\sum_{j=0}^{t}\lambda^j/j!} \qquad (2.30)$$

$$=\sum_{k=1}^{t}\frac{2kn^2}{((k-1)m^*+n)^3}\frac{\lambda^k/k!}{\displaystyle\sum_{j=0}^{t}\lambda^j/j!}>0$$

因为 $f'_{m^*}(m^*,n,\lambda,t)>0$ ，所以 $\dfrac{\partial m^*}{\partial C_r}<0$ 。这表明当单位召回成本增大时，最优可追溯单元大小减小，最优追溯能力增大。

（2）对于单位追溯成本而言，一阶条件对 C_{tr} 求偏导，可得

$$\frac{1}{(m^*)^2}-\frac{2C_{tr}}{(m^*)^3}\frac{\partial m^*}{\partial C_{tr}}-C_r f''_{m^*}(m^*,n,\lambda,t)\frac{\partial m^*}{\partial C_{tr}}=0 \qquad (2.31)$$

将一阶条件 $\dfrac{C_{tr}}{(m^*)^2}-C_r f'_{m^*}(m^*,n,\lambda,t)=0$ 代入，可得

$$\frac{1}{(m^*)^2}-\frac{C_r}{m^*}(2f'_{m^*}(m^*,n,\lambda,t)+m^* f''_{m^*}(m^*,n,\lambda,t))\frac{\partial m^*}{\partial C_{tr}}=0 \qquad (2.32)$$

因为 $\dfrac{1}{(m^*)^2}>0$ ，$2f'_{m^*}(m^*,n,\lambda,t)+m^* f''_{m^*}(m^*,n,\lambda,t)>0$ ，所以 $\dfrac{\partial m^*}{\partial C_{tr}}>0$ 。这表明当单位追溯成本增大时，最优可追溯单元大小增大，最优追溯能力减小。

（3）对于质量检测阈值 t 和 $t+1$ 而言，根据一阶条件，可知：

$$\frac{C_{tr}}{C_r} = \sum_{k=1}^{t} \frac{(m^*(t))^2 kn}{((k-1)m^*(t)+n)^2} \frac{\lambda^k / k!}{\sum_{j=0}^{t} \lambda^j / j!}$$

$$\frac{C_{tr}}{C_r} = \sum_{k=1}^{t} \frac{(m^*(t+1))^2 kn}{((k-1)m^*(t+1)+n)^2} \frac{\lambda^k / k!}{\sum_{j=0}^{t} \lambda^j / j!} \quad (2.33)$$

因此：

$$\sum_{k=1}^{t} \frac{(m^*(t+1))^2 kn}{((k-1)m^*(t+1)+n)^2} \frac{\lambda^k / k!}{\sum_{j=0}^{t} \lambda^j / j!} = \sum_{k=1}^{t} \frac{(m^*(t))^2 kn}{((k-1)m^*(t)+n)^2} \frac{\lambda^k / k!}{\sum_{j=0}^{t} \lambda^j / j!} \quad (2.34)$$

因为 $\sum_{j=0}^{t} \lambda^j / j! < \sum_{j=0}^{t+1} \lambda^j / j!$，可知：

$$\sum_{k=1}^{t} \frac{(m^*(t+1))^2 kn}{((k-1)m^*(t+1)+n)^2} \frac{\lambda^k / k!}{\sum_{j=0}^{t} \lambda^j / j!} < \sum_{k=1}^{t+1} \frac{(m^*(t))^2 kn}{((k-1)m^*(t)+n)^2} \frac{\lambda^k / k!}{\sum_{j=0}^{t} \lambda^j / j!} \quad (2.35)$$

两边相减，可得

$$\sum_{k=1}^{t} \frac{\lambda^k}{(k-1)!} \left(\frac{(m^*(t+1))^2}{((k-1)m^*(t+1)+n)^2} - \frac{(m^*(t))^2 kn}{((k-1)m^*(t)+n)^2} \right) + \frac{(t+1)(m^*(t+1))^2 \lambda^{t+1}}{((k-1)m^*(t+1)+n)^2 (t+1)!} < 0$$

$$(2.36)$$

因为函数 $\frac{xn}{(x-1+n)^2}$ 是关于 x 的一个严格增函数，因此 $m^*(t) > m^*(t+1)$ 恒成立。

这表明质量检测阈值增大，最优可追溯单元人小减小，最优追溯能力增大，证毕。

推论 2.2 分析了在集中式和分散式供应链中，问题参数对最优追溯能力的影响。当单位追溯成本与单位召回成本比率在适中的范围内时，为了提高供应链的追溯能力，政府部门可以发布一套很严格的产品召回法律，或者通过采取对制造商进行处罚来增加产品单位召回成本，还可以通过对采用追溯系统和成本有效的追溯技术的制造商进行补贴的方式来降低单位追溯成本。之前许多文献都分析了供应商与制造商之间的召回成本分享机制，然而，推论 2.2 表明召回成本分享机制将会激励制造商采取较弱的追溯能力，这会带来巨大的食品安全问题。因此，当单位追溯成本相对于单位召回成本足够大或者足够小时，前人研究的策略就不能够改善供应链的追溯能力。

推论 2.3　如果成本比率（单位追溯成本/单位召回成本）足够大，当追溯能力增大时，最优零售价格增大，同时供应链的最优利润减小。如果成本比率足够小，当追溯能力增大时，供应链的最优利润增大。如果单位追溯成本与单位召回成本比率在适中的范围内，当追溯能力大于最优追溯能力时，随着追溯能力增大，最优零售价格增大，同时供应链的最优利润减小，反之，当追溯能力小于最优追溯能力时，随着追溯能力增大，最优零售价格减小，同时供应链的最优利润增大。

　　证明　如果成本比率（单位追溯成本/单位召回成本）足够大，根据定理 2.1 和定理 2.2，在集中式和分散式供应链中，由于供应链利润的一阶导数为

$$\frac{\partial P(m,p)}{\partial m} = 2(a-p)\left(\frac{C_{tr}}{m^2} - C_r \sum_{k=1}^{t} \frac{kn}{((k-1)m+n)^2} \frac{\lambda^k/k!}{\sum_{j=0}^{t} \lambda^j/j!}\right) > 0$$

因此，$\dfrac{\partial p}{\partial m} = -\dfrac{C_{tr}}{2m^2} + C_r \sum_{k=1}^{t} \dfrac{kn}{2((k-1)m+n)^2} \dfrac{\lambda^k/k!}{\sum_{j=0}^{t} \lambda^j/j!} < 0$。由此可知随着追溯能

力增大，最优零售价格增大，同时供应链最优利润减小。

　　如果成本比率足够小，根据定理 2.1 和定理 2.2，在集中式和分散式供应链中，由于供应链利润的一阶导数为

$$\frac{\partial P(m,p)}{\partial m} = 2(a-p)\left(\frac{C_{tr}}{m^2} - C_r \sum_{k=1}^{t} \frac{kn}{((k-1)m+n)^2} \frac{\lambda^k/k!}{\sum_{j=0}^{t} \lambda^j/j!}\right) < 0$$

因此，$\dfrac{\partial p}{\partial m} = -\dfrac{C_{tr}}{2m^2} + C_r \sum_{k=1}^{t} \dfrac{kn}{2((k-1)m+n)^2} \dfrac{\lambda^k/k!}{\sum_{j=0}^{t} \lambda^j/j!} > 0$。由此可知随着追溯能力

增大，最优零售价格减小，同时供应链最优利润增大。

　　如果单位追溯成本与单位召回成本比率在适中的范围内，根据定理 2.1 和定理 2.2，在集中式和分散式供应链中，存在着唯一的最优追溯能力 m^*，使得当 $m < m^*$ 时，有

$$\frac{\partial P(m,p)}{\partial m} = 2(a-p)\left(\frac{C_{tr}}{m^2} - C_r \sum_{k=1}^{t} \frac{kn}{((k-1)m+n)^2} \frac{\lambda^k/k!}{\sum_{j=0}^{t} \lambda^j/j!}\right) > 0$$

因此，$\dfrac{\partial p}{\partial m} = -\dfrac{C_{tr}}{2m^2} + C_r \sum_{k=1}^{t} \dfrac{kn}{2((k-1)m+n)^2} \dfrac{\lambda^k/k!}{\sum_{j=0}^{t} \lambda^j/j!} < 0$。当 $m > m^*$ 时，有

$$\frac{\partial P(m,p)}{\partial m} = 2(a-p)\left(\frac{C_{tr}}{m^2} - C_r \sum_{k=1}^{t} \frac{kn}{((k-1)m+n)^2} \frac{\lambda^k/k!}{\sum_{j=0}^{t} \lambda^j/j!}\right) < 0$$

因此，$\dfrac{\partial p}{\partial m} = -\dfrac{C_{tr}}{2m^2} + C_r \sum_{k=1}^{t} \dfrac{kn}{2((k-1)m+n)^2} \dfrac{\lambda^k / k!}{\sum_{j=0}^{t} \lambda^j / j!} > 0$ 。由此可知当追溯能力大

于最优追溯能力时，随着追溯能力增大，最优零售价格增大，同时供应链的最优
利润减小，反之，当追溯能力小于最优追溯能力时，随着追溯能力增大，最优零
售价格减小，同时供应链的最优利润增大，证毕。

　　推论 2.3 描述的是追溯能力对最优零售价格及供应链利润的影响，研究发现
提高追溯能力不一定能保证增加或减少供应链的利润。这取决于单位追溯成本、
单位召回成本以及当时的追溯能力。对于一个没有采取追溯技术及没有追溯能力
监管的系统而言，其单位追溯成本通常远远大于单位召回成本，根据推论 2.3，提
高追溯能力将导致供应链利润减少及零售价格的增加，这将损害到供应链成员与
终端客户的利益。也说明此时供应链成员不愿意提高追溯能力。目前监管和补贴
是激励供应链成员采用追溯系统最常用的两种策略。如果政府部门制定一套严格
的召回法律对制造商产品召回给予巨大的处罚，此时，单位召回成本将会远高于
单位追溯成本，根据推论 2.3，提高追溯能力将增加供应链的利润，因此会激励制
造商采用追溯系统来提高追溯能力直到实现单体追溯。如果政府部门采取一套比
较温和的召回法律对制造商产品召回给予适中的处罚，单位追溯成本与单位召回
成本比率将在一个适中的范围内。根据推论 2.3，首先制造商提高追溯能力直到一
个基于经济的可追溯单元条件下的批次追溯。随着越来越多的制造商采用追溯系
统，单位追溯成本降低，这将进一步激励制造商去提高追溯能力。如果在一个适
中的产品召回处罚的条件下追溯成本显著减小，那么制造商很有可能实现单体追
溯。如果政府部门提出用补贴政策来激励其使用追溯系统，当补贴力度很大时，
单位追溯成本将显著减小，以至于远远小于单位召回成本，根据推论 2.3，制造商
将被激励采用追溯系统来提高追溯能力直到实现单体追溯。随着越来越多的制造
商采用追溯系统，单位追溯成本将会减小，当实际单位追溯成本与单位召回成本
相当时，补贴政策就会停止。因此，制造商将以一个经济的可追溯单元规模来保
持其追溯能力在一个确定批次追溯水平上。反之，制造商将回到没有追溯系统时
候的最初的状态。当政府采用一个适中的补贴政策时，单位追溯成本与单位召回
成本比率将在一个适中的范围内，根据推论 2.3，首先制造商会提高追溯能力直到
一个基于经济的可追溯单元条件下的批次追溯。随着越来越多的制造商采用追溯
系统，单位追溯成本降低。如果单位追溯成本明显减小，制造商将会提高其追溯
比率直到实现单体追溯。然而，当补贴政策停止时，制造商将会以一个经济的可
追溯单元规模来保持其追溯能力在一个确定批次追溯水平上。如果单位追溯成本
减小的幅度并不大，制造商将会保持其追溯能力。但是，当补贴政策停止时，制
造商将回到没有追溯系统时的最初状态。

推论 2.4 在集中式和分散式供应链中，当单位召回成本、单位追溯成本，或质量检测阈值增大时，最优零售价格和最优批发价格增大，同时供应链的最优利润减小。

证明 对于单位召回成本而言，根据定理 2.1 和定理 2.2，如果 $\dfrac{C_{tr}}{C_r} > \delta(t,n)$，

可知 $\dfrac{\partial p_c^*}{\partial C_r} = \dfrac{\partial p_d^*}{\partial C_r} = \dfrac{\partial w_m^*}{\partial C_r} = \dfrac{1}{2}\sum_{k=1}^{t}\dfrac{\lambda^k/k!}{\sum_{j=0}^{t}\lambda^j/j!} > 0$。

如果 $\dfrac{C_{tr}}{C_r} \leq \varphi(t,n)$，由此可知 $\dfrac{\partial p_c^*}{\partial C_r} = \dfrac{\partial p_d^*}{\partial C_r} = \dfrac{\partial w_m^*}{\partial C_r} = \dfrac{1}{2}\sum_{k=1}^{t}\dfrac{k}{k-1+n}\dfrac{\lambda^k/k!}{\sum_{j=0}^{t}\lambda^j/j!} > 0$。

如果 $\varphi(t,n) < \dfrac{C_{tr}}{C_r} \leq \delta(t,n)$，可知 $\dfrac{\partial p_c^*}{\partial C_r} = \dfrac{\partial p_d^*}{\partial C_r} = \dfrac{\partial w_m^*}{\partial C_r} = \dfrac{1}{2}\sum_{k=1}^{t}\dfrac{km^*}{(k-1)m^*+n}\dfrac{\lambda^k/k!}{\sum_{j=0}^{t}\lambda^j/j!} >$

0。这表明随着单位召回成本的增加，最优零售价格和最优批发价格增加。接下来，根据定理 2.1，可知集中式供应链最优利润表达式为 $E_c^*(\pi) = 2(a-p_c^*)^2$，则 $\dfrac{\partial E_c^*(\pi)}{\partial C_r} =$

$-4(a-p_c^*)\dfrac{\partial p_c^*}{\partial C_r} < 0$。类似地，根据定理 2.2，在分散式供应链中，可知 $\dfrac{\partial E_d^*(\pi)}{\partial C_r} =$

$-2(a-w_m^*)\dfrac{\partial w_m^*}{\partial C_r} < 0$。这表明随着单位召回成本的增大，供应链的最优利润减小。

对于单位追溯成本而言，根据定理 2.1 和定理 2.2，如果 $\dfrac{C_{tr}}{C_r} > \delta(t,n)$，可知

$\dfrac{\partial p_c^*}{\partial C_{tr}} = \dfrac{\partial p_d^*}{\partial C_{tr}} = \dfrac{\partial w_m^*}{\partial C_{tr}} = \dfrac{1}{2n} > 0$。

如果 $\dfrac{C_{tr}}{C_r} \leq \varphi(t,n)$，可知 $\dfrac{\partial p_c^*}{\partial C_{tr}} = \dfrac{\partial p_d^*}{\partial C_{tr}} = \dfrac{\partial w_m^*}{\partial C_{tr}} = \dfrac{1}{2} > 0$。如果 $\varphi(t,n) < \dfrac{C_{tr}}{C_r} \leq \delta(t,n)$，

可知 $\dfrac{\partial p_c^*}{\partial C_{tr}} = \dfrac{\partial p_d^*}{\partial C_{tr}} = \dfrac{\partial w_m^*}{\partial C_{tr}} = \dfrac{1}{2m^*} > 0$。这表明随着单位追溯成本的增加，最优零售价格和最优批发价格增加。接下来，根据定理 2.1，集中式供应链最优利润表达式为 $E_c^*(\pi) = 2(a-p_c^*)^2$，则 $\dfrac{\partial E_c^*(\pi)}{\partial C_{tr}} = -4(a-p_c^*)\dfrac{\partial p_c^*}{\partial C_{tr}} < 0$。类似地，根据定理 2.2，在分散式供应链中，可知 $\dfrac{\partial E_d^*(\pi)}{\partial C_{tr}} = -2(a-w_m^*)\dfrac{\partial w_m^*}{\partial C_{tr}} < 0$。这表明随着单位追溯成本的增大，供应链的最优利润减小。

对于质量检测阈值而言，根据定理 2.1 和定理 2.2，如果 $\dfrac{C_{tr}}{C_r} > \delta(t,n)$，由此可以推知

$$
p_c^*(t+1) - p_c^*(t) = w_m^*(t+1) - p_m^*(t) = \frac{C_r}{2} \sum_{k=1}^{t+1} \frac{\lambda^k / k!}{\sum_{j=0}^{t+1} \lambda^j / j!} - \frac{C_r}{2} \sum_{k=1}^{t} \frac{\lambda^k / k!}{\sum_{j=0}^{t} \lambda^j / j!}
$$

$$
= \frac{C_r}{2} \frac{\lambda^{t+1} / (t+1)!}{\sum_{j=0}^{t+1} \lambda^j / j!} \left(1 - \sum_{k=1}^{t+1} \frac{\lambda^k / k!}{\sum_{j=0}^{t+1} \lambda^j / j!} \right) > 0
$$

（2.37）

如果 $\dfrac{C_{tr}}{C_r} \leqslant \varphi(t,n)$，由此可以推知

$$
p_c^*(t+1) - p_c^*(t) = w_m^*(t+1) - p_m^*(t)
$$

$$
= \frac{C_r}{2} \sum_{k=1}^{t+1} \frac{k}{k-1+n} \frac{\lambda^k / k!}{\sum_{j=0}^{t+1} \lambda^j / j!} - \frac{C_r}{2} \sum_{k=1}^{t} \frac{k}{k-1+n} \frac{\lambda^k / k!}{\sum_{j=0}^{t} \lambda^j / j!}
$$

（2.38）

$$
= \frac{C_r}{2} \frac{\lambda^{t+1} / (t+1)!}{\sum_{j=0}^{t+1} \lambda^j / j!} \left(\frac{t+1}{t+n} - \sum_{k=1}^{t+1} \frac{k}{k-1+n} \frac{\lambda^k / k!}{\sum_{j=0}^{t+1} \lambda^j / j!} \right) > 0
$$

如果 $\varphi(t,n) < \dfrac{C_{tr}}{C_r} \leqslant \delta(t,n)$，有

$$
f(m^*, n, \lambda, t+1) - f(m^*, n, \lambda, t)
$$

$$
= \sum_{k=1}^{t+1} \frac{km^*}{(k-1)m^* + n} \frac{\lambda^k / k!}{\sum_{j=0}^{t+1} \lambda^j / j!} - \sum_{k=1}^{t} \frac{km^*}{(k-1)m^* + n} \frac{\lambda^k / k!}{\sum_{j=0}^{t} \lambda^j / j!}
$$

（2.39）

$$
= \frac{\lambda^{t+1} / (t+1)!}{\sum_{j=0}^{t+1} \lambda^j / j!} \left(\frac{(t+1)m^*}{tm^* + n} - \sum_{k=1}^{t} \frac{km^*}{(k-1)m^* + n} \frac{\lambda^k / k!}{\sum_{j=0}^{t} \lambda^j / j!} \right)
$$

由于函数 $\dfrac{xm^*}{(x-1)m^* + n}$ 是关于 x 的严格增函数，则 $\dfrac{(t+1)m^*}{tm^* + n} > \dfrac{tm^*}{(t-1)m^* + n}$。

因此 $\dfrac{(t+1)m^*}{tm^* + n} > \displaystyle\sum_{k=1}^{t} \frac{km^*}{(k-1)m^* + n} \frac{\lambda^k / k!}{\sum_{j=0}^{t} \lambda^j / j!}$ ，即 $f(m^*, n, \lambda, t+1) - f(m^*, n, \lambda,$

$t) > 0$，由此可知 $\dfrac{\partial f(m^*, n, \lambda, t)}{\partial t} > 0$，所以 $\dfrac{\partial p_c^*}{\partial t} = \dfrac{\partial p_d^*}{\partial t} = \dfrac{\partial w_m^*}{\partial t} = \dfrac{\partial f(m^*, n, \lambda, t)}{\partial t} > 0$。这说明随着质量检测阈值增大，最优零售价格和最优批发价格增加。根据定理 2.1，集中式供应链最优利润表达式为 $E_c^*(\pi) = 2(a - p_c^*)^2$，则 $\dfrac{\partial E_c^*(\pi)}{\partial t} = -4(a - p_c^*)\dfrac{\partial p_c^*}{\partial t} < 0$。

类似地，根据定理 2.2，在分散式供应链中，可知 $\dfrac{\partial E_d^*(\pi)}{\partial t} = -2(a - w_m^*)\dfrac{\partial w_m^*}{\partial t} < 0$。这表明随着单位追溯成本的增大，供应链的最优利润减小，证毕。

推论 2.4 描述了问题参数对最优零售价格和供应链利润的影响。这解释了为什么企业不愿意采用追溯系统，而是采用一个严格的质量检测方式来提高自身利润及供应链利润。基于政府的角度，政府应该采用补贴政策来激励制造商采用追溯系统去降低单位追溯成本，同时通过降低零售和批发价格来增加利润。然而，对于追溯能力的监管虽然能迫使企业因单位召回成本增加而提高追溯能力，但是实际上制造商和供应链的利润却降低了。

推论 2.5 相对于分散式供应链而言，集中式供应链的零售价格更低，利润更大。如果成本比率（单位追溯成本/单位召回成本）足够大，随着追溯能力增大，最优零售价格及供应链利润之差增大。反之，随着追溯能力增大，最优零售价格及供应链利润之差减小。如果成本比率在一个适中范围内，随着追溯能力增大，最优零售价格及供应链利润之差减小，随着追溯能力减小，最优零售价格及供应链利润之差增大。

证明 根据定理 2.1 和定理 2.2，可知：$p_c^* = w_m^*$。由于 $p_d^* = (a + w_m^*) / 2$，故 $p_d^* - p_c^* = (a + w_m^*) / 2 - p_c^* = (a + p_c^*) / 2 - p_c^* = (a - p_c^*) / 2$，因为 $p = a - q / 2 < a$ 对于所有的 p 都成立，所以 $a - p_c^* \geqslant 0$，即 $p_d^* - p_c^* \geqslant 0$。

根据推论 2.3，如果成本比率（单位追溯成本/单位召回成本）足够大，$\dfrac{\partial p_c^*}{\partial m} < 0$。因此，若 m 增大，则 p_c^* 减小，可知 $p_d^* - p_c^*$ 增大。这表明提高追溯能力能使最优零售价格差减小。如果成本比率足够小，$\dfrac{\partial p_c^*}{\partial m} > 0$。因此，若 m 增大，则 p_c^* 增大，可知 $p_d^* - p_c^*$ 减小。这表明提高追溯能力能使最优零售价格差增大。如果成本比率在一个适中的范围内，根据推论 2.3，在集中式和分散式供应链中，存在着唯一的最优追溯能力 m^*，使得当 $m < m^*$ 时，$\dfrac{\partial p}{\partial m} < 0$。因此，若 m 增大，则 p_c^* 减小，可知 $p_d^* - p_c^*$ 增大。这表明提高追溯能力能使最优零售价格差减小。当 $m > m^*$ 时，$\dfrac{\partial p}{\partial m} > 0$。因此，若 m 增大，则 p_c^* 增大，可知 $p_d^* - p_c^*$ 减小。这表明提高追溯能力能使最优零售价格差增大。

根据定理 2.1 和定理 2.2，可得 $w_m^* = p_c^*$，集中式和分散式供应链两种模式下的最优利润表达式分别为 $E_c^*(\pi) = 2(a - p_c^*)^2$，$E_d^*(\pi) = (a - p_c^*)^2$。

因此，供应链的最优利润差为 $E_c^*(\pi) - E_d^*(\pi) = (a - p_c^*)^2$。

因此 $\dfrac{\partial(E_c^*(\pi) - E_d^*(\pi))}{\partial m} = -2(a - p_c^*)\dfrac{\partial p_c^*}{\partial m}$。因为 $a - p_c^* \geqslant 0$，所以 $\dfrac{\partial(E_c^*(\pi) - E_d^*(\pi))}{\partial m}$

与 $\dfrac{\partial p_c^*}{\partial m}$ 符号相反，证毕。

推论 2.5 描述了在集中式和分散式供应链中追溯能力对最优零售价格差及供应链利润差的影响。集中式供应链的利润要高于分散式供应链的利润，这表明考虑追溯能力的批发合同不能协调供应链。然而，当成本比率（单位追溯成本/单位召回成本）足够大或者成本比率在一个适中范围内，但实际的追溯能力小于制造商利润最大化条件下的最优追溯能力时，提高追溯能力能使最优零售价格差以及供应链的最优利润差减小，这表明提高追溯能力能够减小双重边际效应及供应链利润差。反之，提高追溯能力将增大双重边际效应及供应链利润差。

推论 2.6　在集中式和分散式供应链中，当单位召回成本、单位追溯成本或质量检测阈值增大时，最优零售价格差及供应链利润差减小。

证明　对于单位召回成本而言，根据推论 2.4 和推论 2.5，可知 $\dfrac{\partial p_c^*}{\partial C_r} > 0$。

因为 $p_d^* - p_c^* = (a - p_c^*)/2$，所以 $\dfrac{\partial(p_d^* - p_c^*)}{\partial C_r} = -\dfrac{1}{2}\dfrac{\partial p_c^*}{\partial C_r} < 0$。由此说明随着单位召回成本增大，最优零售价格差减小。又由 $E_c^*(\pi) - E_d^*(\pi) = (a - p_c^*)^2$，因此

$\dfrac{\partial(E_c^*(\pi) - E_d^*(\pi))}{\partial C_r} = -2(a - p_c^*)\dfrac{\partial p_c^*}{\partial C_r}$，因为 $a - p_c^* \geqslant 0$，所以 $\dfrac{\partial(E_c^*(\pi) - E_d^*(\pi))}{\partial C_r} \leqslant 0$。

这表明随着单位召回成本增大，供应链的最优利润差减小。

对于单位追溯成本而言，根据推论 2.4 和推论 2.5，可知 $\dfrac{\partial p_c^*}{\partial C_{tr}} > 0$。因为 $p_d^* -$

$p_c^* = (a - p_c^*)/2$，所以 $\dfrac{\partial(p_d^* - p_c^*)}{\partial C_{tr}} = -\dfrac{1}{2}\dfrac{\partial p_c^*}{\partial C_{tr}} < 0$。这说明随着单位追溯成本增大，

最优零售价格差减小。又由 $E_c^*(\pi) - E_d^*(\pi) = (a - p_c^*)^2$，因此 $\dfrac{\partial(E_c^*(\pi) - E_d^*(\pi))}{\partial C_{tr}} =$

$-2(a - p_c^*)\dfrac{\partial p_c^*}{\partial C_{tr}}$，因为 $a - p_c^* \geqslant 0$，所以 $\dfrac{\partial(E_c^*(\pi) - E_d^*(\pi))}{\partial C_{tr}} < 0$。这表明随着单位追

溯成本增大，供应链的最优利润差减小。

对于质量检测阈值而言，根据推论 2.4 和推论 2.5，可知 $\dfrac{\partial p_c^*}{\partial t} > 0$。因为 $p_d^* -$

$p_c^* = (a - p_c^*)/2$，所以 $\dfrac{\partial(p_d^* - p_c^*)}{\partial t} = -\dfrac{1}{2}\dfrac{\partial p_c^*}{\partial t} < 0$。这说明随着质量检测阈值增大，

最优零售价格差减小。又由 $E_c^*(\pi) - E_d^*(\pi) = (a - p_c^*)^2$，因此 $\dfrac{\partial(E_c^*(\pi) - E_d^*(\pi))}{\partial t} =$

$-2(a - p_c^*)\dfrac{\partial p_c^*}{\partial t}$，因为 $a - p_c^* \geqslant 0$，所以 $\dfrac{\partial(E_c^*(\pi) - E_d^*(\pi))}{\partial t} \leqslant 0$。这表明随着质量检

测阈值增大，供应链的最优利润差减小，证毕。

推论 2.6 描述了问题参数对最优零售价格差及供应链利润差的影响。问题参数的增大使得最优零售价格差以及供应链利润差减小，则意味着问题参数的增大能减小双重边际效应。因此，如果政府部门对产品召回的制造商实施处罚，单位召回成本将会增大，尽管双重边际效应减小，但是消费者将为每个产品付出更高的价格。如果政府部门对采用追溯系统企业实施补贴政策，单位追溯成本将会降低，尽管双重边际效应增大，但消费者实际支付的价格更低。因此，在补贴政策中，零售商更容易采用其他形式的供应合同来减轻双重边际效应或者协调供应链。

为了进一步探究相关参数对该模型最优策略的影响，我们采取数值实验的方式进行灵敏度分析。基于咨询 3 个产品召回专家的意见，做出如下的假设：$a = 200$，$n = 100$，$\lambda = 10$，$C_r = 80$，$C_t = 1$，$Z = 0.05$。

同时为了方便计算，我们假设 $w_s = 0$，然后在 $t = 2$ 和 $t = 10$ 两个不同的质量检测阈值条件下做数值实验。

图 2.3 显示了不同质量检验阈值下成本比率（单位追溯成本/单位召回成本）

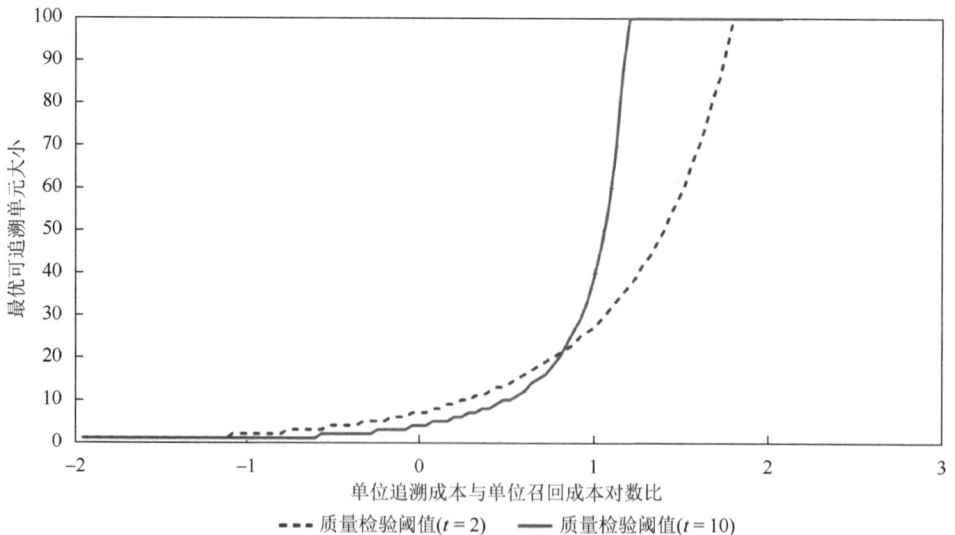

图 2.3　成本比率（单位追溯成本/单位召回成本）对最优可追溯单元大小的影响

对最优追溯能力的影响。我们发现，当成本比率在一个适中的范围内时，批量追踪的最优可追溯单元大小随成本比率的增加而增加，反之，较小的成本比率会导致单体追踪，较大成本比率则会导致条码追踪。此外，较大的质量检验阈值会导致单体追踪和条码追踪的成本比率范围更大，这表明采用宽松的质量检验政策的企业更有可能选择单体追踪和条码追踪。

　　图 2.4 显示了在不同的质量检查阈值下，成本比率（单位追溯成本/单位召回成本）对集中式和分散式供应链的最优零售价格的影响。我们发现最优零售价格是单位召回成本和单位追溯成本的递增函数。随着单位追溯成本的增加，集中式供应链和分散式供应链的最优零售价格差异减小，表明双重边际化效应有所缓解。

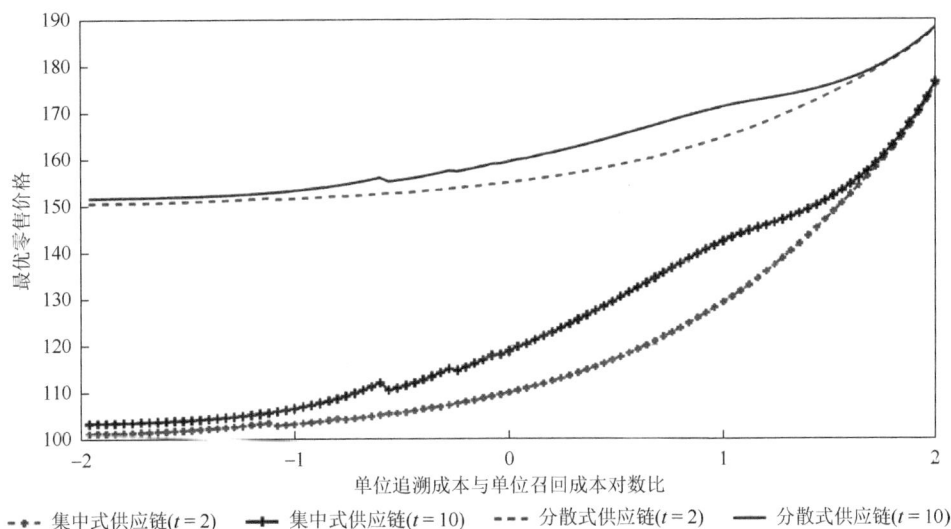

图 2.4　成本比率（单位追溯成本/单位召回成本）对最优零售价格的影响

　　图 2.5 显示了在不同的质量检查阈值下，成本比率（单位追溯成本/单位召回成本）对集中式和分散式供应链利润的影响。当单位追溯成本增加时，集中式和分散式供应链利润和二者的利润差都会减少。这说明在追溯技术不成熟的情况下，大多数企业不愿意使用追溯系统，同时供应链集成的优势也有限。此外，提高质量检验阈值会降低两种供应链的利润差异，这表明采用严格质量检验政策的企业更有可能选择供应链整合。

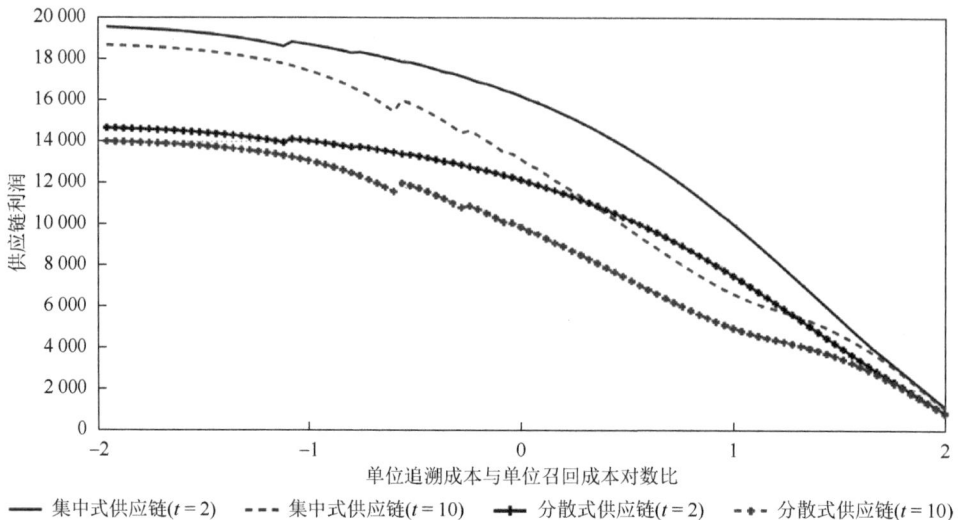

图 2.5　成本比率（单位追溯成本/单位召回成本）对最优利润的影响

2.5　本章小结

本章利用制造商层面的可追溯单元大小来衡量追溯能力，我们考虑一个由单一的供应商、制造商及零售商组成的三级供应链，研究发现在集中式和分散式供应链中存在唯一的追溯能力和零售/批发价格使得供应链的利润最大化，追溯策略的选择要视问题参数而定。对于给定的制造商质量检测标准，随着单位追溯能力与单位召回成本比率的增加，最优追溯策略首先从单体追溯转变为基于经济的可追溯单元条件下的批次追溯，然后从相同的基于经济的可追溯单元条件下的批次追溯转变为条码追溯。此外，我们研究了最优策略下质量检测标准的影响，研究发现当成本比率适当的大或者小时，随着质量检测阈值的增加，最优追溯能力由批次追溯转变为条码追溯和单体追溯。考虑到供应链决策的影响，我们发现在成本比率较大或者较小背景下，改善追溯能力能扩大或者消除双重边际效应。

在实际中，追溯监管和追溯补贴被广泛应用于提高供应链的追溯能力，我们发现严格的追溯监管政策比追溯补贴政策更能提高供应链的追溯能力。通过本章工作的实现，我们的研究可以进一步扩展到以下几个方面。

（1）在共享召回成本的情况下，共同优化供应链的追溯能力和价格。

（2）在其他供应合同下，联合优化供应链的追溯能力和价格。

（3）考虑两个制造商之间竞争的追溯能力，如追溯两个制造商之间的竞争能力。因此，探讨一个制造商的决策如何影响另一个制造商的追溯和定价策略将是一个有趣的问题。

第3章 基于追溯能力与价格优化的召回模式决策

3.1 导　　言

目前，产品召回已经在汽车、药品、医疗设备、电子产品、玩具、食品等行业引起了广泛的重视。在全球网络供应链下，产品召回事件的发生越来越多，企业和监管者开始关注如何有效地召回污染产品并降低召回成本。同时企业选择在供应商、制造商或零售商层次的召回面临着召回成本的差异，因此采用合适的召回策略将是现代企业面临的一个重要问题。而目前追溯策略是供应链追溯系统研究的另一个重点。就追溯模式的角度而言，建立追溯系统是降低产品召回经济损失最有前景的方式之一（Huang et al.，2012）。各国相继建立了追溯系统，可追溯系统也被认为是产品安全策略的必要部分之一（Memon et al.，2015）。基于追溯能力的角度而言，合适的追溯能力可以帮助企业更加准确地区分有污染产品和无污染产品，从而减少因污染嫌疑而召回的产品数量，降低产品召回损失。Horaa等（2011）通过实证研究表明，产品召回损失和产品召回的开始时间与产品销售的开始时间之间的时间差关系显著，产品召回越早，损失就越小。这意味着为了降低产品召回的影响，需要供应链具备较强的追溯能力，有针对性地快速召回或撤回产品。因此，基于追溯模式及追溯能力下的追溯策略将是研究的一个重要方向。

而本章也是以供应链追溯策略和召回策略的研究为出发点，从追溯能力及定价策略的角度着手，研究了集中式和分散式供应链模式下的制造商的最优追溯能力及零售价格。并进一步拓展研究了不同召回策略下的供应商最优追溯能力及零售价格。

供应链追溯策略，即供应链各成员采用最优的追溯能力来最大化自己的利润以及供应链利润的策略，是追溯系统建设的核心问题之一（Dabbene and Gay，2011）。其中，Nguyen（2004）认为追溯能力是供应链各个成员通过粘贴在产品上的可追溯性的标签，对商品或行为的历史及使用或者位置加以追溯的一种能力。供应链追溯策略也是产品召回能有效实施的关键因素之一，因为它不仅决定召回成本和追溯成本，同时也影响着由产品召回带来的负面影响。目前，国外学者基于不同的角度研究了供应链追溯系统，现今已经取得了一定的研究成果。追溯策略的研究主要分为追溯模式及追溯能力两个方面。对追溯模式而言，主要体现在对追溯系统的研究上。对追溯能力而言，大多数研究都集中于定性角度（Nagy et al.，2007；Liu et al.，2009；Zhao et al.，2009）。

召回策略主要研究在不同的层次进行召回，同时考虑召回成本最优化。Dessureault（2006）用实证方法研究了追溯系统对加拿大奶牛企业收益与成本的影响。Lindley（2007）用仿真的方法权衡了追溯系统的追溯成本与召回成本改善。Pouliot（2008）基于支付意愿采用数学分析的方法研究了追溯系统和企业利润之间的关系。Kumar 和 Schmitz（2011）认为对管理消费品的产品召回可以使用六西格玛技术。而国内的学者基于召回策略角度的研究较少，钱建平等（2014）构建了可追溯系统的追溯粒度评价模型，并根据农产品品类、供应链类型、产值规模等不同进行了追溯粒度分值分析。刘学勇等（2012）研究了线性需求模式下产品召回的激励分担及质量的合约设计，但并没有从追溯系统的批量追溯角度对召回成本进行分析，同时也没有考虑供应链可追溯能力。参考众多文献得出结论，召回策略的重点在于对不同层次的召回进行成本分析。

本书基于供应商最优追溯能力与价格联合优化模型的构建，同时考虑不同层次的召回策略，对一个由单一的供应商及制造商组成的两级供应链的供应商追溯能力与价格联合优化进行了研究。最后对各个参数做了相关的灵敏度分析。

本章的其余部分组织如下：3.2 节描述了基于供应商最优追溯能力与价格联合优化模型；3.3 节得到了上述联合优化问题的显式解，并给出了最优追溯和定价策略；3.4 节比较了两种不同召回模式下供应商的最优批量（最优追溯能力）以及对各个参数做了相关的灵敏度分析；最后，我们在 3.5 节对本章进行了总结。

3.2　不同召回模式下的追溯能力与价格优化问题与建模

3.2.1　供应商层次召回的供应商追溯能力与价格联合优化模型

本章研究是基于产品批次的一个自动追溯系统，其被应用于由一个供应商、一个制造商和许多顾客构成的供应链中。假设产品召回问题仅来自供应商有缺陷的组件，但是有缺陷的组件不来自制造商。我们考虑一个风险中性的垄断制造商从一个单一的供应商订购原材料进行生产，然后销售其产品到终端客户。一旦有缺陷的产品出现在顾客端，供应商有责任召回包含有缺陷的产品在内的所有可追溯的单元。假设制造商每生产一件产品消耗一件原材料，且一个可追溯单元的原材料用来生产 z 个可追溯单元的产品，令制造商产品的可追溯单元大小为 m，不同的是本章假设可追溯单元大小 m 不变，那么 $n = zm$，且 $n \in [m, q]$。此外，假设 C_r、C_t 和 C_{tr} 分别表示单位召回成本、一个可追溯单元检测成本和一个可追溯单元追溯成本。q 表示市场销售量，p 是产品的市场销售价格。假设销售量满足

$q \in [0, 2a]$，市场价格为 $a - q/2$，此处，我们称 a 为市场规模大小。另外，w_s 表示原材料的批发价格，另外用 w_0 表示供应商原材料的采购价格。基于供应商的角度对供应商追溯能力以及批发价格进行联合优化。首先供应商将原材料销售给制造商，然后制造商将产品制造为成品，最终销售到终端客户。由于污染发生在供应商层次，所以此时产品召回的责任由供应商完全承担，即供应商在供应链中占主导地位。而在不同的召回策略下存在着两种不同的召回模式，即在供应商层次召回和在制造商层次召回。

当在供应商层次召回时，供应商的收入为 $w_s q_s$，其中 w_s 表示供应商的批发价格，q_s 表示通过检测后销售到制造商的产品数量。供应商的成本由四部分构成：购买原材料成本 $w_0 Q$，其中 Q 表示进行质量检测前的原材料数量；质量检测成本 $C_t \dfrac{Q}{n}$，其中 C_t 表示每个可追溯原材料单元的质量检测成本，n 表示一个批次的原材料大小；追溯成本 $C_{tr} \dfrac{q}{n}$，其中 C_{tr} 表示单位追溯成本，q 表示生产销售出去的产品数量，n 表示制造商处可追溯成品单元的大小；召回成本可以表示为 $C_r q f_1(n, t)$，其中 $f_1(n, t)$ 表示期望产品召回比率（通过质量检测的有缺陷原材料流入最终产品导致需要召回批次的比率）。因此在供应商层次召回的供应商期望利润函数为 $w_s q_s - w_0 Q - C_t \dfrac{Q}{n} - C_{tr} \dfrac{q}{n} - C_r q f_1(n, t)$。因为我们考虑的是一个周期的问题，故假设原材料残余价值为 0。考虑到企业充分利用原材料来生产产品以满足需求，这说明通过检查后原材料数量 $Q(1 - Z)$ 应该等于最终产品数量 q。在供应商层次召回的供应链研究框架如图 3.1 所示。

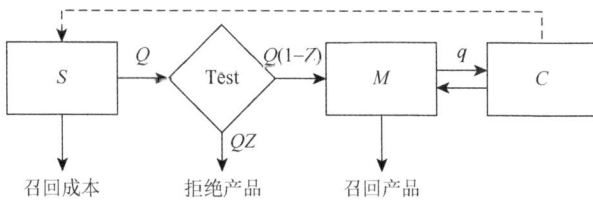

图 3.1　在供应商层次召回的质量检测与产品召回流程图

S 表示供应商，Test 表示检测，M 表示制造商，C 表示顾客

而在分散式供应链中，决策顺序如下：首先供应商通过设定一个合适的订购量 Q，追溯能力 n 和批发价格 w_s 来最大化其利润，然后制造商基于批发价格 w_s 决定零售价格使其利润最大化。为了解决追溯能力与价格的联合优化问题，制造商的问题必须在供应商的问题之前被优化。对于制造商的问题而言，由于制造商的利润为 $(p - w_s)q$，其中 $p - a + q/2 = 0$，易知制造商最优价格为 $\dfrac{a + w_s}{2}$，因此制

造商的最优销量为 $a-w_s$。类似于上一章的结论，可知制造商的产品销量等于制造商的产品订购量，所以最优的批发量应该设定为 $q_s = a - w_s$。由此可知在供应商层次召回的供应商追溯能力和价格的联合优化模型为

$$\max_{w_s,n} E(\pi_s) = w_s q_s - w_0 \frac{q_s}{1-Z} - C_t \frac{q_s}{n(1-Z)} - C_{tr} \frac{q_s}{n} - C_r q_s f_1(n,t)$$

$$\text{s.t.} \quad q_s - a + w_s = 0$$

$$w_s - w_0 \geqslant 0$$

$$0 \leqslant Z \leqslant 1$$

$$w_0 \geqslant 0, \quad m \geqslant 0, \quad q_s \geqslant 0 \qquad (3.1)$$

3.2.2　制造商层次召回的供应商追溯能力与价格联合优化模型

1）供应商追溯能力与价格联合优化模型构建

在分散式供应链中，当在制造商层次召回时模型与第 2 章的类似，区别在于本章的制造商采用的是厂家直销的模式，所以可以类似地得到在制造商层次召回的成本模型。由于不在供应商层次召回，由此相比于在供应商层次召回时召回成本发生了变化，假设此时的总召回成本变为 $C_r q_s f_2(m,n,t)$。在制造商层次召回的供应链研究框架如图 3.2 所示。

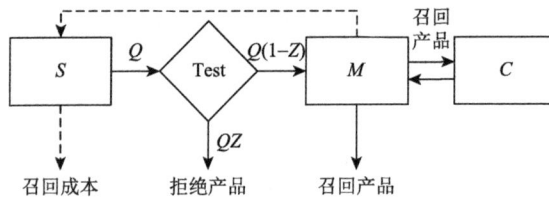

图 3.2　在制造商层次召回的质量检测与产品召回流程图

S 表示供应商，Test 表示检测，M 表示制造商，C 表示顾客

类比可知在制造商层次召回的供应商追溯能力和价格的联合优化模型为

$$\max_{w_s,n} E(\pi_s) = w_s q_s - w_0 \frac{q_s}{1-Z} - C_t \frac{q_s}{n(1-Z)} - C_{tr} \frac{q_s}{n} - C_r q_s f_2(m,n,t)$$

$$\text{s.t.} \quad q_s - a + w_s = 0$$

$$w_s - w_0 \geqslant 0$$

$$n - m \geqslant 0$$

$$0 \leqslant Z \leqslant 1$$

$$w_0 \geqslant 0, \quad m \geqslant 0, \quad q_s \geqslant 0 \qquad (3.2)$$

2）期望的召回产品比率分析

在本章中，仅考虑由供应商污染导致的产品召回，就意味着用于生产的有缺陷产品将会污染到最终的成品，从而导致产品的召回。因此，厂商通常对原材料进行质量检测来降低产品召回比率。然而，在现实的大多数情况下，对需要检查的原材料采用全检是不经济的。更重要的是即使采用全检也不能保证缺陷率为零，特别是对于易变质的原材料更是如此。因此，抽样检测被广泛应用于控制原材料的不合格率。假设平均缺陷率与供应商批次大小成正比，即 $\lambda = bn$，其 b 中为常数，则在检测之前一个可追溯原材料单元中有 k 个缺陷品的概率如下：

$$P_b(k) = \frac{b^k n^k e^{-bn}}{k!}, \quad k = 0,1,\cdots,n \tag{3.3}$$

对于一个抽样检测而言，一个可追溯原材料单元中有超过 t 个缺陷品被检测出将会被拒收，则通过质量检测后一个可追溯的原材料单元中含有 k 个缺陷品的概率如下：

$$P_a(k) = \frac{(bn)^k / k!}{\sum\limits_{j=0}^{t} (bn)^j / j!}, \quad k = 0,1,\cdots,t \tag{3.4}$$

因此，用检测阈值为 t 的抽样检测方式来检测一个缺陷率为 bn 的原材料，则每一个批次的原材料中期望召回可追溯单元数目由 $\sum\limits_{k=1}^{t} P_a(k)$ 决定，因此每一原材料单元的期望产品召回概率为

$$f_1(n,t) = \sum_{k=1}^{t} \frac{(bn)^k / k!}{\sum\limits_{j=0}^{t} (bn)^j / j!} \tag{3.5}$$

根据上面表达式可知，在供应商层次召回时，产品召回成本仅仅取决于供应商的追溯能力。当产品召回在制造商层次时，根据第 2 章的内容可知，每一原材料单元的期望产品召回成本概率为

$$f_2(m,n,t) = \sum_{k=1}^{t} \frac{km}{(k-1)m+n} \frac{(bn)^k / k!}{\sum\limits_{j=0}^{t} (bn)^j / j!} \tag{3.6}$$

根据上面表达式可知，在制造商召回时，产品召回成本不仅取决于制造商的追溯能力，而且与供应商的追溯能力有关。因此，从供应链的角度来研究最优的追溯能力就显得特别有意义。

3.3 不同召回模式下的追溯能力与价格优化

3.3.1 供应商层次召回的供应商追溯能力与价格联合优化

在该问题中利润函数的复杂性主要取决于 $f(m,n,t)$，很容易证明利润函数并不是追溯能力指标的凸函数或者凹函数。本章问题其实是要解决一个非凸优化问题。其中决策顺序如下：首先供应商通过设定一个合适的订购量、追溯能力和批发价格来最大化其利润，然后制造商基于批发价格决定零售价格使其利润最大化。为了便于分析，令综合成本比率为 C_s，即 $C_s = \dfrac{C_t + (1-Z)C_{tr}}{(1-Z)C_r}$。下面开始分析供应商最优追溯能力和价格的联合优化的问题。

定理 3.1　当召回在供应商层次时，最优供应商追溯能力和价格与单位检测成本、单位追溯成本、单位召回成本以及质量检测阈值有关。

情况 1：当综合成本比率较小时，存在唯一供应商最优追溯能力指标 $n_{d1}^* = 1$，相关最优批发价格 w_{s1}^* 及零售价格 p_{d1}^* 使得供应商的利润最大，其中，

$$w_{s1}^* = \frac{1}{2}\left(a + C_{tr} + \frac{w_0 + C_t}{1-Z} + C_r \sum_{k=1}^{t} \frac{b^k / k!}{\sum\limits_{j=0}^{t} b^j / j!} \right) \tag{3.7}$$

$$p_{d1}^* = \frac{1}{4}\left(3a + C_{tr} + \frac{w_0 + C_t}{1-Z} + C_r \sum_{k=1}^{t} \frac{b^k / k!}{\sum\limits_{j=0}^{t} b^j / j!} \right) \tag{3.8}$$

情况 2：当综合成本比率较大时，存在唯一的供应商最优追溯能力指标 $n_{d1}^* = Q(1-Z)$，相关最优批发价格 w_{s1}^* 及零售价格 p_{d1}^* 使得供应商的利润最大，其中，

$$w_{s1}^* = \frac{1}{2}\left(a + \frac{w_0}{1-Z} + \frac{C_t + (1-Z)C_{tr}}{(1-Z)n_{d1}^*} + C_r \sum_{k=1}^{t} \frac{(bn_{d1}^*)^k / k!}{\sum\limits_{j=0}^{t} (bn_{d1}^*)^j / j!} \right) \tag{3.9}$$

$$p_{d1}^* = \frac{1}{4}\left(3a + \frac{w_0}{1-Z} + \frac{C_t + (1-Z)C_{tr}}{(1-Z)n_{d1}^*} + C_r \sum_{k=1}^{t} \frac{(bn_{d1}^*)^k / k!}{\sum\limits_{j=0}^{t} (bn_{d1}^*)^j / j!} \right) \tag{3.10}$$

此外，综合成本比率适中的情况，采用数值分析的方式说明。

情况 3：当综合成本比率适中时，存在供应商最优追溯能力指标 n_{d1}^*，相关最优批发价格 w_{s1}^* 及零售价格 p_{d1}^* 使得供应商的利润最大，其中，

$$\frac{C_t + (1-Z)C_{tr}}{(1-Z)C_r} - \sum_{k=1}^{t} \frac{b^k (n_{d1}^*)^{k+1} / (k-1)!}{\left(\sum_{j=0}^{t} (bn_{d1}^*)^j / j!\right)^2} = 0 \tag{3.11}$$

$$w_{s1}^* = \frac{1}{2}\left(a + \frac{w_0}{1-Z} + \frac{C_t + (1-Z)C_{tr}}{(1-Z)n_{d1}^*} + C_r \sum_{k=1}^{t} \frac{(bn_{d1}^*)^k / k!}{\sum_{j=0}^{t} (bn_{d1}^*)^j / j!}\right) \tag{3.12}$$

$$p_{d1}^* = \frac{1}{4}\left(3a + \frac{w_0}{1-Z} + \frac{C_t + (1-Z)C_{tr}}{(1-Z)n_{d1}^*} + C_r \sum_{k=1}^{t} \frac{(bn_{d1}^*)^k / k!}{\sum_{j=0}^{t} (bn_{d1}^*)^j / j!}\right) \tag{3.13}$$

证明　设期望供应商利润为 $F_1(n, w_s)$，对 $F_1(n, w_s)$ 关于 n 求一阶偏导数，知：

$$\frac{\partial F_1(n, w_s)}{\partial n} = \frac{(a - w_s)C_r}{n^2}\left(C_s - \sum_{k=1}^{t} \frac{b^k n^{k+1} / (k-1)!}{\left(\sum_{j=0}^{t} (bn)^j / j!\right)^2}\right)$$

当综合成本比率较小时，由于 $\displaystyle\sum_{k=1}^{t} \frac{b^k n^{k+1} / (k-1)!}{\left(\sum_{j=0}^{t} (bn)^j / j!\right)^2}$ 有界，必然 $\exists M > 0$，使得

$\displaystyle\sum_{k=1}^{t} \frac{b^k n^{k+1} / (k-1)!}{\left(\sum_{j=0}^{t} (bn)^j / j!\right)^2} \geqslant M$，而当 C_s 较小时，有 $C_s - \displaystyle\sum_{k=1}^{t} \frac{b^k n^{k+1} / (k-1)!}{\left(\sum_{j=0}^{t} (bn)^j / j!\right)^2} \leqslant C_s - M < 0$。

所以有 $\dfrac{\partial F_1(n, w_s)}{\partial n} < 0$，即随着供应商追溯能力的增大，供应商利润降低。所以存在唯一最优供应商追溯能力 $n_{d1}^* = 1$ 使得供应商利润最优化。

当综合成本比率较大时，由于 $\displaystyle\sum_{k=1}^{t} \frac{b^k n^{k+1} / (k-1)!}{\left(\sum_{j=0}^{t} (bn)^j / j!\right)^2}$ 有界，必然 $\exists N > 0$，使得

$\displaystyle\sum_{k=1}^{t} \frac{b^k n^{k+1} / (k-1)!}{\left(\sum_{j=0}^{t} (bn)^j / j!\right)^2} \leqslant N$，而 C_s 较大时，有 $C_s - \displaystyle\sum_{k=1}^{t} \frac{b^k n^{k+1} / (k-1)!}{\left(\sum_{j=0}^{t} (bn)^j / j!\right)^2} \geqslant C_s - N > 0$。

所以有 $\dfrac{\partial F_1(n,w_s)}{\partial n} > 0$，即随着供应商追溯能力的增大，供应商利润增大。所以存

在唯一最优供应商追溯能力 $n_{d1}^* = Q(1-Z)$ 使得供应商利润最优化。

当综合成本比率适中时，随着追溯能力的减小，可知 $\dfrac{\partial F_1(n,w_s)}{\partial n}$ 符号由正变到

负，再变为正（或者不变），由此可知随着供应商追溯能力的减小，供应链利润先

增加，然后减小，最后缓慢增加（或者不变），由此可知存在供应商最优追溯能力

指标 n_{d1}^* 使得供应商利润最优化。其中 $\dfrac{C_t + (1-Z)C_{tr}}{(1-Z)C_r} - \sum\limits_{k=1}^{t} \dfrac{b^k (n_{d1}^*)^{k+1} / (k-1)!}{\left(\sum\limits_{j=0}^{t} (bn_{d1}^*)^j / j! \right)^2} = 0$，

证毕。

采取数值实验的方式进行灵敏度分析，做出如下的假设：$a = 200$，$b = 0.1$，

$Z = 0.05$，$t = 2$，由 $\dfrac{\partial F_1(n,w_s)}{\partial n} = 0$，可知供应商追溯能力对综合成本比率的影响

（图 3.3）。

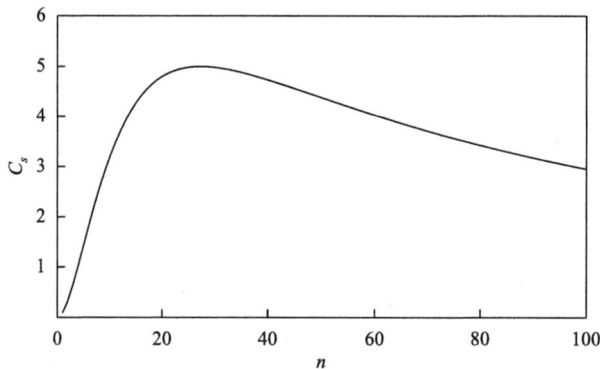

图 3.3　供应商追溯能力对综合成本比率的影响

由于供应商的利润函数是关于批发价格的凹函数，所以可以求出供应商最优

的批发价格及最优零售价格。所以，当召回发生在供应商层次时，当综合成本比

率较小时，供应商往往采取最高水平的追溯策略，即单体追溯的策略。这表明供

应商为了减少由召回大量产品带来的高额的召回成本，不得不改善其追溯能力；

当综合成本比率适中时，供应商往往采取一个经济批量的可追溯单元大小的追溯

策略；当综合成本比率较大时，供应商常常采取最低水平的追溯策略，即条码追

溯的方式。所以政府可以制定一套严格的法律惩罚措施，这样迫使企业的单位召

回成本增加，进而提高供应商的追溯能力。同时也可以有效地改善供应链追溯系

统的追溯能力。当供应商追溯能力较高时，改变供应商的综合成本比率对利润的影响较小。由此可知供应商在从没有采取追溯系统转变到采用低水平的追溯能力时，供应商的利润增加不显著。

3.3.2　制造商层次召回的供应商追溯能力与价格联合优化

对在制造商层次召回而言，召回成本与第 2 章类似，但是不同点在于前面是优化制造商的追溯能力，而本章是优化供应商的追溯能力。但是需要结合前面研究的内容来实现供应商追溯能力的优化。

考虑到问题的复杂性，对在制造商层次召回情况采用数值分析的方式进行研究。当召回在制造商层次时，存在唯一的供应商最优追溯能力指标 $n_{d2}^* = Q(1-Z)$，相关最优批发价格 w_{s2}^* 以及零售价格 p_{d2}^* 使得供应链的利润最大，其中：

$$w_{s2}^* = \frac{1}{2}\left(a + \frac{w_0}{1-Z} + \frac{C_t + (1-Z)C_{tr}}{(1-Z)n_{d2}^*} + C_r \sum_{k=1}^{t} \frac{km}{(k-1)m + n_{d2}^*} \frac{(bn_{d2}^*)^k / k!}{\sum_{j=0}^{t}(bn_{d2}^*)^j / j!} \right) \quad (3.14)$$

$$p_{d2}^* = \frac{1}{4}\left(3a + \frac{w_0}{1-Z} + \frac{C_t + (1-Z)C_{tr}}{(1-Z)n_{d2}^*} + C_r \sum_{k=1}^{t} \frac{km}{(k-1)m + n_{d2}^*} \frac{(bn_{d2}^*)^k / k!}{\sum_{j=0}^{t}(bn_{d2}^*)^j / j!} \right) \quad (3.15)$$

假设期望供应商利润为 $F_2(n, w_s)$，对 $F_2(n, w_s)$ 关于 n 求一阶偏导数，可以推知 $\dfrac{\partial F_2(n, w_s)}{\partial n} = \dfrac{(a - w_s)C_r}{n^2}(C_s + g(n))$，其中，

$$g(n) = \sum_{k=1}^{t}\left(\frac{kmn^2 \frac{(bn)^k}{k!}}{((k-1)m+n)^2 \sum_{j=0}^{t}\frac{(bn)^j}{j!}} - \frac{kmn^2}{(k-1)m+n} \frac{\frac{b^k n^{k-1}}{(k-1)!}\sum_{j=0}^{t}\frac{(bn)^j}{j!} - \frac{(bn)^k}{k!}\sum_{j=0}^{t}\frac{b^j n^{j-1}}{(j-1)!}}{\left(\sum_{j=0}^{t}\frac{(bn)^j}{j!}\right)^2} \right)$$

$$(3.16)$$

采取数值实验的方式进行灵敏度分析，做出如下的假设：$a = 200$，$b = 0.1$，$Z = 0.05$，$t = 2$，由 $\dfrac{\partial F_2(n, w_s)}{\partial n} = 0$，可知供应商追溯能力对综合成本比率的影响（图 3.4）。

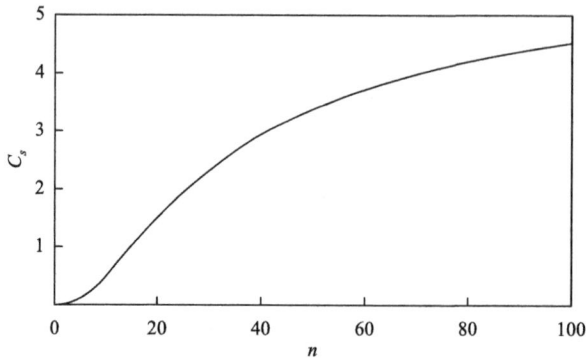

图 3.4　供应商追溯能力对综合成本比率的影响

由图 3.4 可知 $\dfrac{\partial F_2(n, w_s)}{\partial n} > 0$，很显然供应链存在唯一的供应商最优追溯能力 $n_{d2}^* = q_{d2}^* = 2(a - p_{d2}^*)$，对于供应商最优批发价格而言，因为供应商利润 $F_2(n, w_s)$ 是一个关于 w_s 的凹函数，所以易知最优批发价格满足如下函数表达式：

$$a + \frac{w_0}{1-Z} + \frac{C_t + (1-Z)C_{tr}}{(1-Z)n_{d2}^*} + C_r \sum_{k=1}^{t} \frac{km}{(k-1)m + n_{d2}^*} \frac{(bn_{d2}^*)^k / k!}{\sum_{j=0}^{t}(bn_{d2}^*)^j / j!} - 2w_{s2}^* = 0 \quad （3.17）$$

在制造商层次召回时，存在最优供应商追溯能力和价格的函数表达式。根据上面的分析，当召回发生在制造商时，供应商往往采用最低水平的追溯策略来应对，这表明制造商召回产品时供应商承担的召回成本更多是由制造商承担。此时，政府可以制定比较严格的法律惩罚措施，使得产品的单位召回成本增加，从而引起市场的最优零售价格上涨，最终提高供应商的最优追溯能力。

3.4　产品召回模式对比分析

本节主要对最优追溯能力、最优零售价格及最优批发价格进行分析。首先，分析了供应商追溯能力对零售价格及利润的影响。其次，研究了问题参数对供应商最优追溯能力及供应链决策的影响。

3.4.1　追溯能力对零售价格及利润的影响分析

推论 3.1　召回在供应商层次，当综合成本比率适中时，若供应商追溯能力大于最优追溯能力，随着供应商追溯能力提高，最优零售价格上涨，同时供应商的最优利润减少，反之，随着追溯能力降低，最优零售价格下降，同时供应商的最优利润增加；当综合成本比率较大时，随着供应商追溯能力的提高，最优零售价格上涨，同时供应商的最优利润减少。召回在制造商层次，随着供应商追溯能力的提高，最优零售价格上涨，同时供应商的最优利润减少。

证明　召回在供应商层次，当综合成本比率适中时，随着供应商追溯能力的降低，供应商利润先增加，然后减少，最后缓慢增加（或者不变）。可知存在着唯一的最优供应商追溯能力 n_{d1}^*，使得当 $n_{d1} < n_{d1}^*$ 时，有

$$\frac{\partial F_1(n, w_s)}{\partial n} = \frac{(a - w_s)C_r}{n^2}\left(C_s - \sum_{k=1}^{t} \frac{b^k n^{k+1} / (k-1)!}{\left(\sum_{j=0}^{t} (bn)^j / j!\right)^2}\right) > 0 \qquad （3.18）$$

因此，$\dfrac{\partial p_{d1}}{\partial n_{d1}} = -\dfrac{C_r}{4(n_{d1})^2}\left(C_s - \sum_{k=1}^{t} \dfrac{b^k (n_{d1})^{k+1} / (k-1)!}{\left(\sum_{j=0}^{t} (bn_{d1})^j / j!\right)^2}\right) < 0$。当 $n_{d1} > n_{d1}^*$ 时，有

$$\frac{\partial F_1(n, w_s)}{\partial n} = \frac{(a - w_s)C_r}{n^2}\left(C_s - \sum_{k=1}^{t} \frac{b^k n^{k+1} / (k-1)!}{\left(\sum_{j=0}^{t} (bn)^j / j!\right)^2}\right) < 0 \qquad （3.19）$$

因此，$\dfrac{\partial p_{d1}}{\partial n_{d1}} = -\dfrac{C_r}{4(n_{d1})^2}\left(C_s - \sum_{k=1}^{t} \dfrac{b^k (n_{d1})^{k+1} / (k-1)!}{\left(\sum_{j=0}^{t} (bn_{d1})^j / j!\right)^2}\right) > 0$。所以当供应商追溯能

力大于最优追溯能力时，随着供应商追溯能力的增大，最优零售价格增大，同时供应商的最优利润减小，反之，随着追溯能力降低，最优零售价格减小，同时供应商的最优利润增大。当综合成本比率较大时，可知 $n_{d1}^* = Q(1 - Z) = 2(a - p_{d1}^*)$，所以 $\dfrac{\partial p_{d1}^*}{\partial n_{d1}^*} = -\dfrac{1}{2} < 0$。故随着供应商追溯能力增大，最优零售价格增大，同时供应商利润减小。

召回在制造商层次，可知 $n_{d2}^* = Q(1 - Z) = 2(a - p_{d2}^*)$，所以类似地可得到 $\dfrac{\partial p_{d2}^*}{\partial n_{d2}^*} = -\dfrac{1}{2} < 0$。故随着供应链追溯能力增大，最优零售价格增大，同时供应商最优利润减小。证毕。

推论 3.1 描述的是供应商追溯能力对最优零售价格及供应商利润的影响,研究发现提高供应商追溯能力不一定能保证增加或减小供应链的利润。召回在供应商层次,当综合成本比率较小时,随着追溯能力的增大,供应商利润增大,零售价格减小,反之,供应商利润减小,零售价格增加;当综合成本比率适中时,若供应商追溯能力大于最优追溯能力,随着供应商追溯能力的增大,最优零售价格增大,同时供应商的最优利润减小,若供应商追溯能力小于最优追溯能力,随着追溯能力增大,最优零售价格减小,同时供应商的最优利润增大。召回在制造商层次,随着供应链追溯能力增大,最优零售价格增大,同时供应商最优利润减小。这表明此时不能仅仅考虑召回成本,同时需要平衡检测成本和追溯成本带来的影响。由此企业需要权衡三种成本带来的影响,实现自身利润最大化。

3.4.2　问题参数对价格及利润的影响分析

推论 3.2　当召回在供应商/制造商层次时,随着单位召回成本、单位追溯成本或单位检测成本增大,最优零售价格和批发价格增大,同时供应商的最优利润减小。

证明　对单位召回成本而言,当召回在供应商层次,且综合成本比率较小时,由最优零售价格表达式可知,$\dfrac{\partial p_{d1}^*}{\partial C_r} = \dfrac{1}{4}\sum_{k=1}^{t}\dfrac{b^k/k!}{\sum_{j=0}^{t}b^j/j!} > 0$,$\dfrac{\partial w_{s1}^*}{\partial C_r} = \dfrac{1}{2}\sum_{k=1}^{t}\dfrac{b^k/k!}{\sum_{j=0}^{t}b^j/j!} > 0$。

当召回在供应商层次,且综合成本比率适中或较大时,由最优零售价格表达式知:

$\dfrac{\partial p_{d1}^*}{\partial C_r} = \dfrac{1}{4}\sum_{k=1}^{t}\dfrac{(bn_{d1}^*)^k/k!}{\sum_{j=0}^{t}(bn_{d1}^*)^j/j!} > 0$,$\dfrac{\partial w_{s1}^*}{\partial C_r} = \dfrac{1}{2}\sum_{k=1}^{t}\dfrac{(bn_{d1}^*)^k/k!}{\sum_{j=0}^{t}(bn_{d1}^*)^j/j!} > 0$。召回在制造商层次

时,由最优零售价格的表达式可知 $\dfrac{\partial p_{d2}^*}{\partial C_r} = \dfrac{1}{4}\sum_{k=1}^{t}\dfrac{km}{(k-1)m+n_{d2}^*}\dfrac{(bn_{d2}^*)^k/k!}{\sum_{j=0}^{t}(bn_{d2}^*)^j/j!} > 0$,

$\dfrac{\partial w_{s2}^*}{\partial C_r} = \dfrac{1}{2}\sum_{k=1}^{t}\dfrac{km}{(k-1)m+n_{d2}^*}\dfrac{(bn_{d2}^*)^k/k!}{\sum_{j=0}^{t}(bn_{d2}^*)^j/j!}$。这表明随着单位召回成本的增大,最优零

售价格和批发价格增大。然后,由于利润表达式均为 $E_d^*(\pi) = (a - w_s^*)^2$,故 $\dfrac{\partial E_d^*(\pi)}{\partial C_r} = $

$\dfrac{\partial E_d^*(\pi)}{\partial w_s^*}\dfrac{\partial w_s^*}{\partial C_r} = -2(a - w_s^*)\dfrac{\partial w_s^*}{\partial C_r} < 0$。这表明单位召回成本增大,供应商的最优利润

减小。

对单位追溯成本而言，当召回在供应商层次，且综合成本比率较小时，由最优零售价格的表达式可知，$\dfrac{\partial p_{d1}^*}{\partial C_{tr}} = \dfrac{1}{4} > 0$，$\dfrac{\partial w_{s1}^*}{\partial C_{tr}} = \dfrac{1}{2} > 0$。当成本比率适中或较大时，由最优零售价格的表达式知：$\dfrac{\partial p_{d1}^*}{\partial C_{tr}} = \dfrac{1}{4n_{d1}^*} > 0$，$\dfrac{\partial w_{s1}^*}{\partial C_{tr}} = \dfrac{1}{2n_{d1}^*} > 0$。召回在制造商层次时，由最优零售价格表达式知：$\dfrac{\partial p_{d2}^*}{\partial C_{tr}} = \dfrac{1}{4n_{d2}^*} > 0$，$\dfrac{\partial w_{s2}^*}{\partial C_{tr}} = \dfrac{1}{2n_{d2}^*} > 0$。这表明随着单位追溯成本增大，最优零售价格和批发价格增大。利润为 $E_d^*(\pi) = (a - w_s^*)^2$，故 $\dfrac{\partial E_d^*(\pi)}{\partial C_{tr}} = \dfrac{\partial E_d^*(\pi)}{\partial w_s^*} \dfrac{\partial w_s^*}{\partial C_{tr}} = -2(a - w_s^*) \dfrac{\partial w_s^*}{\partial C_{tr}} < 0$。这表明单位追溯成本增大，供应商的最优利润减小。

对单位检测成本而言，当召回在供应商层次，且综合成本比率较小时，由最优零售价格的表达式可知，$\dfrac{\partial p_{d1}^*}{\partial C_t} = \dfrac{1}{4(1-Z)} > 0$，$\dfrac{\partial w_{s1}^*}{\partial C_t} = \dfrac{1}{2(1-Z)} > 0$。当综合成本比率适中或较大时，由最优零售价格的表达式知：$\dfrac{\partial p_{d1}^*}{\partial C_t} = \dfrac{1}{4(1-Z)n_{d1}^*} > 0$，$\dfrac{\partial w_{s1}^*}{\partial C_t} = \dfrac{1}{2(1-Z)n_{d1}^*} > 0$。召回在制造商层次时，由最优零售价格的表达式可知，$\dfrac{\partial p_{d2}^*}{\partial C_t} = \dfrac{1}{4(1-Z)n_{d2}^*} > 0$，$\dfrac{\partial w_{s2}^*}{\partial C_t} = \dfrac{1}{2(1-Z)n_{d2}^*} > 0$。这表明随着单位检测成本的增大，最优零售价格和批发价格增大。然后，由于利润表达式均为 $E_d^*(\pi) = (a - w_s^*)^2$，故 $\dfrac{\partial E_d^*(\pi)}{\partial C_t} = \dfrac{\partial E_d^*(\pi)}{\partial w_s^*} \dfrac{\partial w_s^*}{\partial C_t} = -2(a - w_s^*) \dfrac{\partial w_s^*}{\partial C_t} < 0$。这表明单位检测成本增大，供应商的最优利润减小，证毕。

推论 3.2 描述的是问题参数对价格及利润的影响。由推论 3.2 可知问题参数对最优零售价格和供应商利润的影响。这解释了为什么企业不愿意采用追溯系统来提高自身利润及供应链利润。基于政府的角度而言，政府应采用补贴政策来激励供应商使用追溯系统去降低单位召回成本、单位追溯成本及单位检测成本，进而影响零售和批发价格，最终实现其利润的增加。然而，对于追溯能力的监管虽然能迫使企业因单位召回成本增加而提高其追溯能力，但是实际上供应商的利润却降低了。

由于问题的复杂性，本章对不同召回策略下零售价格及利润的比较采用数值分析的方式进行研究。首先，本章比较了在供应商层次召回和在制造商层次召回供应链下的最优追溯能力之间的关系。其次，分析了在供应商层次召回和在制造商层次召回供应链下最优追溯能力对供应链决策的影响。

3.4.3 不同召回策略下最优追溯能力的比较分析

推论 3.3 在供应商层次召回的供应商的最优追溯能力优于在制造商层次召回的供应商。

证明 由 3.4.1 节和 3.4.2 节分析可知，在制造商层次召回的供应商最优追溯能力始终采用的是最低水平的追溯能力，而在供应商层次召回的供应商最优追溯能力仅有在综合成本比率较大时，才会采用最低水平的追溯能力。所以在供应商层次召回的供应商最优追溯能力优于在制造商层次召回（$n_{d1}^* \leqslant n_{d2}^*$），证毕。

推论 3.3 比较了供应商/制造商层次召回的最优追溯能力。研究表明要提高供应商的最优追溯能力最有效的措施是让供应商自己承担产品召回的任务。因为在供应商层次召回时，供应商面临着巨大召回成本的压力，为了缓解召回成本的压力，供应商不断提高追溯能力，最终实现单体追溯。

3.4.4 不同召回策略下零售价格及利润的比较分析

当召回在供应商/制造商层次时，随着追溯能力增大，价格差与利润差均减小，且在制造商层次召回的利润更高。

由于综合成本比率对召回策略的选择会产生影响，所以我们对综合成本比率分三种情况进行讨论分析。由于问题的复杂性，我们采取数值实验的方式进行灵敏度分析。当综合成本比率较小时，做出如下的假设：$a = 200$，$b = 0.1$，$Z = 0.05$，$t = 2$，$C_t = 1$，$C_{tr} = 1$，$C_r = 80$。

图 3.5 表示在综合成本比率较小时供应商追溯能力对零售价格的影响。当供

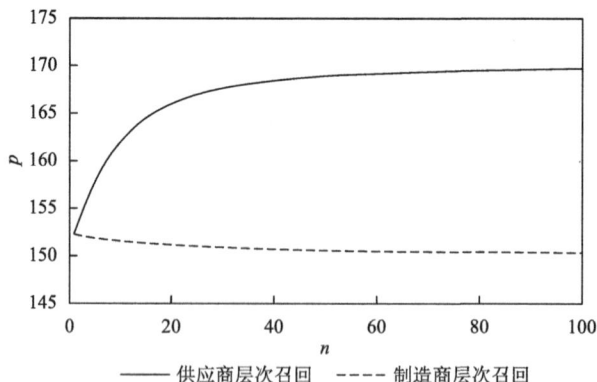

图 3.5 综合成本比率较小时供应商追溯能力对零售价格的影响

应商的追溯能力增大时，在供应商层次召回的零售价格减小，而在制造商层次召回的零售价格增大。这表明在供应商层次召回时，供应商可以通过提升自身的追溯能力来降低零售价格，从而获得市场竞争优势；当在制造商层次召回时，供应商可以通过降低其追溯能力来减小零售价格，进而获得市场竞争优势，这也解释了供应商此时为什么不愿意提高自身的追溯能力，这种搭便车的行为将抑制追溯系统的完善。

图 3.6 表示在综合成本比率较小时供应商追溯能力对利润的影响。当供应商的追溯能力增大时，在供应商层次召回的利润增大，而在制造商层次召回的利润减小。这表明在供应商层次召回时，供应商可以通过提升自身的追溯能力来增大其利润，且供应商有很强的愿望不断改善其追溯能力，直到实现单体追溯；而在制造商层次召回时，供应商会降低自身的追溯能力来实现自身利润的最大化。

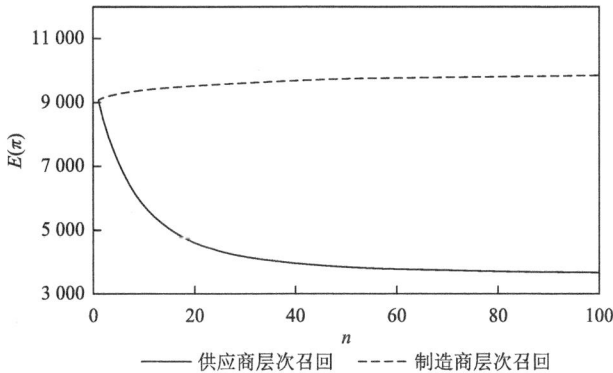

图 3.6　综合成本比率较小时供应商追溯能力对利润的影响

当综合成本比率适中时，做出如下的假设：$C_t = 80$，$C_{tr} = 80$，$C_r = 80$。图 3.7 表示在综合成本比率适中时供应商追溯能力对零售价格的影响。当供应商的追溯能力增大时，在供应商层次召回的零售价格先减小后增加，而在制造商层次召回的零售价格增大。这表明在供应商层次召回时，供应商可以优化追溯能力来获得市场竞争优势；当在制造商层次召回时，供应商可以通过降低其追溯能力来减小零售价格，进而获得市场竞争优势。进一步分析可知，当追溯能力特别大时，市场零售价格很大，这也解释了此时供应商不会采用单体追溯。

图 3.8 表示在综合成本比率适中时供应商追溯能力对利润的影响。当供应商的追溯能力增大时，在供应商层次召回的利润先增大后减小，而在制造商层次召回的利润减小。这表明在供应商层次召回时，供应商会降低其追溯能力来增大其利润；而在制造商层次召回时，供应商会优化其追溯能力到合适的批量直到实现利润最大化。

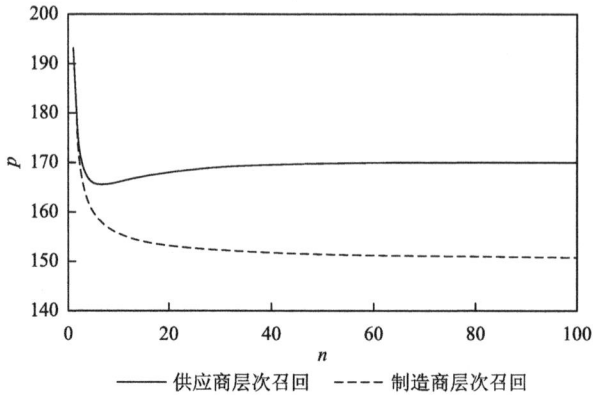

图 3.7　综合成本比率适中时供应商追溯能力对零售价格的影响

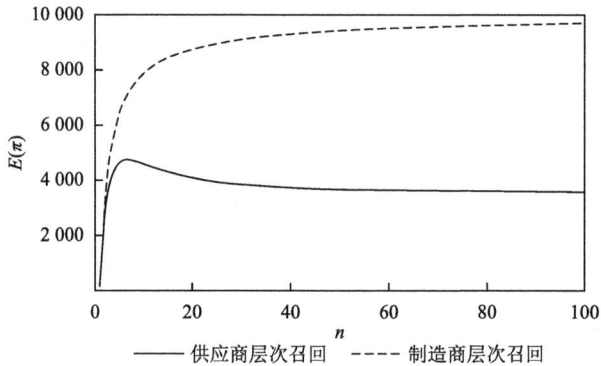

图 3.8　综合成本比率适中时供应商追溯能力对利润的影响

当综合成本比率较大时，做出如下的假设：$C_t = 80$，$C_{tr} = 80$，$C_r = 10$。图 3.9 表示在综合成本比率较大时供应商追溯能力对零售价格的影响。当供应商的追溯能力增大时，在供应商/制造商层次召回的零售价格增加。此时供应商改善追溯能力将会提高市场零售价格，且追溯能力越大，零售价格增加得越多，此时供应商不愿意改善其追溯能力。

图 3.10 表示在综合成本比率较大时供应商追溯能力对利润的影响。当供应商的追溯能力增大时，在供应商/制造商层次召回的利润均减小。这表明不同的召回策略下供应商都会选择较弱的追溯能力以便于实现其利润最大化，直到实现条码追溯的方式为止。进一步研究表明，随着追溯能力的增大，不同召回策略下的供应商利润差减小，当追溯能力最大时，两种召回策略的利润一样。但由于此时利润很低，供应商往往不会采用较高的追溯能力来进行追溯。对于此种情况政府可以适当进行补贴，帮助企业提高其自身的追溯能力。

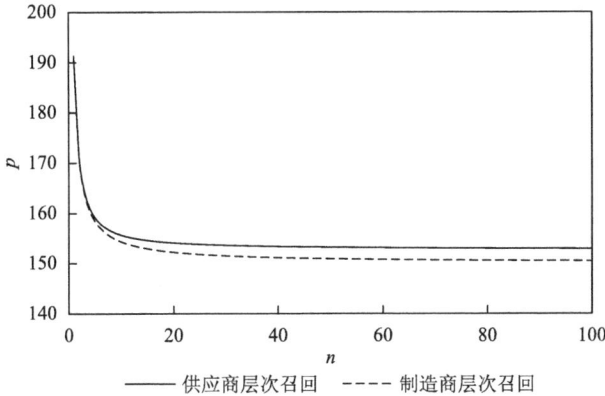

图 3.9　综合成本比率较大时供应商追溯能力对零售价格的影响

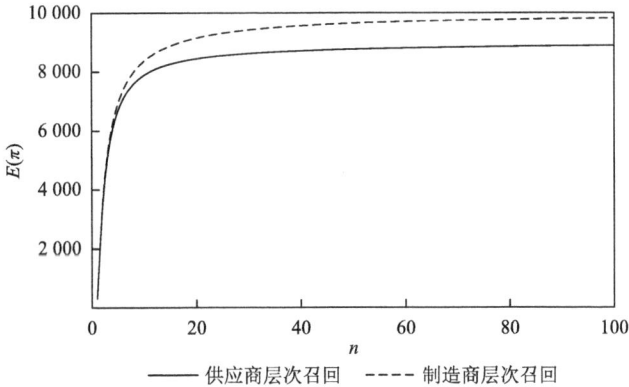

图 3.10　综合成本比率较大时供应商追溯能力对利润的影响

3.5　本　章　小　结

在本章中，我们研究了基于零售价格内生条件下产品召回发生在供应商/制造商层次的供应商追溯能力及价格的联合优化，并进一步研究了追溯能力和供应链决策之间的关系。更重要的是在基于用可追溯单元大小来度量追溯能力条件下，基于前一章的产品召回模型，将供应商和制造商的追溯能力、供应商缺陷率及制造商质量检测阈值良好地结合在一起。对于一个由单一的供应商、制造商组成的二级供应链，研究发现在制造商层次召回时，存在唯一的供应商最优追溯能力及零售/批发价格使得供应链的利润最大化。此外，本章研究了问题参数对追溯能力的影响，研究发现当单位召回成本、单位追溯成本或单位检测成本增大时，最优零售价格和最优批发价格增大，而供应商的最优利润减小。同时本章对难以推理证明的部分进行了数值分析。

　　本章发现产品召回在供应商/制造商层次时,存在唯一的供应商最优追溯能力与价格使得供应商的利润最大化。供应商可以根据自身的追溯能力来选择不同的召回策略。当召回在供应商层次时,综合成本比率的大小会影响到追溯能力的选择;当召回在制造商层次时,不论综合成本比率怎么改变,供应商始终倾向于选择较低水平的追溯能力来优化其利润。所以相比于供应商层次的召回,供应商往往愿意选择在制造商层次召回。而政府部门可以颁布一套法律政策强制在供应商层次召回,从而提高整条供应链的追溯能力。

　　在供应商追溯能力优化决策方面,分析供应商召回及制造商召回策略仍不够完善,现实情况中往往涉及的是供应商、制造商及零售商三级的供应链,研究的问题也会随之变得更加复杂。通过本章的工作,我们的研究可以进一步扩展到如何基于在三个不同层次召回来实现追溯能力与定价策略的联合优化。同时,从定量的角度研究分析政府的惩罚与补贴机制也是一个很重要的研究方向。

第4章　竞争性召回供应链中追溯能力和可靠性优化的交互作用研究

4.1　导　　言

产品召回逐渐成为供应链管理中一个颇具挑战性的问题，其指的是在发现安全问题或产品缺陷后，要求退回的行为。产品召回的后果不仅取决于产品召回事件发生的概率（即产品可靠性），而且取决于产品召回规模，这由已售产品中通过安全认定的产品数量所决定。到目前为止，大多数公司都致力于通过提高材料、产品和生产过程的质量来提高产品的可靠性，如供应商审核或认证（Chen and Lee，2017），以及更新生产设备和设计标准。除了提高产品可靠性外，学术界和从业人员正在考虑其他管理产品召回的方法，如产品类别设计（Bala et al.，2017）和引入供应链可追溯系统（Dai et al.，2015b）。在上述所有召回事件中，一个共同的特点是很难将缺陷产品追溯到原产地，以及很难从供应链的最开始到最终使用的过程中识别安全产品，特别是在农业食品和制药行业。即使可以识别产品召回源头的供应商，企业仍然面临着追究供应商责任并将责任归于供应商的挑战。然而，GS1[①]、RFID 和区块链等最新技术的发展有望帮助制造商建立供应链的可追溯性（Baker and Steiner，2015）。例如，比特烁（Bit Soar，BSR）促进使用区块链与 GS1 技术实现从小农户原材料到全球品牌商的追溯。

与传统的产品可靠性相比，供应链可追溯性可以在不同的方面改善产品召回的管理问题。第一，它使公司能够追溯缺陷产品的风险来源，并确定受污染材料的批次或导致故障的供应商或流程。第二，与传统的产品可靠性降低了产品召回事件的概率不同，可追溯性可以追溯产品从污染源到最终用途的整个过程。因此，它可以通过筛选产品池中无法通过安全认定的产品来限制召回产品的数量。换句话说，可追溯性也被称为追溯能力。第三，它让消费者了解产品生产流通的全过程。例如，它为企业提供了可靠的安全性或可持续性实现技术，满足了某些监管要求。然而，从投资成本的角度来看，与主要需要固定投资成本的产品可靠性不同，可追溯系统引入了每件产品的单位设备成本和取决于产量的设置成本，因此，可追溯性的投资成本主要是可变成本。随着供应链可追溯已成为供应链的一个

---

① GS1 即 globe standard 1，全球系统。

重要特征，一些研究调查了可追溯性的优化，如 Dai 等（2015b）的产品召回中可追溯性级别的设计，以及 Dai 等（2017）的可追溯性和定价的联合优化。然而，据我们所知，在竞争供应链中产品召回的可追溯性优化问题仍然是一个有待解决的研究问题。除了供应链可追溯性外，召回问题还与供应链的其他运营环节有关。其他一些学者正在尝试研究易腐食品供应网络中的可追溯性和召回成本之间的相互作用（Piramuthu et al.，2013）、信息不对称下的或有支付（contingent payments）（Resende-Filho and Hurley，2012）、采购决策（Sun and Wang，2019）和质量合同（Cui et al.，2019）。因此，仍然需要通过研究可追溯性与传统供应链运营之间的相互作用来更深入地了解如何管理此类产品的召回风险。尤其如何通过产品差异、渠道差异和可追溯性差异与内生定价相结合，在竞争性供应链中共同优化可追溯性和产品可靠性，仍然是一个有待解决的问题。此外，对竞争制造商而言，研究可追溯性和可靠性优化及均衡追溯策略之间的相互作用非常重要。

为了回答这些研究问题，考虑由两个制造商、两个零售商和消费者组成的三级召回供应链。每个制造商决定产品召回努力是仅包含产品可靠性或同时含有产品可靠性和可追溯性两者，然后将其产品出售给下游零售商。我们研究每个制造商的最优产品召回努力策略，并进一步讨论两个竞争制造商的均衡追溯决策。基于分析结果，讨论管理意义，为企业管理者提供见解，供其参考以制定在供应链风险管理中有关投资可追溯性的战略决策。

本章的其余部分安排如下：4.2 节介绍召回供应链中可追溯性与可靠性的模型构建；4.3 节和 4.4 节对可追溯性和产品可靠性努力优化结果和均衡追溯策略进行了说明；4.5 节讨论了关键参数的影响；4.6 节是本章的结论与总结。

4.2　追溯能力与可靠性优化建模

考虑两个竞争制造商通过两个竞争零售商向消费者销售产品的供应链情况，当产品召回事件发生时，制造商将向消费者召回缺陷产品。产品召回成本主要由两个因素决定：召回事件发生概率和召回产品比例。制造商可以采取可靠性相关的战略决策以降低召回概率，如提升供应商质量和更新设备。此外，制造商可以投资追溯系统，利用 GS1、RFID 和区块链技术，按照产品批次追溯产品从污染源到使用终端的过程，从而降低产品召回率。这种策略被定义为追溯能力投资（或追溯努力）。令 ρ 和 θ 分别表示制造商的产品可靠性努力和追溯努力，其中 $0 \leqslant \theta \leqslant 1$。

首先，在给定的产品可靠性水平 ρ 下，制造商可将召回事件的发生概率从初始值 $1 - e^{-\lambda}$ 降低到 $1 - e^{-\lambda(1-\rho)}$（Chao et al.，2009）。在实际情况中，λ 通常很小，因此根据泰勒公式，$1 - e^{-\lambda(1-\rho)}$ 近似等于 $\lambda(1-\rho)$。其次，我们将召回比例建模表示为追溯能力的函数。令 $f(\theta)$ 表示召回比例，其中 $f(0)=1$，$f(1)=0$，$f'(\theta)<0$，$f''(\theta)\leqslant 0$。当 $\theta=0$ 时表示没有任何产品配备追溯装置，一旦发生产品召回事件（即报告了缺陷产品），所有在售产品都不能被标识为安全的，则需全部召回。当 $\theta=1$ 即每件产品都配备追溯装置时，需召回的缺陷产品可以被精准识别，因此召回比例接近于零。$f'(\theta)<0$ 表示追溯能力越高，召回比例越低，这符合现实情况。需要注意的是 $f(\theta)=1-(1-f(\theta))$，并且 θ 和 $1-f(\theta)$ 之间存在一对一映射。为了简便起见，我们假设 $\theta\in[0,1]$ 时，$f(\theta)=1-\theta$。可以从三个方面出发解释这条假设。第一，θ 的现实意义在于较高的 θ 对应较小的批量即较低的产品召回比例。如当 θ 为 0.75 时，所售产品被分为四个配备有追溯装置的 $\left(\dfrac{1}{1-\theta}\right)$ 子批次。一旦出现缺陷产品，该产品连同同一批次内的其他产品都应被召回，召回产品占比为 0.25，对应的召回比例为（1–0.75）。第二，类似的简化设定在现有的质量相关文献中很常见（Guo，2009）。第三，考虑到 $f(\theta)$ 的凹性，以及 θ 和 $f(\theta)$ 的一对一映射特性，$f(\theta)$ 的具体形式并不影响模型的解释，我们的重点在于追溯能力而非召回比例。4.4 节和 4.5 节中的分析结果是基于这一假设得出的。图 4.1 展示了三种以追溯与否划分的竞争供应链结构。下标 1 和下标 2 用于区分竞争制造商或零售商，上标~和上标^分别表示单追溯模型和双追溯模型，D 表示需求。

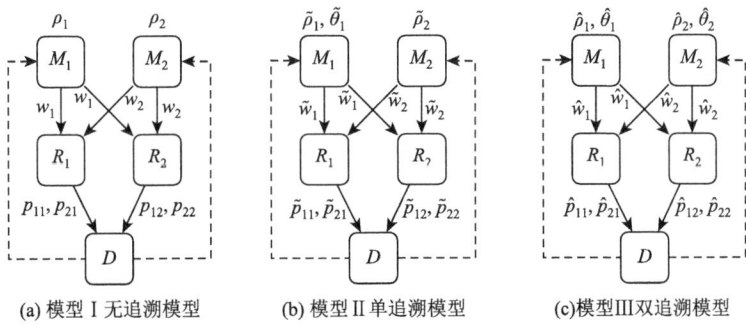

(a) 模型 I 无追溯模型　　　(b) 模型 II 单追溯模型　　　(c)模型III双追溯模型

图 4.1　不同召回策略下的模型结构

表 4.1 总结了本章出现的参数和变量，其他符号将根据需要进行定义。

表 4.1　决策变量

变量	符号	定义
决策变量	$p_{ij}(\tilde{p}_{ij},\hat{p}_{ij})$	零售商 j 销售制造商 i 产品的价格，$i,j\in\{1,2\}$
	$w_i(\tilde{w}_i,\hat{w}_i)$	制造商 i 的批发价

变量	符号	定义
决策变量	$\theta_i(\tilde{\theta}_i, \hat{\theta}_i)$	制造商 i 的追溯能力
	$\rho_i(\tilde{\rho}_i, \hat{\rho}_i)$	制造商 i 的产品可靠性努力
模型参数	C_r	单位召回成本
	c	单位生产成本
	K_θ	追溯能力投资成本系数
	K_ρ	产品可靠性努力投资成本系数
	λ	初始产品召回概率
	α	产品差异竞争强度，$\alpha \geq 0$
	β	渠道差异竞争强度，$\beta \geq 0$
	γ	追溯能力差异竞争强度，$\gamma \geq 0$
其他符号	$D_{ij}(\tilde{D}_{ij}, \hat{D}_{ij})$	零售商 j 销售制造商 i 的产品的需求函数
	$\Pi_{Mi}(\tilde{\Pi}_{Mi}, \hat{\Pi}_{Mi})$	制造商 i 的利润函数
	$\Pi_{Rj}(\tilde{\Pi}_{Rj}, \hat{\Pi}_{Rj})$	零售商 j 的利润函数

4.2.1 共同需求函数

由于存在产品差异、渠道差异和追溯能力差异，可以用三个竞争模型来描述问题。根据 Tirole（1998），零售商 j 在每类模型中对销售制造商 i 产品的需求如下所示：

$$D_{ij} = 1 - p_{ij} + \theta_i + \alpha(p_{3-i,j} - p_{ij}) + \beta(p_{i,3-j} - p_{ij}) + \gamma(\theta_i - \theta_{3-i}) \quad (4.1)$$

$$\tilde{D}_{ij} = 1 - \tilde{p}_{ij} + \tilde{\theta}_i + \alpha(\tilde{p}_{3-i,j} - \tilde{p}_{ij}) + \beta(\tilde{p}_{i,3-j} - \tilde{p}_{ij}) + \gamma(\tilde{\theta}_i - \tilde{\theta}_{3-i}) \quad (4.2)$$

$$\hat{D}_{ij} = 1 - \hat{p}_{ij} + \hat{\theta}_i + \alpha(\hat{p}_{3-i,j} - \hat{p}_{ij}) + \beta(\hat{p}_{i,3-j} - \hat{p}_{ij}) + \gamma(\hat{\theta}_i - \hat{\theta}_{3-i}) \quad (4.3)$$

其中，$\theta_1 = \theta_2 = \tilde{\theta}_2 = 0$，表示产品在无追溯模型和单追溯模型下没有追溯能力。

令 i 代指制造商，$i \in \{1, 2\}$，j 代指零售商，$j \in \{1, 2\}$。p_{ij} 是零售商 j 销售制造商 i 的产品时采用的价格。令 α 表示产品差异的竞争强度，要求 $\alpha \geq 0$；β 表示渠道差异的竞争强度，要求 $\beta \geq 0$；γ 是追溯能力差异的竞争强度，要求 $\gamma \geq 0$。追溯能力通常对消费者是公开的，制造商可以通过可信的方式向消费者明确告知其对产品的追溯能力。此外，根据 Pouliot（2008），消费者的支付意愿与追溯能力正相关。因此，此处的共同需求函数也考虑了追溯能力差异，具体建模方法受到了 Choi（1996）与 Zhu 和 He（2017）的启发。根据 Huang 等（2013b）对需求函数建模的最新研究，这种线性需求模型在经济模型文献中已被广泛采用（Banker et al.，1988；Chen，2001；Yan et al.，2015）。该函数没有考虑产品可靠性差异的原因如下。第一，除可靠性和价格决策外，本章旨在研究竞争对追溯努力优化的影响，这在现有文献中很少涉及。而产品可靠性（如质量）的优化已经得到了大量研究，如 Li（2013）、Zhu 等（2007a）。第二，从制造商层面看，产品可靠性差异在一定程度上可被看作产品差异，在模型中已经由价格差异描述。现实生活中，顾客也很难区分产品可靠性差异和价格差异。第三，考虑可靠性努力因素的需求函数可被视为不对称市场潜力的一个特例，4.2 节对这种情况进行了研究。

4.2.2　事件顺序

根据我们对产品召回的调查，召回产品的制造商通常是所在行业的知名品牌，相较于零售商而言更加强势，如汽车行业的通用汽车（General Motors）、制药行业的默克（Merck）和玩具制造业的美泰（Mattel）。因此我们使用 Stackelberg 博弈来表现制造商和零售商之间的竞争，其中制造商是领导者，零售商是跟随者。图 4.2 展示了召回供应链成员的事件顺序，决策过程被分为三个阶段：①在产品设计阶段，两个制造商作为领导者同时决策各自的最优产品可靠性努力，该决策可在观察竞争对手的可靠性程度后做出。在现实生活中，制造商的产品可靠性投资情况可通过观察供应商选择、产品设计、投资先进生产设备及改进生产技术来获得。因此，根据 Li（2013）和 Zhu 等（2007），产品可靠性努力作为长期的战略行为，会先于批发价格决定。例如，苹果和三星作为电子和智能电器行业的竞争对手，通常会提前向公众透露其产品设计、与可靠供应商的合作，从而为新产品的发布造势或达成其他战略目的。现有文献已有对可观察到的产品可靠性努力降低产品召回成本的研究，如 Chao 等（2009）。②在产品生产阶段，制造商同时决策批发价格和追溯努力（如有必要）。在现实生活中，产品追溯能力即生产阶段

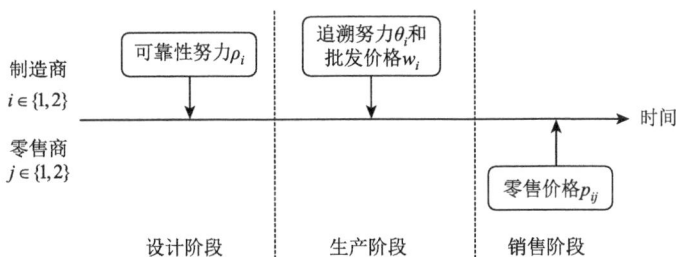

图 4.2　决策事件图

的贴标过程是一种短期的战略决策，会在分销前的生产阶段被决定。基于动态规划中的最优原理，应当同时决策追溯努力和批发价格而非顺序决策，这也与 Dai 等（2017）同时优化追溯努力和价格的方法一致。③在产品销售阶段，两个零售商作为跟随者，同时决定其对终端消费者的零售价格。

4.2.3　制造商优化问题

制造商 i 的召回概率是 $\lambda(1-p_i)$，预期收益为 $(1-\lambda(1-\rho_i))w_i(D_{i1}+D_{i2})+\lambda(1-\rho_i)w_i(D_{i1}+D_{i2})$。制造商的成本由生产成本、召回成本和产品召回努力的投资成本三部分组成。令 c 和 C_r 分别表示单位生产成本和单位召回成本。通过投资升级或更换设备可以提高产品可靠性 ρ_i 从而降低召回概率，也会产生固定成本 $\frac{1}{2}K_\rho\rho_i^2$，其中 K_ρ 为产品可靠性投资成本系数。类似的成本函数被用于模拟投资努力的递减影响，已在经济学和运筹学文献中被广泛使用（Moothy，1988；Heese and Swaminathan，2006；Tang et al.，2014）。此外，二次成本函数是对可追溯性建模的常见假设（Li，2013），对复杂结果没有影响。由于我们只考虑单周期问题，假设产品残值为零，零售商显然应从制造商处批发充足的数量来满足所有需求。首先讨论无追溯的基础模型Ⅰ，即两个竞争制造商仅做出产品可靠性努力。两个竞争零售商和两个竞争制造商的问题可写作

$$\max_{\substack{p_{ij}\geqslant 0 \\ D_{ij}\geqslant 0 \\ i,j\in\{1,2\}}} \Pi_{Rj}(p_{ij}) = \sum_{i=1}(p_{ij}-w_i)D_{ij} \tag{4.4}$$

$$\max_{\substack{w_i\geqslant 0 \\ 0\leqslant\rho_i\leqslant 1 \\ i\in\{1,2\}}} \Pi_{Rj}(p_{ij}) = \sum_{i=1}(p_{ij}-w_i)D_{ij} \tag{4.5}$$

其次是单追溯的模型Ⅱ，即制造商 M_1 同时采取产品可靠性努力和追溯努力，而制造商 M_2 只采取产品可靠性努力。M_1 的成本包括生产成本、召回成本和投资成本三个部分。除产品可靠性努力的固定投资成本外，每为一个产品批次配备追溯系统将产生可变成本 $\frac{1}{2}K_\theta\tilde{\theta}_1^2$，其中 K_θ 为追溯能力投资成本系数。因此，两个零售商和两个制造商的竞争供应链问题可写作

$$\max_{\substack{\tilde{p}_{ij}\geqslant 0 \\ \tilde{D}_{ij}\geqslant 0 \\ i,j\in\{1,2\}}} \tilde{\Pi}_{Rj}(\tilde{p}_{ij}) = \sum_{i=1}^{2}(\tilde{p}_{ij}-\tilde{w}_i)\tilde{D}_{ij} \tag{4.6}$$

$$\max_{\substack{\tilde{w}_1\geqslant 0 \\ 0\leqslant\tilde{\rho}_1\leqslant 1 \\ 0\leqslant\tilde{\theta}_1\leqslant 1}} \tilde{\Pi}_{M1}(\tilde{w}_1,\tilde{\rho}_1,\tilde{\theta}_1) = \sum_{j=1}^{2}\left(\tilde{w}_1-c-\lambda C_r(1-\tilde{\rho}_1)f(\tilde{\theta}_1)-\frac{1}{2}K_\theta\tilde{\theta}_1^2\right)\tilde{D}_{1j}-\frac{1}{2}K_\rho\tilde{\rho}_1^2 \tag{4.7}$$

$$\max_{\substack{\tilde{w}_2 \geqslant 0 \\ 0 \leqslant \tilde{\rho}_2 \leqslant 1}} \tilde{\Pi}_{M2}(\tilde{w}_2, \tilde{\rho}_2) = \sum_{j=1}^{2} (\tilde{w}_2 - c - \lambda C_r(1 - \tilde{\rho}_2)) \tilde{D}_{2j} - \frac{1}{2} K_\rho \tilde{\rho}_2^2 \tag{4.8}$$

最后是双追溯模型 III 下的供应链成员的优化问题，即两个竞争制造商均提高产品的可靠性和可追溯性，该问题可写作

$$\max_{\substack{\hat{p}_{ij} \geqslant 0 \\ \hat{D}_{ij} \geqslant 0 \\ i,j \in \{1,2\}}} \hat{\Pi}_{Rj}(\hat{p}_{ij}) = \sum_{i=1}^{2} (\hat{p}_{ij} - \hat{w}_i) \hat{D}_{ij} \tag{4.9}$$

$$\max_{\substack{\hat{w}_i \geqslant 0 \\ 0 \leqslant \hat{\rho}_i \leqslant 1 \\ 0 \leqslant \hat{\theta}_i \leqslant 1 \\ i \in \{1,2\}}} \hat{\Pi}_{Mi}(\hat{w}_i, \hat{\rho}_i, \hat{\theta}_i) = \sum_{j=1}^{2} \left(\hat{w}_i - c - \lambda C_r(1 - \hat{\rho}_i) f(\hat{\theta}_i) - \frac{1}{2} K_\theta \hat{\theta}_i^2 \right) \hat{D}_{ij} - \frac{1}{2} K_\rho \hat{\rho}_i^2 \tag{4.10}$$

4.3　追溯能力与可靠性努力优化均衡结果

本节通过解决 4.2 节中的竞争制造商和零售商的问题，得出了上游和下游竞争中的最优产品召回努力策略。令 ρ_i^*、$\tilde{\rho}_i^*$ 和 $\hat{\rho}_i^*$ 分别表示制造商 i 在模型 I、模型 II 和模型 III 下的最优可靠性努力，θ_i^*、$\tilde{\theta}_i^*$ 和 $\hat{\theta}_i^*$ 分别表示制造商 i 在模型 I、模型 II 和模型 III 下的最优追溯努力。下文的定理展示了在模型 I 中，即两个制造商只做出产品可靠性努力时的最优产品召回努力策略。令 i 表示两个制造商（在这种情况下是对称的）的产品召回努力策略且 $i \in \{N, E, F\}$。其中 N 表示无可靠性努力，E 表示经济可靠性努力，F 表示完全可靠性努力。为了表述简洁，定义 $\rho_1 =$

$$\frac{8(1+\beta)^2(4\alpha+\beta+2)((2\alpha+\beta+1)(2+\beta)(2\alpha+1)+(1+\beta)(4\alpha+\beta+2))\lambda C_r(1-c-\lambda C_r)}{(2+\beta)((2\alpha+\beta+1)(2+\beta)(2\alpha+1)+13(1+\beta)(4\alpha+\beta+2))^2 K_\rho - 16(1+\beta)^2((2\alpha+\beta+1)(2+\beta)(2\alpha+1)+(1+\beta)(4\alpha+\beta+2))\lambda^2 C_r^2},$$

以及阈值 $K_\rho^1(c) = \dfrac{8(1+\beta)^2(4\alpha+\beta+2)((2\alpha+\beta+1)(2+\beta)(2\alpha+1)+(1+\beta)(4\alpha+\beta+2))\lambda C_r(1-c)}{(2+\beta)((2\alpha+\beta+1)(2+\beta)(2\alpha+1)+3(1+\beta)(4\alpha+\beta+2))^2}$，

其中 $1-c-\lambda C_r \geqslant 0$。这说明即使制造商没有做出产品可靠性努力，其边际利润也是非负的。下面的定理说明了两个竞争厂商在无追溯设定下的产品召回努力策略。

定理 4.1　在无追溯模型中：①当 $K_\rho \in (0, K_\rho^1(c)]$ 时，两个制造商都会选择完全可靠性努力。②否则，两者都选择经济可靠性努力。

定理 4.1 给出了在无追溯模型设定下，竞争制造商最优产品召回努力策略的闭式表达，并得到了一个阈值策略。当产品可靠性投资成本系数较低，低于增加单位召回成本和初始召回概率的阈值时，最优的产品召回努力策略是采取完全可靠性努力（F）。在这种情况下，最优产品可靠性是固定的，不受制造商和零售商之间价格竞争的影响。随着单位生产成本的增加，产品可靠性投资成本系数的阈值降低，制造商对高成本产品采取完全可靠性努力的意愿下降。当产品可靠性投资成本系数较高时，最优策略是采取由价格竞争强度参数和成本参数共同决定

的经济可靠性努力（E）。图 4.3 显示了无追溯模型下的最优产品召回努力策略。图中灰色区域表示市场不存在，即单位生产成本过高，制造商没有利润空间的情况。

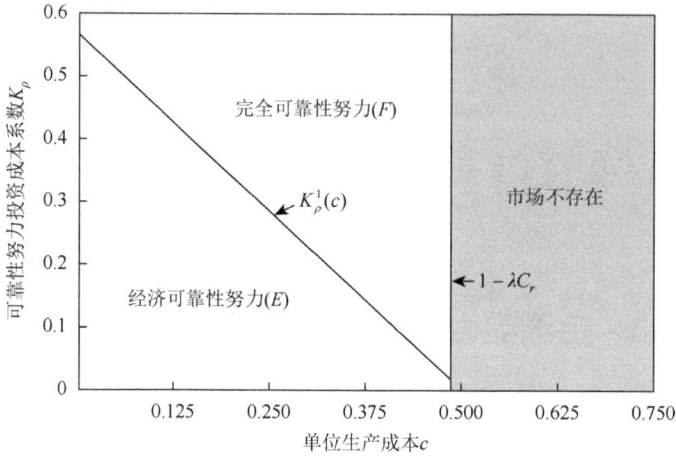

图 4.3 无追溯模型下的最优产品可靠性努力和追溯能力

$\lambda = 0.05$，$C_r = 0.6$，$\alpha = 0.8$，$\beta = 1$

接下来的定理描述了在单追溯模型下两家竞争制造商的最优产品召回努力策略，即 M_1 同时做出产品可靠性努力和追溯努力，而 M_2 只做出产品可靠性努力的情况。令 (i,j,k) 代指两个制造商的产品召回努力策略（在这种情况下是不对称的），其中 (i,j) 为 M_1 的产品可靠性努力和追溯努力策略，k 为 M_2 的产品可靠性努力策略。仍令 $i \in \{N,E,F\}$，N 表示无可靠性努力，E 表示经济可靠性努力，F 表示完全可靠性努力；同时令 $j \in \{E,U\}$，其中 E 表示经济追溯，U 表示单体追溯。

为了表述简洁，我们将竞争强度相关参数 (α,β,γ) 重新定义如下：

$$m(\alpha,\beta,\gamma) = \frac{(2+\beta)(4\alpha+\beta+2)((2\alpha+1)(2\alpha+\beta+1)(2+\beta)-(1+\beta)(4\alpha+\beta+2))}{2(2+\beta)(4\alpha+\beta+2)((1+\beta)(4\alpha+\beta+2)+(2+\beta)(2\alpha+1)(2\alpha+\beta+1))}$$

$$g(\alpha,\beta,\gamma) = \frac{2(1+\gamma)(2+\beta)(4\alpha+\beta+2)-(4\alpha+\beta+2)-(2+\beta)(2\alpha+1)(2\gamma+1)}{(1+\beta)(4\alpha+\beta+2)+(2+\beta)(2\alpha+1)(2\alpha+\beta+1)}$$

$$x(\alpha,\beta,\gamma) = \frac{(1+\beta)(4\alpha+\beta+2)+(2\alpha+\beta+1)(2\alpha+1)(2+\beta)}{(2+\beta)(4\alpha+\beta+2)}$$

$$\bar{g}(\alpha,\beta,\gamma) = \frac{1}{2(1-m^2(\alpha,\beta,\gamma))-1}\left(g(\alpha,\beta,\gamma)+\frac{m(\alpha,\beta,\gamma)}{x(\alpha,\beta,\gamma)}\left(\frac{(2\alpha+1)(2\gamma+1)}{4\alpha+\beta+2}-\frac{4\gamma+2\gamma\beta+1}{2+\beta}\right)\right)$$

当

$$c \leqslant \frac{2(1+\beta)(4\alpha+\beta+2)}{(1+\beta)(4\alpha+\beta+2)+(2+\beta)(2\alpha+1)(2\alpha+\beta+1)} - \left(\frac{1}{2} + \frac{(2+\beta)(2\alpha+1)(2\alpha+\beta+1)(1-m)}{2(1+\beta)(4\alpha+\beta+2)(1+m)}\right)\lambda C_r,$$

可得到关于两个制造商产品召回努力策略 (i,j,k) 的如下定理。

定理 4.2　在单追溯情况下，假设 $K_\rho \in (\bar{K}_{\mathrm{II}}(K(\theta)), +\infty)$ ，其中 $K_\theta \in (\bar{g}(\alpha,\beta,\gamma) + \lambda C_r, K_\theta^u)$ 。若 $K_\rho \in (0, \hat{K}_{\mathrm{II}}(K_\theta)]$ ， M_2 采取完全可靠性努力，否则采取经济可靠性努力。

（1）当 $K_\theta \in (0, g(\alpha,\beta,\gamma) + \lambda C_r)$ 时， M_1 采取无可靠性努力和单体追溯。

（2）当 $K_\theta \in (g(\alpha,\beta,\gamma) + \lambda C_r, \bar{g}(\alpha,\beta,\gamma) + \lambda C_r]$ 时， M_1 采取无可靠性努力和经济追溯。

（3）当 $K_\theta \in (\bar{g}(\alpha,\beta,\gamma) + \lambda C_r, K_\theta^u]$ 且 $K_\rho \in (0, \tilde{K}_{\mathrm{II}}(K_\theta)]$ 时， M_1 采取完全可靠性努力和经济追溯。

（4）当 $K_\theta \in (\bar{g}(\alpha,\beta,\gamma) + \lambda C_r, K_\theta^u]$ 且 $K_\rho \in (\tilde{K}_{\mathrm{II}}(K_\theta), +\infty)$ 时， M_1 采取经济可靠性努力和经济追溯。

证明　在模型 II 中，零售商 $j \in \{1,2\}$ 决策 $\tilde{p}_{1j}$ 和 $\tilde{p}_{2j}$ 来优化式（4.6）描述的利润函数。通过限制零售价格 $0 \leqslant \tilde{p}_{ij} \leqslant \dfrac{1 + \alpha\tilde{p}_{3-i,j} + \beta\tilde{p}_{i,3-i} + \tilde{\theta}_i + \gamma(\tilde{\theta}_i - \tilde{\theta}_{3-i})}{1+\alpha+\beta}$ 来确保需求非负。由于 $\tilde{\Pi}_{Rj}(\tilde{p}_{1j}, \tilde{p}_{1j})$ 在 $(\tilde{p}_{1j}, \tilde{p}_{2j})$ 上是严格凹函数，因此 $\tilde{p}_{ij}^*$ 满足 $0 \leqslant \tilde{p}_{ij}^* \leqslant \dfrac{1 + \alpha\tilde{p}_{3-i,j} + \beta\tilde{p}_{i,3-i} + \tilde{\theta}_i + \gamma(\tilde{\theta}_i - \tilde{\theta}_{3-i})}{1+\alpha+\beta}$ 并使得 $\dfrac{\partial\tilde{\Pi}_{Rj}}{\partial\tilde{p}_{ij}^*} = 0$ 以确保内部解并避免琐碎的情况的值，即

$$\tilde{p}_{11}^* = \tilde{p}_{12}^* = \frac{2 + \tilde{\theta}_1 + \tilde{\theta}_2 + (1+\beta)(\tilde{w}_1 + \tilde{w}_2)}{2(2+\beta)} - \frac{(\tilde{\theta}_2 - \tilde{\theta}_1)(2\gamma+1) + (\tilde{w}_2 - \tilde{w}_1)(2\alpha+\beta+1)}{2(4\alpha+\beta+2)}$$

$$= \frac{1}{2+\beta}\left(1 + \frac{2\alpha+2\gamma+\beta\gamma+\beta+2}{4\alpha+\beta+2}\tilde{\theta}_1\right) + \left(\frac{1+\beta}{2(2+\beta)} + \frac{2\alpha+\beta+1}{2(4\alpha+\beta+2)}\right)\tilde{w}_1$$

$$+ \frac{\alpha\beta}{(2+\beta)(4\alpha+\beta+2)}\tilde{w}_2 > 0$$

$$\tilde{p}_{21}^* = \tilde{p}_{22}^* = \frac{2 + \tilde{\theta}_1 + \tilde{\theta}_2 + (1+\beta)(\tilde{w}_1 + \tilde{w}_2)}{2(2+\beta)} + \frac{(\tilde{\theta}_2 - \tilde{\theta}_1)(2\gamma+1) + (\tilde{w}_2 - \tilde{w}_1)(2\alpha+\beta+1)}{2(4\alpha+\beta+2)}$$

$$= \frac{1}{2+\beta}\left(1 + \frac{2\alpha-2\gamma-\beta\gamma}{4\alpha+\beta+2}\tilde{\theta}_1\right) + \left(\frac{1+\beta}{2(2+\beta)} + \frac{2\alpha+\beta+1}{2(4\alpha+\beta+2)}\right)\tilde{w}_2$$

$$+ \frac{\alpha\beta}{(2+\beta)(4\alpha+\beta+2)}\tilde{w}_1 > 0$$

条件为

$$\frac{2+\tilde{\theta}_1+\tilde{\theta}_2}{2(2+\beta)}+\frac{(1+\beta)(\tilde{w}_1+\tilde{w}_2)}{2(2+\beta)}\leqslant 1+\tilde{\theta}_1+\gamma(\tilde{\theta}_1-\tilde{\theta}_2)$$

$$+\frac{2\alpha+1}{2(4\alpha+\beta+2)}((2\gamma+1)(\tilde{\theta}_2-\tilde{\theta}_1)+(2\alpha+\beta+1)(\tilde{w}_2-\tilde{w}_1))$$

$$（4.11）$$

$$\frac{2+\tilde{\theta}_1+\tilde{\theta}_2}{2(2+\beta)}+\frac{(1+\beta)(\tilde{w}_1+\tilde{w}_2)}{2(2+\beta)}\leqslant 1+\tilde{\theta}_2+\gamma(\tilde{\theta}_2-\tilde{\theta}_1)$$

$$+\frac{2\alpha+1}{2(4\alpha+\beta+2)}((2\gamma+1)(\tilde{\theta}_1-\tilde{\theta}_2)+(2\alpha+\beta+1)(\tilde{w}_1-\tilde{w}_2))$$

$$（4.12）$$

因此，在 $\tilde{\theta}_2=0$ 时，制造商 i 产品的相关最优需求为

$$\sum_{j=1}^{2}\tilde{D}_{1j}^{*}=2(1+\tilde{\theta}_1+\gamma(\tilde{\theta}_1-\tilde{\theta}_2))-\frac{2+\tilde{\theta}_1+\tilde{\theta}_2+(1+\beta)(\tilde{w}_1+\tilde{w}_2)}{2+\beta}$$

$$+\frac{2\alpha+1}{4\alpha+\beta+2}((\tilde{\theta}_2-\tilde{\theta}_1)(2\gamma+1)+(\tilde{w}_2-\tilde{w}_1)(2\alpha+\beta+1))\geqslant 0$$

$$\sum_{j=1}^{2}\tilde{D}_{2j}^{*}=2(1+\tilde{\theta}_2+\gamma(\tilde{\theta}_2-\tilde{\theta}_1))-\frac{2+\tilde{\theta}_1+\tilde{\theta}_2+(1+\beta)(\tilde{w}_1+\tilde{w}_2)}{2+\beta}$$

$$+\frac{2\alpha+1}{4\alpha+\beta+2}((\tilde{\theta}_1-\tilde{\theta}_2)(2\gamma+1)+(\tilde{w}_1-\tilde{w}_2)(2\alpha+\beta+1))\geqslant 0$$

对于 M_1，首先决策可靠性努力 $\tilde{\rho}_1$，然后同时决策 $\tilde{w}_1$ 和 $\tilde{\theta}_1$ 以优化其利润函数，即式（4.4）。由于利润函数都为在 $\tilde{w}_1$ 和 $\tilde{\theta}_1$ 上的凹函数，且这些约束都与 $\tilde{w}_1$ 和 $\tilde{\theta}_1$ 线性相关，因此我们使用 KKT（Karush-Kuhn-Tucker）方法求解这个问题。很容易看出 $\left.\frac{\tilde{\Pi}_{M_1}}{\partial \tilde{w}_1}\right|_{\tilde{w}_1=0}>0$，且在稻田条件下 $\tilde{w}_1$ 应该是此有约束的优化问题的内部解（根据一阶条件）。因此，$\tilde{w}_1\geqslant 0$ 未被列入以下的拉格朗日函数。另外，为了避免琐碎的情况并便于计算，我们假设从一阶条件派生的 $\tilde{w}_1$ 的内部解始终满足需求非负的条件。因此，在 $\tilde{M}_{r1}=\tilde{w}_1-c-\lambda C_r(1-\tilde{\rho}_1)(1-\tilde{\theta}_1)-\frac{K_\theta\tilde{\theta}_1^2}{2}$ 时，得到拉格朗日函数公式如下：

$$L(\tilde{w}_1,\tilde{\theta}_1,\lambda_1,\lambda_2)=-\left(\tilde{w}_1-c-\lambda C_r(1-\tilde{\rho}_1)(1-\tilde{\theta}_1)-\frac{K_\theta\tilde{\theta}_1^2}{2}\right)\sum_{j=1}^{2}\tilde{D}_{1j}^{*}+\frac{K_\rho\tilde{\rho}_1^2}{2}+\lambda_1(-\tilde{\theta}_1)+\lambda_2(\tilde{\theta}_1-1)$$

$$（4.13）$$

$$\text{s.t.}\quad \frac{\partial L}{\partial \tilde{w}_1}=-\sum_{j=1}^{2}\tilde{D}_{1j}^{*}-\tilde{M}_{r1}\left(-\frac{1+\beta}{2+\beta}-\frac{(2\alpha+\beta+1)(2\alpha+1)}{4\alpha+\beta+2}\right)=0 \quad （4.14）$$

$$\frac{\partial L}{\partial \tilde{\theta}_1} = -(\lambda C_r(1-\tilde{\rho}_1) - \tilde{\theta}_1 K_\theta)\sum_{j=1}^{2}\tilde{D}_{1j}^* - \tilde{M}_{r1}\left(2(1+\gamma) - \frac{1}{2+\beta} - \frac{(2\alpha+1)(2\gamma+1)}{4\alpha+\beta+2}\right) - \lambda_1 + \lambda_2 = 0$$

$$\tag{4.15}$$

$$\lambda_1(-\tilde{\theta}_1) = 0 \tag{4.16}$$

$$\lambda_2(\tilde{\theta}_1 - 1) = 0 \tag{4.17}$$

$$\lambda_1, \lambda_2 \geqslant 0 \tag{4.18}$$

从式（4.14），我们可以得到

$$\tilde{w}_1 = \frac{1}{2}\left(c + \lambda C_r(1-\tilde{\rho}_1)(1-\tilde{\theta}_1) + \frac{1}{2}K_\theta\tilde{\theta}_1^2\right) + \frac{1}{2x}(2(1+\tilde{\theta}_1+\gamma(\tilde{\theta}_1-\tilde{\theta}_2)))$$

$$- \frac{2+\tilde{\theta}_1+\tilde{\theta}_2+(1+\beta)\tilde{w}_2}{2+\beta} + \frac{2\alpha+1}{4\alpha+\beta+2}((\tilde{\theta}_2-\tilde{\theta}_1)(2\gamma+1) + \tilde{w}_2(2\alpha+\beta+1))$$

它也适用于 M_2，即

$$\tilde{w}_2 = \frac{1}{2(1-m^2)}\left(c + \lambda C_r(1-\tilde{\rho}_2)(1-\tilde{\theta}_2) + \frac{1}{2}K_\theta\tilde{\theta}_2^2\right) + \frac{m}{2(1-m^2)}\left(c + \lambda C_r(1-\tilde{\rho}_1)(1-\tilde{\theta}_1) + \frac{1}{2}K_\theta\tilde{\theta}_1^2\right)$$

$$+ \frac{1}{2x(1-m^2)}\left(2(1+\tilde{\theta}_2+\gamma(\tilde{\theta}_2-\tilde{\theta}_1)) - \frac{2+\tilde{\theta}_1+\tilde{\theta}_2}{2+\beta} + \frac{2\alpha+1}{4\alpha+\beta+2}(\tilde{\theta}_1-\tilde{\theta}_2)(2\gamma+1)\right)$$

$$+ \frac{m}{2x(1-m^2)}\left(2(1+\tilde{\theta}_1+\gamma(\tilde{\theta}_1-\tilde{\theta}_2)) - \frac{2+\tilde{\theta}_2+\tilde{\theta}_1}{2+\beta} + \frac{2\alpha+1}{4\alpha+\beta+2}(\tilde{\theta}_2-\tilde{\theta}_1)(2\gamma+1)\right)$$

其中，$x = \dfrac{1+\beta}{2+\beta} + \dfrac{(2\alpha+\beta+1)(2\alpha+1)}{4\alpha+\beta+2}$。

同时，我们得到

$$\tilde{w}_1 = \frac{1}{2(1-m^2)}\left(c + \lambda C_r(1-\tilde{\rho}_1)(1-\tilde{\theta}_1) + \frac{1}{2}K_\theta\tilde{\theta}_1^2\right) + \frac{m}{2(1-m^2)}\left(c + \lambda C_r(1-\tilde{\rho}_2)(1-\tilde{\theta}_2) + \frac{1}{2}K_\theta\tilde{\theta}_2^2\right)$$

$$+ \frac{1}{2x(1-m^2)}\left(2(1+\tilde{\theta}_1+\gamma(\tilde{\theta}_1-\tilde{\theta}_2)) - \frac{2+\tilde{\theta}_1+\tilde{\theta}_2}{2+\beta} + \frac{2\alpha+1}{4\alpha+\beta+2}(\tilde{\theta}_2-\tilde{\theta}_1)(2\gamma+1)\right)$$

$$+ \frac{m}{2x(1-m^2)}\left(2(1+\tilde{\theta}_2+\gamma(\tilde{\theta}_2-\tilde{\theta}_1)) - \frac{2+\hat{\theta}_1+\tilde{\theta}_2}{2+\beta} + \frac{2\alpha+1}{4\alpha+\beta+2}(\tilde{\theta}_1-\tilde{\theta}_2)(2\gamma+1)\right) > 0$$

$$\tilde{w}_2 = \frac{1}{2(1-m^2)}\left(c + \lambda C_r(1-\tilde{\rho}_2)(1-\tilde{\theta}_2) + \frac{1}{2}K_\theta\tilde{\theta}_2^2\right) + \frac{m}{2(1-m^2)}\left(c + \lambda C_r(1-\tilde{\rho}_1)(1-\tilde{\theta}_1) + \frac{1}{2}K_\theta\tilde{\theta}_1^2\right)$$

$$+ \frac{1}{2x(1-m^2)}\left(2(1+\tilde{\theta}_2+\gamma(\tilde{\theta}_2-\tilde{\theta}_1)) - \frac{2+\tilde{\theta}_1+\tilde{\theta}_2}{2+\beta} + \frac{2\alpha+1}{4\alpha+\beta+2}(\tilde{\theta}_1-\tilde{\theta}_2)(2\gamma+1)\right)$$

$$+ \frac{m}{2x(1-m^2)}\left(2(1+\tilde{\theta}_1+\gamma(\tilde{\theta}_1-\tilde{\theta}_2)) - \frac{2+\tilde{\theta}_2+\tilde{\theta}_1}{2+\beta} + \frac{2\alpha+1}{4\alpha+\beta+2}(\tilde{\theta}_2-\tilde{\theta}_1)(2\gamma+1)\right) > 0$$

将 $\tilde{w}_1$ 和 $\tilde{w}_2$ 代入不等式（4.11）和式（4.12）中，得

$$\left(\frac{1+\beta}{4(2+\beta)(1-m)}-\frac{(2\alpha+1)(2\alpha+\beta+1)}{4(4\alpha+\beta+2)(1+m)}\right)\left(c+\lambda C_r(1-\tilde{\rho}_1)(1-\tilde{\theta}_1)+\frac{1}{2}K_\theta\tilde{\theta}_1^2+c\right.$$

$$\left.+\lambda C_r(1-\tilde{\rho}_2)(1-\tilde{\theta}_2)+\frac{1}{2}K_\theta\tilde{\theta}_2^2\right)\le 1+\tilde{\theta}_1+\gamma(\tilde{\theta}_1-\tilde{\theta}_2)-\left(\frac{2+\tilde{\theta}_1+\tilde{\theta}_2}{2(2+\beta)}+\frac{(2+\tilde{\theta}_1+\tilde{\theta}_2)(1+\beta)^2}{2x(1-m)(2+\beta)^2}\right)$$

$$+\frac{(2\alpha+1)(2\gamma+1)(\tilde{\theta}_2-\tilde{\theta}_1)}{2(4\alpha+\beta+2)}+(2\alpha+1)(2\gamma+1)(\tilde{\rho}_2-\tilde{\rho}_1)\frac{(2\alpha+\beta+1)^2}{2x(1+m)(4\alpha+\beta+2)^2}。$$

定义

$$G(\tilde{\theta}_1,\tilde{\theta}_2,\tilde{\rho}_1,\tilde{\rho}_2)=\left(\frac{1+\beta}{4(2+\beta)(1-m)}-\frac{(2\alpha+1)(2\alpha+\beta+1)}{4(4\alpha+\beta+2)(1+m)}\right)\left(c+\lambda C_r(1-\tilde{\rho}_1)(1-\tilde{\theta}_1)\right.$$

$$\left.+\frac{1}{2}K_\theta\tilde{\theta}_1^2+c+\lambda C_r(1-\tilde{\rho}_2)(1-\tilde{\theta}_2)+\frac{1}{2}K_\theta\tilde{\theta}_2^2\right)-(1+\tilde{\theta}_1+\gamma(\tilde{\theta}_1-\tilde{\theta}_2)$$

$$-\left[\frac{2+\tilde{\theta}_1+\tilde{\theta}_2}{2(2+\beta)}+\frac{(2+\tilde{\theta}_1+\tilde{\theta}_2)(1+\beta)^2}{2x(1-m)(2+\beta)^2}\right]+\frac{(2\alpha+1)(2\gamma+1)(\tilde{\theta}_2-\tilde{\theta}_1)}{2(4\alpha+\beta+2)}$$

$$+\frac{(2\alpha+1)(2\gamma+1)(2\alpha+\beta+1)^2(\tilde{\rho}_2-\tilde{\rho}_1)}{2x(1+m)(4\alpha+\beta+2)^2}\right)$$

给定 $\tilde{\theta}_2=0$，$G(\tilde{\theta}_1,\tilde{\theta}_2,\tilde{\rho}_1,\tilde{\rho}_2)$ 在 $\tilde{\rho}_1$ 上单调递减，在 $\tilde{\rho}_2$ 上单调递增。并且 $G(\tilde{\theta}_1,\tilde{\theta}_2,\tilde{\rho}_1,\tilde{\rho}_2)$ 是 $\tilde{\theta}_2$ 开口向上的二次函数，因此为了确保上述的不等式对于任何 $\tilde{\theta}_1\in[0,1]$，$\tilde{\theta}_2=0$ 和 $\tilde{\rho}_1,\tilde{\rho}_2\in[0,1]$ 都成立，我们有 $G(0,0,0,1)\le 0$ 和 $G(1,0,0,1)\le 0$。

因此，只有当

$$c\le\frac{2(1+\beta)(4\alpha+\beta+2)}{(1+\beta)(4\alpha+\beta+2)+(2+\beta)(2\alpha+1)(2\alpha+\beta+1)}$$

$$-\left(\frac{1}{2}+\frac{(2+\beta)(2\alpha+1)(2\alpha+\beta+1)(1-m)}{2(1+\beta)(4\alpha+\beta+2)(1+m)}\right)\lambda C_r$$

和

$$K_\theta\le\left(\frac{1+\beta}{8(2+\beta)(1-m)}+\frac{(2\alpha+1)(2\alpha+\beta+1)}{8(4\alpha+\beta+2)(1+m)}\right)^{-1}\left(2+\gamma-\frac{3}{2(2+\beta)}-\frac{(2\alpha+1)(2\gamma+1)}{2(4\alpha+\beta+2)}\right.$$

$$\left.-\frac{3(1+\beta)^2}{2x(2+\beta)^2(1-m)}-\frac{(2\alpha+1)(2\gamma+1)(2\alpha+\beta+1)^2}{2x(4\alpha+\beta+2)^2(1+m)}-\frac{(1+\beta)c}{2(2+\beta)(1-m)}\right)\equiv K_\theta^u$$

时，在 $(\tilde{\theta}_1,\tilde{\theta}_2,\tilde{\rho}_1,\tilde{\rho}_2)$ 上的联合约束对单追溯模型中任何的 $\tilde{\theta}_1\in[0,1]$，$\tilde{\theta}_2=0$ 和 $\tilde{\rho}_1$，$\tilde{\rho}_2\in[0,1]$ 都成立。

由于 $\sum_{j=1}^{2}\tilde{D}_{1j}^*=x\tilde{M}_{r1}$，因此式（4.15）可以简化为

$$-\left(x(\lambda C_r(1-\tilde{\rho}_1)-K_\theta\tilde{\theta}_1)+2(1+\gamma)-\frac{1}{2+\beta}-\frac{(2\alpha+1)(2\gamma+1)}{4\alpha+\beta+2}\right)\tilde{M}_{r1}-\lambda_1+\lambda_2=0 \quad（4.19）$$

由式（4.15）到式（4.17），我们得到如下的可行解。

情况 1：$\lambda_1 > 0$，$\lambda_2 = 0$，$\tilde{\theta}_1 = 0$。

通过式（4.19），我们可以得到 $\lambda_1 = -\left(\lambda C_r(1-\tilde{\rho}_1)x + 2(1+\gamma) - \dfrac{1}{2+\beta} - \dfrac{(2\alpha+1)(2\gamma+1)}{4\alpha+\beta+2} \right)\tilde{M}_{r1} < 0$，与 $\lambda_1 > 0$ 相矛盾。

因此这种情况不存在。

情况 2：$\lambda_1 = 0$，$\lambda_2 > 0$，$\tilde{\theta}_1 = 1$。

通过式（4.19），我们可以得到：

$$\lambda_2 = \left(x(\lambda C_r(1-\tilde{\rho}_1) - K_\theta) + 2(1+\gamma) - \frac{1}{2+\beta} - \frac{(2\alpha+1)(2\gamma+1)}{4\alpha+\beta+2} \right)\tilde{M}_{r1} > 0$$

因此 $K_\theta < \dfrac{1}{x}\left(2(1+\gamma) - \dfrac{1}{2+\beta} - \dfrac{(2\alpha+1)(2\gamma+1)}{4\alpha+\beta+2} \right) + \lambda C_r(1-\tilde{\rho}_1)$。

令 $g(\alpha,\beta,\gamma)$ 为 $\dfrac{1}{x}\left(2(1+\gamma) - \dfrac{1}{2+\beta} - \dfrac{(2\alpha+1)(2\gamma+1)}{4\alpha+\beta+2} \right)$，因此这种情况全局最优时的积分条件为 $K_\theta < g(\alpha,\beta,\gamma) + \lambda C_r(1-\tilde{\rho}_1)$。

情况 3：$\lambda_1 = 0$，$\lambda_2 = 0$，$\tilde{\theta}_1 = \dfrac{\lambda C_r(1-\tilde{\rho}_1) + g(\alpha,\beta,\gamma)}{K_\theta}$。

通过式（4.19），我们可以得到 $0 < \tilde{\theta}_1 = \dfrac{\lambda C_r(1-\tilde{\rho}_1) + g(\alpha,\beta,\gamma)}{K_\theta} < 1$，得出这种情况下全局最优时的积分条件 $K_\theta > g(\alpha,\beta,\gamma) + \lambda C_r(1-\tilde{\rho}_1)$。观察这些条件以 K_θ 划分的潜在最优解，接下来我们优化可靠性努力 $\tilde{\rho}_1$。

由于

$$\tilde{\Pi}_{M1} = x\left(\left(\frac{1}{2(1-m^2)} - 1 \right)\left(c + \lambda C_r(1-\tilde{\rho}_1)(1-\tilde{\theta}_1) + \frac{1}{2}K_\theta \tilde{\theta}_1^2 \right) + \frac{m}{2(1-m^2)}(c + \lambda C_r(1-\tilde{\rho}_2)) \right.$$

$$+ \frac{1}{2x(1-m^2)}\left(2(1+\tilde{\theta}_1+\gamma\tilde{\theta}_1) - \frac{2+\tilde{\theta}_1}{2+\beta} - \frac{(2\alpha+1)(2\gamma+1)\tilde{\theta}_1}{4\alpha+\beta+2} \right) + \frac{m}{2x(1-m^2)}\left(2(1-\gamma\tilde{\theta}_1) \right.$$

$$\left. \left. - \frac{2+\tilde{\theta}_1}{2+\beta} + \frac{(2\alpha+1)(2\gamma+1)\tilde{\theta}_1}{4\alpha+\beta+2} \right) \right)^2 - \frac{1}{2}K_\rho \tilde{\rho}_1^2$$

（1）当 $K_\theta \leqslant g(\alpha,\beta,\gamma) + \lambda C_r(1-\tilde{\rho}_1)$ 时，我们有 $\tilde{\theta}_1 = 1$，因此在这种情况中 $\dfrac{\partial \tilde{\Pi}_{M1}}{\partial \tilde{\rho}_1} < 0$，最优可靠性由 $\tilde{\rho}_1 = 0$ 和 $\tilde{\theta}_1 = 1$ 给出，服从 $K_\theta \leqslant g(\alpha,\beta,\gamma) + \lambda C_r$。

（2）当 $K_\theta > g(\alpha,\beta,\gamma) + \lambda C_r(1-\tilde\rho_1)$ 时，我们可以得到 $\tilde\theta_1 = \dfrac{\lambda C_r(1-\tilde\rho_1) + g(\alpha,\beta,\gamma)}{K_\theta}$。

同时，我们令

$$
\begin{aligned}
f(\tilde\rho_1) = \sqrt{x}\Bigg(& \left(\frac{1}{2(1-m^2)} - 1\right)\left(c + \lambda C_r(1-\tilde\rho_1)(1-\tilde\theta_1) + \frac{1}{2}K_\theta\tilde\theta_1^2\right) + \frac{m}{2(1-m^2)}(c + \lambda C_r(1 \\
& -\tilde\rho_2)) + \frac{1}{2x(1-m^2)}\left(2(1+\tilde\theta_1+\gamma\tilde\theta_1) - \frac{2+\tilde\theta_1}{2+\beta} - \frac{(2\alpha+1)(2\gamma+1)\tilde\theta_1}{4\alpha+\beta+2}\right) \\
& + \frac{m}{2x(1-m^2)}\left(2(1-\gamma\tilde\theta_1) - \frac{2+\tilde\theta_1}{2+\beta} + \frac{(2\alpha+1)(2\gamma+1)\tilde\theta_1}{4\alpha+\beta+2}\right)\Bigg)
\end{aligned}
$$

以及 $h(\tilde\rho_1) = \sqrt{\dfrac{K_\rho}{2}}\tilde\rho_1$。当 $K_\theta \leqslant \overline{g}(\alpha,\beta,\gamma)$ 时，

$$
\begin{aligned}
f'(\tilde\rho_1) = \sqrt{x}\Bigg(& \left(\frac{1}{2(1-m^2)} - 1\right)\left(-\lambda C_r + \frac{\lambda^2 C_r^2(1-\tilde\rho_1)}{K_\theta}\right) - \frac{\lambda C_r}{2x(1-m^2)K_\theta}\left(2(1+\gamma) - \frac{1}{2+\beta}\right. \\
& \left.- \frac{(2\alpha+1)(2\gamma+1)}{4\alpha+\beta+2}\right) - \frac{m\lambda C_r}{2x(1-m^2)K_\theta}\left(-2\gamma - \frac{1}{2+\beta} + \frac{(2\alpha+1)(2\gamma+1)}{4\alpha+\beta+2}\right)\Bigg) < 0
\end{aligned}
$$

即 $f'(\tilde\rho_1)$ 随 $\tilde\rho_1$ 递减。因此，我们有 $\tilde\rho_1 = 0$ 和 $\tilde\theta_1 = \dfrac{\lambda C_r + g(\alpha,\beta,\gamma)}{K_\theta}$，服从 $\lambda C_r + g(\alpha,$ $\beta,\gamma) < K_\theta \leqslant \overline{g}(\alpha,\beta,\gamma)$。当 $\overline{g}(\alpha,\beta,\gamma) < K_\theta \leqslant \overline{g}(\alpha,\beta,\gamma) + \lambda C_r$，$f(\tilde\rho_1)$ 随 $\tilde\rho_1$ 先减少后增加，表明 $\tilde\rho_1 = 0$ 和 $\tilde\rho_1 = 1$ 将是最优的可行解。如果 $K_\rho > \dfrac{2(1+\beta)^2}{x(1-m)^2(2+\beta)^2}\Bigg(\left(1-\right.$ $\left.c + \dfrac{g(2-g)}{2K_\theta}\right)^2 - \left(1 - c - \lambda C_r + \dfrac{(\lambda C_r + g)(\lambda C_r + 2 - g)}{2K_\theta}\right)^2\Bigg)$，那么 $\tilde\rho_1 = 0$ 和 $\tilde\theta_1 = \dfrac{\lambda C_r + g(\alpha,\beta,\gamma)}{K_\theta}$，服从 $\overline{g}(\alpha,\beta,\gamma) < K_\theta \leqslant \overline{g}(\alpha,\beta,\gamma) + \lambda C_r$。否则，$\tilde\rho_1 = 1$ 和 $\tilde\theta_1 = \dfrac{g(\alpha,\beta,\gamma)}{K_\theta}$，服从 $\overline{g}(\alpha,\beta,\gamma) < K_\theta \leqslant \overline{g}(\alpha,\beta,\gamma) + \lambda C_r$。

当 $K_\theta > \overline{g}(\alpha,\beta,\gamma) + \lambda C_r$，$f'(\tilde\rho_1) > 0$ 和 $h'(\tilde\rho_1) > 0$ 都成立。因为 $f''(\tilde\rho_1) > g''(\tilde\rho_1) = 0$，$f'(\tilde\rho_1)$ 在 $\tilde\rho_1$ 上比 $h'(\tilde\rho_1)$ 增长得更快。

为了确保 $\tilde\Pi_{M1}$ 的凹度，我们假定 $\left.\dfrac{\partial^2 \tilde\Pi_{M1}}{\partial\tilde\rho_1^2}\right|_{\tilde\rho_1=1} = 2f(1)f''(1) + 2f'(1)^2 - h(1)h''(1) - 2h'(1)^2 < 0$，即

$$K_\rho > 2x\left(\lambda C_r\left(1 - \frac{1}{2(1-m^2)}\right) - \frac{\lambda C_r}{2x(1-m^2)K_\theta}\left(2(1+\gamma) - \frac{1}{2+\beta} - \frac{(2\alpha+1)(2\gamma+1)}{4\alpha+\beta+2}\right)\right.$$

$$-\frac{m\lambda C_r}{2x(1-m^2)K_\theta}\left(-2\gamma - \frac{1}{2+\beta}\right)^2 + 2x\left(\left(\frac{1}{2(1-m^2)}-1\right)\left(c + \frac{g^2}{2K_\theta}\right) + \frac{m}{2(1-m^2)}(c + \lambda C_r(1$$

$$-\tilde{\rho}_2)) + \frac{1}{2x(1-m^2)}\left(2\left(1+(1+\gamma)\frac{g}{K_\theta}\right) - \frac{1}{2+\beta}\left(2 + \frac{g}{K_\theta}\right) - \frac{(2\alpha+1)(2\gamma+1)g}{(4\alpha+\beta+2)K_\theta}\right)$$

$$+\frac{m}{2x(1-m^2)}\left(2\left(1 - \frac{\gamma g}{K_\theta}\right) - \frac{1}{2+\beta}\left(2 + \frac{g}{K_\theta}\right) + \frac{(2\alpha+1)(2\gamma+1)g}{(4\alpha+\beta+2)K_\theta}\right)\right)\frac{\lambda^2 C_r^2}{K_\theta}\left(1 - \frac{1}{2(1-m^2)}\right)$$

当 $K_\rho \leqslant 2f(1)f'(1)$ ，即当

$$K_\rho \leqslant 2x\left(\left(\frac{1}{2(1-m^2)}-1\right)\left(c + \frac{g^2}{2K_\theta}\right) + \frac{m}{2(1-m^2)}(c + \lambda C_r(1 - \tilde{\rho}_2)) + \frac{1}{2x(1-m^2)}\left(2\left(1\right.\right.\right.$$

$$+(1+\gamma)\frac{g}{K_\theta}\right) - \frac{1}{2+\beta}\left(2 + \frac{g}{K_\theta}\right) - \frac{(2\alpha+1)(2\gamma+1)g}{(4\alpha+\beta+2)K_\theta}\right) + \frac{m}{2x(1-m^2)}\left(2\left(1 - \frac{\gamma g}{K_\theta}\right)\right.$$

$$-\frac{1}{2+\beta}\left(2 + \frac{g}{K_\theta}\right) + \frac{(2\alpha+1)(2\gamma+1)g}{(4\alpha+\beta+2)K_\theta}\right)\left(\lambda C_r\left(1 - \frac{1}{2(1-m^2)}\right) - \frac{\lambda C_r}{2x(1-m^2)K_\theta}\left(2(1\right.\right.$$

$$+\gamma) - \frac{1}{2+\beta} - \frac{(2\alpha+1)(2\gamma+1)}{4\alpha+\beta+2}\right) - \frac{m\lambda C_r}{2x(1-m^2)K_\theta}\left(-2\gamma - \frac{1}{2+\beta} + \frac{(2\gamma+1)(2\alpha+1)}{4\alpha+\beta+2}\right)\right)$$

我们可以得到 $\tilde{\rho}_1 = 1$ 和 $\tilde{\theta}_1 = \frac{g}{K_\theta}$ 。否则，$\tilde{\rho}_1$ 是 $2f(\tilde{\rho}_1)f'(\tilde{\rho}_1) - 2h(\tilde{\rho}_1)h'(\tilde{\rho}_1) = 0$ 在 $\tilde{\rho}_1 \in$

$(0,1)$ 上，$\tilde{\theta}_1 = \frac{\lambda C_r(1 - \tilde{\rho}_1) + g(\alpha, \beta, \gamma)}{K_\theta}$ 时的唯一解。

从上面我们知道 M_1 的最优可靠性努力和追溯性努力也取决于 M_2 ，因此我们来讨论 M_2 。

由于我们已经得到了 $\tilde{w}_2$ ，因此 M_2 的最优利润可以重新定义为

$$\tilde{\Pi}_{M2} = x\left(\left(\frac{1}{2(1-m^2)}-1\right)(c + \lambda C_r(1 - \tilde{\rho}_2)) + \frac{m}{2(1-m^2)}\left(c + \lambda C_r(1 - \tilde{\rho}_1)(1 - \tilde{\theta}_1) + \frac{1}{2}K_\theta\tilde{\theta}_1^2\right)\right.$$

$$+\frac{1}{2x(1-m^2)}\left(2(1 - \gamma\tilde{\theta}_1) - \frac{2+\tilde{\theta}_1}{2+\beta} + \frac{(2\alpha+1)(2\gamma+1)\tilde{\theta}_1}{4\alpha+\beta+2}\right) + \frac{m}{2x(1-m^2)}\left(2(1 + (\gamma\right.$$

$$+1)\tilde{\theta}_1) - \frac{2+\tilde{\theta}_1}{2+\beta} - \frac{(2\alpha+1)(2\gamma+1)\tilde{\theta}_1}{4\alpha+\beta+2}\right)^2 - \frac{1}{2}K_\rho\tilde{\rho}_2^2$$

由于利润函数在 $\tilde{\rho}_2$ 中是联合凹的，并且约束条件都与 $\tilde{\rho}_2$ 呈线性关系，因此我们同样使用 KKT 方法来求解此问题。当 $\tilde{M}_{r2} = \tilde{w}_2 - c - \lambda C_r(1 - \tilde{\rho}_2)$ ，拉格朗日函数如下：

$$L(\tilde{\rho}_2, \lambda_3, \lambda_4) = -\tilde{\Pi}_{M2} + \lambda_3(-\tilde{\rho}_2) + \lambda_4(\tilde{\rho}_2 - 1) \tag{4.20}$$

$$\text{s.t.} \quad \frac{\partial L}{\partial \tilde{\rho}_2} = -2x\left(1 - \frac{1}{2(1-m^2)}\right)\lambda C_r \tilde{M}_{r2} + K_\rho \tilde{\rho}_2 - \lambda_3 + \lambda_4 = 0 \tag{4.21}$$

$$\lambda_3(-\tilde{\rho}_2) = 0 \tag{4.22}$$

$$\lambda_4(\tilde{\rho}_2 - 1) = 0 \tag{4.23}$$

$$\lambda_3, \lambda_4 \geqslant 0 \tag{4.24}$$

从式（4.22）到式（4.24），我们可以得到如下可行解。

情况 1：$\lambda_3 > 0$，$\lambda_4 = 0$，$\tilde{\rho}_2 = 0$。

通过式（4.21），我们有 $\lambda_3 = -2x\left(1 - \frac{1}{2(1-m^2)}\right)\lambda C_r \tilde{M}_{r2} < 0$，与 $\lambda_3 > 0$ 相矛盾，因此这种情况不存在。

情况 2：$\lambda_3 = 0$，$\lambda_4 > 0$，$\tilde{\rho}_2 = 1$。

通过式（4.21），我们有 $\lambda_4 = 2x\left(1 - \frac{1}{2(1-m^2)}\right)\lambda C_r \tilde{M}_{r2} - K_\rho > 0$，因此 $K_\rho < 2x\left(1 - \frac{1}{2(1-m^2)}\right)\lambda C_r \tilde{M}_{r2}$ 为这种情况全局最优时的积分条件。

情况 3：$\lambda_3 = 0$，$\lambda_4 = 0$，$\tilde{\rho}_2$ 是 $2x\left(1 - \frac{1}{2(1-m^2)}\right)\lambda C_r \tilde{M}_{r2} - K_\rho \tilde{\rho}_2 = 0$ 的唯一解。

通过式（4.21），我们得到 $0 < \tilde{\rho}_2 < 1$，从而得到了这种情况全局最优时的积分条件 $K_\rho > 2x\left(1 - \frac{1}{2(1-m^2)}\right)\lambda C_r \tilde{M}_{r2}$，即

$$K_\rho > 2x\lambda C_r\left(1 - \frac{1}{2(1-m^2)}\right)\left(\left(\frac{1}{2(1-m^2)} - 1\right)c + \frac{m}{2(1-m^2)}\left(c + \lambda C_r(1-\tilde{\rho}_1)(1-\tilde{\theta}_1)\right.\right.$$
$$+\frac{1}{2}K_\theta\tilde{\theta}_1^2\Big) + \frac{1}{2x(1-m^2)}\left(2(1-\gamma\tilde{\theta}_1) - \frac{2+\tilde{\theta}_1}{2+\beta} + \frac{(2\alpha+1)(2\gamma+1)\tilde{\theta}_1}{4\alpha+\beta+2}\right)$$
$$+\frac{m}{2x(1-m^2)}\left(2(1+(1+\gamma)\tilde{\theta}_1) - \frac{2+\tilde{\theta}_1}{2+\beta} - \frac{(2\alpha+1)(2\gamma+1)\tilde{\theta}_1}{4\alpha+\beta+2}\right)\right)$$

结合 M_2 和 M_1 的最优产品召回努力策略的全局最优条件，我们观察到这些最优解由 K_θ 和 K_ρ 区分。为了使定理 4.2 在本章中阐述得更简洁，我们将竞争强度的相关参数重新定义为

$$x(\alpha, \beta, \gamma) = \frac{(1+\beta)(4\alpha+\beta+2) + (2\alpha+\beta+1)(2\alpha+1)(2+\beta)}{(2+\beta)(4\alpha+\beta+2)}$$

$$g(\alpha,\beta,\gamma) = \frac{2(1+\gamma)(2+\beta)(4\alpha+\beta+2) - (4\alpha+\beta+2) - (2+\beta)(2\alpha+1)(2\gamma+1)}{(1+\beta)(4\alpha+\beta+2) + (2+\beta)(2\alpha+1)(2\alpha+\beta+1)}$$

$$m(\alpha,\beta,\gamma) = \frac{(2+\beta)(4\alpha+\beta+2)((2\alpha+1)(2\alpha+\beta+1)(2+\beta) - (1+\beta)(4\alpha+\beta+2))}{2(2+\beta)(4\alpha+\beta+2)((1+\beta)(4\alpha+\beta+2) + (2+\beta)(2\alpha+1)(2\alpha+\beta+1))}$$

$$\bar{g}(\alpha,\beta,\gamma) = \frac{1}{2(1-m^2(\alpha,\beta,\gamma))-1}\left(g(\alpha,\beta,\gamma) + \frac{m(\alpha,\beta,\gamma)}{x(\alpha,\beta,\gamma)}\left(\frac{(2\alpha+1)(2\gamma+1)}{(4\alpha+\beta+2)} - \frac{4\gamma+2\gamma\beta+1}{(2+\beta)}\right)\right)$$

同样，ρ_a 定义为方程在 $z_2 \in (0,1)$ 的唯一解。

$$2x\lambda C_r\left(1 - \frac{1}{2(1-m^2)}\right)\left(\left(\frac{1}{2(1-m^2)}-1\right)\left(c + \frac{m}{2(1-m^2)}\left(c + \frac{1}{2}K_\theta\right)\right)\right.$$

$$+ \frac{1}{2x(1-m^2)}\left(2(1-\gamma) - \frac{3}{2+\beta} + \frac{(2\alpha+1)(2\gamma+1)}{4\alpha+\beta+2}\right)$$

$$\left. + \frac{m}{2x(1-m^2)}\left(2(2+\gamma) - \frac{3}{2+\beta} - \frac{(2\alpha+1)(2\gamma+1)}{4\alpha+\beta+2}\right)\right) - K_\rho z_2 = 0。$$

令

$$H(z_1,z_2) = 2x\left(\left(\frac{1}{2(1-m)^2}-1\right)\left(c + \lambda C_r(1-z_1)\left(1 - \frac{\lambda C_r(1-z_1)+g}{K_\theta}\right)\right.\right.$$

$$\left. + \frac{(\lambda C_r(1-z_1)+g)^2}{2K_\theta}\right) + \frac{m}{2(1-m^2)}(c + \lambda C_r(1-z_2)) + \frac{1}{2x(1-m^2)}\left(2\left(1\right.\right.$$

$$\left. + (1+\gamma)\frac{\lambda C_r(1-z_1)+g}{K_\theta}\right) - \frac{1}{2+\beta}\left(2 + \frac{\lambda C_r(1-z_1)+g}{K_\theta}\right)$$

$$\left. - \frac{(2\alpha+1)(2\gamma+1)(\lambda C_r(1-z_1)+g)}{(4\alpha+\beta+2)K_\theta}\right) + \frac{m}{2x(1-m^2)}\left(2\left(1\right.\right.$$

$$\left. - \gamma\frac{\lambda C_r(1-z_1)+g}{K_\theta}\right) - \frac{1}{2+\beta}\left(2 + \frac{\lambda C_r(1-z_1)+g}{K_\theta}\right)$$

$$\left.\left. + \frac{(2\alpha+1)(2\gamma+1)(\lambda C_r(1-z_1)+g)}{(4\alpha+\beta+2)K_\theta}\right)\right)\left(\left(\frac{1}{2(1-m)^2}-1\right)\left(-\lambda C_r + \frac{\lambda^2 C_r^2(1-z_1)}{K_\theta}\right)\right.$$

及

$$\tilde{H}(z_1,z_2) = 2x\left(\left(\frac{1}{2(1-m)^2}-1\right)(c + \lambda C_r(1-z_2))\right.$$

$$+ \frac{m}{2(1-m^2)}\left(c + \lambda C_r(1-z_1)\left(1 - \frac{\lambda C_r(1-z_1)+g}{K_\theta}\right) + \frac{(\lambda C_r(1-z_1)+g)^2}{2K_\theta}\right)$$

$$+ \frac{1}{2x(1-m^2)}\left(2\left(1 - \gamma\frac{\lambda C_r(1-z_1)+g}{K_\theta}\right) - \frac{1}{2+\beta}\left(2 + \frac{\lambda C_r(1-z_1)+g}{K_\theta}\right)\right.$$

$$+\frac{(\lambda C_r(1-z_1)+g)}{(4\alpha+\beta+2)K_\theta}(2\alpha+1)(2\gamma+1)+\frac{m}{2x(1-m^2)}\left(2\left(1+(1+\gamma)\frac{\lambda C_r(1-z_1)+g}{K_\theta}\right)\right.$$

$$-\frac{1}{2+\beta}\left(2+\frac{\lambda C_r(1-z_1)+g}{K_\theta}\right)-(2\alpha+1)(2\gamma+1)\frac{(\lambda C_r(1-z_1))}{(4\alpha+\beta+2)K_\theta}\right)\right)\left(1\right.$$

$$\left.-\frac{1}{2(1-m^2)}\right)\lambda C_r-K_\rho z_2$$

其中，$z_1,z_2\in(0,1)$。此外，定义了如下三个可靠性努力投资成本系数的阈值：

$$\bar{K}_{\mathrm{II}}(K_\theta)=2x\left(\lambda C_r\left(1-\frac{1}{2(1-m^2)}\right)-\frac{\lambda C_r}{2x(1-m^2)K_\theta}\left(2(1+\gamma)-\frac{1}{2+\beta}-\frac{(2\alpha+1)(2\gamma+1)}{4\alpha+\beta+2}\right)\right.$$

$$-\frac{m\lambda C_r}{2x(1-m^2)K_\theta}\left(-2\gamma-\frac{1}{2+\beta}+\frac{(2\gamma+1)(2\alpha+1)}{4\alpha+\beta+2}\right)\right)^2$$

$$+\frac{2x\lambda^2 C_r^2}{K_\theta}\left(1-\frac{1}{2(1-m^2)}\right)\left(\left(\frac{1}{2(1-m^2)}-1\right)\left(c+\frac{g^2}{2K_\theta}\right)+\frac{mc}{2(1-m^2)}\right)$$

$$+\frac{1}{2x(1-m^2)}\left(2\left(1+\frac{g(1+\gamma)}{K_\theta}\right)-\frac{1}{2+\beta}\left(2+\frac{g}{K_\theta}\right)-\frac{(2\alpha+1)(2\gamma+1)g}{(4\alpha+\beta+2)K_\theta}\right)$$

$$+\frac{m^2}{2x(1-m^2)}\left(2\left(1-\frac{g\gamma}{K_\theta}\right)-\frac{1}{2+\beta}\left(2+\frac{g}{K_\theta}\right)+\frac{(2\alpha+1)(2\gamma+1)g}{(4\alpha+\beta+2)K_\theta}\right)$$

及

$$\hat{K}_{\mathrm{II}}(K_\theta)=\begin{cases}K_1, & 0\leqslant K_\theta\leqslant g(\alpha,\beta,\gamma)+\lambda C_r\\ K_2, & g(\alpha,\beta,\gamma)+\lambda C_r<K_\theta\leqslant\bar{g}(\alpha,\beta,\gamma)+\lambda C_r\\ K_3, & \bar{g}(\alpha,\beta,\gamma)+\lambda C_r<K_\theta\leqslant\hat{K}\\ K_4, & 其他\end{cases}$$

$$K_1=2x\lambda C_r\left(1-\frac{1}{2(1-m^2)}\right)\left(\left(\frac{1}{2(1-m^2)}-1\right)c+\frac{m}{2(1-m^2)}\left(c+\frac{1}{2}K_\theta\right)\right.$$

$$+\frac{1}{2x(1-m^2)}\left(2(1-\gamma)-\frac{3}{2+\beta}+\frac{(2\alpha+1)(2\gamma+1)}{4\alpha+\beta+2}\right)$$

$$+\frac{m}{2x(1-m^2)}\left(2(2+\gamma)-\frac{3}{2+\beta}-\frac{(2\alpha+1)(2\gamma+1)}{4\alpha+\beta+2}\right)\right)$$

$$K_2=2x\lambda C_r\left(1-\frac{1}{2(1-m^2)}\right)\left(\left(\frac{1}{2(1-m^2)}-1\right)c+\frac{m}{2(1-m^2)}\left(c+\lambda C_r\left(1-\frac{\lambda C_r+g}{K_\theta}\right)\right.\right.$$

$$+\frac{(\lambda C_r+g)^2}{2K_\theta}+\frac{1}{2x(1-m^2)}\left(2\left(1-\frac{(\lambda C_r+g)\gamma}{K_\theta}\right)-\frac{2}{2+\beta}-\frac{\lambda C_r+g}{(2+\beta)K_\theta}\right.$$

$$+ \frac{(2\alpha+1)(2\gamma+1)(\lambda C_r+g)}{(4\alpha+\beta+2)K_\theta} + \frac{m}{2x(1-m^2)}\left(2\left(1+\frac{(\lambda C_r+g)(1+\gamma)}{K_\theta}\right) - \frac{2}{2+\beta}\right.$$

$$\left.\left. - \frac{\lambda C_r+g}{(2+\beta)K_\theta} - \frac{(2\alpha+1)(2\gamma+1)(\lambda C_r+g)}{(4\alpha+\beta+2)K_\theta}\right)\right)$$

$$K_3 = 2x\lambda C_r\left(1-\frac{1}{2(1-m^2)}\right)\left(\left(\frac{1}{2(1-m^2)}-1\right)c + \frac{m}{2(1-m^2)}\left(c+\lambda C_r\left(1-\frac{\lambda C_r(1-\rho_d)+g}{K_\theta}\right)(1\right.\right.$$

$$-\rho_d) + \frac{(\lambda C_r(1-\rho_d)+g)^2}{2K_\theta} + \frac{1}{2x(1-m^2)}\left(2\left(1-\frac{(\lambda C_r(1-\rho_d)+g)\gamma}{K_\theta}\right) - \frac{2}{2+\beta}\right.$$

$$-\frac{\lambda C_r(1-\rho_d)+g}{(2+\beta)K_\theta} + \frac{(2\alpha+1)(2\gamma+1)(\lambda C_r(1-\rho_d)+g)}{(4\alpha+\beta+2)K_\theta}\right) + \frac{m}{2x(1-m^2)}\left(2\left(1\right.\right.$$

$$+\frac{(\lambda C_r(1-\rho_d)+g)(1+\gamma)}{K_\theta}\right) - \frac{2}{2+\beta} - \frac{\lambda C_r(1-\rho_d)+g}{(2+\beta)K_\theta}$$

$$\left.\left.\left. - \frac{(2\alpha+1)(2\gamma+1)(\lambda C_r(1-\rho_d)+g)}{(4\alpha+\beta+2)K_\theta}\right)\right)\right)$$

当

$$K_4 = 2x\lambda C_r\left(1-\frac{1}{2(1-m^2)}\right)\left(\left(\frac{1}{2(1-m^2)}-1\right)c + \frac{m}{2(1-m^2)}\left(c+\frac{g^2}{2K_\theta}\right)\right.$$

$$+\frac{1}{2x(1-m^2)}\left(2\left(1-\frac{g\gamma}{K_\theta}\right) - \frac{2}{2+\beta} - \frac{g}{(2+\beta)K_\theta} + \frac{(2\alpha+1)(2\gamma+1)g}{(4\alpha+\beta+2)K_\theta}\right)$$

$$\left.+\frac{m}{2x(1-m^2)}\left(2\left(1+\frac{g(1+\gamma)}{K_\theta}\right) - \frac{2}{2+\beta} - \frac{g}{(2+\beta)K_\theta} - \frac{(2\alpha+1)(2\gamma+1)g}{(4\alpha+\beta+2)K_\theta}\right)\right)$$

ρ_d 是 $H(z_1,1)=0$ 在 $z_1 \in (0,1)$ 上的唯一解,

$$\overline{g}(\alpha,\beta,\gamma) = \frac{1}{2(1-m^2(\alpha,\beta,\gamma))-1}\left(g(\alpha,\beta,\gamma)\right.$$

$$\left.+\frac{m(\alpha,\beta,\gamma)}{x(\alpha,\beta,\gamma)}\left(-2\gamma - \frac{1}{(2+\beta)} + \frac{(2\alpha+1)(2\gamma+1)}{(4\alpha+\beta+2)}\right)\right)$$

以及

$$\tilde{K}_{\mathrm{II}}(K_\theta) = \begin{cases} K_5, & g(\alpha,\beta,\gamma)+\lambda C_r < K_\theta \leqslant \hat{K} \\ K_6, & \text{其他} \end{cases}$$

当

$$K_5 = 2x\left(\left(\frac{1}{2(1-m^2)}-1\right)\left(c+\frac{g^2}{2K_\theta}\right) + \frac{mc}{2(1-m^2)} + \frac{1}{2x(1-m^2)}\left(2\left(1+\frac{g(1+\gamma)}{K_\theta}\right)\right.\right.$$

$$-\frac{1}{2+\beta}\left(2+\frac{g}{K_\theta}\right)-\frac{(2\alpha+1)(2\gamma+1)g}{(4\alpha+\beta+2)K_\theta}+\frac{m}{2x(1-m^2)}\left(2\left(1-\frac{g\gamma}{K_\theta}\right)\right.$$

$$\left.-\frac{1}{2+\beta}\left(2+\frac{g}{K_\theta}\right)+\frac{(2\alpha+1)(2\gamma+1)g}{(4\alpha+\beta+2)K_\theta}\right)\left(\lambda C_r\left(1-\frac{1}{2(1-m^2)}\right)\right.$$

$$-\frac{\lambda C_r}{2x(1-m^2)K_\theta}\left(2(1+\gamma)-\frac{1}{2+\beta}-\frac{(2\alpha+1)(2\gamma+1)}{4\alpha+\beta+2}\right)$$

$$\left.-\frac{m\lambda C_r}{2x(1-m^2)K_\theta}\left(-2\gamma-\frac{1}{2+\beta}+\frac{(2\gamma+1)(2\alpha+1)}{4\alpha+\beta+2}\right)\right)$$

$$K_6=2x\left(\left(\frac{1}{2(1-m^2)}-1\right)\left(c+\frac{g^2}{2K_\theta}\right)+\frac{m}{2(1-m^2)}(c+\lambda C_r(1-\rho_c))\right.$$

$$+\frac{1}{2x(1-m^2)}\left(2\left(1+\frac{g(1+\gamma)}{K_\theta}\right)-\frac{1}{2+\beta}\left(2+\frac{g}{K_\theta}\right)-\frac{(2\alpha+1)(2\gamma+1)g}{(4\alpha+\beta+2)K_\theta}\right)$$

$$+\frac{m}{2x(1-m^2)}\left(2\left(1-\frac{g\gamma}{K_\theta}\right)-\frac{1}{2+\beta}\left(2+\frac{g}{K_\theta}\right)+\frac{(2\alpha+1)(2\gamma+1)g}{(4\alpha+\beta+2)K_\theta}\right)\right)\left(\lambda C_r\left(1-\frac{1}{2(1-m^2)}\right)\right.$$

$$-\frac{\lambda C_r}{2x(1-m^2)K_\theta}\left(2(1+\gamma)-\frac{1}{2+\beta}-\frac{(2\alpha+1)(2\gamma+1)}{4\alpha+\beta+2}\right)-\frac{m\lambda C_r}{2x(1-m^2)K_\theta}\left(-2\gamma-\frac{1}{2+\beta}\right.$$

$$\left.\left.+(2\gamma+1)\frac{(2\alpha+1)}{4\alpha+\beta+2}\right)\right)$$

ρ_c 是 $\tilde{H}(1,z_2)=0$ 在 $z_2\in(0,1)$ 上的唯一解。

综上所述，令 $\tilde{\rho}_1^*,\tilde{\theta}_1^*$ 为 M_1 的最优产品可靠性努力和追溯能力，$\tilde{\rho}_2^*$ 为 M_2 在单追溯模型下的最优产品可靠性努力。

给定

$$c\leqslant\frac{2(1+\beta)(4\alpha+\beta+2)}{(1+\beta)(4\alpha+\beta+2)+(2+\beta)(2\alpha+1)(2\alpha+\beta+1)}-\left(\frac{1}{2}+\frac{(2+\beta)(2\alpha+1)(2\alpha+\beta+1)(1-m)}{2(1+\beta)(4\alpha+\beta+2)(1+m)}\right)\lambda C_r$$

假定当 $K_\theta\in(\overline{g}(\alpha,\beta,\gamma)+\lambda C_r,K_\theta^u)$ 时，$K_\rho\in(\overline{K}_{\mathrm{II}}(K_\theta),+\infty)$：

（1）当 $K_\theta\in(0,g(\alpha,\beta,\gamma)+\lambda C_r]$ 时，如果 $K_\rho\in(0,\hat{K}_{\mathrm{II}}(K_\theta)]$，那么 $\tilde{\rho}_1^*=0$，$\tilde{\theta}_1^*=1$，$\tilde{\rho}_2^*=1$，否则 $\tilde{\rho}_2^*=\rho_a$。

（2）当 $K_\theta\in(g(\alpha,\beta,\gamma)+\lambda C_r,\overline{g}(\alpha,\beta,\gamma)+\lambda C_r]$ 时，如果有 $K_\rho\in(0,\hat{K}_{\mathrm{II}}(K_\theta)]$，那么 $\tilde{\rho}_1=0$，$\tilde{\theta}_1^*=\dfrac{\lambda C_r+g(\alpha,\beta,\gamma)}{K_\theta}$，$\tilde{\rho}_2^*=1$，否则 $\tilde{\rho}_2^*=\rho_b$。

（3）当 $K_\theta\in(\overline{g}(\alpha,\beta,\gamma)+\lambda C_r,+\infty)$ 和 $K_\rho\in(0,\tilde{K}_{\mathrm{II}}(K_\theta)]$ 时，如果 $K_\rho\in(0,\hat{K}_{11}(K_\theta)]$，那么 $\tilde{\rho}_1^*=1$，$\tilde{\theta}_1^*=\dfrac{g(\alpha,\beta,\gamma)}{K_\theta}$，$\tilde{\rho}_2^*=1$，否则 $\tilde{\rho}_2^*=\rho_c$。

（4）当 $K_\theta \in (\overline{g}(\alpha,\beta,\gamma)+\lambda C_r,+\infty)$ 和 $K_\rho \in (\tilde{K}_{\mathrm{II}}(K_\theta),+\infty)$ 时，如果 $K_\rho \in (0,$ $\hat{K}_{11}(K_\theta)]$，那么 $\tilde{\rho}_1^* = \rho_d$，$\tilde{\theta}_1^* = \dfrac{\lambda C_r(1-\rho_d)+g(\alpha,\beta,\gamma)}{K_\theta}$，$\tilde{\rho}_2^* = 1$，否则 $\tilde{\rho}_1^* = \rho_e$，

$\tilde{\theta}_1^* = \dfrac{\lambda C_r(1-\rho_e)+g(\alpha,\beta,\gamma)}{K_\theta}$，$\tilde{\rho}_2^* = \rho_f$，证毕。

定理 4.2 展现了单追溯模型中 M_1 和 M_2 的最优产品召回努力策略及阈值策略，(i,j,k) 的策略情况如图 4.4 所示。首先，从 M_1 的视角出发。当追溯努力投资成本系数足够低，低于增加单位召回成本和初始召回概率的阈值时，最优的产品召回努力策略是采取无可靠性努力并进行单体追溯 (N,U)，即制造商不投资产品可靠性努力，并为每一个产品配备追溯系统，如二维条码和 RFID。在这种情况下，单体追溯将召回范围即召回概率与召回概率相乘的 $\lambda(1-\tilde{\rho}_1^*)(1-\tilde{\theta}_1^*)$ 降至零，使降低召回概率不产生任何影响。这意味着追溯努力完全替代了产品可靠性努力。随着追溯努力投资成本系数的增加，M_1 的最优产品可靠性努力保持为零，而最优追溯努力降低至经济追溯策略 (N,E)。

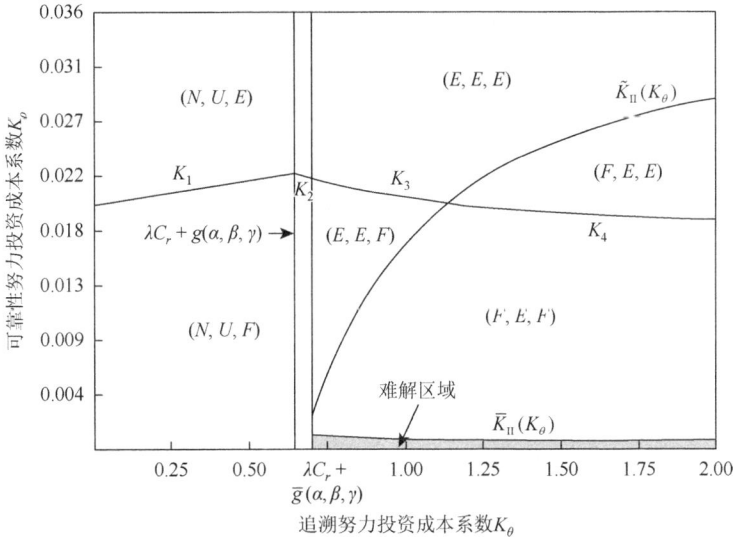

图 4.4　单追溯模型下的最优产品可靠性努力和追溯努力

$\lambda = 0.05$，$C_r = 0.6$，$c = 0.3$，$\alpha = 1$，$\beta = 1$，$\gamma = 0.2$

当追溯努力投资成本系数足够高而产品可靠性努力投资成本系数较低时，最优的产品召回努力策略是采取完全可靠性努力和经济追溯 (F,E)。这也与追溯技术开发早期阶段，企业通常没有动力支付高昂的成本将其追溯能力提升到较高水平的现实情况一致。相反，它们更愿意以相对更低的成本采取完全产品可靠性努

力，从而将召回概率降低至零。以 $\theta_1 = 0.8$ 时为例，此时 M_1 将新生产的产品分成五个批次，只需召回报告产品存在缺陷的批次。在这种情况下，尽管 M_1 可以通过采取完全产品可靠性努力将召回范围缩小至零，但由于消费者的支付意愿与产品召回能力正相关，为了保持市场份额，M_1 仍有必要较少地投资追溯技术。当追溯努力和产品可靠性投资成本系数都很高时，最优产品召回努力策略是采取经济可靠性努力和经济追溯 (E,E)，此时制造商同时降低召回概率和召回比例以控制召回成本。基于上述定理，单追溯模型下进行追溯的制造商 M_1 需要在追溯努力和可靠性努力之间做出权衡。特别地，当追溯努力投资成本系数很低时，传统的产品可靠性努力可以被新出现的追溯努力完全取代，系数较高时则是部分取代。M_2 的最优产品召回努力策略相对简单。当产品可靠性努力投资成本系数较低时，最优策略为采取完全产品可靠性努力 (F)。在这种情况下，即使产品可靠性努力是固定的且不受竞争的影响，投资成本系数阈值 $\hat{K}_{\mathrm{II}}$ 仍与竞争强度参数和成本参数有关。当产品可靠性投资成本系数较高时，最优产品召回努力策略为经济可靠性努力 (E)。由于 M_2 的最优产品召回努力策略与竞争对手的产品召回努力策略相互影响，其具体值随追溯努力投资成本系数 K_θ 范围的变化而变化。

下文的定理描述了制造商在双追溯模型下的最优产品召回努力策略。令 (i,j) 表示每个制造商的产品召回努力策略（在这种情况下是对称的），其中 $i \in \{N, E, F\}$，N 表示无可靠性努力，E 表示经济可靠性努力，F 表示完全可靠性努力，$j \in \{E, U\}$，其中 E 表示经济追溯，U 表示单体追溯。

为了表述简洁，将投资成本系数的阈值定义为

$$\bar{K}_{\mathrm{III}}(K_\theta) = 2x\left(\lambda C_r\left(1 - \frac{1}{2(1-m^2)}\right) - \frac{\lambda C_r}{2x(1-m^2)K_\theta}\left(2(1+\gamma) - \frac{1}{2+\beta}\right.\right.$$
$$\left.\left. - \frac{(2\alpha+1)(2\gamma+1)}{4\alpha+\beta+2}\right)\frac{m\lambda C_r}{2x(1-m^2)K_\theta}\left(-2\gamma - \frac{1}{2+\beta} + \frac{(2\gamma+1)(2\alpha+1)}{4\alpha+\beta+2}\right)\right)^2$$
$$+ \frac{2(1+\beta)\lambda^2 C_r^2}{(2+\beta)(1-m)K_\theta}\left(1 - c + \frac{g(2-g)}{2K_\theta}\right)\left(1 - \frac{1}{2(1-m^2)}\right)$$

以及

$$K_{\mathrm{III}}(K_\theta) = \frac{2(1+\beta)}{(2+\beta)(1-m)}\left(1 - c + \frac{g(2-g)}{2K_\theta}\right)\left(\lambda C_r\left(1 - \frac{1}{2(1-m^2)}\right)\right.$$
$$\left. - \frac{\lambda C_r}{2x(1-m^2)K_\theta}\right)\left(2(1+\gamma) - \frac{1}{2+\beta} - \frac{(2\alpha+1)(2\gamma+1)}{4\alpha+\beta+2}\right.$$
$$\left. - \frac{m\lambda C_r}{2x(1-m^2)K_\theta}\left(-2\gamma - \frac{1}{2+\beta} + \frac{(2\gamma+1)(2\alpha+1)}{4\alpha+\beta+2}\right)\right)$$

若 $c \leqslant 1 - \lambda C_r$，可得到两个制造商产品召回努力策略 (i,j) 的如下定理。

定理 4.3　在双追溯模型中，假设 $K_\rho \in (\bar{K}_{\mathrm{III}}(K_\theta), +\infty)$，其中 $K_\theta \in (\bar{g}(\alpha, \beta, \gamma) + \lambda C_r, 4 - 2c)$。

（1）当 $K_\theta \in (0, g(\alpha, \beta, \gamma) + \lambda C_r]$ 时，M_1 和 M_2 都采取无可靠性努力和单体追溯。

（2）当 $K_\theta \in (g(\alpha, \beta, \gamma) + \lambda C_r, \bar{g}(\alpha, \beta, \gamma) + \lambda C_r]$ 时，M_1 和 M_2 都采取无可靠性努力和经济追溯。

（3）当 $K_\theta \in (\bar{g}(\alpha, \beta, \gamma) + \lambda C_r, +\infty)$，且 $K_\rho \in (0, \tilde{K}_{\mathrm{III}}(K_\theta)]$ 时，M_1 和 M_2 都采取了完全可靠性努力和经济追溯。

（4）否则，M_1 和 M_2 都需要采取经济可靠性努力和经济追溯。

定理 4.3 展现了双追溯模型下，对称的 M_1 和 M_2 的最优产品召回努力策略，最优策略 (ij) 的情况如图 4.5 所示。与单追溯模型的情况类似，当追溯努力投资成本系数足够低时，两个制造商都采取无可靠性努力和单体追溯 (N, U)；当追溯努力投资成本系数较高但可靠性努力投资成本系数较低时，两个制造商会选择完全可靠性努力和经济追溯。否则，他们都会选择经济可靠性努力和经济追溯。与单追溯情况相比，双追溯情况中追溯努力投资成本系数的阈值保持不变，差异主要在于产品可靠性努力投资成本系数的阈值，如图 4.5 中划分 (F, E) 策略和 (E, E) 策略的 $\tilde{K}_{\mathrm{III}}(K_\theta)$。

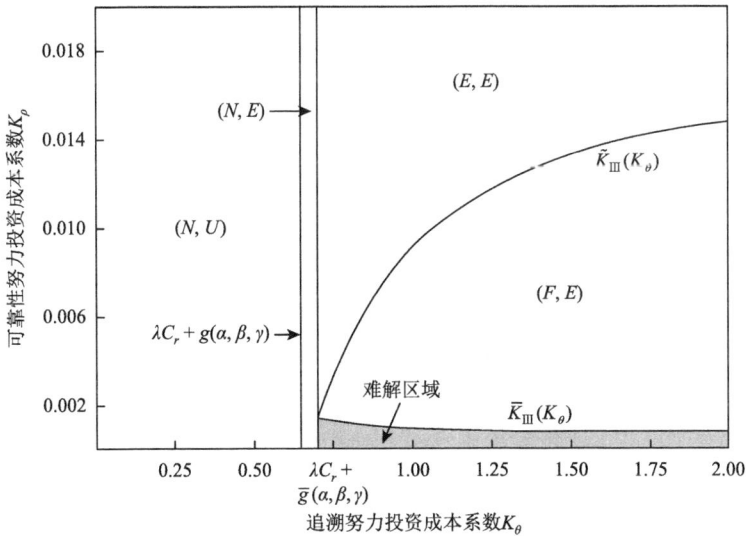

图 4.5　双追溯模型下的最优产品可靠性努力和追溯努力

$\lambda = 0.05$，$C_r = 0.6$，$c = 0.3$，$\alpha = 1$，$\beta = 1$，$\gamma = 0.2$

4.4　制造商是否追溯

在本节中，我们将通过比较无制造商追溯模型、单制造商追溯模型和双制造商追溯模型研究两个竞争制造商的均衡追溯决策。令 $\prod_{M_i}^*$、$\tilde{\prod}_{M_i}^*$ 和 $\hat{\prod}_{M_i}^*$ 分别表示制造商在无制造商追溯模型、单制造商追溯模型和双制造商追溯模型下的最优利润。

4.4.1　两个竞争制造商均衡追溯决定

我们比较了单制造商追溯模型和无制造商追溯模型下的最优结果。

命题 4.1　通过比较发现：①$\tilde{\prod}_{M_1}^* > \prod_{M_1}^*$ 总是成立，然而 $\tilde{\prod}_{M_2}^*$ 和 $\prod_{M_1}^*$ 的关系与 K_θ 和 K_ρ 有关。只有 $K_\theta > K_\theta^I(K_\rho)$ 时，$\tilde{\prod}_{M_2}^* > \prod_{M_2}^*$，这意味着 M_1 在追溯方面的投资可能会对他的竞争对手造成搭便车的影响。②鉴于相对较低的 γ，当 $K_\theta > K_\theta^I(K_\rho)$，$\tilde{\rho}_2^* > \rho_2^*$。

命题 4.1 显示了无制造商追溯和单制造商追溯模型下最优结果的比较。对于竞争者不施加追溯努力的制造商而言（如 M_1），投资产品可追溯性始终是更好的选择，因为它可以选择可追溯性来管理召回成本，从而导致 $\tilde{\prod}_{M_1}^* > \prod_{M_1}^*$。对于竞争对手追溯的制造商（如 M_2），当 K_θ 低时，由于供应商采用了具有成本效益的追溯方法来扩大市场规模，M_2 在单制造商追溯模型下的最优利润低于无制造商追溯模型的最优利润。但是，随着 M_1 的市场规模的增加，其产品的批发价和零售价也会随之增加，当追溯努力投资系数足够高时，这可能会使 M_2 受益。当 M_1 的市场增长受到限制，即使没有追溯 M_2 也会受益。我们将此效应称为 M_1 的追溯投资的搭便车效应。此外，在这种情况下，单制造商追溯模型下 M_2 的最优可靠性要高于无制造商追溯模型的情况。就产品召回规模而言，即以 $\lambda(1 - \tilde{\rho}_2^*)$ 的形式，可以通过更高的可靠性努力来缩小范围，如当 K_θ 足够高时。这是由 M_1 的追溯投资引起的搭便车效应的另一个现象。

根据数值发现，在单制造商追溯模型下 M_1 的最优产品可靠性努力并不总是优于无制造商追溯模型，而是取决于 K_θ 和 K_ρ 的大小。特别地，如图 4.6 所示，当 K_θ 非常低时，M_1 的追溯将完全替代其可靠性努力，即 $1 \geqslant \rho_1^* > \tilde{\rho}_1^* = 0$。当 K_θ 高时，M_1 的追溯会导致更高的可靠性努力，即 $\tilde{\rho}_1^* \geqslant \rho_1^* > 0$。后面的两种效应可以解释上述结果。直观地讲，较高的 $K_\rho(K_\theta)$ 将导致较低的产品可靠性努力（追溯努力），这可以定义为投资成本效应。此外，对追溯的投资将导致较低的产品可靠性，这可以定义为努力交互效应。有趣的是，当 K_θ 相对较低时，追溯努力相对较高，因此由于努力的交互作用，可靠性努力也较低。在这种情况下，由于投资成本效应，给定 K_θ 时，随着 K_ρ 的增加，可靠性努力将更低，这解释了图 4.6 中 $\rho_1^* > \tilde{\rho}_1^*$ 的情况。当 K_θ 足够高时，追溯努力相对较低，因此可靠性努力也较高，随着 K_ρ 的增加，这减轻了投资成本的影响。这就解释了为什么在图 4.6 中 $\rho_1^* \leqslant \tilde{\rho}_1^*$ 可以成立。

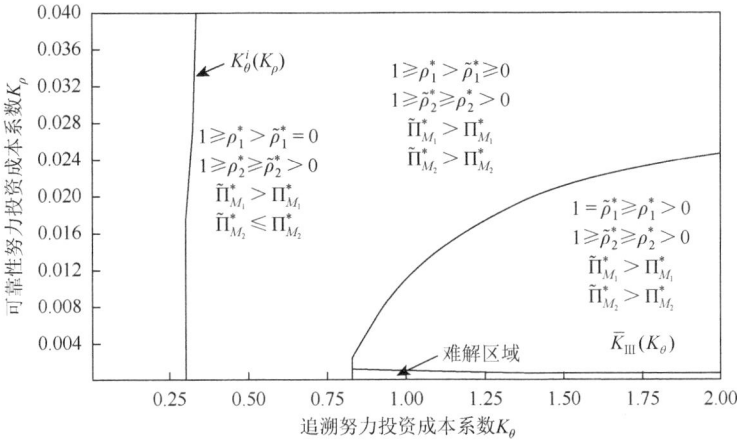

图 4.6　两个竞争制造商在无制造商追溯和单制造商追溯模式下最优结果的比较

$\alpha = 1$，$\beta = 1$，$\gamma = 0.5$，$\lambda = 0.05$，$C_r = 0.6$，$c = 0.3$

命题 4.2　通过比较发现：①$\hat{\Pi}_{M_1}^* > \Pi_{M_1}^*$ 和 $\hat{\Pi}_{M_2}^* > \Pi_{M_2}^*$ 总是成立，这意味着双制造商追溯优于无制造商追溯。②$\rho_1^* > \hat{\rho}_1^*$ 和 $\rho_2^* > \hat{\rho}_2^*$ 也成立。

命题 4.2 给出了双制造商追溯模型与无制造商追溯模型最优结果的比较。我们发现 $\hat{\Pi}_{M_1}^* > \Pi_{M_1}^*$ 和 $\hat{\Pi}_{M_2}^* > \Pi_{M_2}^*$ 都成立，这表明两个制造商可以通过同时施加追溯努力来获得更好的收益。从这个角度出发，引入并广泛使用新的追溯技术（如区块链和 RFID）在社会上是经济的。如果我们将双制造商追溯模型下的追溯努力设置为 0，则双制造商追溯模型将变为无制造商追溯模型，这解释了为什么双制造商追溯模型优于无制造商追溯模型。另外，如图 4.7 所示，我们发现双制造商追溯模式下的 M_1 和 M_2 最优可靠性努力不高于无制造商追溯模型下的，这表明如果两个制造商都进行追溯，则追溯努力将替代传统的可靠性努力。根据命题 4.1，假定 M_2 无制造商追溯，则 M_1 倾向于追溯。为了通过分析两个竞争制造商的相互反应来获得均衡追溯策略，我们提供了在单制造商追溯和双制造商追溯下 M_2 的最优利润的比较。

命题 4.3　通过比较发现，$\tilde{\Pi}_{M_2}^* < \hat{\Pi}_{M_2}^*$ 总是成立，这意味着均采用投资追溯能力的策略 (T, T) 是两家竞争厂商唯一的纳什均衡策略。

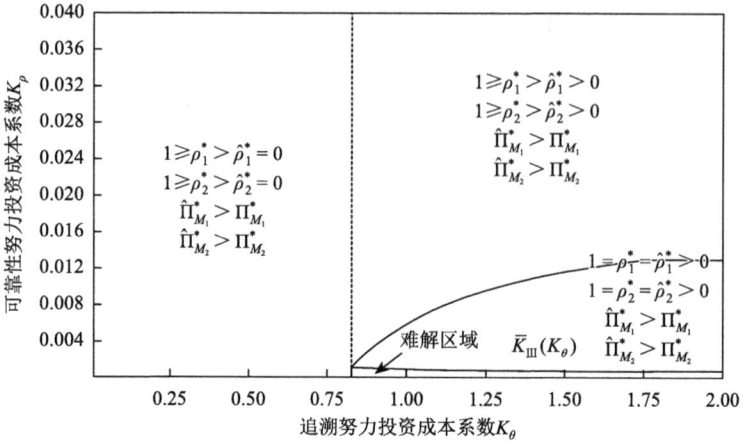

图 4.7 两个竞争制造商在无制造商追溯和双制造商追溯模式下最优结果的比较

$\alpha=1$，$\beta=1$，$\gamma=0.5$，$\lambda=0.05$，$C_r=0.6$，$c=0.3$

命题 4.3 表明如果其竞争对手 M_1 已经追溯，那么 M_2 愿意追溯。令 $\{N,T\}$ 表示每个制造商的策略集，其中 N 表示不追溯，T 表示要追溯。结合命题 4.1 得出的结论：如果 M_2 不追溯，那么 M_1 倾向于追溯。因此我们发现 (T,T) 是两个竞争制造商唯一的纳什均衡策略。可以通过以下方式对此进行解释。在单制造商追溯模型下，M_2 的追溯努力 $\hat{\theta}_2$ 为零，这是双制造商追溯模型下的特例 $\hat{\theta}_2\in[0,1]$。当 K_θ 足够低时，如 $K_\theta\leqslant g(\alpha,\beta,\gamma)+\lambda C_r$，$\hat{\theta}_2^*$ 与 $\hat{\rho}_2^*$ 无关。随着 K_θ 的增加，$\hat{\theta}_2^*=\dfrac{\lambda C_r(1-\hat{\rho}_2^*)+g(\alpha,\beta,\gamma)}{K_\theta}$ 与 $\hat{\rho}_2^*$ 负相关。无论哪种情况，$\hat{\theta}_2$ 在双制造商追溯优化中都是内生的，而 $\tilde{\theta}_2$ 在单制造商追溯优化中是内生的，因为它固定为 0，这暗示了为什么 M_1 已经追溯时，M_2 追溯更好，并且因此 (T,T) 是唯一的纳什均衡。

4.4.2 不对称性的影响

上面讨论的模型的关键假设是供应链是对称的。实际上，制造商可能是异质的。因此，在本节中，我们探索主要结论是否仍然适用于具有异质市场潜力的不对称供应链。我们通过重新定义需求函数来区分两个制造商，如零售商 $j\in\{1,2\}$ 对制造商 1 和制造商 2 的产品需求分别为

$$D_{1j}^a=a-p_{1j}+\theta_1+\alpha(p_{2,j}-p_{1j})+\beta(p_{1,3-j}-p_{1j})+\gamma(\theta_1-\theta_2)$$

$$D_{2j}^a=1-p_{2j}+\theta_2+\alpha(p_{1,j}-p_{2j})+\beta(p_{2,3-j}-p_{2j})+\gamma(\theta_2-\theta_1)$$

其中，$a\geqslant1$ 和 $a=1$ 简化为对称情况。

令 $\prod_{M_i}^{a^*}$、$\tilde{\prod}_{M_i}^{a^*}$ 和 $\hat{\prod}_{M_i}^{a^*}$ 分别表示无制造商追溯、单制造商追溯和双制造商追溯模型下 M_i 的最优利润。我们发现，即使在不对称信息下，无制造商追溯、单制造商追溯和双制造商追溯模型下的最优产品召回努力策略的结构仍然得以保留，分别在以下定理 4.4、定理 4.5 和定理 4.6 中表示。对于非对称无制造商追溯的情况，我们定义阈值

$$K_\rho^{al} = 2\chi\lambda C_r\left(1-\frac{1}{2(1-m^2)}\right)\left(\frac{(2m-1)c}{2(1-m)}+\frac{m}{2\chi(1-m^2)}\left(2a-\frac{1+a}{2+\beta}+\frac{(2\alpha+1)(1-a)}{4\alpha+\beta+2}\right)\right.$$
$$\left.+\frac{1}{2\chi(1-m^2)}\left(2-\frac{2}{2+\beta}+\frac{(2\alpha+1)(1-a)}{4\alpha+\beta+2}\right)\right)$$

定理 4.4　在非对称无制造商追溯模型下，①当 $K_\rho \in (0, K_\rho^{al}(c)]$ 时，制造商双方都采取完全可靠性努力。②否则，两者都采取经济可靠性努力。

定理 4.5　假设在不对称单制造商追溯模型下 $K_\rho \in (\bar{K}_{\text{II}}^a(K_\theta), +\infty)$，其中 $K_\theta \in (\bar{g}(\alpha,\beta,\gamma)+\lambda C_r, +\infty)$。

（1）当 $K_\theta \in (0, g(\alpha,\beta,\gamma)+\lambda C_r]$，$M_1$ 不采取可靠性努力并且采取单体追溯。

（2）当 $K_\theta \in (g(\alpha,\beta,\gamma)+\lambda C_r, \bar{g}(\alpha,\beta,\gamma)+\lambda C_r]$，$M_1$ 不采取可靠性努力并且采取经济追溯。

（3）当 $K_\theta \in (\bar{g}(\alpha,\beta,\gamma)+\lambda C_r, +\infty)$ 和 $K_\rho \in (0, \tilde{K}_{\text{II}}^a(K_\theta)]$，$M_1$ 采取完全可靠性努力和经济追溯。

（4）当 $K_\theta \in (\bar{g}(\alpha,\beta,\gamma)+\lambda C_r, +\infty)$ 和 $K_\rho \in (\tilde{K}_{\text{II}}^a(K_\theta), +\infty]$，$M_1$ 采取经济可靠性努力和经济追溯。

在以上四种情况中的任何一种情况下，如果 $K_\rho \in (0, \hat{K}_{\text{II}}^a(K_\theta)]$，$M_2$ 都采取了完全可靠性努力，否则 M_2 采取经济可靠性努力。

对于非对称双制造商追溯的模型，阈值

$$\bar{K}_{\text{III}}^a(K_\theta) = 2\chi\left(1-\frac{1}{2(1-m^2)}\right)\frac{\lambda^2 C_r^2}{K_\theta}\left(\frac{(2m-1)}{2(1-m)}\left(c+\frac{g^2}{2K_\theta}\right)+\frac{1}{2\chi(1-m^2)}\left(2\left(a+\frac{(1+\gamma)g}{K_\theta}\right)\right.\right.$$
$$\left.-\frac{1+a+g/K_\theta}{2+\beta}+\frac{(2\alpha+1)(-(2\gamma+1)g/K_\theta+1-a)}{4\alpha+\beta+2}\right)+\frac{m}{2\chi(1-m^2)}\left(2\left(1-\frac{\gamma g}{K_\theta}\right)\right.$$
$$\left.\left.-\frac{1+g/K_\theta}{2+\beta}+\frac{(2\alpha+1)((2\gamma+1)g/K_\theta+a-1)}{4\alpha+\beta+2}\right)\right)+2\chi\left(\lambda C_r\left(1-\frac{1}{2(1-m^2)}\right)\right.$$
$$\left.-\frac{1}{2(1-m^2)K_\theta}-\frac{m\lambda C_r}{2\chi(1-m^2)K_\theta}\left(-2\gamma-\frac{1}{2+\beta}+\frac{(2\alpha+1)(2\gamma+1)}{4\alpha+\beta+2}\right)\right)^2$$

$$\tilde{K}_{\text{III}}^a(K_\theta) = 2\chi\left(\frac{(2m-1)}{2(1-m)}\left(c+\frac{g^2}{2K_\theta}\right)+\frac{1}{2\chi(1-m^2)}\left(2\left(a+\frac{(1+\gamma)g}{K_\theta}\right)-\frac{1+a+g/K_\theta}{2+\beta}\right.\right.$$

$$+\frac{(2\alpha+1)(-(2\gamma+1)g/K_\theta+1-a)}{4\alpha+\beta+2}\Bigg)+\frac{m}{2\chi(1-m^2)}\Bigg(2\Bigg(1-\frac{\gamma g}{K_\theta}\Bigg)-\frac{2+g/K_\theta}{2+\beta}$$

$$+\frac{a-1}{4a+\beta+2}\frac{(2\alpha+1)((2\gamma+1)g/K_\theta)}{4\alpha+\beta+2}\Bigg)\Bigg)\Bigg(\Bigg(\lambda C_r\Bigg(1-\frac{1}{2(1-m^2)}\Bigg)-\frac{\lambda C_r g}{2(1-m^2)K_\theta}$$

$$-\frac{m\lambda C_r}{2\chi(1-m^2)K_\theta}\Bigg(-2\gamma+\frac{(2\alpha+1)(2\gamma+1)}{4\alpha+\beta+2}-\frac{1}{2+\beta}\Bigg)\Bigg)$$

证明 在单制造商追溯模型下，零售商 $j\in\{1,2\}$ 决定 $\tilde{p}_{1j}$ 和 $\tilde{p}_{2j}$ 优化其利润函

数。当零售价格 $0\leqslant\tilde{p}_{ij}\leqslant\dfrac{1+\alpha\tilde{p}_{3-i,j}+\beta\tilde{p}_{i,3-i}+\tilde{\theta}_i+\gamma(\tilde{\theta}_i-\tilde{\theta}_{3-i})}{1+\alpha+\beta}$ 时，需求非负。由于

$\tilde{\Pi}_{Rj}(\tilde{p}_{1j},\tilde{p}_{1j})$ 关于 $(\tilde{p}_{1j},\tilde{p}_{2j})$ 是严格凹的，$\tilde{p}_{ij}^*$ 使得 $\dfrac{\partial\tilde{\Pi}_{Rj}}{\partial\tilde{p}_{ij}^*}=0$。通过假设 $0\leqslant\tilde{p}_{ij}^*\leqslant$

$\dfrac{1+\alpha\tilde{p}_{3-i,j}+\beta\tilde{p}_{i,3-i}+\tilde{\theta}_i+\gamma(\tilde{\theta}_i-\tilde{\theta}_{3-i})}{1+\alpha+\beta}$ 确保有解和避免烦琐的情况，即

$$\tilde{p}_{11}^*=\tilde{p}_{12}^*=\frac{2+\tilde{\theta}_1+\tilde{\theta}_2+(1+\beta)(\tilde{w}_1+\tilde{w}_2)}{2(2+\beta)}-\frac{(\tilde{\theta}_2-\tilde{\theta}_1)(2\gamma+1)+(\tilde{w}_2-\tilde{w}_1)(2\alpha+\beta+1)}{2(4\alpha+\beta+2)}$$

$$=\frac{1}{2+\beta}\Bigg(1+\frac{2\alpha+2\gamma+\beta\gamma+\beta+2}{4\alpha+\beta+2}\tilde{\theta}_1\Bigg)+\Bigg(\frac{1+\beta}{2(2+\beta)}+\frac{2\alpha+\beta+1}{2(4\alpha+\beta+2)}\Bigg)\tilde{w}_1$$

$$+\frac{\alpha\beta}{(2+\beta)(4\alpha+\beta+2)}\tilde{w}_2>0$$

$$\tilde{p}_{21}^*=\tilde{p}_{22}^*=\frac{2+\tilde{\theta}_1+\tilde{\theta}_2+(1+\beta)(\tilde{w}_1+\tilde{w}_2)}{2(2+\beta)}+\frac{(\tilde{\theta}_2-\tilde{\theta}_1)(2\gamma+1)+(\tilde{w}_2-\tilde{w}_1)(2\alpha+\beta+1)}{2(4\alpha+\beta+2)}$$

$$=\frac{1}{2+\beta}\Bigg(1+\frac{2\alpha-2\gamma-\beta\gamma}{4\alpha+\beta+2}\tilde{\theta}_1\Bigg)+\Bigg(\frac{1+\beta}{2(2+\beta)}+\frac{2\alpha+\beta+1}{2(4\alpha+\beta+2)}\Bigg)\tilde{w}_2$$

$$+\frac{\alpha\beta}{(2+\beta)(4\alpha+\beta+2)}\tilde{w}_1>0$$

条件为

$$\frac{2+\tilde{\theta}_1+\tilde{\theta}_2}{2(2+\beta)}+\frac{(1+\beta)(\tilde{w}_1+\tilde{w}_2)}{2(2+\beta)}\leqslant1+\tilde{\theta}_1+\gamma(\tilde{\theta}_1-\tilde{\theta}_2)$$

$$+\frac{2\alpha+1}{2(4\alpha+\beta+2)}((2\gamma+1)(\tilde{\theta}_2-\tilde{\theta}_1)+(2\alpha+\beta+1)(\tilde{w}_2-\tilde{w}_1))$$

$$(4.25)$$

$$\frac{2+\tilde{\theta}_1+\tilde{\theta}_2}{2(2+\beta)}+\frac{(1+\beta)(\tilde{w}_1+\tilde{w}_2)}{2(2+\beta)}\leqslant1+\tilde{\theta}_2+\gamma(\tilde{\theta}_2-\tilde{\theta}_1)$$

$$+ \frac{2\alpha+1}{2(4\alpha+\beta+2)}((2\gamma+1)(\tilde{\theta}_1-\tilde{\theta}_2)+(2\alpha+\beta+1)(\tilde{w}_1-\tilde{w}_2))$$

（4.26）

因此，制造商 i 产品的最优需求是

$$\sum_{j=1}^{2} \tilde{D}_{1j}^* = 2(1+\tilde{\theta}_1+\gamma(\tilde{\theta}_1-\tilde{\theta}_2)) - \frac{2+\tilde{\theta}_1+\tilde{\theta}_2+(1+\beta)(\tilde{w}_1+\tilde{w}_2)}{2+\beta}$$

$$+ \frac{2\alpha+1}{4\alpha+\beta+2}((\tilde{\theta}_2-\tilde{\theta}_1)(2\gamma+1)+(\tilde{w}_2-\tilde{w}_1)(2\alpha+\beta+1)) \geqslant 0$$

$$\sum_{j=1}^{2} \tilde{D}_{2j}^* = 2(1+\tilde{\theta}_2+\gamma(\tilde{\theta}_2-\tilde{\theta}_1)) - \frac{2+\tilde{\theta}_1+\tilde{\theta}_2+(1+\beta)(\tilde{w}_1+\tilde{w}_2)}{2+\beta}$$

$$+ \frac{2\alpha+1}{4\alpha+\beta+2}((\tilde{\theta}_1-\tilde{\theta}_2)(2\gamma+1)+(\tilde{w}_1-\tilde{w}_2)(2\alpha+\beta+1)) \geqslant 0$$

其中， $\tilde{\theta}_2 = 0$ 。

对于 M_1 来说，它首先决定可靠性努力 $\tilde{\rho}_1$ ，然后同时决定 $\tilde{w}_1$ 和 $\tilde{\theta}_1$ 优化它的利润函数。

由于利润函数关于 $\tilde{w}_1$ 和 $\tilde{\theta}_1$ 是联合凹的，并且这些约束关于 $\tilde{w}_1$ 和 $\tilde{\theta}_1$ 都是线性的，因此我们使用 KKT 方法来解决这个问题。除此之外，由于 $\left.\dfrac{\tilde{\Pi}_{M_1}}{\partial \tilde{w}_1}\right|_{\tilde{w}_1=0} > 0$ ，根据稻田条件， $\tilde{w}_1$ 应该是这个约束优化问题的一个内部解（根据一阶条件）。因此， $\tilde{w}_1 \geqslant 0$ 未列在以下拉格朗日函数中。

此外，为了避免烦琐的情况并确保可处理性，我们假设从一阶条件得出的 $\tilde{w}_1$ 的内部解总是满足非负需求条件。因此，拉格朗日函数公式如下：

$$L(\tilde{w}_1,\tilde{\theta}_1,\lambda_1,\lambda_2) = -\left(\tilde{w}_1-c-\lambda C_r(1-\tilde{\rho}_1)(1-\tilde{\theta}_1)-\frac{K_\theta \tilde{\theta}_1^2}{2}\right)\sum_{j=1}^{2}\tilde{D}_{1j}^*$$

（4.27）

$$+ \frac{K_\rho \tilde{\rho}_1^2}{2} + \lambda_1(-\tilde{\theta}_1) + \lambda_2(\tilde{\theta}_1-1)$$

s.t. $$\frac{\partial L}{\partial \tilde{w}_1} = -\sum_{j=1}^{2}\tilde{D}_{1j}^* - \tilde{M}_{r1}\left(-\frac{1+\beta}{2+\beta}-\frac{(2\alpha+\beta+1)(2\alpha+1)}{4\alpha+\beta+2}\right) = 0$$ （4.28）

$$\frac{\partial L}{\partial \tilde{\theta}_1} = -(\lambda C_r(1-\tilde{\rho}_1)-\tilde{\theta}_1 K_\theta)\sum_{j=1}^{2}\tilde{D}_{1j}^*$$

（4.29）

$$- \tilde{M}_{r1}\left(2(1+\gamma)-\frac{1}{2+\beta}-\frac{(2\alpha+1)(2\gamma+1)}{4\alpha+\beta+2}\right) - \lambda_1 + \lambda_2 = 0$$

$$\lambda_1(-\tilde{\theta}_1) = 0$$ （4.30）

$$\lambda_2(\tilde{\theta}_1-1) = 0$$ （4.31）

$$\lambda_1, \lambda_2 \geqslant 0 \tag{4.32}$$

其中，$\tilde{M}_{r1} = \tilde{w}_1 - c - \lambda C_r(1-\tilde{\rho}_1)(1-\tilde{\theta}_1) - \dfrac{K_\theta \tilde{\theta}_1^2}{2}$。

根据式（4.28），我们得到

$$\tilde{w}_1 = \frac{1}{2}\left(c + \lambda C_r(1-\tilde{\rho}_1)(1-\tilde{\theta}_1) + \frac{1}{2}K_\theta \tilde{\theta}_1^2\right) + \frac{1}{2x}(2(1+\tilde{\theta}_1 + \gamma(\tilde{\theta}_1 - \tilde{\theta}_2))$$

$$- \frac{2+\tilde{\theta}_1 + \tilde{\theta}_2 + (1+\beta)\tilde{w}_2}{2+\beta} + \frac{2\alpha+1}{4\alpha+\beta+2}((\tilde{\theta}_2 - \tilde{\theta}_1)(2\gamma+1) + \tilde{w}_2(2\alpha+\beta+1))$$

同样对于 M_2，

$$\tilde{w}_2 = \frac{1}{2(1-m^2)}\left(c + \lambda C_r(1-\tilde{\rho}_2)(1-\tilde{\theta}_2) + \frac{1}{2}K_\theta \tilde{\theta}_2^2\right) + \frac{m}{2(1-m^2)}\left(c + \lambda C_r(1-\tilde{\rho}_1)(1-\tilde{\theta}_1) + \frac{1}{2}K_\theta \tilde{\theta}_1^2\right)$$

$$+ \frac{1}{2x(1-m^2)}\left(2(1+\tilde{\theta}_2 + \gamma(\tilde{\theta}_2 - \tilde{\theta}_1)) - \frac{2+\tilde{\theta}_1 + \tilde{\theta}_2}{2+\beta} + \frac{2\alpha+1}{4\alpha+\beta+2}(\tilde{\theta}_1 - \tilde{\theta}_2)(2\gamma+1)\right)$$

$$+ \frac{m}{2x(1-m^2)}\left(2(1+\tilde{\theta}_1 + \gamma(\tilde{\theta}_1 - \tilde{\theta}_2)) - \frac{2+\tilde{\theta}_2 + \tilde{\theta}_1}{2+\beta} + \frac{2\alpha+1}{4\alpha+\beta+2}(\tilde{\theta}_2 - \tilde{\theta}_1)(2\gamma+1)\right)$$

其中，$x = \dfrac{1+\beta}{2+\beta} + \dfrac{(2\alpha+\beta+1)(2\alpha+1)}{4\alpha+\beta+2}$。将两者联合，我们得到：

$$\tilde{w}_1 = \frac{1}{2(1-m^2)}\left(c + \lambda C_r(1-\tilde{\rho}_1)(1-\tilde{\theta}_1) + \frac{1}{2}K_\theta \tilde{\theta}_1^2\right) + \frac{m}{2(1-m^2)}\left(c + \lambda C_r(1-\tilde{\rho}_2)(1-\tilde{\theta}_2) + \frac{1}{2}K_\theta \tilde{\theta}_2^2\right)$$

$$+ \frac{1}{2x(1-m^2)}\left(2(1+\tilde{\theta}_1 + \gamma(\tilde{\theta}_1 - \tilde{\theta}_2)) - \frac{2+\tilde{\theta}_1 + \tilde{\theta}_2}{2+\beta} + \frac{2\alpha+1}{4\alpha+\beta+2}(\tilde{\theta}_2 - \tilde{\theta}_1)(2\gamma+1)\right)$$

$$+ \frac{m}{2x(1-m^2)}\left(2(1+\tilde{\theta}_2 + \gamma(\tilde{\theta}_2 - \tilde{\theta}_1)) - \frac{2+\hat{\theta}_1 + \tilde{\theta}_2}{2+\beta} + \frac{2\alpha+1}{4\alpha+\beta+2}(\tilde{\theta}_1 - \tilde{\theta}_2)(2\gamma+1)\right) > 0$$

$$\tilde{w}_2 = \frac{1}{2(1-m^2)}\left(c + \lambda C_r(1-\tilde{\rho}_2)(1-\tilde{\theta}_2) + \frac{1}{2}K_\theta \tilde{\theta}_2^2\right) + \frac{m}{2(1-m^2)}\left(c + \lambda C_r(1-\tilde{\rho}_1)(1-\tilde{\theta}_1) + \frac{1}{2}K_\theta \tilde{\theta}_1^2\right)$$

$$+ \frac{1}{2x(1-m^2)}\left(2(1+\tilde{\theta}_2 + \gamma(\tilde{\theta}_2 - \tilde{\theta}_1)) - \frac{2+\tilde{\theta}_1 + \tilde{\theta}_2}{2+\beta} + \frac{2\alpha+1}{4\alpha+\beta+2}(\tilde{\theta}_1 - \tilde{\theta}_2)(2\gamma+1)\right)$$

$$+ \frac{m}{2x(1-m^2)}\left(2(1+\tilde{\theta}_1 + \gamma(\tilde{\theta}_1 - \tilde{\theta}_2)) - \frac{2+\tilde{\theta}_2 + \tilde{\theta}_1}{2+\beta} + \frac{2\alpha+1}{4\alpha+\beta+2}(\tilde{\theta}_2 - \tilde{\theta}_1)(2\gamma+1)\right) > 0$$

将 $\tilde{w}_1$ 和 $\tilde{w}_2$ 代入到不等式（4.25）和式（4.26）可得

$$\left(\frac{1+\beta}{4(2+\beta)(1-m)} - \frac{(2\alpha+1)(2\alpha+\beta+1)}{4(4\alpha+\beta+2)(1+m)}\right)\left(c + \lambda C_r(1-\tilde{\rho}_1)(1-\tilde{\theta}_1) + \frac{1}{2}K_\theta \tilde{\theta}_1^2\right.$$

$$\left. + c + \lambda C_r(1-\tilde{\rho}_2)(1-\tilde{\theta}_2) + \frac{1}{2}K_\theta \tilde{\theta}_2^2\right) \leqslant 1 + \tilde{\theta}_1 + \gamma(\tilde{\theta}_1 - \tilde{\theta}_2) - \left(\frac{2+\tilde{\theta}_1 + \tilde{\theta}_2}{2(2+\beta)}\right)$$

$$+\frac{(2+\tilde{\theta}_1+\tilde{\theta}_2)(1+\beta)^2}{2x(1-m)(2+\beta)^2}\right)+\frac{(2\alpha+1)(2\gamma+1)(\tilde{\theta}_2-\tilde{\theta}_1)}{2(4\alpha+\beta+2)}+\frac{(2\alpha+1)(2\gamma+1)(2\alpha+\beta+1)^2(\tilde{\rho}_2-\tilde{\rho}_1)}{2x(1+m)(4\alpha+\beta+2)^2}$$

我们定义

$$G(\tilde{\theta}_1,\tilde{\theta}_2,\tilde{\rho}_1,\tilde{\rho}_2)=\left(\frac{1+\beta}{4(2+\beta)(1-m)}-\frac{(2\alpha+1)(2\alpha+\beta+1)}{4(4\alpha+\beta+2)(1+m)}\right)\!\!\left(c+\lambda C_r(1-\tilde{\rho}_1)(1-\tilde{\theta}_1)\right.$$

$$+\frac{1}{2}K_\theta\tilde{\theta}_1^2+c+\lambda C_r(1-\tilde{\rho}_2)(1-\tilde{\theta}_2)+\frac{1}{2}K_\theta\tilde{\theta}_2^2\bigg)$$

$$-\left(1+\tilde{\theta}_1+\gamma(\tilde{\theta}_1-\tilde{\theta}_2)-\left(\frac{2+\tilde{\theta}_1+\tilde{\theta}_2}{2(2+\beta)}+\frac{(2+\tilde{\theta}_1+\tilde{\theta}_2)(1+\beta)^2}{2x(1-m)(2+\beta)^2}\right)\right.$$

$$+\frac{(2\alpha+1)(2\gamma+1)(\tilde{\theta}_2-\tilde{\theta}_1)}{2(4\alpha+\beta+2)}+\frac{(2\alpha+1)(2\gamma+1)(2\alpha+\beta+1)^2(\tilde{\rho}_2-\tilde{\rho}_1)}{2x(1+m)(4\alpha+\beta+2)^2}\bigg)$$

给定 $\tilde{\theta}_2=0$，$G(\tilde{\theta}_1,\tilde{\theta}_2,\tilde{\rho}_1,\tilde{\rho}_2)$ 随着 $\tilde{\rho}_1$ 单调递减，而随着 $\tilde{\rho}_2$ 单调递增。此外 $G(\tilde{\theta}_1,\tilde{\theta}_2,\tilde{\rho}_1,\tilde{\rho}_2)$ 关于 $\tilde{\theta}_1$ 是一个开口向上的二次函数，从而确保上述不等式对于任何 $\tilde{\theta}_1\in[0,1]$，$\tilde{\theta}_2=0$ 和 $\tilde{\rho}_1,\tilde{\rho}_2\in[0,1]$ 都成立，我们得到 $G(0,0,0,1)\leqslant0$ 和 $G(1,0,0,1)\leqslant0$。因此，仅当

$$c\leqslant\frac{2(1+\beta)(4\alpha+\beta+2)}{(1+\beta)(4\alpha+\beta+2)+(2+\beta)(2\alpha+1)(2\alpha+\beta+1)}$$

$$-\left(\frac{1}{2}+\frac{(2+\beta)(2\alpha+1)(2\alpha+\beta+1)(1-m)}{2(1+\beta)(4\alpha+\beta+2)(1+m)}\right)\lambda C_r$$

和

$$K_\theta\leqslant\left(\frac{1+\beta}{8(2+\beta)(1-m)}+\frac{(2\alpha+1)(2\alpha+\beta+1)}{8(4\alpha+\beta+2)(1+m)}\right)^{-1}\!\!\left(2+\gamma-\frac{3}{2(2+\beta)}-\frac{(2\alpha+1)(2\gamma+1)}{2(4\alpha+\beta+2)}\right.$$

$$-\frac{3(1+\beta)^2}{2x(2+\beta)^2(1-m)}-\frac{(2\alpha+1)(2\gamma+1)(2\alpha+\beta+1)^2}{2x(4\alpha+\beta+2)^2(1+m)}-\frac{(1+\beta)c}{2(2+\beta)(1-m)}\right)\equiv K_\theta^u$$

时，在单制造商追溯模型下，对 $(\tilde{\theta}_1,\tilde{\theta}_2,\tilde{\rho}_1,\tilde{\rho}_2)$ 的联合约束在任何的 $\tilde{\theta}_1\in[0,1]$，$\tilde{\theta}_2=0$ 和 $\tilde{\rho}_1,\tilde{\rho}_2\in[0,1]$ 都成立。根据 $\sum_{j=1}^{2}\tilde{D}_{1j}^*=x\tilde{M}_{r1}$，式（4.29）可以简化为

$$-\left(x(\lambda C_r(1-\tilde{\rho}_1)-K_\theta\tilde{\theta}_1)+2(1+\gamma)-\frac{1}{2+\beta}-\frac{(2\alpha+1)(2\gamma+1)}{4\alpha+\beta+2}\right)\tilde{M}_{r1}-\lambda_1+\lambda_2=0 \quad （4.33）$$

从式（4.30）到式（4.32），我们得到如下的可行解。

情况 1：$\lambda_1>0$，$\lambda_2=0$，$\tilde{\theta}_1=0$。

通过式（4.33），我们得到 $\lambda_1=-\left(\lambda C_r(1-\tilde{\rho}_1)x+2(1+\gamma)-\frac{1}{2+\beta}-\frac{(2\alpha+1)(2\gamma+1)}{4\alpha+\beta+2}\right)\tilde{M}_{r1}<$

0，这与 $\lambda_1>0$ 相矛盾，因此这种情况并不存在。

情况 2：$\lambda_1 = 0$，$\lambda_2 > 0$，$\tilde{\theta}_1 = 1$。

通过式（4.33），我们得到 $\lambda_2 = \left(x(\lambda C_r(1-\tilde{\rho}_1) - K_\theta) + 2(1+\gamma) - \dfrac{1}{2+\beta} - \right.$

$\left. \dfrac{(2\alpha+1)(2\gamma+1)}{4\alpha+\beta+2} \right) \tilde{M}_{r1} > 0$，化简 $K_\theta < \dfrac{1}{x}\left(2(1+\gamma) - \dfrac{1}{2+\beta} - \dfrac{(2\alpha+1)(2\gamma+1)}{4\alpha+\beta+2} \right) + \lambda C_r(1-$

$\tilde{\rho}_1)$。令 $g(\alpha,\beta,\gamma) = \dfrac{1}{x}\left(2(1+\gamma) - \dfrac{1}{2+\beta} - \dfrac{(2\alpha+1)(2\gamma+1)}{4\alpha+\beta+2} \right)$，此情况为全局最优的整

体条件 $K_\theta < g(\alpha,\beta,\gamma) + \lambda C_r(1-\tilde{\rho}_1)$。

情况 3：$\lambda_1 = 0$，$\lambda_2 = 0$，$\tilde{\theta}_1 = \dfrac{\lambda C_r(1-\tilde{\rho}_1) + g(\alpha,\beta,\gamma)}{K_\theta}$。

通过式（4.33），我们得到 $0 < \tilde{\theta}_1 = \dfrac{\lambda C_r(1-\tilde{\rho}_1) + g(\alpha,\beta,\gamma)}{K_\theta} < 1$，从而得出此情

况为全局最优的条件为 $K_\theta > g(\alpha,\beta,\gamma) + \lambda C_r(1-\tilde{\rho}_1)$。这些潜在的最优解由 K_θ 来

区分，接下来我们优化可靠性努力 $\tilde{\rho}_1$，此时 M_1 的利润函数为

$$\tilde{\Pi}_{M1} = x\left(\left(\frac{1}{2(1-m^2)} - 1 \right)\left(c + \lambda C_r(1-\tilde{\rho}_1)(1-\tilde{\theta}_1) + \frac{1}{2}K_\theta\tilde{\theta}_1^2 \right) + \frac{m}{2(1-m^2)}(c + \lambda C_r(1-\tilde{\rho}_2)) \right.$$

$$+ \frac{1}{2x(1-m^2)}\left(2(1+\tilde{\theta}_1+\gamma\tilde{\theta}_1) - \frac{2+\tilde{\theta}_1}{2+\beta} - \frac{(2\alpha+1)(2\gamma+1)\tilde{\theta}_1}{4\alpha+\beta+2} \right) + \frac{m}{2x(1-m^2)}\left(2(1-\gamma\tilde{\theta}_1) \right.$$

$$\left. \left. - \frac{2+\tilde{\theta}_1}{2+\beta} + \frac{(2\alpha+1)(2\gamma+1)\tilde{\theta}_1}{4\alpha+\beta+2} \right) \right)^2 - \frac{1}{2}K_\rho\tilde{\rho}_1^2$$

（1）当 $K_\theta \leqslant g(\alpha,\beta,\gamma) + \lambda C_r(1-\tilde{\rho}_1)$ 时，我们得到 $\tilde{\theta}_1 = 1$。由于在这种情况下

$\dfrac{\partial \tilde{\Pi}_{M1}}{\partial \tilde{\rho}_1} < 0$，最优可靠性由 $\tilde{\rho}_1 = 0$ 和 $\tilde{\theta}_1 = 1$ 给出，约束为 $K_\theta \leqslant g(\alpha,\beta,\gamma) + \lambda C_r$。

（2）当 $K_\theta > g(\alpha,\beta,\gamma) + \lambda C_r(1-\tilde{\rho}_1)$，$\tilde{\theta}_1 = \dfrac{\lambda C_r(1-\tilde{\rho}_1) + g(\alpha,\beta,\gamma)}{K_\theta}$。令

$$f(\tilde{\rho}_1) = \sqrt{x}\left(\left(\frac{1}{2(1-m^2)} - 1 \right)\left(c + \lambda C_r(1-\tilde{\rho}_1)(1-\tilde{\theta}_1) + \frac{1}{2}K_\theta\tilde{\theta}_1^2 \right) + \frac{m}{2(1-m^2)}(c + \lambda C_r(1-\tilde{\rho}_2)) \right.$$

$$+ \frac{1}{2x(1-m^2)}\left(2(1+\tilde{\theta}_1+\gamma\tilde{\theta}_1) - \frac{2+\tilde{\theta}_1}{2+\beta} - \frac{(2\alpha+1)(2\gamma+1)\tilde{\theta}_1}{4\alpha+\beta+2} \right)$$

$$\left. + \frac{m}{2x(1-m^2)}\left(2(1-\gamma\tilde{\theta}_1) - \frac{2+\tilde{\theta}_1}{2+\beta} + \frac{(2\alpha+1)(2\gamma+1)\tilde{\theta}_1}{4\alpha+\beta+2} \right) \right)$$

和 $h(\tilde{\rho}_1) = \sqrt{\dfrac{K_\rho}{2}}\tilde{\rho}_1$。

$$f'(\tilde{\rho}_1) = \sqrt{x}\left(\left(\frac{1}{2(1-m^2)}-1\right)\left(-\lambda C_r + \frac{\lambda^2 C_r^2(1-\tilde{\rho}_1)}{K_\theta}\right) - \frac{\lambda C_r}{2x(1-m^2)K_\theta}\left(2(1+\gamma)-\frac{1}{2+\beta}\right.\right.$$

$$\left.\left.-\frac{(2\alpha+1)(2\gamma+1)}{4\alpha+\beta+2}\right) - \frac{m\lambda C_r}{2x(1-m^2)K_\theta}\left(-2\gamma-\frac{1}{2+\beta}+\frac{(2\alpha+1)(2\gamma+1)}{4\alpha+\beta+2}\right)\right) < 0$$

当 $K_\theta \leqslant \bar{g}(\alpha,\beta,\gamma)$ 时，$f'(\tilde{\rho}_1)$ 随 $\tilde{\rho}_1$ 增大而减小。因此，我们得到 $\tilde{\rho}_1 = 0$ 和 $\tilde{\theta}_1 = \dfrac{\lambda C_r + g(\alpha,\beta,\gamma)}{K_\theta}$，满足 $\lambda C_r + g(\alpha,\beta,\gamma) < K_\theta \leqslant \bar{g}(\alpha,\beta,\gamma)$。当 $\bar{g}(\alpha,\beta,\gamma) < K_\theta \leqslant \bar{g}(\alpha,$

$\beta,\gamma) + \lambda C_r$ 时，$f(\tilde{\rho}_1)$ 随着 $\tilde{\rho}_1$ 的增大而先减后增，表示 $\tilde{\rho}_1 = 0$ 或 $\tilde{\rho}_1 = 1$ 是可行的最优

解。如果 $K_\rho > \dfrac{2(1+\beta)^2}{x(1-m)^2(2+\beta)^2}\left(\left(1-c+\dfrac{g(2-g)}{2K_\theta}\right)^2 - \left(1+\dfrac{(\lambda C_r + g)(\lambda C_r + 2 - g)}{2K_\theta} - c - \right.\right.$

$\left.\left.\lambda C_r\right)^2\right)$，则 $\tilde{\rho}_1 = 0$ 和 $\tilde{\theta}_1 = \dfrac{\lambda C_r + g(\alpha,\beta,\gamma)}{K_\theta}$，约束为 $\bar{g}(\alpha,\beta,\gamma) < K_\theta \leqslant \bar{g}(\alpha,\beta,\gamma) +$

λC_r。否则，$\tilde{\rho}_1 = 1$ 和 $\tilde{\theta}_1 = \dfrac{g(\alpha,\beta,\gamma)}{K_\theta}$，约束为 $\bar{g}(\alpha,\beta,\gamma) < K_\theta \leqslant \bar{g}(\alpha,\beta,\gamma) + \lambda C_r$。

当 $K_\theta > \bar{g}(\alpha,\beta,\gamma) + \lambda C_r$ 时，$f'(\tilde{\rho}_1) > 0$ 和 $h'(\tilde{\rho}_1) > 0$。因为 $f''(\tilde{\rho}_1) > g''(\tilde{\rho}_1) = 0$，

随着 $\tilde{\rho}_1$ 增加，$f'(\tilde{\rho}_1)$ 增长速度比 $h'(\tilde{\rho}_1)$ 快。为了保持 $\tilde{\Pi}_{M1}$ 凸性，我们假设

$$\left.\frac{\partial^2 \tilde{\Pi}_{M1}}{\partial \tilde{\rho}_1^2}\right|_{\tilde{\rho}_1=1} = 2f(1)f''(1) + 2f'(1)^2 - 2h(1)h''(1) - 2h'(1)^2 < 0$$

$$K_\rho > 2x\left(\lambda C_r\left(1-\frac{1}{2(1-m^2)}\right) - \frac{\lambda C_r}{2x(1-m^2)K_\theta}\left(2(1+\gamma)-\frac{1}{2+\beta}-\frac{(2\alpha+1)(2\gamma+1)}{4\alpha+\beta+2}\right)\right.$$

$$-\frac{m\lambda C_r}{2x(1-m^2)K_\theta}\left(-2\gamma-\frac{1}{2+\beta}+\frac{(2\gamma+1)(2\alpha+1)}{4\alpha+\beta+2}\right)\Bigg)^2 + 2x\left(\left(\frac{1}{2(1-m^2)}-1\right)\left(c+\frac{g^2}{2K_\theta}\right)\right.$$

$$+\frac{m}{2(1-m^2)}(c+\lambda C_r(1-\tilde{\rho}_2)) + \frac{1}{2x(1-m^2)}\left(2\left(1+(1+\gamma)\frac{g}{K_\theta}\right)-\frac{1}{2+\beta}\left(2+\frac{g}{K_\theta}\right)\right.$$

$$-\frac{(2\alpha+1)(2\gamma+1)g}{(4\alpha+\beta+2)K_\theta}\Bigg) + \frac{m}{2x(1-m^2)}\left(2\left(1-\frac{\gamma g}{K_\theta}\right)-\frac{1}{2+\beta}\left(2+\frac{g}{K_\theta}\right)\right.$$

$$\left.\left.+\frac{(2\alpha+1)(2\gamma+1)g}{(4\alpha+\beta+2)K_\theta}\right)\right)\frac{\lambda^2 C_r^2}{K_\theta}\left(1-\frac{1}{2(1-m^2)}\right)$$

给定函数的凸性，当 $K_\rho \leqslant 2f(1)f'(1)$，也就是说，当

$$K_\rho \leqslant 2x\left(\left(\frac{1}{2(1-m^2)}-1\right)\left(c+\frac{g^2}{2K_\theta}\right)+\frac{m}{2(1-m^2)}(c+\lambda C_r(1-\tilde{\rho}_2))+\frac{1}{2x(1-m^2)}\left(2\left(1\right.\right.\right.$$

$$+(1+\gamma)\frac{g}{K_\theta}\bigg)-\frac{1}{2+\beta}\bigg(2+\frac{g}{K_\theta}\bigg)-\frac{(2\alpha+1)(2\gamma+1)g}{(4\alpha+\beta+2)K_\theta}+\frac{m}{2x(1-m^2)}\bigg(2\bigg(1-\frac{\gamma g}{K_\theta}\bigg)$$

$$-\frac{1}{2+\beta}\bigg(2+\frac{g}{K_\theta}\bigg)+\frac{(2\alpha+1)(2\gamma+1)g}{(4\alpha+\beta+2)K_\theta}\bigg)\bigg)\bigg(\lambda C_r\bigg(1-\frac{1}{2(1-m^2)}\bigg)$$

$$-\frac{\lambda C_r}{2x(1-m^2)K_\theta}\bigg(2(1+\gamma)-\frac{1}{2+\beta}-\frac{(2\alpha+1)(2\gamma+1)}{4\alpha+\beta+2}$$

$$-\frac{m\lambda C_r}{2x(1-m^2)K_\theta}\bigg(-2\gamma-\frac{1}{2+\beta}+\frac{(2\gamma+1)(2\alpha+1)}{4\alpha+\beta+2}\bigg)\bigg)$$

我们得到 $\tilde{\rho}_1 = 1$ 和 $\tilde{\theta}_1 = \dfrac{g}{K_\theta}$。否则，$\tilde{\rho}_1$ 为方程 $2f(\tilde{\rho}_1)f'(\tilde{\rho}_1) - 2h(\tilde{\rho}_1)h'(\tilde{\rho}_1) = 0$ 在 $\tilde{\rho}_1 \in (0,1)$ 的唯一解，$\tilde{\theta}_1 = \dfrac{\lambda C_r(1-\tilde{\rho}_1) + g(\alpha,\beta,\gamma)}{K_\theta}$。

根据上面的分析，M_1 最优的可靠性努力和追溯努力也取决于 M_2，因此我们讨论 M_2 最优的可靠性努力和追溯努力。

在此，我们已经求解出 $\tilde{w}_2$，因此 M_2 的最优利润可以如下重新表示：

$$\tilde{\Pi}_{M_2} = x\bigg(\bigg(\frac{1}{2(1-m^2)}-1\bigg)(c+\lambda C_r(1-\tilde{\rho}_2)) + \frac{m}{2(1-m^2)}\bigg(c+\lambda C_r(1-\tilde{\rho}_1)(1-\tilde{\theta}_1)+\frac{1}{2}K_\theta\tilde{\theta}_1^2\bigg)$$

$$+\frac{1}{2x(1-m^2)}\bigg(2(1-\gamma\tilde{\theta}_1)-\frac{2+\tilde{\theta}_1}{2+\beta}+\frac{(2\alpha+1)(2\gamma+1)\tilde{\theta}_1}{4\alpha+\beta+2}\bigg)$$

$$+\frac{m}{2x(1-m^2)}\bigg(2(1+(\gamma+1)\tilde{\theta}_1)-\frac{2+\tilde{\theta}_1}{2+\beta}-\frac{(2\alpha+1)(2\gamma+1)\tilde{\theta}_1}{4\alpha+\beta+2}\bigg)\bigg)^2 - \frac{1}{2}K_\rho\tilde{\rho}_2^2$$

由于利润函数关于 $\tilde{\rho}_2$ 是凹的，并且所有约束关于 $\tilde{\rho}_2$ 都是线性的，因此我们同样使用 KKT 方法来求解这个问题。拉格朗日函数如下所示：

$$L(\tilde{\rho}_2, \lambda_3, \lambda_4) = -\tilde{\Pi}_{M_2} + \lambda_3(-\tilde{\rho}_2) + \lambda_4(\tilde{\rho}_2 - 1) \tag{4.34}$$

$$\text{s.t.} \quad \frac{\partial L}{\partial \tilde{\rho}_2} = -2x\bigg(1-\frac{1}{2(1-m^2)}\bigg)\lambda C_r \tilde{M}_{r2} + K_\rho\tilde{\rho}_2 - \lambda_3 + \lambda_4 = 0 \tag{4.35}$$

$$\lambda_3(-\tilde{\rho}_2) = 0 \tag{4.36}$$

$$\lambda_4(\tilde{\rho}_2 - 1) = 0 \tag{4.37}$$

$$\lambda_3, \lambda_4 \geqslant 0 \tag{4.38}$$

其中，$\tilde{M}_{r2} = \tilde{w}_2 - c - \lambda C_r(1-\tilde{\rho}_2)$。

从式（4.36）～式（4.38），我们得到如下的可行解。

情况 1：$\lambda_3 > 0$，$\lambda_4 = 0$，$\tilde{\rho}_2 = 0$。

通过式（4.35），我们得到 $\lambda_3 = -2x\left(1 - \dfrac{1}{2(1-m^2)}\right)\lambda C_r \tilde{M}_{r2} < 0$，这与 $\lambda_3 > 0$ 相矛盾，因此这种情况不存在。

情况 2：$\lambda_3 = 0$，$\lambda_4 > 0$，$\tilde{\rho}_2 = 1$。

通过式（4.35），我们得到 $\lambda_4 = 2x\left(1 - \dfrac{1}{2(1-m^2)}\right)\lambda C_r \tilde{M}_{r2} - K_\rho > 0$，化简得

$$K_\rho < 2x\lambda C_r \tilde{M}_{r2}\left(1 - \frac{1}{2(1-m^2)}\right)，$$ 此情况为全局最优的整体条件。

情况 3：$\lambda_3 = 0$，$\lambda_4 = 0$，$\tilde{\rho}_2$ 是方程 $2x\left(1 - \dfrac{1}{2(1-m^2)}\right)\lambda C_r \tilde{M}_{r2} - K_\rho \tilde{\rho}_2 = 0$ 的唯一解。

通过式（4.35），我们得到 $0 < \tilde{\rho}_2 < 1$。此情况为全局最优的整体条件是 $K_\rho > 2x\left(1 - \dfrac{1}{2(1-m^2)}\right)\lambda C_r \tilde{M}_{r2}$，即

$$
K_\rho > 2x\lambda C_r \left(1 - \frac{1}{2(1-m^2)}\right)\left(\left(\frac{1}{2(1-m^2)} - 1\right)c + \frac{m}{2(1-m^2)}\left(c + \lambda C_r(1-\tilde{\rho}_1)(1-\tilde{\theta}_1)\right.\right.
$$
$$
+ \frac{1}{2}K_\theta \tilde{\theta}_1^2\bigg) + \frac{1}{2x(1-m^2)}\left(2(1-\gamma\tilde{\theta}_1) - \frac{2+\tilde{\theta}_1}{2+\beta} + \frac{(2\alpha+1)(2\gamma+1)\tilde{\theta}_1}{4\alpha+\beta+2}\right)
$$
$$
+ \frac{m}{2x(1-m^2)}\left(2(1+(1+\gamma)\tilde{\theta}_1) - \frac{2+\tilde{\theta}_1}{2+\beta} - \frac{(2\alpha+1)(2\gamma+1)\tilde{\theta}_1}{4\alpha+\beta+2}\right)\bigg)
$$

将 M_2 的最优产品召回努力策略的全局最优条件与 M_1 的全局最优条件相结合，我们观察到这些最优解以 K_θ 和 K_ρ 来区分。为了使定理 4.2 更简洁，我们重新定义与竞争强度相关的参数，如下所示：

$$x(\alpha,\beta,\gamma) = \frac{(1+\beta)(4\alpha+\beta+2) + (2\alpha+\beta+1)(2\alpha+1)(2+\beta)}{(2+\beta)(4\alpha+\beta+2)}$$

$$g(\alpha,\beta,\gamma) = \frac{2(1+\gamma)(2+\beta)(4\alpha+\beta+2) - (4\alpha+\beta+2) - (2+\beta)(2\alpha+1)(2\gamma+1)}{(1+\beta)(4\alpha+\beta+2) + (2+\beta)(2\alpha+1)(2\alpha+\beta+1)}$$

$$m(\alpha,\beta,\gamma) = \frac{(2+\beta)(4\alpha+\beta+2)((2\alpha+1)(2\alpha+\beta+1)(2+\beta) - (1+\beta)(4\alpha+\beta+2))}{2(2+\beta)(4\alpha+\beta+2)((1+\beta)(4\alpha+\beta+2) + (2+\beta)(2\alpha+1)(2\alpha+\beta+1))}$$

$$\bar{g}(\alpha,\beta,\gamma) = \frac{1}{2(1-m^2(\alpha,\beta,\gamma))-1}\left(g(\alpha,\beta,\gamma) + \frac{m(\alpha,\beta,\gamma)}{x(\alpha,\beta,\gamma)}\left(\frac{(2\alpha+1)(2\gamma+1)}{(4\alpha+\beta+2)} - \frac{4\gamma+2\gamma\beta+1}{(2+\beta)}\right)\right)$$

此外 ρ_a 被定义关于 $z_2 \in (0,1)$ 的方程的唯一解：

$$2x\lambda C_r\left(1 - \frac{1}{2(1-m^2)}\right)\left(\left(\frac{1}{2(1-m^2)} - 1\right)(c + \lambda C_r(1-z_2))\right.$$

$$+\frac{m}{2(1-m^2)}\left(c+\frac{1}{2}K_\theta\right)+\frac{1}{2x(1-m^2)}\left(2(1-\gamma)-\frac{3}{2+\beta}+\frac{(2\alpha+1)(2\gamma+1)}{4\alpha+\beta+2}\right.$$

$$\left.+\frac{m}{2x(1-m^2)}\left(2(2+\gamma)-\frac{3}{2+\beta}-\frac{(2\alpha+1)(2\gamma+1)}{4\alpha+\beta+2}\right)\right)-K_\rho z_2=0$$

令

$$H(z_1,z_2)=2x\left(\left(\frac{1}{2(1-m)^2}-1\right)\left(c+\lambda C_r(1-z_1)\left(1-\frac{\lambda C_r(1-z_1)+g}{K_\theta}\right)+\frac{(\lambda C_r(1-z_1)+g)^2}{2K_\theta}\right)\right.$$

$$+\frac{m}{2(1-m^2)}(c+\lambda C_r(1-z_2))+\frac{1}{2x(1-m^2)}\left(2(1+(1+\gamma))\frac{\lambda C_r(1-z_1)+g}{K_\theta}\right.$$

$$-\frac{1}{2+\beta}\left(2+\frac{\lambda C_r(1-z_1)+g}{K_\theta}\right)-\frac{(2\alpha+1)(2\gamma+1)(\lambda C_r(1-z_1)+g)}{(4\alpha+\beta+2)K_\theta}\right)$$

$$+\frac{m}{2x(1-m^2)}\left(2\left(1-\gamma\frac{\lambda C_r(1-z_1)+g}{K_\theta}\right)-\frac{1}{2+\beta}\left(2+\frac{\lambda C_r(1-z_1)+g}{K_\theta}\right)\right.$$

$$\left.\left.+\frac{(2\alpha+1)(2\gamma+1)(\lambda C_r(1-z_1)+g)}{(4\alpha+\beta+2)K_\theta}\right)\right)\left(\left(\frac{1}{2(1-m)^2}-1\right)\left(-\lambda C_r+\frac{\lambda^2 C_r^2(1-z_1)}{K_\theta}\right)\right.$$

$$-\frac{\lambda C_r}{2x(1-m^2)K_\theta}\left(2(1+\gamma)-\frac{1}{2+\beta}-\frac{(2\alpha+1)(2\gamma+1)}{4\alpha+\beta+2}\right)-\frac{m\lambda C_r}{2x(1-m^2)K_\theta}\left(-\frac{1}{2+\beta}\right.$$

$$\left.\left.-2\gamma+\frac{(2\alpha+1)(2\gamma+1)}{4\alpha+\beta+2}\right)\right)-K_\rho z_1$$

和

$$\tilde{H}(z_1,z_2)=2x\left(\left(\frac{1}{2(1-m)^2}-1\right)(c+\lambda C_r(1-z_2))+\frac{m}{2(1-m^2)}\left(c+\lambda C_r(1-z_1)\right.\right.$$

$$\left(1-\frac{\lambda C_r(1-z_1)+g}{K_\theta}\right)+\frac{(\lambda C_r(1-z_1)+g)^2}{2K_\theta}\right)+\frac{1}{2x(1-m^2)}$$

$$\left(2\left(1-\gamma\frac{\lambda C_r(1-z_1)+g}{K_\theta}\right)-\frac{1}{2+\beta}\left(2+\frac{\lambda C_r(1-z_1)+g}{K_\theta}\right)+\frac{(2\alpha+1)(2\gamma+1)(\lambda C_r(1-z_1)+g)}{(4\alpha+\beta+2)K_\theta}\right)$$

$$+\frac{m}{2x(1-m^2)}\left(2\left(1+(1+\gamma)\frac{\lambda C_r(1-z_1)+g}{K_\theta}\right)-\frac{1}{2+\beta}\left(2+\frac{\lambda C_r(1-z_1)+g}{K_\theta}\right)\right.$$

$$\left.\left.-\frac{(2\alpha+1)(2\gamma+1)(\lambda C_r(1-z_1))}{(4\alpha+\beta+2)K_\theta}\right)\right)\left(1-\frac{1}{2(1-m^2)}\right)\lambda C_r-K_\rho z_2$$

其中，$z_1,z_2\in(0,1)$。

此外，可靠性努力投资成本系数的三个阈值定义如下：

$$\bar{K}_{\mathrm{II}}(K_\theta) = 2x\left(\lambda C_r\left(1-\frac{1}{2(1-m^2)}\right)-\frac{\lambda C_r}{2x(1-m^2)K_\theta}\left(2(1+\gamma)-\frac{1}{2+\beta}-\frac{(2\alpha+1)(2\gamma+1)}{4\alpha+\beta+2}\right)\right.$$

$$-\frac{m\lambda C_r}{2x(1-m^2)K_\theta}\left(-2\gamma-\frac{1}{2+\beta}+\frac{(2\gamma+1)(2\alpha+1)}{4\alpha+\beta+2}\right)\right)^2+\frac{2x\lambda^2 C_r^2}{K_\theta}\left(1\right.$$

$$-\frac{1}{2(1-m^2)}\right)\left(\left(\frac{1}{2(1-m^2)}-1\right)\left(c+\frac{g^2}{2K_\theta}\right)+\frac{mc}{2(1-m^2)}+\frac{1}{2x(1-m^2)}\left(2\left(1+\frac{g(1+\gamma)}{K_\theta}\right)\right.\right.$$

$$-\frac{1}{2+\beta}\left(2+\frac{g}{K_\theta}\right)-\frac{(2\alpha+1)(2\gamma+1)g}{(4\alpha+\beta+2)K_\theta}\right)+\frac{m^2}{2x(1-m^2)}\left(2\left(1-\frac{g\gamma}{K_\theta}\right)\right.$$

$$-\frac{1}{2+\beta}\left(2+\frac{g}{K_\theta}\right)\frac{(2\alpha+1)(2\gamma+1)g}{(4\alpha+\beta+2)K_\theta}\right)$$

$$\hat{K}_{\mathrm{II}}(K_\theta) = \begin{cases} K_1, & 0\leqslant K_\theta\leqslant g(\alpha,\beta,\gamma)+\lambda C_r \\ K_2, & g(\alpha,\beta,\gamma)+\lambda C_r < K_\theta\leqslant \bar{g}(\alpha,\beta,\gamma)+\lambda C_r \\ K_3, & \bar{g}(\alpha,\beta,\gamma)+\lambda C_r < K_\theta\leqslant \hat{K} \\ K_4, & \text{其他} \end{cases}$$

其中，

$$K_1 = 2x\lambda C_r\left(1-\frac{1}{2(1-m^2)}\right)\left(\left(\frac{1}{2(1-m^2)}-1\right)c+\frac{m}{2(1-m^2)}\left(c+\frac{1}{2}K_\theta\right)+\frac{1}{2x(1-m^2)}\left(2(1\right.\right.$$

$$-\gamma)-\frac{3}{2+\beta}+\frac{(2\alpha+1)(2\gamma+1)}{4\alpha+\beta+2}\right)+\frac{m}{2x(1-m^2)}\left(2(2+\gamma)-\frac{3}{2+\beta}-\frac{(2\alpha+1)(2\gamma+1)}{4\alpha+\beta+2}\right)\right)$$

$$K_2 = 2x\lambda C_r\left(1-\frac{1}{2(1-m^2)}\right)\left(\left(\frac{1}{2(1-m^2)}-1\right)c+\frac{m}{2(1-m^2)}\left(c+\lambda C_r\left(1-\frac{\lambda C_r+g}{K_\theta}\right)\right.\right.$$

$$+\frac{(\lambda C_r+g)^2}{2K_\theta}\right)+\frac{1}{2x(1-m^2)}\left(-\frac{2}{2+\beta}2\left(1-\frac{(\lambda C_r+g)\gamma}{K_\theta}\right)-\frac{\lambda C_r+g}{(2+\beta)K_\theta}\right.$$

$$+\frac{(2\alpha+1)(2\gamma+1)(\lambda C_r+g)}{(4\alpha+\beta+2)K_\theta}\right)+\frac{m}{2x(1-m^2)}\left(2\left(1+\frac{(\lambda C_r+g)(1+\gamma)}{K_\theta}\right)-\frac{2}{2+\beta}\right.$$

$$-\frac{\lambda C_r+g}{(2+\beta)K_\theta}-\frac{(2\alpha+1)(2\gamma+1)(\lambda C_r+g)}{(4\alpha+\beta+2)K_\theta}\right)\right)$$

$$K_3 = 2x\lambda C_r\left(1-\frac{1}{2(1-m^2)}\right)\left(\left(\frac{1}{2(1-m^2)}-1\right)c+\frac{m}{2(1-m^2)}\left(c+\lambda C_r\right.\right.$$

$$\left(1-\frac{\lambda C_r(1-\rho_d)+g}{K_\theta}\right)(1-\rho_d)+\frac{(\lambda C_r(1-\rho_d)+g)^2}{2K_\theta}\right)$$

$$+\frac{1}{2x(1-m^2)}\left(-\frac{\lambda C_r(1-\rho_d)+g}{(2+\beta)K_\theta}2\left(1-\frac{(\lambda C_r(1-\rho_d)+g)\gamma}{K_\theta}\right)-\frac{2}{2+\beta}\right.$$

$$+\frac{(2\alpha+1)(2\gamma+1)(\lambda C_r(1-\rho_d)+g)}{(4\alpha+\beta+2)K_\theta}\right)-\frac{2}{2+\beta}-\frac{\lambda C_r(1-\rho_d)+g}{(2+\beta)K_\theta}$$

$$+\frac{m}{2x(1-m^2)}\left(2\left(1+\frac{(\lambda C_r(1-\rho_d)+g)(1+\gamma)}{K_\theta}\right)-\frac{(2\alpha+1)(2\gamma+1)(\lambda C_r(1-\rho_d)+g)}{(4\alpha+\beta+2)K_\theta}\right)\right)$$

$$K_4=2x\lambda C_r\left(1-\frac{1}{2(1-m^2)}\right)\left(\left(\frac{1}{2(1-m^2)}-1\right)c+\frac{m}{2(1-m^2)}\left(c+\frac{g^2}{2K_\theta}\right)\right.$$

$$+\frac{1}{2x(1-m^2)}\left(2\left(1-\frac{g\gamma}{K_\theta}\right)-\frac{2}{2+\beta}-\frac{g}{(2+\beta)K_\theta}+(2\gamma+1)g\frac{(2\alpha+1)}{(4\alpha+\beta+2)K_\theta}\right)$$

$$+\frac{m}{2x(1-m^2)}\left(2\left(1+\frac{g(1+\gamma)}{K_\theta}\right)-\frac{2}{2+\beta}-\frac{g}{(2+\beta)K_\theta}-\frac{(2\alpha+1)(2\gamma+1)g}{(4\alpha+\beta+2)K_\theta}\right)\right)$$

ρ_d 是方程 $H(z_1,1)=0$ 在 $z_1\in(0,1)$ 的唯一解，$\bar{g}(\alpha,\beta,\gamma)=\frac{1}{2(1-m^2(\alpha,\beta,\gamma))-1}\left[g(\alpha,\beta,\gamma)+\right.$

$$\frac{m(\alpha,\beta,\gamma)}{x(\alpha,\beta,\gamma)}\left(-2\gamma-\frac{1}{(2+\beta)}+\frac{(2\alpha+1)(2\gamma+1)}{(4\alpha+\beta+2)}\right)\right]$$

和 $\tilde{K}_{\mathrm{II}}(K_\theta)=\begin{cases}K_5, & g(\alpha,\beta,\gamma)+\lambda C_r<K_\theta\leqslant\hat{K}\\ K_6, & 其他\end{cases}$ 。其中，

$$K_5=2x\left(\left(\frac{1}{2(1-m^2)}-1\right)\left(c+\frac{g^2}{2K_\theta}\right)+\frac{mc}{2(1-m^2)}+\frac{1}{2x(1-m^2)}\left(2\left(1+\frac{g(1+\gamma)}{K_\theta}\right)\right.\right.$$

$$-\frac{1}{2+\beta}\left(2+\frac{g}{K_\theta}\right)-\frac{(2\alpha+1)(2\gamma+1)g}{(4\alpha+\beta+2)K_\theta}\right)+\frac{m}{2x(1-m^2)}\left(2\left(1-\frac{g\gamma}{K_\theta}\right)-\frac{1}{2+\beta}\left(2+\frac{g}{K_\theta}\right)\right.$$

$$\left.\left.+\frac{(2\alpha+1)(2\gamma+1)g}{(4\alpha+\beta+2)K_\theta}\right)\right)\left(\lambda C_r\left(1-\frac{1}{2(1-m^2)}\right)-\frac{\lambda C_r}{2x(1-m^2)K_\theta}\left(2(1+\gamma)-\frac{1}{2+\beta}\right.\right.$$

$$\left.\left.\left.-\frac{(2\alpha+1)(2\gamma+1)}{4\alpha+\beta+2}\right)-\frac{m\lambda C_r}{2x(1-m^2)K_\theta}\left(-2\gamma-\frac{1}{2+\beta}+\frac{(2\alpha+1)(2\gamma+1)}{4\alpha+\beta+2}\right)\right)\right)$$

$$K_6=2x\left(\left(\frac{1}{2(1-m^2)}-1\right)\left(c+\frac{g^2}{2K_\theta}\right)+\frac{m}{2(1-m^2)}(c+\lambda C_r(1-\rho_c))\right.$$

$$+\frac{1}{2x(1-m^2)}\left(2\left(1+\frac{g(1+\gamma)}{K_\theta}\right)-\frac{1}{2+\beta}\left(2+\frac{g}{K_\theta}\right)-\frac{(2\alpha+1)(2\gamma+1)g}{(4\alpha+\beta+2)K_\theta}\right)$$

$$+\frac{m}{2x(1-m^2)}\left(2\left(1-\frac{g\gamma}{K_\theta}\right)-\frac{1}{2+\beta}\left(2+\frac{g}{K_\theta}\right)+\frac{(2\alpha+1)(2\gamma+1)g}{(4\alpha+\beta+2)K_\theta}\right)\left(\lambda C_r\left(1-\frac{1}{2(1-m^2)}\right)\right.$$

$$-\frac{\lambda C_r}{2x(1-m^2)K_\theta}\left(2(1+\gamma)-\frac{1}{2+\beta}-\frac{(2\alpha+1)(2\gamma+1)}{4\alpha+\beta+2}\right)-\frac{m\lambda C_r}{2x(1-m^2)K_\theta}$$

$$\left.-2\gamma-\frac{1}{2+\beta}+(2\alpha+1)\frac{2\gamma+1}{4\alpha+\beta+2}\right)\right)$$

ρ_c 是方程 $\tilde{H}(1,z_2)=0$ 在 $z_2\in(0,1)$ 的唯一解。

总的来说，令 $\tilde{\rho}_1^*$、$\tilde{\theta}_1^*$ 为 M_1 最优的产品可靠性努力和追溯能力，$\tilde{\rho}_2^*$ 为 M_2 在单制造商追溯模型中最优的产品可靠性努力。给定

$$c\leqslant\frac{2(1+\beta)(4\alpha+\beta+2)}{(1+\beta)(4\alpha+\beta+2)+(2+\beta)(2\alpha+1)(2\alpha+\beta+1)}$$
$$-\left(\frac{1}{2}+\frac{(2+\beta)(2\alpha+1)(2\alpha+\beta+1)(1-m)}{2(1+\beta)(4\alpha+\beta+2)(1+m)}\right)\lambda C_r$$

并假设 $K_\rho\in(\overline{K}_{\rm II}(K_\theta),+\infty)$，其中 $K_\theta\in(\overline{g}(\alpha,\beta,\gamma)+\lambda C_r,K_\theta^u)$。

（1）当 $K_\theta\in(0,g(\alpha,\beta,\gamma)+\lambda C_r]$ 时，如果 $K_\rho\in(0,\hat{K}_{\rm II}(K_\theta)]$ 且 $\tilde{\rho}_2^*=\rho_a$，那么 $\tilde{\rho}_1^*=0$，$\tilde{\theta}_1^*=1$，$\tilde{\rho}_2^*=1$。

（2）当 $K_\theta\in(g(\alpha,\beta,\gamma)+\lambda C_r,\overline{g}(\alpha,\beta,\gamma)+\lambda C_r]$，如果 $K_\rho\in(0,\hat{K}_{\rm II}(K_\theta)]$ 且 $\tilde{\rho}_2^*=\rho_b$，那么 $\tilde{\rho}_1^*=0$，$\tilde{\theta}_1^*=\dfrac{\lambda C_r+g(\alpha,\beta,\gamma)}{K_\theta}$，$\tilde{\rho}_2^*=1$。

（3）当 $K_\theta\in(\overline{g}(\alpha,\beta,\gamma)+\lambda C_r,+\infty)$ 并且 $K_\rho\in(0,\tilde{K}_{\rm II}(K_\theta)]$ 时，如果 $K_\rho\in(0,\hat{K}_{\rm II}(K_\theta)]$，$\tilde{\rho}_2^*=\rho_c$，那么 $\tilde{\rho}_1^*=1$，$\tilde{\theta}_1^*=\dfrac{g(\alpha,\beta,\gamma)}{K_\theta}$，$\tilde{\rho}_2^*=1$。

（4）当 $K_\theta\in(\overline{g}(\alpha,\beta,\gamma)+\lambda C_r,+\infty)$ 并且 $K_\rho\in(\tilde{K}_{\rm II}(K_\theta),+\infty)$ 时，如果 $K_\rho\in(0,\hat{K}_{\rm II}(K_\theta)]$，那么 $\tilde{\rho}_1^*=\rho_d$，$\tilde{\theta}_1^*=\dfrac{\lambda C_r(1-\rho_d)+g(\alpha,\beta,\gamma)}{K_\theta}$，$\tilde{\rho}_2^*=1$。否则，$\tilde{\rho}_1^*=\rho_e$，

$\tilde{\theta}_1^*=\dfrac{\lambda C_r(1-\rho_e)+g(\alpha,\beta,\gamma)}{K_\theta}$，$\tilde{\rho}_2^*=\rho_f$，证毕。

定理 4.6　假设在不对称双制造商追溯模型下 $K_\rho\in(\overline{K}_{\rm III}^a(K_\theta),+\infty)$，其中 $K_\theta\in(\overline{g}(\alpha,\beta,\gamma)+\lambda C_r,+\infty)$。

（1）当 $K_\theta\in(0,g(\alpha,\beta,\gamma)+\lambda C_r]$，$M_1$ 和 M_2 都采取不可靠性努力和单体追溯。

（2）当 $K_\theta\in(g(\alpha,\beta,\gamma)+\lambda C_r,\overline{g}(\alpha,\beta,\gamma)+\lambda C_r]$，$M_1$ 和 M_2 都采取不可靠性努力和经济追溯。

（3）当 $K_\theta \in (\overline{g}(\alpha,\beta,\gamma)+\lambda C_r, +\infty)$ 且 $K_\rho \in (\tilde{K}_{\text{III}}^a(K_\theta), +\infty]$，$M_1$ 和 M_2 都采取完全可靠性努力和经济追溯。

（4）否则，M_1 和 M_2 都采取经济可靠性努力和经济追溯。

　　主要区别在于市场潜力（参数 a）对最优产品召回努力策略边界的影响。有趣的是，在双制造商追溯模型下，当可追溯性投资成本系数 K_θ 或产品可靠性投资成本系数 K_ρ 较低时，即使两家竞争性制造商的市场潜力不对称，它们也会采取相同的产品召回努力策略。只有当两个投资成本系数都很高时，它们的产品召回努力才会有所不同，并且会受到这种不对称性的影响。但是，两个竞争性制造商的均衡追溯决策仍然是 (T,T)，两者都追溯。

　　例如，如图 4.8 所示，给定 $K_\rho = 0.032$，一方面在单制造商追溯和双制造商追溯模型下，M_2 的最优利润都随着 a 的增大而更高，另一方面在非对称双制造商追溯模型下最优利润 $\hat{\Pi}_{M_2}^{a*}$ 高于非对称单制造商追溯下的最优利润 $\tilde{\Pi}_{M_2}^{a*}$，这意味着 (T,T) 是纳什均衡策略。在此均衡下，只要 $a \geqslant 1$，$\tilde{\Pi}_{M_1}^{a*} > \hat{\Pi}_{M_1}^{a*}$ 和 $\tilde{\Pi}_{M_2}^{a*} > \tilde{\Pi}_{M_2}^{a*}$ 均成立。因此，原来的双制造商追溯帕累托改进无制造商追溯的结论保留在由大制造商和小制造商组成的非对称供应链中。同时，数值结果表明，在无制造商追溯、单制造商追溯和双制造商追溯情况下，厂商的最优利润保持不变，但阈值与 a 相关，如参数 a 在图 4.9 和图 4.10 中从 1（虚线）设置为 4（黑线）。

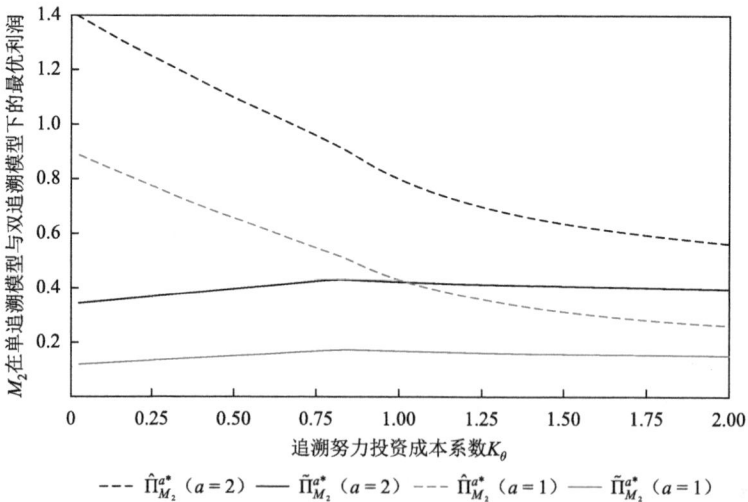

图 4.8　M_2 在单制造商追溯和双制造商追溯模式下的最优利润

$C_r = 0.6$，$c = 0.3$

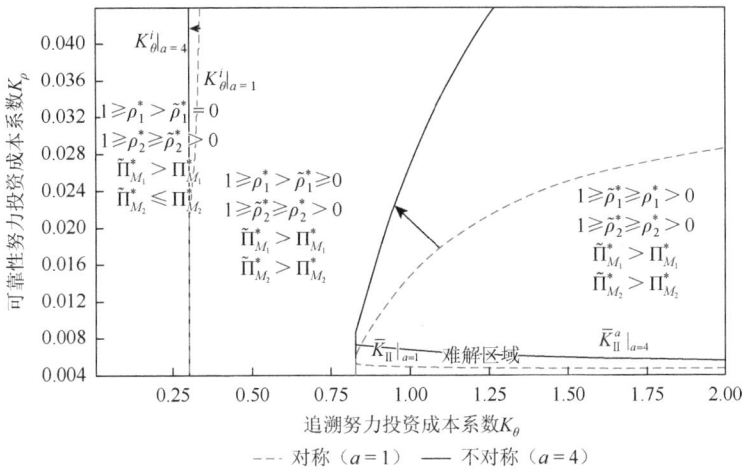

图 4.9　两个竞争不对称制造商在无制造商追溯和单制造商追溯模式下最优结果的比较

$\alpha = 1$，$\beta = 1$，$\gamma = 0.5$，$\lambda = 0.05$，$C_r = 0.6$，$c = 0.3$

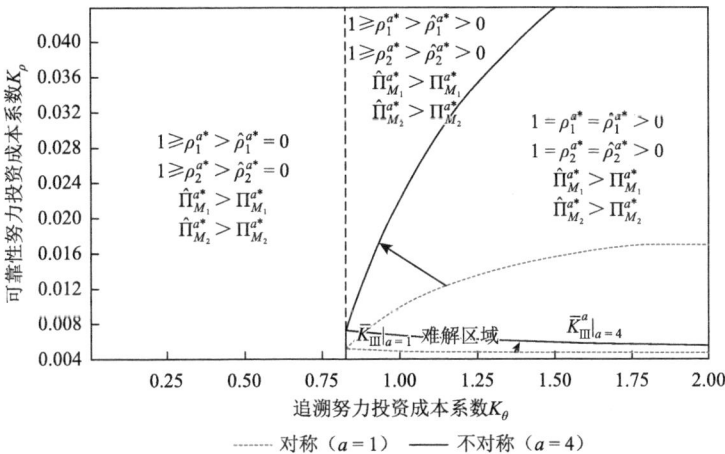

图 4.10　两个竞争不对称制造商在无制造商追溯和双制造商追溯模式下最优结果的比较

$\alpha = 1$，$\beta = 1$，$\gamma = 0.5$，$\lambda = 0.05$，$C_r = 0.6$，$c = 0.3$

4.5　追溯能力竞争强度的影响

在这一部分，我们首先对每个模型下最优产品召回努力策略的划分边界进行敏感性分析。然后重点考察追溯能力竞争强度参数对竞争制造商的产品可靠性努力及其最优利润的影响。

4.5.1 边界线敏感性分析

下面是一个命题,展示了关键划分边界对追溯能力竞争强度 γ 的敏感性。

命题 4.4 $\hat{K}_{\mathrm{II}}(K_\theta)$、$\tilde{K}_{\mathrm{II}}(K_\theta)$ 和 $\tilde{K}_{\mathrm{III}}(K_\theta)$ 在 γ 中都是单调递减的。

对于只有 M_1 进行追溯努力的单制造商追溯模型,划分 M_1 的全部或经济产品可靠性努力策略的边界和划分 M_2 的边界都会降低追溯能力竞争强度。这表明更高的追溯能力竞争强度,或消费者对可追溯性更高的支付意愿,将阻碍制造商充分发挥完全产品可靠性努力。从双制造商追溯模型可以得出类似的结果。以图 4.11 和图 4.12 为例,实线和虚线分别表示在较低(如 $\gamma = 0.4$)和较高(如 $\gamma = 0.8$)追溯能力竞争强度下的划分边界。我们发现,当 γ 增加时,实线将朝虚线移动。此外,在单制造商追溯或双制造商追溯模型中,M_1 的单体追溯策略和经济追溯策略(即 $\lambda C_r + g(\alpha, \beta, \gamma)$)的划分边界在 γ 中是单调递增的。这也意味着激烈的产品可追溯性竞争将激励制造商使用单体追溯策略,为每个产品配备先进的追溯设备。

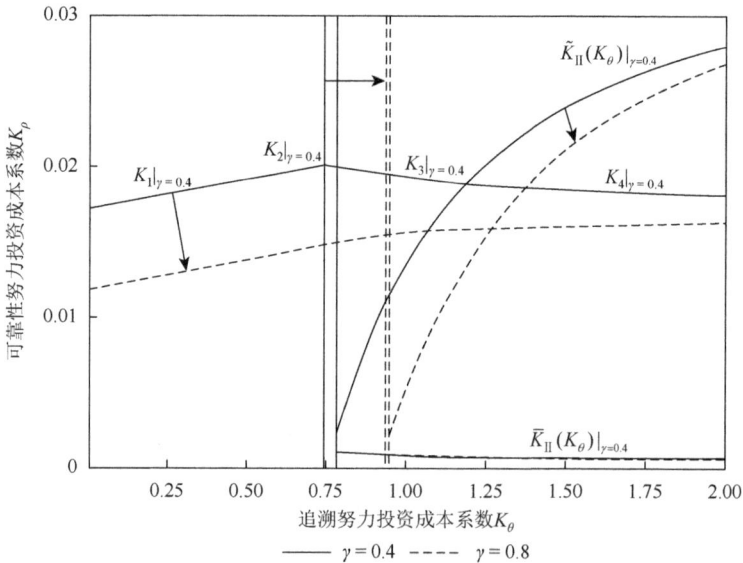

图 4.11 单制造商追溯模型下追溯能力竞争对划分边界的影响

4.5.2 对制造商最佳利润的敏感性分析

下面的命题阐明了制造商的最佳利润对关键参数的敏感性。为了展示引入新追溯技术的影响,我们集中分析了其利润如何随追溯努力投资成本系数及追溯能力竞争强度变化而变化。

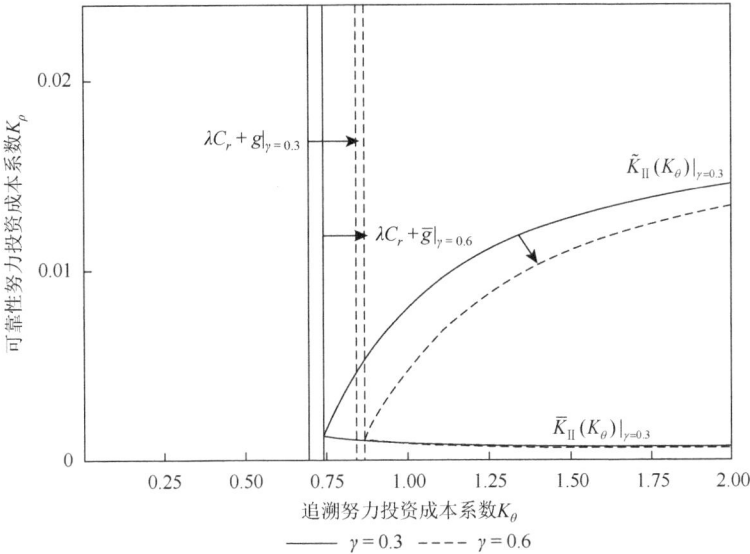

图 4.12　双制造商追溯模型下追溯能力竞争对划分边界的影响

$\lambda = 0.05$，$C_r = 0.6$，$c = 0.3$，$\alpha = 1$，$\beta = 1$

命题 4.5　①除了 $\tilde{\Pi}_{M_2}^*$ 外，$\tilde{\Pi}_{M_1}^*$、$\hat{\Pi}_{M_1}^*$ 和 $\hat{\Pi}_{M_2}^*$ 都随 K_θ 单调递减。当 $K_\theta \leqslant \lambda C_r + g(\alpha, \beta, \gamma)$，$\tilde{\Pi}_{M_2}^*$ 随 K_θ 单调递增，否则，$\tilde{\Pi}_{M_2}^*$ 随 K_θ 单调递减。②$\tilde{\Pi}_{M_1}^*$、$\hat{\Pi}_{M_1}^*$ 和 $\hat{\Pi}_{M_2}^*$ 都随 γ 单调递增，$\tilde{\Pi}_{M_2}^*$ 随 γ 单调递减。

命题 4.5 指出了制造商利润对追溯能力投资成本系数 K_θ 和追溯能力竞争强度 γ 的单调性，如图 4.13 和图 4.14 所示。可以直接看出 $\tilde{\Pi}_{M_1}^*$、$\hat{\Pi}_{M_1}^*$ 和 $\hat{\Pi}_{M_2}^*$ 都随着 K_θ 增加单调递减。但有趣的是，我们发现 $\tilde{\Pi}_{M_2}^*$ 随着 K_θ 增加先增加后减少，如图 4.13 所示。至于 γ、$\tilde{\Pi}_{M_1}^*$、$\hat{\Pi}_{M_1}^*$ 和 $\hat{\Pi}_{M_2}^*$ 都随 γ 的增大单调递增，这暗示着追溯能力竞争强度将使那些在产品可追溯性上进行投资的公司受益。对于那些没有追溯的公司，如在单制造商追溯模型下的 M_2，其最优利润将随着 γ 的增大减少，如图 4.14 所示。这表明，当产品追溯能力竞争强度非常高时，即当消费者对产品可追溯性的支付意愿非常强时，M_1 投资于追溯的搭便车效应将消失。随着可追溯性竞争的加剧，在单制造商追溯模型和双制造商追溯模型中 M_2 的最优利润差距将更大，因此唯一的追溯均衡 (T, T) 将不受影响。这些结果提供了更多对命题 4.1 和命题 4.2 中总结的各种模式下最优结果进行比较的见解。

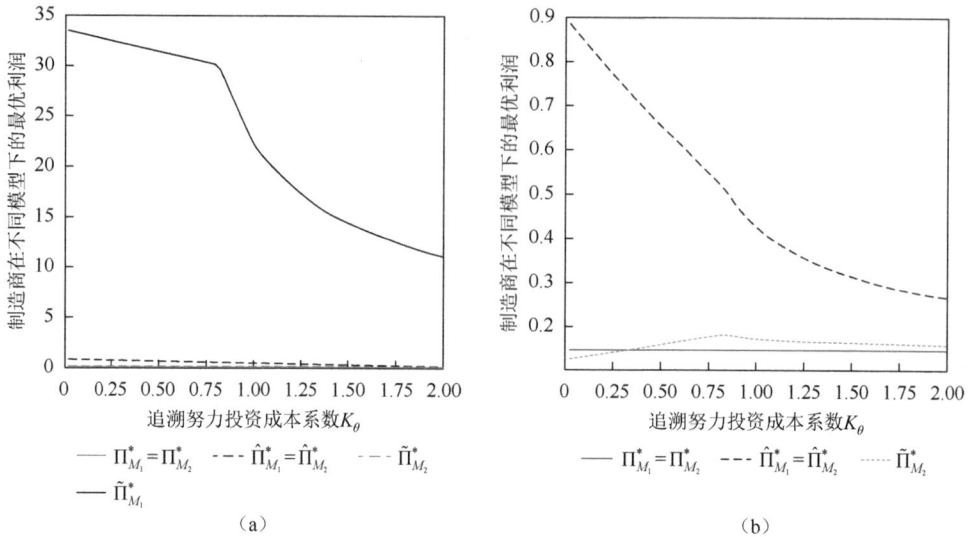

图4.13　追溯能力投资成本对制造商最佳利润的影响

$\lambda = 0.05$，$C_r = 0.6$，$c = 0.3$，$K_\rho = 0.008$，$\alpha = 1$，$\beta = 1$，$\gamma = 0.5$

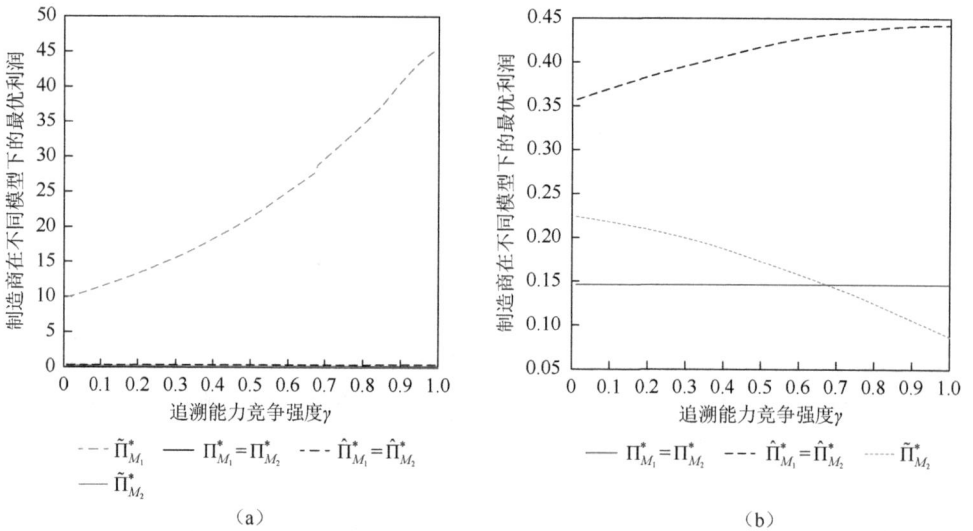

图4.14　追溯能力竞争对制造商最佳利润的影响

$\lambda = 0.05$，$C_r = 0.6$，$c = 0.3$，$K_\rho = 0.008$，$K_\theta = 1$，$\alpha = 1$，$\beta = 1$

4.6　本　章　小　结

本书使用博弈论模型来捕获两个制造商、两个零售商和消费者之间的相互作用，我们在考虑上游溯源竞争和下游渠道的情况下研究召回供应链中产品可靠性工作和追溯能力优化的相互作用。然后，我们研究了不同可追溯性投资成本系数下两个竞争厂商的均衡追溯策略。最后，我们讨论了竞争和不对称对制造商追溯策略的影响。研究发现，首先，对于同时考虑追溯能力的竞争厂商，存在一个具有封闭表达式的最优产品可靠性努力、追溯能力和批发价格。追溯能力始终是必需的，但当追溯能力的投资成本系数足够低时，产品的可靠性努力就没有发挥出来。另外，当追溯能力投资成本系数足够高但产品可靠性投资成本系数相对较低时，建议进行全产品可靠性努力。否则，制造商将发挥经济的产品可靠性努力和经济追溯能力。其次，可追溯性优化与产品可靠性优化的相互作用取决于可追溯性和产品可靠性的投资成本系数。当追溯能力投资成本系数较低时，追溯能力可以完全替代产品的可靠性努力，但当追溯能力较高且产品可靠性投资成本系数较低时，追溯能力可以提高产品的可靠性。此外，当竞争对手只关注产品可靠性时，制造商更倾向于追溯。有趣的是，我们发现当追溯努力投入成本系数足够大时，在追溯能力上的投入可以使竞争对手受益。再次，追溯能力的竞争降低了单元追溯的无可靠性努力策略和经济追溯的完全可靠性努力策略的上限。随着追溯能力竞争的加剧，对追溯能力进行投资的制造商的利润也在不断增加。最后，我们发现两家竞争厂商的最优产品可靠性和追溯努力的结构在不对称情况下仍然存在，并且双制造商追溯帕累托改善了无制造商追溯情况。

　　作为了解上下游竞争下可追溯性和可靠性优化之间相互作用的首次尝试，随着本章工作的实现，本书的研究可以从以下几个方面进一步扩展：①优化供应链产品召回成本共享模式下的追溯能力与价格；②代替批发价格合同，优化其他供应链合同下的供应链产品召回努力和价格或领先零售商的博弈顺序；③考虑上游供应商参与设计供应链追溯能力的情况。

第5章 考虑促销努力与生产努力的供应链召回努力策略研究

5.1 导 言

产品发生召回是由于产品在被使用过程中其可靠性随时间下降从而发生故障。产品召回的损失主要取决于召回事件的发生概率及影响范围。现在的研究主要包括两个方面。一方面是通过建立供应链追溯系统或提高追溯能力减少召回数量或控制影响范围。目前，追溯系统已被广泛应用于食品及农产品供应链中，其设计主要是通过 RFID 技术追溯流程信息并建立互联网系统处理数据，Nishantha 等（2010）研究表明追溯能力要与追溯系统相匹配。Rong 等（2011）通过混合整数线性规划来优化追溯能力，Dai 等（2017）则站在供应链的角度联合优化追溯能力与价格。另一方面是通过降低产品召回概率。Wei（2001）通过固定比率的外部质量成本分摊合约来研究供应商的质量选择和制造商的检查策略。Baiman 等（2000）也是基于固定比率合约研究供应商对降低工序缺陷率的投资。Baiman 等（2001）分析了内部和外部损失成本分担机制对供应商改进缺陷率的影响。相较于从单个供应链参与方角度改进产品，Balachandran 和 Radhakrishnan（2005）表明由于最终产品的缺陷与制造商和供应商都有关，为了降低召回概率，供应链上下游都应该投资改进缺陷产品。林晶和王健（2016）发现可变比例的成本分担契约比固定比例的更能有效地激励供应商和制造商控制质量，甚至可以实现供应链协调。Chao 等（2009）在一条二级召回供应链中，将市场需求作为外生变量，提出基于根源分析的召回成本分担机制，其能有效促使供应链改进产品质量，从而降低召回概率，这种浮动比率机制比起固定比率的分担机制更具一般性。刘学勇等（2012）则扩展了 Chao 等（2009）的研究，考虑了线性的市场需求，证明了供应链最优努力决策的纳什均衡解的存在性。目前，大部分文献都是通过激励供应商或制造商的召回努力来降低产品召回概率，很少在召回供应链中同时考虑销售或生产努力。

供应链成员可以采取不同召回努力策略减少召回事件的发生并降低召回带来的损失。供应链中某一个成员的召回努力可以对供应链整体的召回产生影响。Tang 等（2014）研究了在供应商、制造商和银行三方组成的供应链中，供应链中断风险受供应商努力影响，由于供应商的努力决策不可观测，因此如何有效促进供应商努力是制造商和银行的难题。Serpa 和 Krishnan（2017）研究了在有资金约束的供应链中如何减少搭便车现象。刚号和唐小我（2014）发现在一条二级供应链中，相互竞争的两个制造商的最优努力策略存在纳什均衡。此外，现实中市场需求往往受到销售努力的影响，大量学者对此展开了研究。例如，Taylor（2002）研究发现当市场需求受到零售商销售努力的影响时，制造商给予零售商一定的渠道折扣可以加强对零售商销售努力的激励。庞庆华等（2013）发现在收益共享契约中引入回馈与惩罚策略可以使零售商的销售努力水平达到最优，石岿然等（2014）在双边不确定条件下发现销售成本分摊及惩罚措施也能实现最优销售努力。代建生（2018）分别研究了在销售商的促销努力可观测和不可观测时销售商对退货政策的选择问题。现实生活也存在多个成员同时采取不同的召回努力策略的现象。由于销售量同样能影响召回成本，因此在召回供应链中考虑供应商的生产努力或制造商的销售努力是有意义的。胡本勇和曲佳莉（2015）的研究同时考虑了供应商的生产努力和销售商的销售努力，考虑双边道德风险下双方努力博弈问题。

本书在线性市场需求下，考虑了内生的批发价格，研究了不同潜在市场规模和初始期望单位召回成本下供应链的最优召回努力策略，并发现在一定条件下，由于双重边际效应，我们的结论在不同召回成本分担机制下依然成立。本书在供应链召回努力的基础上，同时优化了制造商的促销努力与供应商的生产努力，分别研究了促销努力和生产努力对供应链召回努力及召回概率的影响。

本章的其余部分组织如下：5.2 节描述了由单个供应商和单个制造商组成的二级供应链中的召回努力优化问题；5.3 节研究了传统供应链下最优定价及召回努力决策；5.4 节研究了考虑制造商促销努力时最优努力决策；5.5 节研究了考虑供应商生产努力时最优努力决策；在 5.6 节，我们对以上三种情形下的供应链最优策略进行了对比；5.7 节为数值分析；5.8 节为本章小结。

5.2　问　题　描　述

考虑一条由单个供应商和单个制造商组成的二级供应链，供应商生产零部件并以批发价 w 出售给下游制造商，制造商对零部件进一步加工得到最终产品并以价格 p 直接出售给消费者，且 $p \geq w$，由于供应商的生产成本和制造商的加工成本对本章研究没有影响，不失一般性地将其均标准化为 0。假设市场需求是关于价格的线性函数且为供应链成员的共同认知，$q = a - p$，a 为潜在市场规模 $(a \geq p)$（Shugan，1985；Gurnani and Erkoc，2008）。若产品在消费者使用过程中由于可靠性降低出现故障，如三星 Glaxy Note7 手机在使用过程中出现自燃问题，则由制造商召回全部该批次产品。考虑到故障的原因可能来源于零部件或者产品加工过程，供应商和制造商都可以通过召回努力来提高最终产品的可靠性，召回努力包括生产过程中工艺流程的改善（Zhu et al.，2007）、可感知的产品质量（Jiang and Yang，2019）及使用过程中的产品可靠性（Chao et al.，2009），因此召回概率受双方召回努力的影响。令供应商和制造商的召回努力水平分别为 $(\eta_s, \eta_m) \in [0,1] \times [0,1]$，借鉴 Chao 等（2009）将产品召回概率表示为 $1 - e^{-\lambda_s(1-\eta_s) - \lambda_m(1-\eta_m)}$，其中 λ_s 和 λ_m 分别表示供应商或制造商生产出错的初始概率，由于本章内容不考虑召回的根源分析，因此我们假设 $\lambda_s = \lambda_m = \lambda$。另外，由于现实中产品的召回概率一般都比较小，为了方便运算，我们可以采用近似的线性处理，将 $1 - e^{-\lambda_s(1-\eta_s) - \lambda_m(1-\eta_m)}$ 泰勒展开近似得到 $2\lambda\left(1 - \dfrac{\eta_s}{2} - \dfrac{\eta_m}{2}\right)$，令 $\gamma(\eta_s, \eta_m) = 2 - \eta_s - \eta_m$，则召回概率为 $\lambda\gamma(\eta_s, \eta_m)$，$\lambda$ 为外生的较小参数，其大小反映了业界的技术水平，$0 \leqslant \lambda \leqslant 1$，$\lambda$ 越小，则企业的技术水平越高。同时，召回努力会给供应商或制造商带来额外的成本，参考 Gurnani 和 Erkoc（2008）及鲁其辉和朱道立（2009），本章用 $\dfrac{k\eta_s^2}{2}$ 来表示该成本，k 为召回努力成本系数，努力程度越高，边际成本也越高，具有一定经济学意义且符合客观现实，许多文献都采用这种成本刻画方法。

模型的基本假设如下：①供应商没有产能限制，并且不考虑供应商和制造商的库存，顾巧论等（2005）和刘学勇等（2012）都采用了这种假设。此时，对于任意大小市场，制造商都可以向供应商订购足够的数量满足需求；②信息对称，Yang 等（2017）假设供应链成员信息对称，本章假设供应商和制造商完全知道对方的成本信息；③只考虑直接召回成本，为了方便研究，本章只考虑企业采取召回努力而付出的直接成本，包括提升产品质量、改进产品不合理设计、减少污染等，而不考虑召回努力可能导致的其他间接成本；④不考虑不同行业召回方式的差异，即不同行业的单位召回成本统一用外生变量 C_r 表示。本章相关参数定义见表 5.1。

表 5.1　参数解释

参数	含义	参数	含义
w	产品批发价	γ	召回努力使召回概率降低的比率
p	产品销售价格	Π_i	供应商市场或制造商的利润，$i = s, m$
k	召回努力成本系数	e	促销努力水平
λ	制造商或者供应商发生故障的初始概率	k_e	促销努力成本系数
C_r	单位召回成本	θ	生产努力水平
η_i	供应商或制造商的召回努力水平，$i = s, m$	k_θ	生产努力成本系数

5.3 传统供应链下最优定价及召回努力决策

构建一个供应商领导的 Stackelberg 模型，事件的决策顺序为：首先供应商和制造商同时决策自己的召回努力 (η_s, η_m)，其次供应商生产零部件并决策批发价 w，最后制造商制造产品并决策销售价格 p。若产品在销售后出现问题需要被召回，则由制造商承担全部召回成本。召回供应链决策顺序如图 5.1 所示。

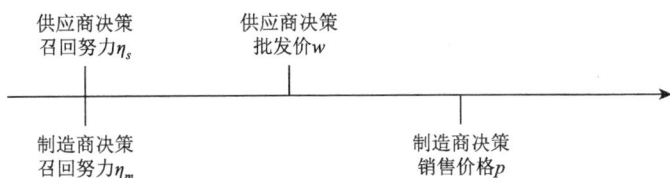

图 5.1 召回供应链决策顺序

供应商和制造商的优化模型分别为

$$\max_{\eta_s, w} \Pi_s(\eta_s, w) = w(a - p) - \frac{k\eta_s^2}{2} \tag{5.1}$$
$$\text{s.t.} \quad 0 \leqslant \eta_s \leqslant 1$$

$$\max_{\eta_m, p} \Pi_m(\eta_m, w) = (p - w)(a - p) - \lambda\gamma(\eta_s, \eta_m)C_r(a - p) - \frac{k\eta_m^2}{2} \tag{5.2}$$
$$\text{s.t.} \quad 0 \leqslant \eta_m \leqslant 1$$

其中，$w(a - p)$ 为供应商的毛利润；$(p - w)(a - p)$ 为制造商的毛利润；$\lambda\gamma(\eta_s, \eta_m)C_r(a - p)$ 为供应链期望召回成本；$\dfrac{k\eta_i^2}{2}$ 为供应商或制造商的召回努力成本，$i = s, m$。

参与方独立决策，使各自利润最大化，采用 KKT 条件求解该问题，求解过程分为三个阶段。第一阶段优化制造商价格 p，解得唯一最优解 $p^* = \dfrac{a + w + \lambda C_r\gamma(\eta_s, \eta_m)}{2}$，由于 $a \geqslant p \geqslant w$，化简可得批发价需满足 $a - \lambda C_r\gamma(\eta_s, \eta_m) \geqslant w$，这表明供应商在定批发价时不宜过高，否则会导致制造商成本过高而取消订货。将 p^* 代入式（5.1）可得

$$\max_{\eta_s, w} \Pi_s(\eta_s, w) = \frac{w(a - w - \lambda C_r\gamma(\eta_s, \eta_m))}{2} - \frac{k\eta_s^2}{2}$$
$$\text{s.t.} \quad 0 \leqslant w \leqslant a - \lambda C_r\gamma(\eta_s, \eta_m) \tag{5.3}$$
$$0 \leqslant \eta_s \leqslant 1$$

第二阶段优化供应商批发价 w，解得唯一最优解 $w^* = \dfrac{a - \lambda C_r \gamma(\eta_s, \eta_m)}{2}$，将 w^* 代入 p^* 可得 $p^* = \dfrac{3a + \lambda C_r \gamma(\eta_s, \eta_m)}{4}$，考虑到订货量 $q = a - p \geq 0$，代入 p^* 可得 $a \geq \lambda C_r \gamma(\eta_s, \eta_m)$，即潜在市场规模要求足够大，否则会导致制造商利润过小而不再订货。再将 w^* 和 p^* 分别代入式（5.1）和式（5.2）：

$$\max_{\eta_s} \Pi_s(\eta_s, w^*) = \frac{(a - \lambda C_r \gamma(\eta_s, \eta_m))^2}{8} - \frac{k\eta_s^2}{2}$$
$$\text{s.t.} \quad a \geq \lambda C_r \gamma(\eta_s, \eta_m) \tag{5.4}$$
$$0 \leq \eta_s \leq 1$$

$$\max_{\eta_m} \Pi_s(\eta_s, p^*) = \frac{(a - \lambda C_r \gamma(\eta_s, \eta_m))^2}{16} - \frac{k\eta_m^2}{2}$$
$$\text{s.t.} \quad a \geq \lambda C_r \gamma(\eta_s, \eta_m) \tag{5.5}$$
$$0 \leq \eta_m \leq 1$$

第三阶段，根据式（5.4）和式（5.5）同时优化 η_s 和 η_m，可得到定理 5.1。

定理 5.1 供应商与制造商的最优召回努力策略与初始期望单位召回成本和潜在市场规模有关。

（1）当初始期望单位召回成本较小时 $\left(\lambda C_r \leq \dfrac{2\sqrt{6k}}{3} \right)$：若潜在市场规模较大 $\left(a > \dfrac{8k}{\lambda C_r} \right)$，则供应链双方都采取全额召回努力（$\eta_s^* = 1$，$\eta_m^* = 1$），记作 FF；若潜在市场规模适中 $\left(\dfrac{4k}{\lambda C_r} + \dfrac{\lambda C_r}{2} < a \leq \dfrac{8k}{\lambda C_r} \right)$，则供应商采取全额召回努力而制造商采取部分召回努力 $\left(\eta_s^* = 1, \ \eta_m^* = \dfrac{a\lambda C_r - (\lambda C_r)^2}{8k - (\lambda C_r)^2} \right)$，记作 FP；若潜在市场规模较小 $\left(2\lambda C_r < a \leq \dfrac{4k}{\lambda C_r} + \dfrac{\lambda C_r}{2} \right)$，则供应链双方都采取部分召回努力 $\left(\eta_s^* = \dfrac{2a\lambda C_r - 4(\lambda C_r)^2}{8k - 3(\lambda C_r)^2} \right.$，$\eta_m^* = \dfrac{a\lambda C_r - 2(\lambda C_r)^2}{8k - 3(\lambda C_r)^2} \right)$，记作 PP；否则，供应链无生产销售活动。

（2）当初始期望单位召回成本适中时 $\left(\dfrac{2\sqrt{6k}}{3} < \lambda C_r \leq 2\sqrt{2k} \right)$：若潜在市场规模较大 $\left(a > \dfrac{8k}{\lambda C_r} \right)$，则供应链最优召回努力为 FF；若潜在市场规模较小 $\left(\dfrac{4k}{\lambda C_r} + \dfrac{\lambda C_r}{2} < a \leq \dfrac{8k}{\lambda C_r} \right)$，则供应链最优召回努力为 FP；否则，供应链无生产销售活动。

（3）当初始期望单位召回成本较大时 $(\lambda C_r > 2\sqrt{2k})$：若潜在市场规模较大 $\left(a > \dfrac{8k}{\lambda C_r}\right)$，则供应链最优召回努力为 FF；否则，供应链无生产销售活动。

证明　根据式（5.4）和式（5.5），同时优化 η_s 和 η_m，从供应商的角度优化 η_s，拉格朗日函数如下：

$$L(\eta_s, \lambda_1, \lambda_2, \lambda_3) = \frac{(a - \lambda C_r(2 - \eta_s - \eta_m))^2}{8} - \frac{k\eta_s^2}{2} + \lambda_1 \eta_s \tag{5.6}$$
$$+ \lambda_2(1 - \eta_s) + \lambda_3(a - \lambda C_r(2 - \eta_s - \eta_m))$$

s.t. $\dfrac{\partial L(\eta_s, \lambda_1, \lambda_2, \lambda_3)}{\partial \eta_s} = \dfrac{(a - \lambda C_r(2 - \eta_s - \eta_m))\lambda C_r}{4} - k\eta_s + \lambda_1 - \lambda_2 + \lambda C_r \lambda_3 = 0$ （5.7）

$$\lambda_1 \eta_s = 0 \tag{5.8}$$

$$\lambda_2(1 - \eta_s) = 0 \tag{5.9}$$

$$\lambda_3(a - \lambda C_r(2 - \eta_s - \eta_m)) = 0 \tag{5.10}$$

$$\eta_s \geq 0 \tag{5.11}$$

$$\eta_s \leq 1 \tag{5.12}$$

$$a \geq \lambda C_r(2 - \eta_s - \eta_m) \tag{5.13}$$

$$\lambda_1, \lambda_2, \lambda_3 \geq 0 \tag{5.14}$$

根据式（5.7）～式（5.14），我们有如下讨论。

（1）当 $\lambda_1 = 0$，$\lambda_2 = 0$，$\lambda_3 = 0$ 时，解得 $\eta_s^*(\eta_m) = \dfrac{\lambda C_r(a - \lambda C_r(2 - \eta_m))}{4k - (\lambda C_r)^2}$。由式（5.11）和式（5.13）可得：若 $\lambda C_r < 2\sqrt{k}$，$a \geq \lambda C_r(2 - \eta_m)$，若 $\lambda C_r > 2\sqrt{k}$，$a \leq \lambda C_r(2 - \eta_m)$。由式（5.12）可得：若 $\lambda C_r < 2\sqrt{k}$，$a \leq \dfrac{4k}{\lambda C_r} - \lambda C_r + \lambda C_r(2 - \eta_m)$，若 $\lambda C_r > 2\sqrt{k}$，$a \geq \dfrac{4k}{\lambda C_r} - \lambda C_r + \lambda C_r(2 - \eta_m)$。因为 $\dfrac{4k}{\lambda C_r} - \lambda C_r$ 关于 λC_r 单调递减，当 $\lambda C_r = 2\sqrt{k}$ 时，$\dfrac{4k}{\lambda C_r} - \lambda C_r = 0$，所以若 $\lambda C_r < 2\sqrt{k}$，$\dfrac{4k}{\lambda C_r} - \lambda C_r > 0$。若 $\lambda C_r > 2\sqrt{k}$，$\dfrac{4k}{\lambda C_r} - \lambda C_r < 0$。因此，若 $\lambda C_r < 2\sqrt{k}$，$\lambda C_r(2 - \eta_m) \leq a \leq \dfrac{4k}{\lambda C_r} + \lambda C_r(1 - \eta_m)$，若 $\lambda C_r > 2\sqrt{k}$，$\dfrac{4k}{\lambda C_r} + \lambda C_r(1 - \eta_m) \leq a \leq \lambda C_r(2 - \eta_m)$。

（2）当 $\lambda_1 = 0$，$\lambda_2 = 0$，$\lambda_3 > 0$ 时，解得 $\eta_s^*(\eta_m) = 2 - \eta_m - \dfrac{a}{\lambda C_r}$，$\lambda_3 = \dfrac{k}{\lambda C_r}\left(2 - \eta_m - \right.$

$\left. \dfrac{a}{\lambda C_r}\right)$。由式（5.11）和式（5.14）解得 $a \leqslant \lambda C_r(2 - \eta_m)$，由式（5.12）解得 $a \geqslant \lambda C_r(1 - \eta_m)$，所以 $\lambda C_r(1 - \eta_m) \leqslant a \leqslant \lambda C_r(2 - \eta_m)$。

（3）当 $\lambda_1 = 0$，$\lambda_2 > 0$，$\lambda_3 = 0$ 时，解得 $\eta_s^* = 1$，$\lambda_2 = \dfrac{(a - \lambda C_r(1 - \eta_m))\lambda C_r}{4} - k$。由式（5.13）解得 $a \geqslant \lambda C_r(1 - \eta_m)$，由式（5.14）解得 $a \geqslant \dfrac{4k}{\lambda C_r} + \lambda C_r(1 - \eta_m)$，所以 $a \geqslant \dfrac{4k}{\lambda C_r} + \lambda C_r(1 - \eta_m)$。

（4）当 $\lambda_1 > 0$，$\lambda_2 = 0$，$\lambda_3 = 0$ 时，解得 $\eta_s^* = 0$，$\lambda_1 = \dfrac{(-a + \lambda C_r(2 - \eta_m))\lambda C_r}{4}$。由式（5.13）解得 $a \geqslant \lambda C_r(2 - \eta_m)$，由式（5.14）解得 $a < \lambda C_r(2 - \eta_m)$，矛盾。

（5）当 $\lambda_1 = 0$，$\lambda_2 > 0$，$\lambda_3 > 0$ 时，解得 $\eta_s^* = 1$，$a = \lambda C_r(1 - \eta_m)$，$\lambda_2 = -k + \lambda C_r \lambda_3$。

（6）当 $\lambda_1 > 0$，$\lambda_2 > 0$，$\lambda_3 = 0$ 时，由式（5.8）解得 $\eta_s^* = 0$，由式（5.9）解得 $\eta_s^* = 1$，矛盾。

（7）当 $\lambda_1 > 0$，$\lambda_2 = 0$，$\lambda_3 > 0$ 时，解得 $\eta_s^* = 0$，$\lambda_1 + \lambda C_r \lambda_3 = 0$，矛盾。

（8）当 $\lambda_1 > 0$，$\lambda_2 > 0$，$\lambda_3 > 0$ 时，由式（5.8）解得 $\eta_s^* = 0$，由式（5.9）解得 $\eta_s^* = 1$，矛盾。

显然，情况（5）是情况（2）的一种特殊解，将 $\eta_s^*(\eta_m) = 2 - \eta_m - \dfrac{a}{\lambda C_r}$ 代入供应商利润可得 $\Pi_s(\eta_s, w^*) = -\dfrac{k \eta_s^2}{2} < 0$，不考虑此种情况。由情况（1）和（3）可知，当 $\lambda C_r > 2\sqrt{k}$，$\dfrac{4k}{\lambda C_r} + \lambda C_r(1 - \eta_m) \leqslant a \leqslant \lambda C_r(2 - \eta_m)$ 时，$\eta_s^*(\eta_m) = \dfrac{\lambda C_r(a - \lambda C_r(2 - \eta_m))}{4k - (\lambda C_r)^2}$ 或 $\eta_s^* = 1$。由函数性质可知 $\Pi_s(\eta_s, w^*)$ 在 $\eta_s = 0$ 或 1 时取得最大值，因此排除 $\eta_s^*(\eta_m) = \dfrac{\lambda C_r(a - \lambda C_r(2 - \eta_m))}{4k - (\lambda C_r)^2}$。综上所述，当 $\lambda C_r < 2\sqrt{k}$，$\lambda C_r(2 - \eta_m) \leqslant a \leqslant \dfrac{4k}{\lambda C_r} + \lambda C_r(1 - \eta_m)$ 时，$\eta_s^*(\eta_m) = \dfrac{\lambda C_r(a - \lambda C_r(2 - \eta_m))}{4k - (\lambda C_r)^2}$；当 $a > \dfrac{4k}{\lambda C_r} + \lambda C_r(1 - \eta_m)$ 时，$\eta_s^* = 1$。

从制造商的角度优化 η_m，拉格朗日函数如下：

$$L(\eta_m, \lambda_1, \lambda_2, \lambda_3) = \frac{(a - \lambda C_r(2 - \eta_s - \eta_m))^2}{16} - \frac{k \eta_m^2}{2} + \lambda_1 \eta_m + \lambda_2(1 - \eta_m) \tag{5.15}$$
$$+ \lambda_3(a - \lambda C_r(2 - \eta_s - \eta_m))$$

s.t.　$\dfrac{\partial L(\eta_s,\lambda_1,\lambda_2,\lambda_3)}{\partial \eta_m}=\dfrac{(a-\lambda C_r(2-\eta_s-\eta_m))\lambda C_r}{8}-k\eta_m+\lambda_1-\lambda_2+\lambda C_r\lambda_3=0$　（5.16）

$$\lambda_1\eta_m=0 \tag{5.17}$$

$$\lambda_2(1-\eta_m)=0 \tag{5.18}$$

$$\lambda_3(a-\lambda C_r(2-\eta_s-\eta_m))=0 \tag{5.19}$$

$$\eta_m\geqslant 0 \tag{5.20}$$

$$\eta_m\leqslant 1 \tag{5.21}$$

$$a\geqslant \lambda C_r(2-\eta_s-\eta_m) \tag{5.22}$$

$$\lambda_1,\lambda_2,\lambda_3\geqslant 0 \tag{5.23}$$

根据式（5.16）～式（5.23），类似 η_s 的优化，求解可得：当 $\lambda C_r<2\sqrt{2k}$，$\lambda C_r(2-\eta_s)\leqslant a\leqslant \dfrac{8k}{\lambda C_r}+\lambda C_r(1-\eta_s)$ 时，$\eta_m^*(\eta_s)=\dfrac{\lambda C_r(a-\lambda C_r(2-\eta_s))}{8k-(\lambda C_r)^2}$；当 $a>\dfrac{8k}{\lambda C_r}+\lambda C_r(1-\eta_s)$ 时，$\eta_m^*=1$。

根据制造商和供应商的召回努力决策，供应链共有 4 种召回努力策略，讨论如下。

（1）当 $\eta_s^*(\eta_m)=\dfrac{\lambda C_r(a-\lambda C_r(2-\eta_m))}{4k-(\lambda C_r)^2}$，$\eta_m^*(\eta_s)=\dfrac{\lambda C_r(a-\lambda C_r(2-\eta_s))}{8k-(\lambda C_r)^2}$ 时，解得

$$\eta_s^*=\dfrac{2a\lambda C_r-4(\lambda C_r)^2}{8k-3(\lambda C_r)^2},\quad \eta_m^*=\dfrac{a\lambda C_r-2(\lambda C_r)^2}{8k-3(\lambda C_r)^2} \tag{5.24}$$

约束条件有 $\lambda C_r<2\sqrt{k}$，$\lambda C_r(2-\eta_m)\leqslant a\leqslant \dfrac{4k}{\lambda C_r}+\lambda C_r(1-\eta_m)$，$\lambda C_r(2-\eta_s)\leqslant a\leqslant \dfrac{8k}{\lambda C_r}+\lambda C_r(1-\eta_s)$。解得：若 $\lambda C_r<\dfrac{2\sqrt{6k}}{3}$，$2\lambda C_r\leqslant a\leqslant \dfrac{4k}{\lambda C_r}+\dfrac{\lambda C_r}{2}$；若 $\dfrac{2\sqrt{6k}}{3}<\lambda C_r<2\sqrt{k}$，$\dfrac{4k}{\lambda C_r}+\dfrac{\lambda C_r}{2}\leqslant a\leqslant 2\lambda C_r$。

（2）当 $\eta_s^*(\eta_m)=\dfrac{\lambda C_r(a-\lambda C_r(2-\eta_m))}{4k-(\lambda C_r)^2}$，$\eta_m^*=1$ 时，解得 $\eta_s^*=\dfrac{a\lambda C_r-(\lambda C_r)^2}{4k-(\lambda C_r)^2}$，$\eta_m^*=1$。约束条件有 $\lambda C_r<2\sqrt{k}$，$\lambda C_r(2-\eta_m)\leqslant a\leqslant \dfrac{4k}{\lambda C_r}+\lambda C_r(1-\eta_m)$，$a\geqslant \dfrac{8k}{\lambda C_r}+\lambda C_r(1-\eta_s)$，解得 $\lambda C_r<2\sqrt{k}$，$a>\lambda C_r$，$a\leqslant \dfrac{4k}{\lambda C_r}$，$a\geqslant \dfrac{8k}{\lambda C_r}-\lambda C_r$。比较 $\dfrac{4k}{\lambda C_r}$ 与 $\dfrac{8k}{\lambda C_r}-\lambda C_r$，令 $\dfrac{8k}{\lambda C_r}-\lambda C_r-\dfrac{4k}{\lambda C_r}=\dfrac{4k}{\lambda C_r}-\lambda C_r$，关于 λC_r 单调递减，当 $\lambda C_r=2\sqrt{k}$ 时，$\dfrac{4k}{\lambda C_r}-\lambda C_r=0$，所以 $\lambda C_r<2\sqrt{k}$ 时，$\dfrac{8k}{\lambda C_r}-\lambda C_r>\dfrac{4k}{\lambda C_r}$，矛盾。

（3）当 $\eta_s^* = 1$，$\eta_m^*(\eta_s) = \dfrac{\lambda C_r (a - \lambda C_r (2 - \eta_s))}{8k - (\lambda C_r)^2}$ 时，解得 $\eta_s^* = 1$，$\eta_m^* = \dfrac{a\lambda C_r - (\lambda C_r)^2}{8k - (\lambda C_r)^2}$。

约束条件有 $a \geqslant \dfrac{4k}{\lambda C_r} + \lambda C_r (1 - \eta_m)$，$\lambda C_r < 2\sqrt{2k}$，$\lambda C_r (2 - \eta_s) \leqslant a \leqslant \dfrac{8k}{\lambda C_r} + \lambda C_r (1 -$

$\eta_s)$。解得 $\lambda C_r < 2\sqrt{2k}$，$a \geqslant \dfrac{4k}{\lambda C_r} + \dfrac{\lambda C_r}{2}$，$a \geqslant \lambda C_r$，$a \leqslant \dfrac{8k}{\lambda C_r}$。比较 $\dfrac{4k}{\lambda C_r} + \dfrac{\lambda C_r}{2}$，

λC_r，$\dfrac{8k}{\lambda C_r}$，易得当 $\lambda C_r < 2\sqrt{2k}$ 时，$\dfrac{8k}{\lambda C_r} > \dfrac{4k}{\lambda C_r} + \dfrac{\lambda C_r}{2} > \lambda C_r$。因此，$\lambda C_r < 2\sqrt{2k}$，

$\dfrac{4k}{\lambda C_r} + \dfrac{\lambda C_r}{2} \leqslant a \leqslant \dfrac{8k}{\lambda C_r}$。

（4）当 $\eta_s^* = 1$，$\eta_m^* = 1$ 时，约束条件有 $a \geqslant \dfrac{4k}{\lambda C_r} + \lambda C_r (1 - \eta_m)$，$a \geqslant \dfrac{8k}{\lambda C_r} + \lambda C_r (1 -$

$\eta_s)$，解得 $a > \dfrac{8k}{\lambda C_r}$。

由（1）和（3）可知，当 $\dfrac{2\sqrt{6k}}{3} < \lambda C_r < 2\sqrt{k}$，$\dfrac{4k}{\lambda C_r} + \dfrac{\lambda C_r}{2} \leqslant a \leqslant 2\lambda C_r$ 时，

供应链有两种召回努力策略：

$$\left(\eta_s^*(\eta_m) = \frac{\lambda C_r (a - \lambda C_r (2 - \eta_m))}{4k - (\lambda C_r)^2}, \eta_m^*(\eta_s) = \frac{\lambda C_r (a - \lambda C_r (2 - \eta_s))}{8k - (\lambda C_r)^2} \right) \tag{5.25}$$

$$\left(\eta_s^* = 1, \eta_m^*(\eta_s) = \frac{\lambda C_r (a - \lambda C_r (2 - \eta_s))}{8k - (\lambda C_r)^2} \right) \tag{5.26}$$

比较这两种策略，供应商关于其召回努力的反应函数为

$$\Pi_s(\eta_s) = \frac{8k^2 (a - (2 - \eta_s)\lambda C_r)^2}{(8k - (\lambda C_r)^2)^2} - \frac{k\eta_s^2}{2} \tag{5.27}$$

对 η_s 求一阶和二阶导有

$$\frac{\partial \Pi_s(\eta_s)}{\partial \eta_s} = \frac{16k^2 \lambda C_r (a - 2\lambda C_r)}{(8k - (\lambda C_r)^2)^2} + \frac{16k^2 (\lambda C_r)^2}{(8k - (\lambda C_r)^2)^2} \eta_s - k\eta_s \tag{5.28}$$

$$\frac{\partial^2 \Pi_s(\eta_s)}{\partial \eta_s^2} = \frac{(4k\lambda C_r)^2}{(8k - (\lambda C_r)^2)^2} - k \tag{5.29}$$

由于 $\dfrac{2\sqrt{6k}}{3} < \lambda C_r < 2\sqrt{k}$，可由式（5.29）判断有 $4k\lambda C_r > \sqrt{k}(8k - (\lambda C_r)^2)$，

所以 $\dfrac{\partial^2 \Pi_s(\eta_s)}{\partial \eta_s^2} > 0$，此时 $\Pi_s(\eta_s)$ 是关于 η_s 的凸函数，$\eta_s = 0$ 的可能由前面的讨论

已经排除，因而 $\eta_s^* = 1$ 时，供应商利润最优。

制造商关于其召回努力的反应函数为 $\Pi_m(\eta_m) = \left(\dfrac{(a-(2-\eta_m)\lambda C_r)k}{4k-(\lambda C_r)^2}\right)^2 - \dfrac{k\eta_m^2}{2}$,

对 η_m 求一阶和二阶导, $\dfrac{\partial \Pi_m(\eta_m)}{\partial \eta_m} = \dfrac{2k^2\lambda C_r(a-(2-\eta_m)\lambda C_r)}{(4k-(\lambda C_r)^2)^2} - k\eta_m$, $\dfrac{\partial^2 \Pi_m(\eta_m)}{\partial \eta_m^2} =$

$\dfrac{2k^2(\lambda C_r)^2}{(4k-(\lambda C_r)^2)^2} - k$, 由于 $\dfrac{2\sqrt{6k}}{3} < \lambda C_r < 2\sqrt{k}$, 易得 $\sqrt{2k}\lambda C_r > \sqrt{k}(4k-(\lambda C_r)^2)$,

所以 $\dfrac{\partial^2 \Pi_m(\eta_m)}{\partial \eta_m^2} > 0$, 此时, $\Pi_m(\eta_m)$ 是关于 η_m 的凸函数, 由一阶条件可得对称轴

$\bar{\eta}_m = \dfrac{2(\lambda C_r)^2 - a\lambda C_r}{5(\lambda C_r)^2 - 8k - \dfrac{(\lambda C_r)^4}{2k}}$ 。 给定 η_s , η_m 的反应函数分别为

$$\eta_m(\eta_s = 1) = \frac{a\lambda C_r - (\lambda C_r)^2}{8k - (\lambda C_r)^2}$$

$$\eta_m\left(\eta_s = \frac{\lambda C_r(a-\lambda C_r(2-\eta_m))}{4k-(\lambda C_r)^2}\right) = \frac{2(\lambda C_r)^2 - a\lambda C_r}{3(\lambda C_r)^2 - 8k}$$

比较 $\bar{\eta}_m$ 与 $\eta_m\left(\eta_s = \dfrac{\lambda C_r(a-\lambda C_r(2-\eta_m))}{4k-(\lambda C_r)^2}\right)$, 因:

$$5(\lambda C_r)^2 - 8k - \frac{(\lambda C_r)^4}{2k} - (3(\lambda C_r)^2 - 8k) = 2(\lambda C_r)^2 - \frac{(\lambda C_r)^4}{2k} > 0 \quad (5.30)$$

所以:

$$\eta_m\left(\eta_s = \frac{\lambda C_r(a-\lambda C_r(2-\eta_m))}{4k-(\lambda C_r)^2}\right) > \bar{\eta}_m \quad (5.31)$$

比较 $\eta_m(\eta_s = 1)$ 与 $\eta_m\left(\eta_s = \dfrac{\lambda C_r(a-\lambda C_r(2-\eta_m))}{4k-(\lambda C_r)^2}\right)$, 因为 $\dfrac{4k}{\lambda C_r} + \dfrac{\lambda C_r}{2} < a < 2\lambda C_r$,

所以:

$$\eta_m(\eta_s = 1) > \frac{\left(\dfrac{4k}{\lambda C_r} + \dfrac{\lambda C_r}{2}\right)\lambda C_r - (\lambda C_r)^2}{8k - (\lambda C_r)^2} = \frac{1}{2} \quad (5.32)$$

$$\eta_m\left(\eta_s = \frac{\lambda C_r(a-\lambda C_r(2-\eta_m))}{4k-(\lambda C_r)^2}\right) < \frac{2(\lambda C_r)^2 - \left(\dfrac{4k}{\lambda C_r} + \dfrac{\lambda C_r}{2}\right)\lambda C_r}{3(\lambda C_r)^2 - 8k} = \frac{1}{2} \quad (5.33)$$

所以有 $\eta_m(\eta_s = 1) > \eta_m\left(\eta_s = \dfrac{\lambda C_r(a-\lambda C_r(2-\eta_m))}{4k-(\lambda C_r)^2}\right)$, 由于 $\eta_m > \bar{\eta}_m$ 时, $\Pi_m(\eta_m)$

关于 η_m 单调递增, 所以 $\eta_s^* = 1$ 时对制造商更有利。 因此, 当 $\dfrac{2\sqrt{6k}}{3} < \lambda C_r < 2\sqrt{k}$,

$\dfrac{4k}{\lambda C_r} + \dfrac{\lambda C_r}{2} < a < 2\lambda C_r$ 时，双方选择策略 $\left(\eta_s^* = 1, \eta_m^*(\eta_s) = \dfrac{\lambda C_r(a - \lambda C_r(2 - \eta_s))}{8k - (\lambda C_r)^2} \right)$ 更好。

综合（1）、（2）、（3）、（4），只考虑供应链召回努力策略时，供应链共有三种召回努力策略。

当 $\lambda C_r < \dfrac{2\sqrt{6k}}{3}$，$2\lambda C_r \leqslant a \leqslant \dfrac{4k}{\lambda C_r} + \dfrac{\lambda C_r}{2}$ 时，$\eta_s^* = \dfrac{\lambda C_r(a - \lambda C_r(2 - \eta_m))}{4k - (\lambda C_r)^2}$，$\eta_m^* = \dfrac{\lambda C_r(a - \lambda C_r(2 - \eta_s))}{8k - (\lambda C_r)^2}$。

当 $\lambda C_r < 2\sqrt{2k}$，$\dfrac{4k}{\lambda C_r} + \dfrac{\lambda C_r}{2} \leqslant a \leqslant \dfrac{8k}{\lambda C_r}$ 时，$\eta_s^* = 1$，$\eta_m^* = \dfrac{\lambda C_r(a - \lambda C_r(2 - \eta_s))}{8k - (\lambda C_r)^2}$；

当 $a > \dfrac{8k}{\lambda C_r}$ 时，$\eta_s^* = 1$，$\eta_m^* = 1$。证毕。

定理 5.1 表明，当潜在市场规模很小时，由于边际利润不再满足大于 0 的条件，供应链停止生产销售活动；当潜在市场规模与初始期望单位召回成本都较小时，供应链开始生产销售活动，且供应商和制造商均采用部分召回努力；当潜在市场规模与初始期望单位召回成本都较大时，供应商和制造商均采用全额召回努力；否则，供应商采用全额召回努力而制造商采用部分召回努力。这是由于，对比供应商和制造商的优化模型式（5.4）和式（5.5），可得 $\dfrac{(a - \lambda C_r \gamma(\eta_s, \eta_m))^2}{8} > \dfrac{(a - \lambda C_r \gamma(\eta_s, \eta_m))^2}{16}$，供应商作为供应链的领导者，相比制造商，总能从减少的召回成本中获得更多的收益，因而供应商比起制造商有更大的动机去努力。供应链双方最优召回努力策略分布如图 5.2 所示。

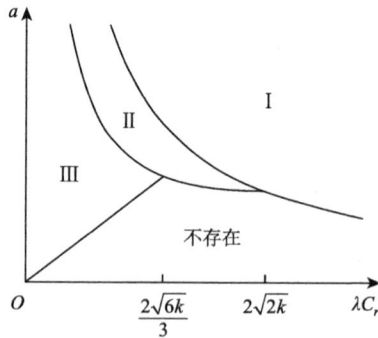

图 5.2　供应链最优召回努力

命题 5.1　供应商和制造商的最优召回努力大小与召回努力成本系数、潜在市场规模及初始期望单位召回成本有关。

（1）当供应商选择全额召回努力而制造商选择部分召回努力时，η_m^* 关于 λC_r 单调递增。

（2）当供应链双方都采取部分召回努力时，若潜在市场规模较大 $\left(a > \dfrac{4\sqrt{6k}}{3}\right)$，$\eta_s^*$ 和 η_m^* 都关于 λC_r 单调递增，若潜在市场规模较小 $\left(a < \dfrac{4\sqrt{6k}}{3}\right)$，$\eta_s^*$ 和 η_m^* 都关于 λC_r 先增后减，转折点为 $\dfrac{16k - 2\sqrt{k^2 - 6ka^2}}{3a}$。

（3）双方的召回努力水平关于 k 单调递减，关于 a 单调递增。

证明　当供应商选择全额召回努力而制造商选择部分召回努力时，对 η_m^* 求 λC_r 的一阶导：$\dfrac{\partial \eta_m^*}{\partial \lambda C_r} = \dfrac{A(\lambda C_r)}{(8k - (\lambda C_r)^2)^2}$，且 $A(\lambda C_r) = a(\lambda C_r)^2 - 16k\lambda C_r + 8ka$，其对称轴 $\overline{\lambda C_r} = \dfrac{8k}{a}$，由定理 5.1，$\lambda C_r < 2\sqrt{2k}$，若 $\overline{\lambda C_r} < 2\sqrt{2k}$，即 $a > 2\sqrt{2k}$，$\min A(\lambda C_r) = A(\overline{\lambda C_r}) = a\left(\dfrac{8k}{a}\right)^2 - 16k\dfrac{8k}{a} + 8ka = -\dfrac{64k^2}{a} + 8ka$，关于 a 单调递增，所以 $\min A(\lambda C_r) > -\dfrac{64k^2}{2\sqrt{2k}} + 8k(2\sqrt{2k}) = 0$，则 $A(\lambda C_r) > 0$，即 $\dfrac{\partial \eta_m^*}{\partial \lambda C_r} > 0$。若 $\overline{\lambda C_r} > 2\sqrt{2k}$，即 $a < 2\sqrt{2k}$，由定理 5.1，$a > \dfrac{4k}{\lambda C_r} + \dfrac{\lambda C_r}{2}$，$\lambda C_r = 2\sqrt{2k}$ 时，$\min a = 2\sqrt{2k}$，矛盾。因而 η_m^* 关于 λC_r 单调递增。

当供应链双方都采取部分召回努力时，对 η_s^* 求 λC_r 的一阶导：$\dfrac{\partial \eta_s^*}{\partial \lambda C_r} = \dfrac{B(\lambda C_r)}{(8k - 3(\lambda C_r)^2)^2}$，且 $B(\lambda C_r) = 6a(\lambda C_r)^2 - 64k\lambda C_r + 16ka$，其对称轴 $\overline{\lambda C_r} = \dfrac{16k}{3a}$，由定理 5.1，$\lambda C_r < \dfrac{2\sqrt{6k}}{3}$，若 $\overline{\lambda C_r} < \dfrac{2\sqrt{6k}}{3}$，即 $a > \dfrac{4\sqrt{6k}}{3}$，$\min B(\lambda C_r) = 6a\left(\dfrac{16k}{3a}\right)^2 - 64k\dfrac{16k}{3a} + 16ka = 16ka - \dfrac{512k^2}{3a} > 0$，即 $B(\lambda C_r) > 0$，$\dfrac{\partial \eta_s^*}{\partial \lambda C_r} > 0$，$\eta_s^*$ 关于 λC_r 单调递增。若 $\overline{\lambda C_r} > \dfrac{2\sqrt{6k}}{3}$，即 $a < \dfrac{4\sqrt{6k}}{3}$，$B(\lambda C_r)$ 在 $\left[0, \dfrac{2\sqrt{6k}}{3}\right]$ 单调递减，$B(\lambda C_r = 0) = 16ka > 0$，$B\left(\lambda C_r = \dfrac{2\sqrt{6k}}{3}\right) = 32k\left(a - \dfrac{4\sqrt{6k}}{3}\right) < 0$，则 $B(\lambda C_r)$ 在 $\left[0, \dfrac{2\sqrt{6k}}{3}\right]$ 有零点，令 $B(\lambda C_r) = 0$，解得 $\lambda C_r = \dfrac{16k - 2\sqrt{64k^2 - 6ka^2}}{3a}$，则 η_s^* 关于 λC_r 在 $\Big[0,$

$$\left. \frac{16k - 2\sqrt{64k^2 - 6ka^2}}{3a} \right]$$ 上单调递增，在 $\left[\frac{16k - 2\sqrt{64k^2 - 6ka^2}}{3a}, \frac{2\sqrt{6k}}{3} \right]$ 上单调递减。

由于 $\eta_m^* = \frac{\eta_s^*}{2}$，其单调性与 η_s^* 一致。证毕。

命题 5.1 表明，当供应商和制造商都选择部分召回努力时，若潜在市场规模较小，双方的召回努力都随着初始期望单位召回成本增加而先增加后减小，若潜在市场规模较大，双方的召回努力都随着初始期望单位召回成本增大而增大。当供应商选择全额召回努力而制造商选择部分召回努力时，制造商的召回努力随着初始期望单位召回成本增大而增大。当供应商和制造商都选择全额召回努力时，产品召回概率最低。

5.4　考虑制造商促销努力时最优努力决策

基于前面讨论的供应链召回努力模型，本节加入了促销因素，根据定理 5.1 的结论，随着潜在市场规模变大，供应链双方都会提高召回努力水平，所以，制造商的促销努力可能会影响双方的召回努力策略。假设制造商可以进行促销来刺激市场需求，借鉴 Gurnani 和 Erkoc（2008）及胡军等（2013）的需求模型，潜在市场需求量与产品价格和促销努力水平线性相关，促销努力水平为 e 时，潜在市场需求量从 a 增加到 $a + e$，制造商的订货量变为 $a + e - \hat{p}$，类似于召回努力成本，设定促销努力成本为 $\frac{k_e e^2}{2}$，k_e 为促销努力的成本系数。特别地，本节考虑 k_e 较大的情况 $\left(k_e > \frac{1}{2} \right)$，当 k_e 较小时，双方的最优利润是关于 e 的凸函数，即 e 越大，厂商的利润会无穷大，这显然是不合理的。制造商在获得批发价信息 $\hat{w}$ 后，权衡促销扩大的销售量和促销努力成本，决策促销努力，最后决策销售价格 $\hat{p}$，事件决策顺序如图 5.3 所示。

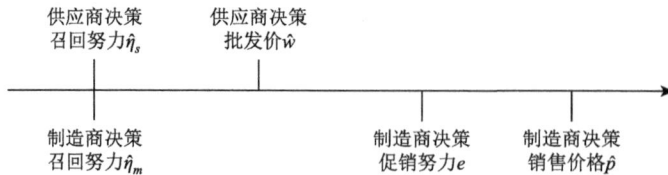

图 5.3　考虑制造商促销努力的供应链召回努力模型决策顺序

供应商和制造商的优化模型分别如下：

$$\max_{\hat{\eta}_s, \hat{w}} \hat{\Pi}_s = \hat{w}(a + e - \hat{p}) - \frac{k\hat{\eta}_s^2}{2} \tag{5.34}$$

$$\text{s.t.} \quad 0 \leqslant \hat{\eta}_s \leqslant 1$$

$$\max_{\hat{\eta}_m, e, \hat{p}} \hat{\Pi}_m = (\hat{p} - \hat{w})(a + e - \hat{p}) - \lambda\gamma(\hat{\eta}_s, \hat{\eta}_m)C_r(a + e - \hat{p}) - \frac{k\hat{\eta}_m^2}{2} - \frac{k_e e^2}{2} \quad (5.35)$$

$$\text{s.t.} \quad e \geq 0$$
$$0 \leq \hat{\eta}_m^* \leq 1$$

其中，$\hat{w}(a + e - \hat{p})$ 为供应商的毛利润；$\lambda\gamma(\hat{\eta}_s, \hat{\eta}_m)C_r(a + e - \hat{p})$ 为供应链期望召回

成本；$(\hat{p} - \hat{w})(a + e - \hat{p})$ 为制造商的毛利润；$\frac{k\hat{\eta}_i^2}{2}(i = s, m)$ 为供应商或制造商的召

回努力成本；$\frac{k_e e^2}{2}$ 为制造商的促销努力成本。

参与方独立决策，使各自利润最大化，该问题求解分为四个阶段，同样采用 KKT 条件求解。第一阶段从制造商角度优化价格 $\hat{p}$，解得唯一最优解 $\hat{p}^* = \dfrac{a + e + \hat{w} + \lambda C_r\gamma(\hat{\eta}_s, \hat{\eta}_m)}{2}$，将 $\hat{p}^*$ 代入式（5.35）可得

$$\max_{\hat{\eta}_m, e} \hat{\Pi}_m = \frac{(a + e - \hat{w} - \lambda C_r\gamma(\hat{\eta}_s, \hat{\eta}_m))^2}{4} - \frac{k\hat{\eta}_m^2}{2} - \frac{k_e e^2}{2} \quad (5.36)$$

$$\text{s.t.} \quad e \geq 0$$
$$w \leq a + e - \lambda C_r\gamma(\hat{\eta}_s, \hat{\eta}_m)$$
$$0 \leq \hat{\eta}_m \leq 1$$

第二阶段从制造商角度优化促销努力 e，解得唯一最优解 $e^* = \dfrac{a - \hat{w} - \lambda C_r\gamma(\hat{\eta}_s, \hat{\eta}_m)}{2k_e - 1}$，

将 e^* 代入式（5.36）可得

$$\max_{\hat{\eta}_s, \hat{w}} \hat{\Pi}_m = \frac{(a - e - \hat{p} - \lambda C_r\gamma(\hat{\eta}_s, \hat{\eta}_m))^2}{4} - \frac{k\hat{\eta}_m^2}{2} - \frac{k_e(a - \hat{w} - \lambda C_r\gamma(\hat{\eta}_s, \hat{\eta}_m))^2}{2(2k_e - 1)^2} \quad (5.37)$$

$$\text{s.t.} \quad a - \hat{w} \geq \lambda C_r\gamma(\hat{\eta}_s, \hat{\eta}_m)$$
$$0 \leq \hat{\eta}_s \leq 1$$

第三阶段从供应商角度优化批发价 $\hat{w}$，解得唯一最优解 $\hat{w}^* = \dfrac{a - \lambda C_r\gamma(\hat{\eta}_s, \hat{\eta}_m)}{2}$，

将 $\hat{w}^*$ 代入 e^*，可得 $e^* = \dfrac{a - \lambda C_r\gamma(\hat{\eta}_s, \hat{\eta}_m)}{4k_e - 2}$，将 $\hat{w}^*$ 和 e^* 代入 $\hat{p}^*$ 可得 $\hat{p}^* = \dfrac{(3k_e - 1)a + \lambda C_r\gamma(\hat{\eta}_s, \hat{\eta}_m)(k_e - 1)}{4k_e - 2}$。将 e^* 和 $\hat{w}^*$ 代入式（5.36）和式（5.37）分别得到

式（5.38）和式（5.39）：

$$\max_{\hat{\eta}_s} \hat{\Pi}_s = \frac{k_e(a - \lambda C_r\gamma(\hat{\eta}_s, \hat{\eta}_m))^2}{8k_e - 4} - \frac{k\hat{\eta}_s^2}{2} \quad (5.38)$$

$$\text{s.t.} \quad a \geq \lambda C_r\gamma(\hat{\eta}_s, \hat{\eta}_m)$$
$$0 \leq \hat{\eta}_s \leq 1$$

$$\max_{\hat{\eta}_m} \hat{\Pi}_m = \frac{k_e(a - \lambda C_r \gamma(\hat{\eta}_s, \hat{\eta}_m))^2}{16k_e - 8} - \frac{k\hat{\eta}_m^2}{2} \tag{5.39}$$

$$\text{s.t.} \quad a \leqslant \lambda C_r \gamma(\hat{\eta}_s, \hat{\eta}_m)$$

$$0 \leqslant \hat{\eta}_m \leqslant 1$$

第四阶段，根据式（5.38）和式（5.39），供应商优化 $\hat{\eta}_s$ ，制造商优化 $\hat{\eta}_m$ ，可得定理 5.2。

定理 5.2　在考虑制造商促销努力的情况下，供应链最优召回努力策略不仅与初始期望单位召回成本和潜在市场规模有关，还与促销努力成本系数有关。

（1）当初始期望单位召回成本较小时 $\left(\lambda C_r \leqslant \sqrt{\dfrac{8k}{3} - \dfrac{4k}{3k_e}} \right)$：若潜在市场规模较

大 $\left(a > \dfrac{8k_e - 4}{k_e \lambda C_r} k \right)$，则供应链双方都采取全额召回努力（ $\hat{\eta}_s^* = 1$ ， $\hat{\eta}_m^* = 1$），记作 FF；

若潜在市场规模适中 $\left(\dfrac{4k_e - 2}{k_e \lambda C_r} k + \dfrac{\lambda C_r}{2} < a \leqslant \dfrac{8k_e - 4}{k_e \lambda C_r} k \right)$，则供应商采取全额召回努

力而制造商采取部分召回努力 $\left(\hat{\eta}_s^* = 1, \quad \hat{\eta}_m^* = \dfrac{k_e \lambda C_r (a - \lambda C_r)}{8k_e k - 4k - k_e(\lambda C_r)^2} \right)$，记作 FP；若

潜在市场规模较小 $\left(2\lambda C_r < a \leqslant \dfrac{4k_e - 2}{k_e \lambda C_r} k + \dfrac{\lambda C_r}{2} \right)$，则供应链双方都采取部分召回

努力 $\left(\hat{\eta}_s^* = \dfrac{2k_e \lambda C_r (a - 2\lambda C_r)}{8k_e k - 4k - 3k_e(\lambda C_r)^2}, \quad \hat{\eta}_m^* = \dfrac{k_e \lambda C_r (a - 2\lambda C_r)}{8k_e k - 4k - 3k_e(\lambda C_r)^2} \right)$，记作 PP；否则，

供应链无生产销售活动。

（2）当初始期望单位召回成本适中时 $\left(\sqrt{\dfrac{8k}{3} - \dfrac{4k}{3k_e}} < \lambda C_r \leqslant \sqrt{8k - \dfrac{4k}{k_e}} \right)$：若

潜在市场规模较大 $\left(a > \dfrac{8k_e - 4}{k_e \lambda C_r} k \right)$，最优召回努力为 FF；若潜在市场规模适中

$\left(\dfrac{4k_e - 2}{k_e \lambda C_r} k + \dfrac{\lambda C_r}{2} < a \leqslant \dfrac{8k_e - 4}{k_e \lambda C_r} k \right)$，最优召回努力为 FP；否则，供应链无生产销售

活动。

（3）当初始期望单位召回成本较大时 $\left(\lambda C_r > \sqrt{8k - \dfrac{4k}{k_e}} \right)$：若潜在市场规模足

够大 $\left(a > \dfrac{8k_e - 4}{k_e \lambda C_r} k \right)$，最优召回努力为 FF；否则，供应链无生产销售活动。

定理 5.2 表明，在召回努力的基础上考虑促销努力对供应链双方的最优召回

努力策略选择没有影响，与定理 5.1 类似，只有当潜在市场规模足够大时，供应链才会进行生产销售活动。当潜在市场规模与初始期望单位召回成本都较大时，供应链双方都选择全额召回努力；当潜在市场规模与初始期望单位召回成本都较小时，供应链双方都选择部分召回努力；除上述两种情况外，供应商选择全额召回努力而制造商选择部分召回努力。相比只考虑供应链召回努力，由于促销努力扩大了实际市场需求，供应链双方采取相同召回努力时的潜在市场规模的门槛更低，在图 5.4 中表现为召回努力策略分布的分界线下移，供应链无生产销售活动的区域减小，因此，制造商的促销努力能够缓解潜在市场需求不足，激励双方采取召回努力。

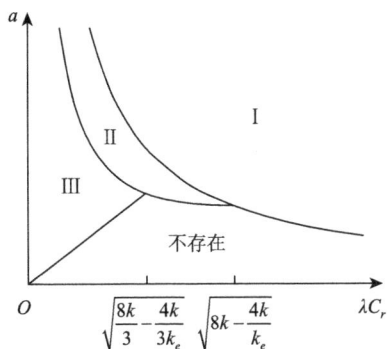

图 5.4　考虑促销努力时供应链最优努力

命题 5.2　制造商的最优促销努力大小与潜在市场规模、初始期望单位召回成本及促销努力成本系数有关，均衡结果见表 5.2。

表 5.2　考虑促销努力时供应商的最优努力水平

区域	$\hat{\eta}_s^*$	$\hat{\eta}_m^*$	e^*
I	1	1	$e_{\mathrm{I}}^* = \dfrac{a}{4k_e - 2}$
II	1	$\dfrac{k_e \lambda C_r(a - \lambda C_r)}{8k_e k - 4k - k_e(\lambda C_r)^2}$	$e_{\mathrm{II}}^* = \dfrac{2k(a - \lambda C_r)}{8k_e k - 4k - k_e(\lambda C_r)^2}$
III	$\dfrac{2k_e \lambda C_r(a - 2\lambda C_r)}{8k_e k - 4k - 3k_e(\lambda C_r)^2}$	$\dfrac{k_e \lambda C_r(a - 2\lambda C_r)}{8k_e k - 4k - 3k_e(\lambda C_r)^2}$	$e_{\mathrm{III}}^* = \dfrac{2k(a - 2\lambda C_r)}{8k_e k - 4k - 3k_e(\lambda C_r)^2}$

（1）e_{I}^*，e_{II}^* 和 e_{III}^* 关于 a 单调递增，关于 k_e 单调递减。

（2）当供应链双方都采取全额召回努力时，最优促销努力为 e_{I}^*，与 λC_r 无关。

（3）当供应商采取全额召回努力而制造商采取部分召回努力时，最优促销努力为 e_{II}^*，关于 λC_r 单调递增。

（4）当供应链双方都采取部分召回努力时，最优促销努力为 e_{III}^*，若潜在市场规模较小 $\left(a \leqslant 4\sqrt{\dfrac{k(2k_e-1)}{3k_e}}\right)$，$e_{\text{III}}^*$ 关于 λC_r 单调递减，若潜在市场规模较大 $\left(a > 4\sqrt{\dfrac{k(2k_e-1)}{3k_e}}\right)$，$e_{\text{III}}^*$ 关于 λC_r 先减后增，转折点为 $\dfrac{3ak_e - \sqrt{3k_e((3a^2-32k)k_e+16k)}}{6k_e}$。

证明 当供应链双方都采取全额召回努力时，最优促销努力 $e_{\text{I}}^* = \dfrac{a}{4k_e-2}$，显然，与 λC_r 无关。

当供应商采取全额召回努力而制造商采取部分召回努力时，最优促销努力 $e_{\text{II}}^* = \dfrac{2k(a-\lambda C_r)}{8k_e k - 4k - k_e(\lambda C_r)^2}$。对 e_{II}^* 求 λC_r 的一阶导，$\dfrac{\partial e_{\text{II}}^*}{\partial \lambda C_r} = \dfrac{C(\lambda C_r)}{(8k_e k - 4k - k_e(\lambda C_r)^2)^2}$，$C(\lambda C_r) = 4kk_e \lambda C_r a - 2kk_e(\lambda C_r)^2 - 16k_e k^2 + 8k^2$，由定理 5.2 可知，$a > \dfrac{4k_e-2}{k_e \lambda C_r}k + \dfrac{\lambda C_r}{2}$，则 $C(\lambda C_r) > 4kk_e \lambda C_r \left(\dfrac{4k_e-2}{k_e \lambda C_r}k + \dfrac{\lambda C_r}{2}\right) - 2kk_e(\lambda C_r)^2 - 16k_e k^2 + 8k^2 = 0$，所以 $\dfrac{\partial e_{\text{II}}^*}{\partial \lambda C_r} > 0$，$e_{\text{II}}^*$ 关于 λC_r 单调递增。

当供应链双方都采取部分召回努力策略时，最优促销努力策略 $e_{\text{III}}^* = \dfrac{2k(a-2\lambda C_r)}{8k_e k - 4k - 3k_e(\lambda C_r)^2}$。对 e_{III}^* 求 λC_r 的一阶导，$\dfrac{\partial e_{\text{III}}^*}{\partial \lambda C_r} = \dfrac{D(\lambda C_r)}{(8k_e k - 4k - 3k_e(\lambda C_r)^2)^2}$，$D(\lambda C_r) = -12kk_e(\lambda C_r)^2 + 12kk_e \lambda C_r a - 32k_e k^2 + 16k^2$，其对称轴 $\overline{\lambda C_r} = \dfrac{a}{2}$，由定理 5.2 可知，$\lambda C_r < \sqrt{\dfrac{8k}{3} - \dfrac{4k}{3k_e}}$，若 $\overline{\lambda C_r} < \sqrt{\dfrac{8k}{3} - \dfrac{4k}{3k_e}}$，即 $a < 4\sqrt{\dfrac{k(2k_e-1)}{3k_e}}$，$D(\lambda C_r)$ 在 $\left[0, \sqrt{\dfrac{8k}{3} - \dfrac{4k}{3k_e}}\right]$ 先增后减，因为 $D(\overline{\lambda C_r}) = -12kk_e \left(\dfrac{a}{2}\right)^2 + 12kk_e \left(\dfrac{a}{2}\right)a - 32k_e k^2 + 16k^2 = 3kk_e a^2 - 32k_e k^2 + 16k^2 < 0$，所以 $D(\lambda C_r) < 0$，$\dfrac{\partial e_{\text{III}}^*}{\partial \lambda C_r} < 0$，$e_{\text{III}}^*$ 关于 λC_r 单调递减。若 $\overline{\lambda C_r} > \sqrt{\dfrac{8k}{3} - \dfrac{4k}{3k_e}}$，即 $a > 4\sqrt{\dfrac{k(2k_e-1)}{3k_e}}$，$D(\lambda C_r)$ 在 $\left[0, \sqrt{\dfrac{8k}{3} - \dfrac{4k}{3k_e}}\right]$ 单调递增，又因为 $k_e > \dfrac{1}{2}$，$D(0) = -32k_e k^2 + 16k^2 < 0$，$D\left(\sqrt{\dfrac{8k}{3} - \dfrac{4k}{3k_e}}\right) > 0$，$e_{\text{III}}^*$ 关于 λC_r 先减后增。证毕。

由命题 5.2 可知，潜在市场规模越大，促销努力成本系数越小，则制造商越有动机进行促销。当供应链双方都采取部分召回努力时，若潜在市场规模较小，随着初始期望单位召回成本增大，促销努力减小；若潜在市场规模较大，促销努力随着初始期望单位召回成本增大而先减小后增大。当供应链采取全额召回努力而制造商采取部分召回努力时，随着初始期望单位召回成本增大，促销努力增大。当供应链双方都采取全额召回努力时，促销努力大小与初始期望单位召回成本无关。

5.5　考虑供应商生产努力时最优努力决策

类似于制造商的促销努力，供应商的生产努力同样可以影响市场需求。例如，供应商可以通过增加研发投入改进产品的功能或设计、提高售后服务质量等方式扩大市场需求，但并不改变产品本身的质量（胡本勇和曲佳莉，2015）。我们同样假设市场需求与产品价格和生产努力线性相关，供应商的生产努力水平为 θ 时，实际市场需求量为 $a+\theta-\tilde{p}$，类似地，设定供应商的生产努力成本为 $\dfrac{k_\theta \theta^2}{2}$，$k_\theta$ 为生产努力成本系数。这里，本节考虑 k_θ 较大的情况 $\left(k_\theta > \dfrac{1}{4}\right)$，当 $k_\theta < \dfrac{1}{4}$ 时，双方利润函数是关于 θ 的凸函数，即 θ 越大，厂商的利润越会无穷大，与现实不符。事件决策顺序见图 5.5，生产活动之前，供应商先决策产品生产努力 θ，随后与制造商同时决策召回努力 $(\tilde{\eta}_s, \tilde{\eta}_m)$，然后供应商生产零部件并以批发价 $\tilde{w}$ 出售给制造商，制造商对零部件进行加工组装，最后销售季来临，制造商以价格 $\tilde{p}$ 进行销售，其他条件同供应链召回努力模型。

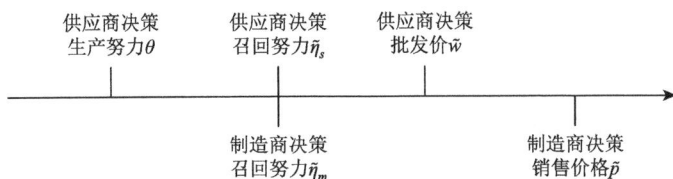

图 5.5　考虑供应商生产努力的供应链召回努力模型决策顺序

供应商与制造商的优化模型分别为

$$\max_{\theta, \tilde{\eta}_s, \tilde{w}} \tilde{\Pi}_s = \tilde{w}(a+\theta-\tilde{p}) - \frac{k\tilde{\eta}_s^2}{2} - \frac{k_\theta \theta^2}{2} \tag{5.40}$$
$$\text{s.t.} \quad \theta \geqslant 0$$
$$0 \leqslant \tilde{\eta}_s \leqslant 1$$

$$\max_{\theta,\tilde{\eta}_s,\tilde{w}} \tilde{\Pi}_m = (p-\tilde{w})(a+\theta-\tilde{p}) - \lambda\gamma(\tilde{\eta}_s,\tilde{\eta}_m)C_r(a+\theta-\tilde{p}) - \frac{k\tilde{\eta}_m^2}{2} \qquad (5.41)$$

$$\text{s.t.} \quad 0 \leqslant \tilde{\eta}_m \leqslant 1$$

其中，$\tilde{w}(a+\theta-\tilde{p})$ 为供应商的毛利润；$(\tilde{p}-\tilde{w})(a+\theta-\tilde{p})$ 为制造商的毛利润；$\lambda\gamma(\tilde{\eta}_s,\tilde{\eta}_m)C_r(a+\theta-\tilde{p})$ 为供应链期望召回成本；$\frac{k\tilde{\eta}_i^2}{2}(i=s,m)$ 为供应商或制造商的召回努力成本；$\frac{k_\theta\theta^2}{2}$ 为供应商的生产努力成本。

参与方独立决策，使各自利润最大化，该问题求解即在供应链召回努力模型的基础上进一步优化供应商生产努力 θ，求解可得到定理 5.3。

定理 5.3　在考虑供应商生产努力的情况下，供应链最优召回努力不仅与初始期望单位召回成本和潜在市场规模有关，还与生产努力成本系数有关。

（1）当初始期望单位召回成本较小时（$\lambda C_r < t_1$），若潜在市场规模较大 $a > \frac{8k}{\lambda C_r} - \frac{16k^2}{\lambda C_r k_\theta(8k-(\lambda C_r)^2)}$，即区域 I 和区域 II，供应链双方都采取全额召回努力；若潜在市场规模适中 $\frac{4k}{\lambda C_r} + \frac{\lambda C_r}{2} - \frac{8k^2-2k(\lambda C_r)^2}{\lambda C_r k_\theta(8k-3(\lambda C_r)^2)} < a \leqslant \frac{8k}{\lambda C_r} - \frac{16k^2}{\lambda C_r k_\theta(8k-(\lambda C_r)^2)}$，即区域 III 和区域 IV，则供应商采取全额召回努力而制造商采取部分召回努力；若潜在市场规模较小 $\left(2\lambda C_r < a \leqslant \frac{4k}{\lambda C_r} + \frac{\lambda C_r}{2} - \frac{8k^2-2k(\lambda C_r)^2}{\lambda C_r k_\theta(8k-3(\lambda C_r)^2)}\right)$，即区域 V，供应链双方都采取部分召回努力；否则，供应链无生产销售活动。

（2）当初始期望单位召回成本适中时（$t_1 < \lambda C_r < t_2$），若潜在市场规模较大，即区域 I 和区域 II，供应链双方都采取全额召回努力；若潜在市场规模适中，即区域 III 和区域 IV，则供应商采取全额召回努力而制造商采取部分召回努力；若潜在市场规模较小，即区域 V，供应链双方都采取部分召回努力；否则，供应链无生产销售活动。

（3）当初始期望单位召回成本较大时（$\lambda C_r > t_2$），若潜在市场规模较大，即区域 I 和 II，供应链双方都采取全额召回努力；否则，供应链无生产销售活动。

其中，$t_1 = \sqrt{\dfrac{24kk_\theta - 2k - 2k\sqrt{12k_\theta+1}}{9k_\theta}}$，$t_2$ 为方程 $\dfrac{8k}{\lambda C_r} - \lambda C_r - \dfrac{16k}{k_\theta \lambda C_r(8k-(\lambda C_r)^2)} - \sqrt{\dfrac{(8k-(\lambda C_r)^2)^2}{16k} - \dfrac{k}{k_\theta}} = 0$ 的唯一解，$t_3 = 2\sqrt{4k - \dfrac{k}{k_\theta}}$，最优召回努力策略分布如图 5.6 所示，最优召回努力水平可见表 5.3。

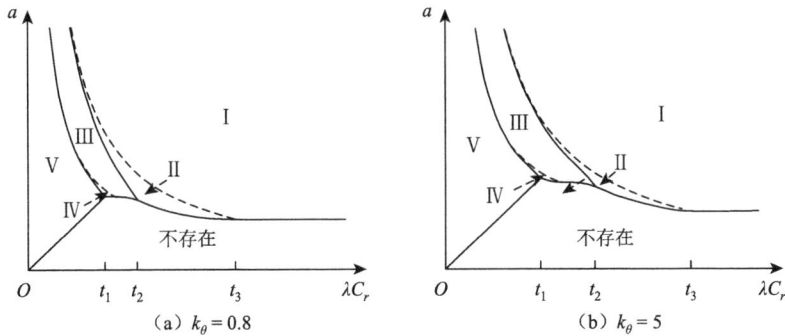

（a）$k_\theta = 0.8$　　　　　　　　　（b）$k_\theta = 5$

图 5.6　考虑生产努力时供应商最优召回努力

表 5.3　考虑生产努力时供应链最优努力水平

区域	$\tilde{\eta}_s^*$	$\tilde{\eta}_m^*$	θ^*
I	1	1	$\theta_{\mathrm{I}}^* = \dfrac{a}{4k_\theta - 1}$
II	1	1	$\theta_{\mathrm{II}}^* = \dfrac{8k}{\lambda C_r} - a$
III	1	$\dfrac{\lambda C_r k_\theta (8k - (\lambda C_i)^2)(a - \lambda C_r)}{k_\theta (8k - (\lambda C_i)^2)^2 - 16k^2}$	$\theta_{\mathrm{III}}^* = \dfrac{16k^2(a - \lambda C_r)}{k_\theta (8k - (\lambda C_i)^2)^2 - 16k^2}$
IV	1	$\dfrac{1}{2}$	$\theta_{\mathrm{IV}}^* = \dfrac{4k}{\lambda C_r} + \dfrac{\lambda C_r}{2} - a$
V	$\dfrac{2\lambda C_r k_\theta (8k - 3(\lambda C_r)^2)(a - 2\lambda C_r)}{k_\theta (8k - 3(\lambda C_r)^2)^2 - k(16k - 4(\lambda C_r)^2)}$	$\dfrac{\lambda C_r k_\theta (8k - 3(\lambda C_r)^2)(a - 2\lambda C_r)}{k_\theta (8k - 3(\lambda C_r)^2)^2 - k(16k - 4(\lambda C_r)^2)}$	$\theta_{\mathrm{V}}^* = \dfrac{k(16k - 4(\lambda C_r)^2)(a - 2\lambda C_r)}{k_\theta (8k - 3(\lambda C_r)^2)^2 - k(16k - 4(\lambda C_r)^2)}$

　　定理 5.3 表明，供应商进行生产努力时，当潜在市场规模和初始期望单位召回成本都较小时，供应链双方都采用部分召回努力；当潜在市场规模和初始期望单位召回成本都较大时，供应链双方都采用全额召回努力；否则，供应商采取全额召回努力而制造商采取部分召回努力。相比只考虑双方的召回努力，生产努力能降低双方采取召回努力策略时潜在市场规模的门槛，在图 5.6 中表现为召回努力策略分布的分界线下移，供应链无生产销售活动的区域减小。

　　命题 5.3　供应商最优生产努力与潜在市场规模、初始期望单位召回成本、召回努力成本系数以及生产努力成本系数有关。

　　（1）区域 I 中，最优生产努力为 θ_{I}^*，与 λC_r 无关。

　　（2）区域 II 中，最优生产努力为 θ_{II}^*，且 θ_{II}^* 是关于 λC_r 的减函数。

　　（3）区域 III 中，最优生产努力为 θ_{III}^*，且 θ_{III}^* 是关于 λC_r 的增函数。

　　（4）区域 IV 中，最优生产努力为 θ_{IV}^*，且 θ_{IV}^* 是关于 λC_r 的减函数。

（5）区域 V 中，最优生产努力为 θ_V^*，与 λC_r 有关。

（6）θ_I^*、θ_{III}^*、θ_V^* 关于 a 单调递增，关于 k_θ 单调递减，θ_{II}^*、θ_{IV}^* 关于 a 单调递减，与 k_θ 无关。

证明　区域 I 中，最优生产努力 $\theta_I^* = \dfrac{a}{4k_\theta - 1}$，显然，与 λC_r 无关。区域 II 中，

最优生产努力 $\theta_{II}^* = \dfrac{8k}{\lambda C_r} - a$，关于 λC_r 单调递减。区域 III 中，最优生产努力 $\theta_{III}^* =$

$\dfrac{16k^2(a - \lambda C_r)}{k_\theta(8k - (\lambda C_r)^2)^2 - 16k^2}$，对 θ_{III}^* 求 λC_r 的一阶导，$\dfrac{\partial \theta_{III}^*}{\partial \lambda C_r} = \dfrac{M(\lambda C_r)}{(k_\theta(8k - (\lambda C_r)^2)^2 - 16k^2)^2}$，

其中，$M(\lambda C_r) = -16k^2 k_\theta(8k - (\lambda C_r)^2)^2 + 256k^4 + 64k^2 k_\theta \lambda C_r(a - \lambda C_r)(8 - (\lambda C_r)^2)$，

由定理 5.3，$a > \dfrac{4k}{\lambda C_r} + \dfrac{\lambda C_r}{2} - \dfrac{8k}{\lambda C_r k_\theta(8k - (\lambda C_r)^2)}$，所以：

$$M(\lambda C_r) > -16k^2 k_\theta(8k - (\lambda C_r)^2)^2 + 256k^4 + 64k^2 k_\theta \lambda C_r \left(\frac{4k}{\lambda C_r} + \frac{\lambda C_r}{2} \right.$$

$$\left. - \frac{8k}{\lambda C_r k_\theta(8k - (\lambda C_r)^2)} - \lambda C_r \right)(8 - (\lambda C_r)^2) \tag{5.42}$$

$$= 16k^2 k_\theta(8k - (\lambda C_r)^2)^2 - 256k^4$$

由 $\theta_{III}^* > 0$ 可知，θ_{III}^* 有解条件为 $k_\theta > \dfrac{16k^2}{(8k - (\lambda C_r)^2)^2}$，所以：

$$M(\lambda C_r) > 16k^2 k_\theta(8k - (\lambda C_r)^2)^2 - 256k^4 > 0，\quad \frac{\partial \theta_{III}^*}{\partial \lambda C_r} > 0 \tag{5.43}$$

即 θ_{III}^* 关于 λC_r 单调增。区域 IV 中，最优生产努力 $\theta_{IV}^* = \dfrac{4k}{\lambda C_r} + \dfrac{\lambda C_r}{2} - a$，由定理 5.3，

此时 $\lambda C_r < \sqrt{8k}$，易得 θ_{IV}^* 关于 λC_r 单调递减。区域 V 中，最优生产努力：

$$\theta_V^* = \frac{k(16k - 4(\lambda C_r)^2)(a - 2\lambda C_r)}{k_\theta(8k - 3(\lambda C_r)^2)^2 - k(16k - 4(\lambda C_r)^2)} \tag{5.44}$$

与 λC_r 有关。证毕。

命题 5.3 表明，考虑供应商的生产努力时，对应不同的供应链召回努力策略，供应商有五种生产努力策略。当供应商选择策略 θ_I^*、θ_{III}^*、θ_V^* 时，生产努力大小与潜在市场规模、生产努力成本系数有关，且潜在市场规模越大，生产努力成本系数越小，供应商更愿意进行生产努力；而当供应商选择策略 θ_{II}^*、θ_{IV}^* 时，潜在市场规模增大反而会抑制供应商的生产努力，且努力大小与生产努力成本系数无关，但随着生产努力成本系数增大，如图 5.6（a）和图 5.6（b）所示，策略 θ_{II}^*、θ_{IV}^* 所在潜在市场规模区域逐渐减小。

5.6　不同情形下供应链最优策略对比

命题 5.4　在考虑召回努力的基础上,制造商的促销努力可以降低供应商或制造商采取全额召回努力时潜在市场规模的门槛。

（1）促销努力使供应商采取全额召回努力时潜在市场规模的门槛降低了 $\dfrac{2k}{k_e\lambda C_r}$,当 $\dfrac{4k_e-2}{k_e\lambda C_r}k+\dfrac{\lambda C_r}{2}<a<\dfrac{4k}{\lambda C_r}+\dfrac{\lambda C_r}{2}$ 时,供应商会放弃部分召回努力而选择全额召回努力。

（2）促销努力使制造商采取全额召回努力时潜在市场规模的门槛降低了 $\dfrac{4k}{k_e\lambda C_r}$,当 $\dfrac{8k_e-4}{k_e\lambda C_r}k<a<\dfrac{8k}{\lambda C_r}$ 时,制造商会放弃部分召回努力而选择全额召回努力。

由命题 5.4 可知,制造商的促销努力扩大了实际市场需求,使得较低潜在市场规模下双方也会采取全额召回努力,但是促销努力对供应商的激励效果要弱于激励制造商本身,同时激励效果受限于制造商的促销努力成本系数及单位产品的期望召回成本,两者过高都会削弱促销努力对双方召回努力的激励效果。

命题 5.5　在仅考虑召回努力的基础上,供应商的生产努力能够降低供应商或制造商采取全额召回努力时潜在市场规模的门槛。

（1）生产努力使供应商采取全额召回努力时潜在市场规模的门槛降低了 $\dfrac{8k^2-2k(\lambda C_r)^2}{k_\theta\lambda C_r(8k-3(\lambda C_r)^2)}$,当 $\dfrac{4k}{\lambda C_r}+\dfrac{\lambda C_r}{2}-\dfrac{8k^2-2k(\lambda C_r)^2}{k_\theta\lambda C_r(8k-3(\lambda C_r)^2)}<a<\dfrac{4k}{\lambda C_r}+\dfrac{\lambda C_r}{2}$ 时,供应商会放弃部分召回努力而选择全额召回努力。

（2）生产努力使制造商采取全额召回努力时潜在市场规模的门槛降低了 $\dfrac{16k^2}{k_\theta\lambda C_r(8k-(\lambda C_r)^2)}$,当 $\dfrac{8k}{\lambda C_r}-\dfrac{16k^2}{k_\theta\lambda C_r(8k-(\lambda C_r)^2)}<a<\dfrac{8k}{\lambda C_r}$ 时,制造商会放弃部分召回努力而选择全额召回努力。

由命题 5.5 可知,与促销努力类似,供应商的生产努力也能降低供应链成员采取全额召回努力的潜在市场规模门槛,同时激励效果与生产努力成本系数和期望单位召回成本有关,生产努力成本系数较高会削弱激励效果,与促销努力不同的是,当期望单位召回成本较大时,其增加反而能强化激励效果,这是由于供应商进行生产努力对制造商产生的正外部性,此时制造商进行全额召回努力的收益要高于其承担的召回成本。

命题 5.4 和命题 5.5 表明促销努力和生产努力都能影响供应商和制造商采取全

额召回努力时的潜在市场规模门槛，为了讨论这种影响差异，对比两种情形下的最优召回努力水平可得命题 5.6。

命题 5.6　对比考虑促销努力与生产努力的情形，供应商和制造商采取全额召回努力时潜在市场规模门槛的差异与生产努力成本系数及促销努力成本系数有关。

（1）对供应商，当 $k_\theta > \dfrac{4k - (\lambda C_r)^2}{8k - 3(\lambda C_r)^2} k_e$ 时，促销努力使供应商采取全额召回努力时潜在市场规模的门槛降低了 $\dfrac{2k}{k_e \lambda C_r} - \dfrac{8k^2 - 2k(\lambda C_r)^2}{k_\theta \lambda C_r (8k - 3(\lambda C_r)^2)}$。

当 $\dfrac{4k_e - 2}{k_e \lambda C_r} k + \dfrac{\lambda C_r}{2} < a < \dfrac{4k}{\lambda C_r} + \dfrac{\lambda C_r}{2} - \dfrac{8k^2 - 2k(\lambda C_r)^2}{k_\theta \lambda C_r (8k - 3(\lambda C_r)^2)}$ 时，供应商会放弃部分召回努力而选择全额召回努力，此时促销努力使供应商采取全额召回努力时潜在市场规模的门槛降低得更多；否则，生产努力使供应商采取全额召回努力时潜在市场规模的门槛降低得更多。

（2）对制造商，当 $k_\theta > \dfrac{4kk_e}{8k - (\lambda C_r)^2}$ 时，促销努力使制造商采取全额召回努力时潜在市场规模的门槛降低了 $\dfrac{4k}{k_e} - \dfrac{16k^2}{k_\theta \lambda C_r (8k - (\lambda C_r)^2)}$，当 $\dfrac{8k_e - 4}{k_e \lambda C_r} k < a < \dfrac{8k}{\lambda C_r} - \dfrac{16k^2}{k_\theta \lambda C_r (8k - (\lambda C_r)^2)}$ 时，制造商会放弃部分召回努力而选择全额召回努力；否则，生产努力使制造商采取全额召回努力时潜在市场规模的门槛降低。

由命题 5.6 可知，生产努力成本系数相较于促销努力成本系数足够大时，促销努力对供应商和制造商的召回努力的激励效果要优于生产努力，促进双方在更小的潜在市场规模下也会采取全额召回努力，反之亦然。同时，生产努力成本系数越小，促销努力相较于生产努力对供应链成员的召回努力的激励效果越受到削弱，生产努力的激励效果得到强化，而促销努力成本系数越小，促销努力对召回努力的激励效果越明显。

命题 5.7　对比考虑促销努力或生产努力的情形，供应商的最优召回努力策略对比与促销努力成本系数、生产努力成本系数及潜在市场规模有关。

（1）当 $k_\theta > \max\left(\dfrac{8k^2 - 2k(\lambda C_r)^2}{\left(4k + \dfrac{(\lambda C_r)^2}{2} - a\lambda C_r\right)(8k - 3(\lambda C_r)^2)}, \dfrac{4k - (\lambda C_r)^2}{8k - 3(\lambda C_r)^2} k_e \right)$ 时，对任意 k_e 都有 $\hat{\eta}_s^* > \tilde{\eta}_s^*$。

（2）当 $k_e \leqslant \dfrac{4k}{8k+(\lambda C_r)^2 - 2a\lambda C_r}$ 且 $k_\theta \leqslant \dfrac{8k^2 - 2k(\lambda C_r)^2}{\left(4k + \dfrac{(\lambda C_r)^2}{2} - a\lambda C_r\right)(8k - 3(\lambda C_r)^2)}$

时，$\hat{\eta}_s^* = \tilde{\eta}_s^*$。

（3）否则，$\hat{\eta}_s^* < \tilde{\eta}_s^*$。

由命题 5.7 可知，站在供应商的角度，如图 5.7（a）所示，当生产努力成本系数与促销努力成本系数都较小时，无论进行促销努力还是生产努力，供应商的最优召回努力水平相同且最大，当生产努力成本系数较大且相对于促销努力成本系数较大时，制造商采用促销努力时供应商的召回努力水平更高，否则，供应商采取生产努力更能促进自身采取更高水平的召回努力。

命题 5.8　对比考虑促销努力或生产努力的情形，制造商的最优召回努力策略对比与促销努力成本系数、生产努力成本系数及潜在市场规模有关。

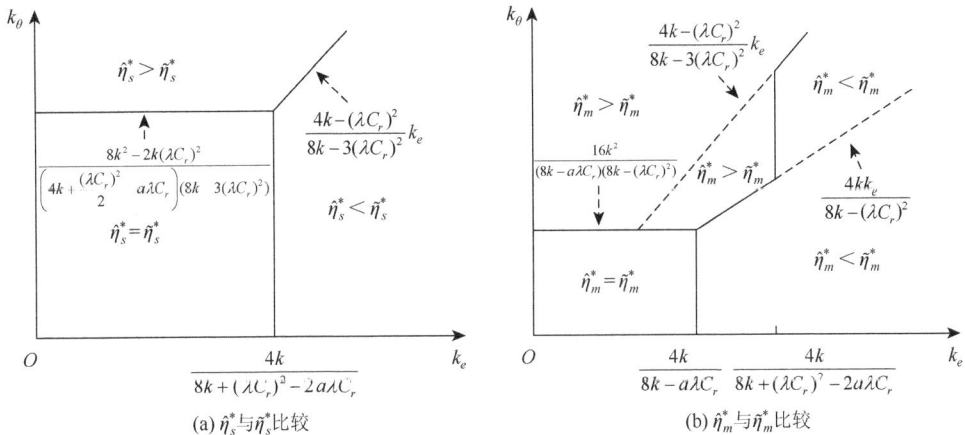

图 5.7　考虑促销努力或者生产努力下的最优召回努力策略对比

（1）当 $k_e \leqslant \dfrac{4k}{8k+(\lambda C_r)^2 - 2a\lambda C_r}$ 且 $k_\theta > \max\left(\dfrac{16k^2}{(8k - a\lambda C_r)(8k-(\lambda C_r)^2)}, \dfrac{4kk_e}{8k-(\lambda C_r)^2}\right)$

时，或者当 $k_e > \dfrac{4k}{8k+(\lambda C_r)^2 - 2a\lambda C_r}$ 且 $k_\theta > \dfrac{4k-(\lambda C_r)^2}{8k - 3(\lambda C_r)^2}k_e$ 时，$\hat{\eta}_m^* > \tilde{\eta}_m^*$。

（2）当 $k_e \leqslant \dfrac{4k}{8k - a\lambda C_r}$ 且 $k_\theta \leqslant \dfrac{16k^2}{(8k - a\lambda C_r)(8k-(\lambda C_r)^2)}$ 时，$\hat{\eta}_m^* = \tilde{\eta}_m^*$。

（3）否则，$\hat{\eta}_m^* < \tilde{\eta}_m^*$。

由命题 5.8 可知，站在制造商的角度，如图 5.7（b）所示，当生产努力成本系数与促销努力成本系数都较小时，制造商进行促销努力或者供应商进行生产努力都能使制造商最优召回努力达到最大，当生产努力成本系数较大或者生产努力成本系数与促销努力成本系数都适中时，制造商进行促销努力更能激励自身采取高水平召回努力，否则，供应商进行生产努力更能激励制造商采取高水平召回努力。

命题 5.7 和命题 5.8 分别给出两种情形下供应商和制造商的召回努力策略对比，由于产品召回概率与双方召回努力都有关，综合命题 5.7 和命题 5.8 可得出两种情形下召回概率的比较。

命题 5.9 对比考虑促销努力或生产努力的情形，产品召回概率对比与促销努力成本系数、生产努力成本系数及潜在市场规模有关。

（1）当 $k_e \leqslant \dfrac{4k}{8k + (\lambda C_r)^2 - 2a\lambda C_r}$ 且 $k_\theta > \max\left(\dfrac{16k^2}{(8k - a\lambda C_r)(8k - (\lambda C_r)^2)}, \dfrac{4kk_e}{8k - (\lambda C_r)^2} \right)$，

或者 $k_e > \dfrac{4k}{8k + (\lambda C_r)^2 - 2a\lambda C_r}$ 且 $k_\theta > \dfrac{4k - (\lambda C_r)^2}{8k - 3(\lambda C_r)^2} k_e$ 时，$\hat{\gamma}_r^* < \tilde{\gamma}_r^*$。

（2）当 $k_e \leqslant \dfrac{4k}{8k - a\lambda C_r}$ 且 $k_\theta \leqslant \dfrac{16k^2}{(8k - a\lambda C_r)(8k - (\lambda C_r)^2)}$ 时，$\hat{\gamma}_r^* = \tilde{\gamma}_r^*$。

（3）否则，$\hat{\gamma}_r^* > \tilde{\gamma}_r^*$。

由命题 5.9 可知，站在供应链的角度，如图 5.8 所示，当生产努力成本系数与促销努力成本系数都较小时，考虑促销努力或者生产努力都能使产品召回概率降至最低，当生产努力成本系数较大或者生产努力成本系数与促销努力成本系数都适中时，制造商进行促销努力更有利于降低召回概率，否则，供应商进行生产努力更有利于降低召回概率。

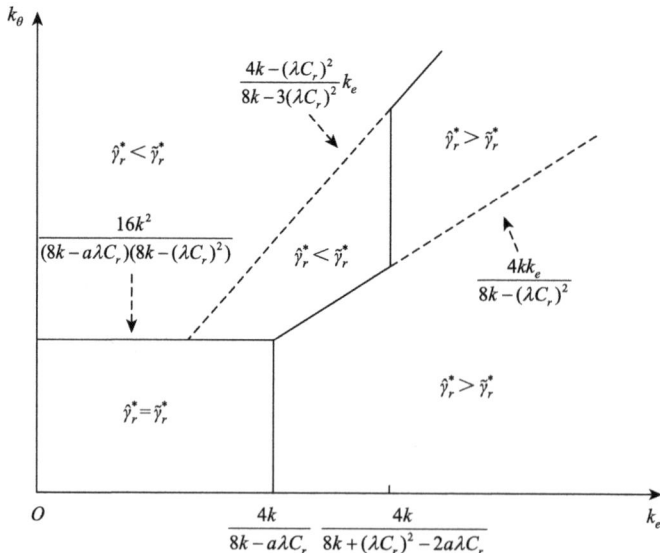

图 5.8 考虑促销努力或者生产努力下的产品召回概率对比

命题 5.10　相比只考虑供应链双方召回努力的情形，制造商进行促销努力或者供应商进行生产努力都能对双方的召回努力起到激励作用。

（1）当供应商采取全额召回努力而制造商采取部分召回努力时，$\hat{\eta}_m^* > \eta_m^*$ 且 $\dfrac{\hat{\eta}_m^*}{\eta_m^*}$ 关于 λC_r 单调递增，$\tilde{\eta}_m^* > \eta_m^*$ 且 $\dfrac{\tilde{\eta}_m^*}{\eta_m^*}$ 关于 λC_r 单调递增。

（2）当供应链双方都采取部分召回努力时，$\hat{\eta}_i^* > \eta_i^*$ 且 $\dfrac{\hat{\eta}_i^*}{\eta_i^*}$ 关于 λC_r 单调递增，$\tilde{\eta}_i^* > \eta_i^*$ 且 $\dfrac{\tilde{\eta}_i^*}{\eta_i^*}$ 关于 λC_r 单调递增。

证明　当供应商采取全额召回努力而制造商采取部分召回努力时，若制造商进行促销努力，$\dfrac{\hat{\eta}_m^*}{\eta_m^*} = \dfrac{k_e \lambda C_r(a - \lambda C_r)}{8k_e k - 4k - k_e(\lambda C_r)^2} \dfrac{8k - (\lambda C_r)^2}{\lambda C_r(a - \lambda C_r)} = \dfrac{1}{1 - \dfrac{4k}{k_e(8k - (\lambda C_r)^2)}} > 1$，

因此 $\hat{\eta}_m^* > \eta_m^*$ 且 $\dfrac{\hat{\eta}_m^*}{\eta_m^*}$ 关于 λC_r 单调递增。若供应商进行生产努力，$\dfrac{\tilde{\eta}_m^*}{\eta_m^*} =$

$\dfrac{k_\theta(8k - (\lambda C_r)^2)^2}{k_\theta(8k - (\lambda C_r)^2)^2 - 16k^2} \dfrac{8k - (\lambda C_r)^2}{\lambda C_r(a - \lambda C_r)} = \dfrac{1}{1 - \dfrac{16k^2}{k_\theta(8k - (\lambda C_r)^2)^2}} > 1$，因此 $\tilde{\eta}_m^* > \eta_m^*$ 且

$\dfrac{\tilde{\eta}_m^*}{\eta_m^*}$ 关于 λC_r 单调递增。同理可得当供应链双方都采取部分召回努力时，$\dfrac{\hat{\eta}_i^*}{\eta_i^*} > 1$ 且

关于 λC_r 单调递增，$\dfrac{\tilde{\eta}_i^*}{\eta_i^*} > 1$ 且关于 λC_r 单调递增，证毕。

命题 5.10 表明，当供应链中存在至少一方采取部分召回努力时，制造商的促销努力或供应商的生产努力都能促进其提高召回努力水平，这使得在相同市场环境中，供应商或供应商都会采取更高水平的召回努力甚至采取全额召回努力，且期望单位召回成本越大，促销努力或生产努力对召回努力的激励效果越明显。

通过以上考虑供应商的生产努力与制造商的促销努力两种情形下供应链的最优召回努力水平的对比，我们发现，相比于仅采取召回努力，生产努力与促销努力都能对供应链的召回努力水平产生积极效果，当供应商或制造商存在一方采取部分召回努力策略时，无论是供应商采取生产努力或者制造商采取促销努力都有助于提高供应链的召回努力水平，并且期望单位召回成本越高，这种激励效果越强；而当供应商或制造商采取全额召回努力策略时，生产努力或者促销努力行为有利于降低供应链成员采取全额召回努力策略的市场规模门槛。此外，生产努力与促销努力对供应链的召回努力水平产生的积极效果存在差异，当供应商的生产

努力成本系数与制造商的促销努力成本系数都较小时，生产努力与促销努力对供应链召回努力水平的影响是相同的，而当供应商的生产努力成本系数较大或者制造商的促销努力成本系数较小时，由制造商采取促销努力更有利于提高供应链整体的召回努力水平，反之，由供应商采取生产努力更好。在实际生产销售活动中，制造商往往直接面临产品召回风险，我们的研究启示管理者可以通过分析供应链上下游的成本结构，灵活增大促销努力或者委托上游供应商进行生产努力来降低产品的期望召回概率，从而控制产品召回带来的损失，避免制造商减小订货量导致整条供应链绩效低下的情况发生。

　　无论是否采取促销努力或者生产努力，所有供应链最优召回努力策略中不会出现一方不努力的情况。综合定理 5.1、定理 5.2 和定理 5.3 可得，只要供应链可以正常进行生产销售活动，每个参与方都有动力去减少召回概率，并维持在一个均衡的状态，任何一方坐享其成都会损害整条供应链的利益从而打破平衡，当其中一方的召回努力程度为 0 时，由于供应链的利润还有上升空间，理性的参与方会不断提高努力水平来提升自己的利润，从而达到均衡。

5.7　数　值　分　析

　　为了比较促销努力和生产努力对供应链召回努力及绩效的影响，图 5.9 给出了供应链的最优召回努力比较，图 5.10 给出了制造商的最优促销努力和供应商的最优生产努力，图 5.11 给出了供应链的最优利润比较。

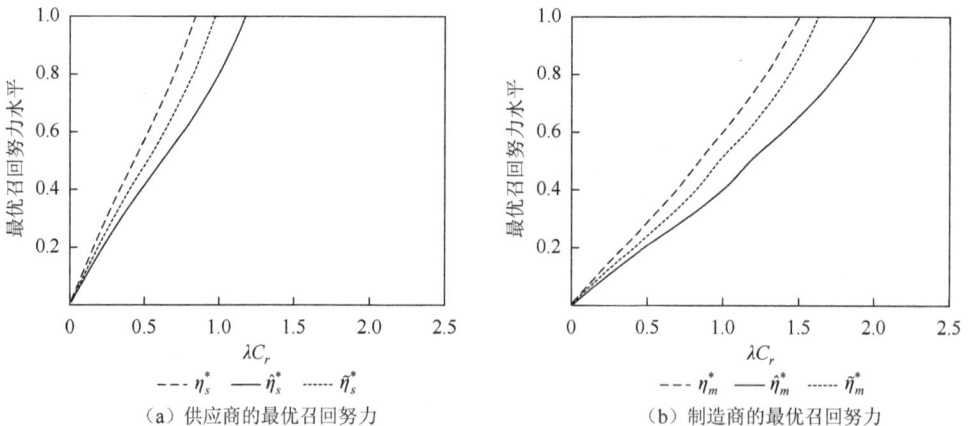

（a）供应商的最优召回努力　　　　　（b）制造商的最优召回努力

图 5.9　最优召回努力比较

$k=1$，$a=4$，$k_e=0.8$，$k_\theta=0.8$

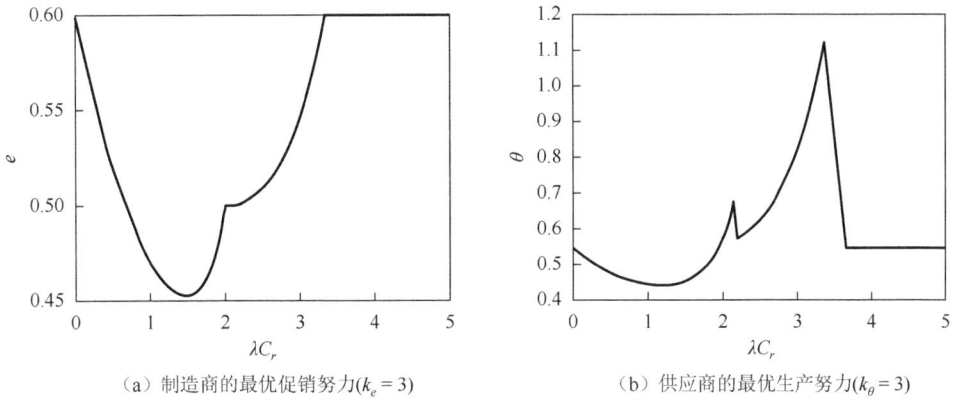

（a）制造商的最优促销努力($k_e = 3$)　　　　（b）供应商的最优生产努力($k_\theta = 3$)

图 5.10　最优促销努力与最优生产努力

$k = 3$，$a = 6$

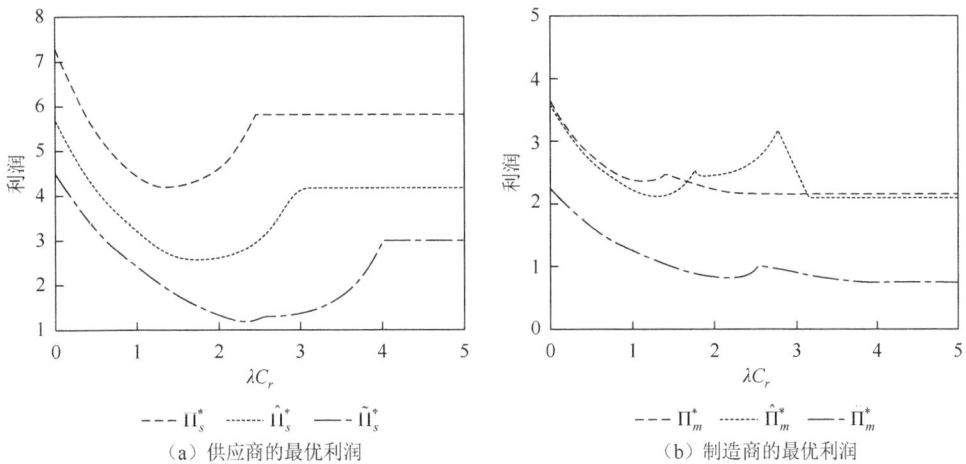

（a）供应商的最优利润　　　　（b）制造商的最优利润

图 5.11　最优利润比较

$k = 3$，$a = 6$，$k_e = 1.3$，$k_\theta = 1.2$

如图 5.9 所示，由于此时潜在市场规模较大，随着初始期望单位召回成本增加，双方的召回努力都逐渐增加，直至双方都采用全额召回努力。同时，相较于仅考虑召回努力，考虑促销努力或生产努力时双方的召回努力水平更高，且初始期望单位召回成本越大，这种差异更加明显，同时在我们的参数条件下，制造商采取促销努力更能激励双方采取高水平的召回努力。

如图 5.10 所示，考虑促销努力时，当初始期望单位召回成本较小时，促销努力随着初始期望单位召回成本增加而先减小后增大；当初始期望单位召回成本适中时，促销努力随着初始期望单位召回成本增加而增大；当初始期望单位召回成本较大时，促销努力不随初始期望单位召回成本改变。考虑生产努力时，当初始期望单位召回成本较小时，生产努力随着初始期望单位召回成本增加而先减小后增大；当初始期望单位召回成本适中时，随着初始期望单位召回成本增加，供应商先采取生产努力策略 θ_{IV}^*，生产努力逐渐减小，之后供应商采取生产努力策略 θ_{III}^*，生产努力逐渐增加；当初始期望单位召回成本较大时，随着初始期望单位召回成本增加，供应商先采取生产努力策略 θ_{II}^*，生产努力逐渐减小，之后供应商采取生产努力策略 θ_I^*，生产努力不再随初始期望单位召回成本改变。

如图 5.11 所示，对于供应商，当初始期望单位召回成本较小时，其利润随着初始期望单位召回成本增加而先减小后增加；当初始期望单位召回成本适中时，随着初始期望单位召回成本增加，其利润逐渐增加；当初始期望单位召回成本较大时，其利润不再随召回成本变化。对于制造商，当初始期望单位召回成本较小时，其利润随着初始期望单位召回成本增加而先减小后增加；当初始期望单位召回成本适中时，考虑促销努力和仅考虑召回努力时，制造商利润随着初始期望单位召回成本增加而减小，考虑生产努力时，制造商利润主要受生产努力影响，随着初始期望单位召回成本增加，生产努力为 θ_{IV}^* 时，其利润逐渐减小，生产努力为 θ_{III}^* 时，其利润逐渐增加，生产努力为 θ_{II}^* 时，其利润逐渐减小；当初始期望单位召回成本较大时，制造商利润不再随召回成本变化。另外，相较于仅考虑召回努力，考虑促销努力或者生产努力时，供应链双方的利润都得到改善。对比考虑促销努力与生产努力的情形，在我们的参数条件下，制造商进行促销努力时，由于外部性，供应商的利润更高，而制造商的利润出现交叉，当初始期望单位召回成本适中时，考虑生产努力时制造商利润更高，否则考虑促销努力时其利润更高。

5.8　本　章　小　结

在一条由单个供应商和单个制造商组成的二级召回供应链中，本章分别研究了三种情形下供应链的最优召回努力策略：仅考虑供应商和制造商的召回努力，同时考虑供应链召回努力和制造商的促销努力，以及同时考虑供应链召回努力和供应商的生产努力。研究发现，只有当潜在市场规模足够大时，供应链才会有生产销售活动，且潜在市场规模越大，供应链双方召回努力越大。当潜在市场规模和初始期望单位召回成本都较大时，供应链双方都选择全额召回努力；当潜在市场规模和初始期望单位召回成本都较小时，供应链双方都选择部分召回努力；否则，供应商选择全额召回努力而制造商选择部分召回努力。在所有供应链最优召回努力策略中，虽然一方进行召回努力能够降低召回概率，给另一方带来正的外部性，却不会出现一方努力而另一方不努力的情况，在均衡状态下，任何一方不努力都会降低双方的利润，这使得双方都会自发进行召回努力，因而不存在道德风险问题，不仅如此，在批发合约下，由于供应商能从召回成本的减少中获得更多收益，因此供应商比制造商更有动力采取召回努力，这恰恰与日常管理者认为制造商更愿意采取召回努力的直觉相反。在供应链召回努力的基础上，我们分别考虑了制造商的促销努力和供应商的生产努力，发现这两种努力都能够缓解潜在市场规模不足的问题，降低供应链双方采取全额召回努力时潜在市场规模的门槛，强化双方进行召回努力的激励效果，从而降低整条供应链的召回概率，这启示供应链管理者同时进行召回努力与促销努力或生产努力比仅进行召回努力更能改善供应链绩效。

另外，本章通过对比考虑促销努力和生产努力两种情形，发现当促销努力成本系数与生产努力成本系数都较小时，促销努力与生产努力对供应链的最优召回努力策略及产品召回概率影响相同，当生产努力成本系数高于阈值时，制造商进行促销努力更能激励双方采取召回努力并且降低召回概率，否则，供应商进行生产努力更好。因此，选择上游采取生产努力还是下游选择促销努力还需要根据上下游企业的努力成本系数灵活调整，这启示供应链管理者需要根据双方的努力成本状况制定促销努力或生产努力决策。

本书只研究了批发价格合约下的供应链召回努力策略，现实中的需求存在不确定性，且供应链可能采用收益共享等风险共担合约，因此，本书可以从如下几个方面进行扩展，如研究不确定市场需求情况的供应链最优努力策略，更进一步研究不同风险分担合约对供应链最优召回努力的影响。最后，供应链成员对彼此召回努力的信息可能是不对称的，信息不对称情形下的供应链召回努力策略也值得研究。

第6章 基于成本分担合约的供应商可靠性召回努力策略

6.1 导　言

随着经济全球化的发展，产品发生召回时往往伴随着高额的召回成本。过去，召回成本通常由制造商承担，当面临巨额召回成本时，会严重损害制造商一方的利益，并且此种分担方式无法有效激励供应商做出可靠性努力，十分不利于供应链绩效。当采用分担合约时，召回成本分担数额与供应商自身的可靠性努力有关，供应商通过提高自身可靠性努力而提高供应链绩效，既保护了制造商利润，又提升了供应链利润。

Sherefkin（2002）记录福特公司 76% 的质量问题源于其第一级供应商。但是，召回成本通常由制造商承担，原因如下：①无法选择备选方案；②召回原因很难找到；③缺乏有效的成本分摊方法。这不仅打击了制造商，而且阻碍了供应链质量的提高。Rupp（2004）称由产品质量引起的产品召回将带来成本增加、销售下降、声誉损失和诉讼纠纷等风险。质量改进有助于减少召回造成的损失，如 Kumar 和 Schmitz（2011）使用六西格玛方法①探索了产品召回管理及避免召回的原因、成本和措施。提高召回水平可以减少信息不对称的影响。Fritz 和 Schiefer（2009）开发了一种合适的追溯过程和决策模型。Lindley（2007）通过模拟模型研究了召回成本和肉类工厂追踪成本之间的交易。基于污染源识别的准确性，Piramuthu 等（2013）通过存在污染的三个显著性、可见性标准研究了三条易变质食品供应网络中的召回策略。Thakur 等（2010）研究了在散装谷物处理中平衡总成本和可追溯性的散装谷物混合问题，并提出了多目标混合整数规划模型，以通过在最大程度上降低食品安全风险来最小化由谷物升降机的批次聚集引起的可追溯性。Fan 等（2015）调查了 RFID 技术对供应链决策的影响。Balachandran 和 Radhakrishnan（2005）证明了制造商向供应商提供质量成本分摊协议可以确保质量问题的责任性，并为改进流程提供激励措施。Tang 等（2018）研究发现，在由供应商、制造商和银行组成的供应链中，供应链中断的风险会受到供应商行为的

---

① 六西格玛方法：以六西格玛为标准的质量控制方法。20 世纪 80 年代由摩托罗拉公司提出。从统计学意义上看，六西格玛意味着工艺、产品或服务的某一特征值，其不合格率不超过百万分之 3.4。

影响。由于供应商的行为是不可观察的，因此如何有效地促使供应商积极应对是制造商和银行的难题。

本章采用的供应链结构具有两个供应商及单个制造商，类似的三节点二级供应链的框架是被广泛应用的，如 Sarvary 和 Padmanabhan（2001）、Wang 等（2004）及 Padmanabhan 和 Png（2004）。Tsay（2001）分析了制造商为了抑制产品回报而向零售商发放的"降价货币"的现象，Taylor 和 Xiao（2009）假设零售商可以选择使用昂贵的预测，比较对于已售出的货物使用回扣与对于未售出的库存进行退货的两种选择，并发现后者的策略更优越。所有这些论文都强调零售商与单一上游制造商或供应商之间的竞争，并未研究不同成本系数供应商间的竞争。供应链管理文献已经考虑了供应商的努力，并研究了激励结构，以诱导理想的供应商行为。

召回往往涉及供应商与制造商的努力并在两者间分配成本，本章模型主要突出供应商与制造商间以供应商努力决定成本的分担的情形，与召回情形较为吻合，使用类似模型结构的有 Chao 等（2009）在召回供应链中使用线性、比例分担合约，刘学勇等（2012）在召回供应链中使用根源分析合约。

本章结构如下：6.2 节描述研究基于成本分担的供应商可靠性召回努力模型；6.3 节分析模型求解结果；6.4 节为召回成本分担合约对供应商可靠性召回努力优化的影响分析；6.5 节为数值运算结果；6.6 节为总结与结论。

6.2　问　题　描　述

本章讨论了在不同成本召回合约下由制造商主导的二级供应链中制造商和供应商的努力水平。在由单一供应商和风险中性的垄断制造商组成的二级供应链中，供应商的不同努力水平将导致不同的召回成本分担额。在正常情况下，召回成本完全由制造商承担，造成的后果是供应商无法积极改善其可靠性努力，本章试图通过更改召回成本分担数额来激励供应商，从而改善供应商的可靠性。本章选择了三种常见的分担方法，比例、线性和阈值，并比较不同分担方法下供应商的努力水平、供应链成员的利润和供应链的总利润，得出不同分配方法的特点。市场需求 q 与零售价格 p 负相关，与潜在市场规模 a 正相关，需求等于制造商的订单数量。

当分担的召回成本节省额大于成本时，制造商承诺将召回成本提高到最高水准，设此水准为 1。共享召回成本的节省等于总预期召回成本与分担成本之间的差。尽管我们采用外生召回概率 λ，但我们假设通过分担召回成本得到更高的供应商可靠性努力，因此召回概率 λ 小于不采取成本分担时的召回概率。a 表示潜在市场规模，假定市场中存在唯一供应商与唯一制造商订货量由内生的批发价格决定 $q = a - p$。虽然我们采取外生的召回概率 λ，但我们假设通过分配召回成本，促进供应商提升召回努力水平，所以这个召回概率 λ 是小于不分配时的召回概率的。

在存在召回的供应链中，供应商提供一个批发价 w 给制造商，并制定自身的努力水平 η_S，制造商以 p 的零售价格向顾客卖出产品，这部分产品有 λ_0 的概率被召回，其中，单位召回成本为 C_r，所以期望召回成本为 $\lambda_0 C_r$。在存在召回成本分担合约的供应链中，依旧有一定概率发生召回，假设这个概率为 λ，由于召回努力的提升，这个概率小于不分担时的情形，总召回成本 λC_r 按函数 g 进行分配，g_M^i 表示在合约 i 下制造商分担的部分，相对地，g_S^i 为供应商分担的部分。g 是关于努力水平的某种形式的函数。努力水平 η 用属于 $[0,1]$ 的分数度量，假设由于行业标准或政府监管，制造商一定会在供应商的努力水平上将努力水平补充到 1，即 $\eta_S + \eta_M = 1$。

供应链的运作方式如下。制造商选定一种召回成本分担合约 i，$i = P, L, T$，分别表示比例合约、线性合约和阈值合约。供应商在此合约下决定自己的召回努力水平 η_S，并以 w 的批发价格向制造商提供 q 单位的产品，制造商若接受合约，则将未完成的努力补充到 1，并制定一个零售价格 p。供应链示意图如图 6.1 所示。

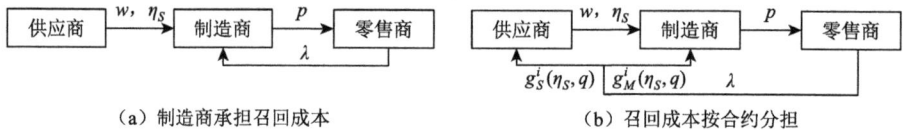

（a）制造商承担召回成本　　　　　　（b）召回成本按合约分担

图 6.1　产品召回供应链

6.2.1　制造商定价优化问题描述

召回成本分担使得召回概率变小，因此召回成本分担对供应链是有效的。$g_M^i(\eta_S, q)$ 召回成本分担的制造商的目标函数是分担函数。采取召回努力会导致直接或间接的成本，主要包括物料成本、劳动成本、运输成本、设备成本和其他变动成本等。本章为方便研究，只考虑供应商为提升可靠性努力的直接成本，即与产品生产工艺直接有关的成本，如原料、主要材料、外购半成品、生产工人工资、机器设备折旧等，并将其统称为供应商努力成本。为使模型更加科学，引入合约成立条件：节省的召回成本大于努力成本。模型的关键约束是制造商节约成本大于销售成本。制造商的利润由销售收入、召回成本和销售成本组成。制造商的利润由销售收入、应分担的召回成本和努力成本组成，需求函数 $q = a - p$ 由潜在市场份额和零售价格决定，零售价格为内生变量，所以需求为内生的。努力成本是

关于努力水平 η_M 的指数函数 $\dfrac{K}{2}\eta_M^2$。制造商只有在发现通过召回节省的召回成本 $\lambda C_r - g_M^i$ 大于其努力成本时才会选择进行分担。决策顺序图如图 6.2 所示。

$$\max \Pi_M(w,q) = (p-w)q - g_M^i(\eta_S,q) - \frac{K}{2}\eta_M^2 \tag{6.1}$$

$$\text{s.t.}\quad \lambda C_r q - g_M^i(\eta_S,q) \geqslant \frac{K}{2}\eta_M^2 \tag{6.2}$$

$$0 < w < p \leqslant a \tag{6.3}$$

$$q = a - p \tag{6.4}$$

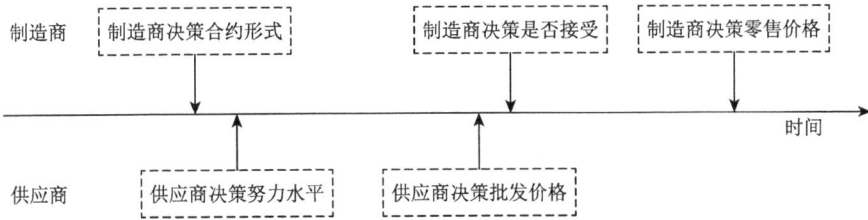

图 6.2　时间序列图

6.2.2　供应商召回努力优化问题描述

供应商的利润由销售收入、应分担的召回成本和努力成本组成，之所以其会接受分担，是因为我们假设通过分担合约提升努力后，产品质量有所提升，将会在总体上提升潜在市场规模，由此为供应商带来更大的利润。

$$\max \Pi_S(w,\eta_S) = w(a-p) - (\lambda C_r q - g_M(\eta_M,\eta_S)) - \frac{K}{2}\eta_S^2 \tag{6.5}$$

$$\text{s.t.}\quad 0 < w < p \leqslant a \tag{6.6}$$

$$q = a - p \tag{6.7}$$

6.2.3　召回成本分担合约

召回成本比例分担合约是将总召回成本通过努力水平的比例组合方式进行分担的合约，应分担的召回成本与自身的努力水平成反比，与对方的努力水平成正比。

$$g_M^P(\eta_S,q) = \lambda C_r q \frac{\eta_S}{\eta_S + \eta_M} = \lambda C_r q \eta_S \tag{6.8}$$

召回成本线性分担合约下应分担成本为对方的努力成本，减去（或加上）总体努力成本相对于总召回成本的超量的均值。分担方式是关于努力水平的线性函数。

$$g_M^L(\eta_S,q) = \frac{K}{2}\eta_S^2 - \frac{1}{2}\left(\frac{K}{2}(\eta_S+\eta_M)^2 - \lambda C_r q\right) = \frac{K}{2}(\eta_S-\eta_M) + \frac{1}{2}\lambda C_r q \quad (6.9)$$

阈值合约下假设存在一个阈值 t，当总召回成本比阈值大时，阈值部分采取比例分配，超出阈值部分进行均分，当总召回成本比阈值小的时候，制造商承担召回成本。

$$g_M^T(\eta_S,q) = \begin{cases} \lambda C_r q, & \lambda C_r q < t \\ t\eta_S + \frac{1}{2}(\lambda C_r q - t), & \lambda C_r q \geq t \end{cases} \quad (6.10)$$

该合约区别于线性合约之处在于，解释变量的边际效应一直是常数，而且就等于其回归系数。而比例模型中含有交互项（interaction term）（也称交叉项、互动项）。加入交互项后，解释变量的边际效应不再依赖于常数，而是自变量的线性函数。交互项之前的回归系数也称为交互效应（interaction effect）或调节效应（moderating effect）。

6.3 不同成本分担合约下的供应商可靠性召回努力

6.3.1 比例分担合约下的最优供应商可靠性努力策略

定理 6.1 召回成本比例分担合约下，供应商最优努力水平和定价策略取决于潜在市场份额、努力成本系数和期望单位召回成本。当给定努力成本系数和期望单位召回成本时，供应商最优努力策略是潜在市场份额的阈值策略。潜在市场份额 $a \leq \lambda C_r$ 时无市场。

（1）当潜在市场份额中等，$a \in \left(\dfrac{K}{\lambda C_r}+\lambda C_r, \dfrac{2K}{\lambda C_r}+\lambda C_r\right)$，供应商最优召回努力为 $\eta_S^p = 1 - \dfrac{\lambda C_r}{2K}(a-\lambda C_r)$。

（2）当潜在市场份额较大，$a \in \left[\dfrac{2K}{\lambda C_r}+\lambda C_r, +\infty\right)$，供应商最优召回努力为 0。

定理 6.1 给出了在比例分担合约下供应商与制造商的最优努力水平，当潜在市场份额较大时，供应商努力水平为 0，它选择不支付努力成本，将承担的召回成本通过批发价转移给制造商，制造商在较大的潜在市场份额下依然可以获得较高的利润。当潜在市场份额较小时，供应商的努力水平随着成本系数的增大而增加，降低的应分配召回成本与增大的努力成本在最优努力水平下平衡。当潜在市场份额一定时，一个高的成本系数反而有利于提升供应商努力水平，这是由制造商的主导地位导致的。

命题 6.1　在召回成本比例分担合约下，η_S^P 取决于潜在市场规模 a、努力成本系数 K，当 $a \in (\lambda C_r, 2\lambda C_r)$，$\eta_S^P$ 是 λC_r 的减函数，当 $a \in [2\lambda C_r, +\infty)$，$\eta_S^P$ 是 λC_r 的增函数。

证明　求 $\eta_S^P = 1 - \dfrac{\lambda C_r}{2K}(a - \lambda C_r)$ 一阶导数为 $\dfrac{\partial \eta_S^P}{\partial \lambda C_r} = -\dfrac{a}{2K} + \dfrac{\lambda C_r}{K}$，当 $a \in (\lambda C_r, 2\lambda C_r)$ 时，$\dfrac{\partial \eta_S^P}{\partial \lambda C_r} > 0$，当 $a \in (2\lambda C_r, +\infty)$ 时，$\dfrac{\partial \eta_S^P}{\partial \lambda C_r} < 0$。令 $\dfrac{2K}{\lambda C_r} + \lambda C_r = 2\lambda C_r$，可得当 $\lambda C_r = \sqrt{2K}$ 时两线相交，证毕。

命题 6.1 表明，比例分担合约下，潜在市场份额、努力成本系数及单位期望召回成本的变化都会带来最优努力水平变动，随着单位期望召回成本增大，供应商最优召回努力水平有下降至 0 再上升的趋势。当单位期望召回成本较小时，供应商将采取一定的努力使其利润最大，随着单位期望召回成本进一步增大，供应商不再努力，这是由于此时召回成本较大，相较自身做出努力来提高利润，供应商选择另外的策略——提高批发价格，来最大化自身的利润。随着单位期望召回成本进一步增大，继续提高批发价格显然会使制造商终止与其合作，此时供应商将重新开始提高自身的努力水平，并且在越发高昂的召回成本面前，供应商将持续提高自身的努力水平。具体策略分布图如图 6.3 所示。

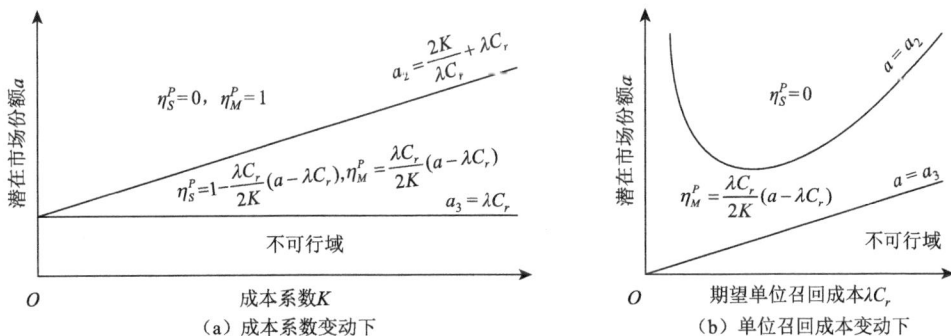

图 6.3　召回成本比例分担合约下供应商最优努力策略

6.3.2　线性分担合约下的最优供应商可靠性努力策略

定理 6.2　召回成本线性分担合约下，供应商最优努力水平和定价策略取决于潜在市场份额、努力成本系数和期望单位召回成本。当给定努力成本系数和期望单位召回成本时，供应商最优努力策略是潜在市场份额的阈值策略。潜在市场规模 $a \leqslant \lambda C_r$ 时无市场。

（1）当潜在市场规模较小，$a \in \left(\dfrac{K}{2\lambda C_r} + \dfrac{1}{2}\lambda C_r, \dfrac{K}{\lambda C_r} + \lambda C_r \right]$ 时，供应商最优努力水平 $\eta_S^L = \dfrac{1}{2}$。

（2）当潜在市场规模中等，$a \in \left(\dfrac{K}{\lambda C_r} + \lambda C_r, \dfrac{2K}{\lambda C_r} + \lambda C_r \right]$ 时，供应商最优努力水平 $\eta_S^L = \dfrac{1}{2} + \sqrt{\dfrac{\lambda C_r}{4K}(a - \lambda C_r) - \dfrac{1}{4}}$。

（3）当潜在市场规模较大，$a \in \left(\dfrac{2K}{\lambda C_r} + \lambda C_r, +\infty \right]$，供应商最优努力水平 $\eta_S^L = 1$。

定理 6.2 给出了线性分担合约下供应商与制造商的最优努力水平。在一定的成本系数下，当潜在市场份额很大时，供应商努力水平为 1，这是由于线性分担合约下应分配召回成本为均分总期望召回成本后再结合努力水平进行增减，巨大的潜在市场份额意味着平分的应分配召回成本也很大，供应商存在通过努力降低应分配召回成本的动机。当潜在市场份额中等时，供应商与制造商的努力水平也为线性结构，由均分的部分和受成本系数影响部分组成，增大成本系数会使二者的努力水平差异更明显。供应商将在成本系数增大时降低它的努力水平，在召回成本和努力成本的权衡中，线性分配方式似乎对努力成本有较敏感的体现。当潜在市场份额较小时供应商与制造商将采取相同的努力水平。成本系数增大虽然使供应商的努力水平由 1 下降到 $\dfrac{1}{2}$，但整体上供应商的努力水平都大于或等于制造商的努力水平，线性分配策略对于供应商努力水平的提高是非常有效的。具体策略分布图如图 6.4 所示。

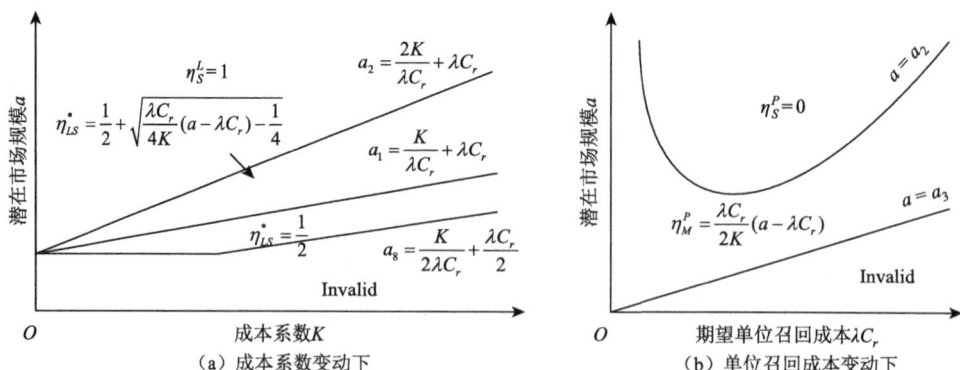

图 6.4　召回成本线性分担合约下供应商最优努力策略

命题 6.2　在召回成本比例分担合约下，η_S^L 取决于潜在市场份额 a、努力成本系数 K，当 $a \in (\lambda C_r, 2\lambda C_r)$，$\eta_S^L$ 是 λC_r 的增函数，当 $a \in [2\lambda C_r, +\infty)$，$\eta_S^L$ 是 λC_r 的减函数。

证明　当 $\eta_S^L = \dfrac{1}{2} + \sqrt{\dfrac{\lambda C_r}{4K}(a - \lambda C_r) - \dfrac{1}{4}}$ 时，一阶导数 $\dfrac{\partial \eta_S^L}{\partial \lambda C_r} = \dfrac{1}{2}\left(\dfrac{\lambda C_r}{4K}(a - \lambda C_r) - \dfrac{1}{4}\right)^{-\frac{1}{2}}\left(\dfrac{a}{4K} - \dfrac{\lambda C_r}{2K}\right)$，当 $a \in (\lambda C_r, 2\lambda C_r)$ 时 $\dfrac{\partial \eta_S^L}{\partial \lambda C_r} < 0$，否则，$\dfrac{\partial \eta_S^L}{\partial \lambda C_r} > 0$。令 $\dfrac{K}{\lambda C_r} + \lambda C_r = 2\lambda C_r$，可得两线在 $\lambda C_r = \sqrt{K}$ 时相交，同理可得另外两线相交条件为 $\lambda C_r = \sqrt{2K}$，证毕。

命题 6.2 表明，线性分担合约下，潜在市场份额、努力成本系数与单位期望召回成本的变化都会带来最优努力水平的变动，随着单位期望召回成本增大，供应商最优召回努力水平有从 $\dfrac{1}{2}$ 到 1 之间变动的趋势。单位期望召回成本较小时，供应商选择通过提升自身的努力水平来降低需要承担的召回成本，当单位期望召回成本增大到一定程度时，供应商开始逐渐降低自身的努力水平。这是由线性分配方式的形式决定的，在线性分配方式中，供应商首先被分配一半的召回成本，随后根据其努力水平进行增减调整，当召回成本总体较小时，变动的努力水平对这初始的一半总召回成本似乎有较大的影响，所以供应商积极采取努力就能明显降低被分配的努力成本，但是随着召回成本不断加大，努力带来的影响相对于一半的总召回成本逐渐转弱，此时，供应商决定不再做出过高的努力，这样不但不会使自身承担过多额外召回成本，还可以降低努力成本。这一阶段供应商努力水平随着单位期望召回成本的增大而下降。

6.3.3　阈值分担合约下的最优供应商可靠性努力策略

定理 6.3　召回成本阈值分担合约下，供应商最优努力水平和定价策略取决于潜在市场份额、努力成本系数和期望单位召回成本。当给定努力成本系数和期望单位召回成本时，供应商最优努力水平是潜在市场份额的阈值策略。潜在市场份额 $a \leqslant \lambda C_r$ 时无市场。

（1）当潜在市场份额中等，$a \in \left(\lambda C_r, \dfrac{2K}{\lambda C_r} + \lambda C_r\right]$ 时，供应商最优努力水平 $\eta_S^T = \dfrac{\lambda C_r(a - \lambda C_r)}{4K}$，最优阈值 $t^* = \dfrac{\lambda C_r(a + \lambda C_r)}{4}$。

（2）当潜在市场份额较大，$a \in \left(\dfrac{2K}{\lambda C_r} + \lambda C_r, +\infty \right)$ 时，供应商最优努力水平

$\eta_s^T = \dfrac{1}{2}$，最优阈值 $t^* = \dfrac{K}{2}$。

定理 6.3 给出了阈值分担合约下供应商与制造商的最优努力水平和最优阈值。在一定成本系数下，当潜在市场份额较大时，供应商与制造商最优努力水平相等均为 $\dfrac{1}{2}$，由于阈值策略为超出阈值部分平均分配，阈值部分按比例分配，不努力的一方将要承担阈值内全部的召回成本加超出阈值成本的一半，当潜在市场份额很大时，对应的召回成本要远大于努力成本，这使双方都有更加努力的动机，最终使双方的努力稳定在相等的水平。当潜在市场份额与成本系数均较小时，供应商有提高努力水平的趋势，这意味着阈值策略下，努力带来的努力成本增加额更明显于应分配成本的减小额。召回成本一定的情况下，阈值随着成本系数增加而提高之后不再变化，这是由于随着成本系数的增加，制造商有刺激供应商更加努力的动机，提高阈值可以减少召回成本的均分额度，而使按努力分配的部分更多。当成本系数并不很大时，努力成本与应分配召回成本能够较好平衡，且由于供应商与制造商有相同成本系数，在阈值分担合约下二者的平衡在平分召回成本的位置。具体策略分布情况如图 6.5 所示。

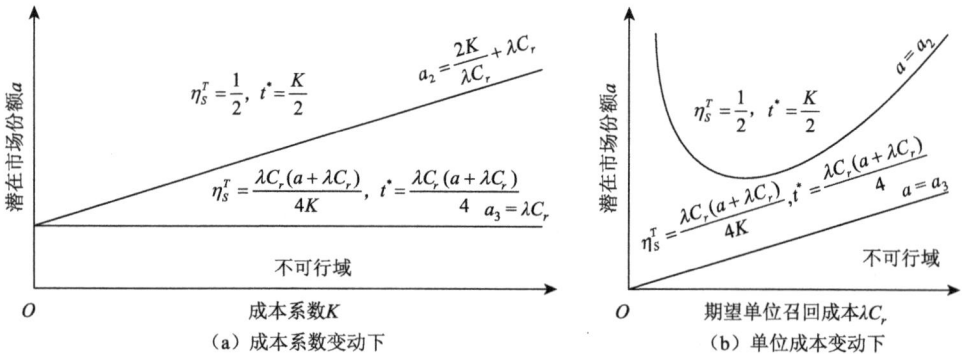

图 6.5　召回成本阈值分担合约下供应商最优努力策略

命题 6.3　在召回成本阈值分担合约下，η_s^T 取决于潜在市场份额 a、努力成本系数 K，当 $a \in (\lambda C_r, 2\lambda C_r)$，$\eta_s^T$ 是 λC_r 的增函数，当 $a \in [2\lambda C_r, +\infty)$，$\eta_s^T$ 是 λC_r 的减函数。

证明　当 $\eta_s^T = \dfrac{\lambda C_r(a - \lambda C_r)}{4K}$ 时，一阶导数 $\dfrac{\partial \eta_s^T}{\partial \lambda C_r} = \dfrac{a}{4K} - \dfrac{\lambda C_r}{2K}$，当 $a \in (\lambda C_r,$

$2\lambda C_r$) 时，$\dfrac{\partial \eta_s^T}{\partial \lambda C_r} < 0$，否则，$\dfrac{\partial \eta_s^T}{\partial \lambda C_r} > 0$。令 $\dfrac{K}{\lambda C_r} + \lambda C_r = 2\lambda C_r$，可得两线在 $\lambda C_r =$ $\sqrt{K}$ 时相交，证毕。

命题 6.3 表明，阈值分担合约下，潜在市场份额、努力成本系数与单位期望召回成本的变化都会带来最优努力水平的变动，随着单位期望召回成本增大，供应商最优召回努力水平有在 0 到 $\dfrac{1}{2}$ 之间变动的趋势。当单位期望成本较小时，阈值随着单位期望召回成本增加而变高，此时供应商选择通过自身努力降低应分配召回成本。这是由于此时总召回成本较低，提高努力将明显降低应分配召回成本。当单位期望召回成本进一步增大，供应商与制造商的努力水平策略稳定在二者付出相同的努力，这是由于此时阈值与单位期望召回成本无关，只与努力成本系数有关，且阈值已经达到相对较高的水平，若此时选择不努力，不努力的一方将面临很高的应分配召回成本，所以制造商与供应商均积极做出努力，使双方的努力水平维持在 $\dfrac{1}{2}$。

随着单位期望召回成本进一步增大，即使阈值也随之提高，但阈值策略本身的分配方式决定了应分配成本中与阈值无关的部分数额巨大。供应商将会试图降低自身的努力水平来节省努力成本，而非通过提升努力水平来降低应分配的召回成本。

6.4　召回成本分担合约对供应商可靠性召回努力优化的影响分析

定理 6.4　为了使供应商具有更高的努力水平，可以根据不同的努力成本系数和潜在市场份额采取相应的召回政策。如果潜在市场规模较小，即 $a \leqslant C_r$，则没有市场。

（1）当潜在市场规模较小，$a \in \left(\dfrac{2K}{\lambda C_r} + \lambda C_r, \dfrac{4K}{\lambda C_r} + \lambda C_r \right)$，最优供应商努力 $\eta_s^P > \eta_s^L > \eta_s^T$。

（2）当潜在市场规模中等，$a \in \left(\dfrac{2K}{\lambda C_r}, \dfrac{4K}{\lambda C_r} + \lambda C_r \right)$，最优供应商努力 $\eta_s^L > \eta_s^P > \eta_s^T$。

（3）当潜在市场规模较大，$a \in \left(\dfrac{4K}{\lambda C_r} + \lambda C_r, +\infty \right)$，最优供应商努力 $\eta_s^L > \eta_s^T > \eta_s^P$。

定理 6.4 对三种策略下的供应商努力水平进行了对比。一定成本系数下，线性策略在潜在市场份额较大时更利于供应商努力水平提升，而比例策略在潜在市场份额较小时更有优势。这是由于线性分配策略是对供应商在分配一半的召回成本基础上进行上下浮动，巨大的潜在市场份额同时意味着不菲的召回成本，此时的努力成本显得微不足道，供应商将极尽努力去降低它的应分配召回成本。在比例分配策略下应分配召回成本相对于线性策略受努力水平的影响更加明显，稍加努力就可避免相当多额度的应分配召回成本，所以即便是较小的潜在市场份额，供应商也会充分努力。就促进供应商努力层面，线性策略相对于阈值策略占优。具体比较情况如图 6.6 所示。

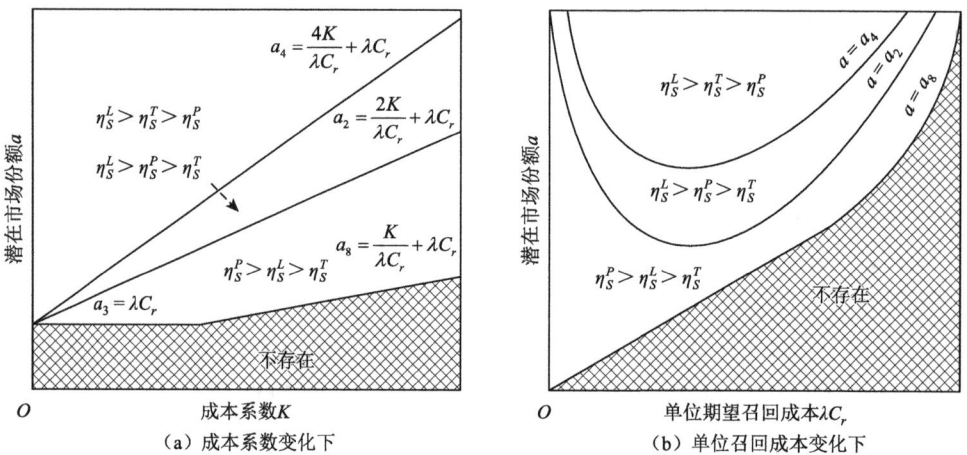

图 6.6　三种合约下供应商最优努力策略

命题 6.4　对于所有成本分担策略，当潜在市场份额 $a \geqslant \dfrac{2K}{\lambda C_r} + \lambda C_r$ 时，η_s 独立于 a、K 和 λC_r。

证明　根据定理 6.1～定理 6.3，当 $a \in \left(\dfrac{2K}{\lambda C_r} + \lambda C_r, +\infty \right)$ 时，最优供应商召回努力将通过确定的常数 $\left(\eta_s^P = 0, \ \eta_s^L = 1, \ \eta_s^T = \dfrac{1}{2} \right)$ 获得，而当 $a < \dfrac{2K}{\lambda C_r} + \lambda C_r$ 时，供应商的最优努力策略在所有三个分担合约中都会发生变化。因此，三个召回分担合约中的潜在市场规模阈值之一是相等的，证毕。

命题 6.4 三种合约存在相同的潜在市场份额阈值 $a = \dfrac{2K}{\lambda C_r} + \lambda C_r$，使最优努力水平发生策略变化，命题 6.4 意味着当潜在市场份额不断提升到一个确定的阈值之后，三种政策均会发生策略改变，当潜在市场份额较小时，供应商在三种政策中都将给出一个与潜在市场份额、努力成本系数和单位期望召回成本有关的努力水平，这个努力水平会随着这三个参数增减变动，其中线性与阈值策略的最优努力水平会随着单位期望召回成本的增加进一步上升，比例策略却相反。当潜在市场份额增大到阈值 a_2 之后，三种策略下的最优努力水平无一例外地变为另一种策略，这种策略下的努力水平是与潜在市场份额、召回成本系数和单位期望召回成本均无关的一个确定常数。这意味着当潜在市场份额大于 a_2 这一阈值之后，三种策略对于供应商的努力激励作用都将失效，这种市场环境带来的高需求量使召回成本的分担变成较容易的事，即便不再继续提升努力会使应分担的召回成本持续上升，不断增加的订单也完全可以抵消这一不利影响。

命题 6.5　当 $a \in (\lambda C_r, 2\lambda C_r)$ 时，η_S^i 在比例分担合约下减小，而在线性分担合约和阈值分担合约下增大，当 $a \geqslant 2\lambda C_r$ 时，增减性相反。

证明　根据命题 6.1～命题 6.3，如果我们使 $\dfrac{\partial \eta_S^P}{\partial \lambda C_r} = \dfrac{\partial \eta_S^L}{\partial \lambda C_r} = \dfrac{\partial \eta_S^T}{\partial \lambda C_r} = 0$，则我们可以得到满足方程的唯一解 $a = 2\lambda C_r$。在三个合约中，供应商召回努力的单调性都在 $a = 2\lambda C_r$ 处变化，证毕。

命题 6.5 说明了三种合约下，潜在市场份额、努力成本系数与单位期望召回成本的变化都会带来最优努力水平的变动，存在阈值 $a = 2\lambda C_r$ 适用于三种合约，使努力水平的增减性发生变动。当单位期望召回成本较低时，线性分担合约与阈值分担合约下供应商最优努力水平表现出关于单位期望召回成本的上升，比例分担合约下则表现出下降趋势。当潜在市场份额上升至确定阈值时，三种合约下的最优努力水平无一例外地发生了变动。

命题 6.6　三种策略的最佳零售价格相同，$p_P^* = p_L^* = p_T^* = \dfrac{3}{4}a + \dfrac{1}{4}\lambda C_r$。

证明　根据定理 6.1，当 $a \in (a_2, +\infty)$ 时，最优供应商召回努力 $\eta_P^* = 0$，此时供应商给出的批发价格为 $w_P^* = \dfrac{1}{2}(a + \lambda C_r)$，因此，$p_P^* = \dfrac{3}{4}a + \dfrac{1}{4}\lambda C_r$。否则，$\eta_P^* = 1 - \dfrac{\lambda C_r}{2K}(a - \lambda C_r)$，批发价由 $w_P^* = \dfrac{1}{2}\left(a - \lambda C_r + \dfrac{\lambda^2 C_r^2}{K}(a - \lambda C_r)\right)$ 给出，此时，零售价 $p_P^* = \dfrac{3}{4}a + \dfrac{1}{4}\lambda C_r$。因此，在比例分担合约中，最优零售价格 $p_P^* = \dfrac{3}{4}a + \dfrac{1}{4}\lambda C_r$ 始终成立。根据定理 6.2，当 $a \in (a_2, +\infty)$ 时，最优供应商召回努力水平 $\eta_L^* = 1$，此时供应商给出的批发价格为 $w_L^* = a_2$，因此，$p_L^* = \dfrac{3}{4}a + \dfrac{1}{4}\lambda C_r$。当 $a \in (a_1, a_2)$ 时，最优供应商召回努力水平 $\eta_L^* = \dfrac{1}{2} + \sqrt{\dfrac{\lambda C_r}{4K(a - \lambda C_r)} - \dfrac{1}{4}}$，批发价格 $w_L^* = a - \dfrac{1}{2}\lambda C_r - \dfrac{KA}{\lambda C_r}$，

其中 $A = 2\eta_L^2 - 2\eta_L + 1$。此时，零售价与比例分担合约下零售价相等，否则 $\eta_L^* = \dfrac{1}{2}$，

零售价 $p_L^* = \dfrac{3}{4}a + \dfrac{1}{4}\lambda C_r$。因此，在线性策略中，最优零售价格 $p_L^* = \dfrac{3}{4}a + \dfrac{1}{4}\lambda C_r$ 总

是成立。同理可证明 $p_T^* = \dfrac{3}{4}a + \dfrac{1}{4}\lambda C_r$。因此，三个策略中的最优零售价格都相等

（$p_P^* = p_L^* = p_T^*$），证毕。

命题 6.6 说明了市场均衡价格与成本分担政策无关，这个价格是潜在市场份额的线性函数，并与单位期望召回成本相关，努力成本系数的大小并不能影响最终零售价格的高低，在同一种策略下，无论努力水平采取怎样的策略，零售价格策略都是稳定的，这个价格随着潜在市场份额的增加而不断变大，也随着单位期望召回成本的上升不断增加。而三种策略都将使用相同的零售价格，说明供应商与制造商在内部采取怎样的召回成本分担方式并不影响系统外的消费者，零售价格与分担方式并无关系，消费者无须担心应分担方式发生改变而带来自身福利的下降，相对地，改变分担方式也不能为消费者降低他们需要支付的零售价格，零售价格依然包括潜在市场份额相关的部分和与单位期望召回成本相关的部分。更深层分析，虽然在分担方式之间的转换不会影响消费者福利，但进行良好的分担方式设计可以带来更高的供应商努力水平，不难推断这会有效降低供应链发生召回的概率，所以即便方式变化不会影响消费者福利，与完全不采用分担方式相比较，无论采取何种分担方式都能增加消费者福利，并且能带来最高供应商努力水平的线性分配方式能够最有效提高消费者福利。

设 $a_5 = \dfrac{4K}{\lambda C_r} + \lambda C_r - \dfrac{16K^2}{\lambda C_r(2K-1)^2}$，$a_6 = \dfrac{K}{\lambda C_r} + \lambda C_r - \dfrac{2K\lambda C_r}{(2K-1)^2} + \sqrt{\dfrac{4K^2\lambda^2 C_r^2}{(2K-1)^2} +}$

$\dfrac{K^2}{(2K-1)^2} - K$，$a_7 = \dfrac{K}{\lambda C_r} + \lambda C_r - \dfrac{2K\lambda C_r}{(2K-1)^2} - \sqrt{\dfrac{4K^2\lambda^2 C_r^2}{(2K-1)^2} + \dfrac{K^2}{(2K-1)^2} - K}$。

定理 6.5 在不同的召回策略下，供应商的最优利润与成本系数和潜在市场份额有关。如果潜在市场规模很小（$a < a_3$），则认为无潜在市场。

（1）当潜在市场规模 $a \in (a_7, +\infty)$ 时，最优供应商利润 $\Pi_{TS}^* > \Pi_{PS}^* > \Pi_{LS}^*$。

（2）当潜在市场规模 $a \in (a_6, a_7]$ 时，最优供应商利润 $\Pi_{TS}^* > \Pi_{LS}^* > \Pi_{PS}^*$。

（3）如果 $a \leqslant \dfrac{3+2\sqrt{2}}{\lambda C_r} + \lambda C_r$，则潜在市场规模 $a \in (a_5, a_6)$；如果 $a > \dfrac{3+2\sqrt{2}}{\lambda C_r} + $

λC_r，则潜在市场规模 $a \in (a_2, a_6)$；两种情况下最优供应商利润 $\Pi_{TS}^* > \Pi_{PS}^* > \Pi_{LS}^*$。

（4）如果 $a \leqslant \dfrac{3+2\sqrt{2}}{\lambda C_r} + \lambda C_r$，潜在市场规模 $a \leqslant a_5$；如果 $a > \dfrac{3+2\sqrt{2}}{\lambda C_r} + \lambda C_r$，

则潜在市场规模 $a \leqslant a_2$；两种情况下最优供应商利润 $\Pi_{PS}^* > \Pi_{TS}^* > \Pi_{LS}^*$。

定理 6.5 对三种策略下供应商利润水平进行了对比。当成本系数较低时，比例策略带给供应商的利润总是大于阈值策略，说明低成本系数时比例策略相对于阈值策略总可以更及时为供应商权衡努力成本与应分配召回成本。此时较高的努力水平带来的努力成本较小，供应商阈值策略利润总大于线性策略利润，在相同的努力水平和成本系数下，线性策略总比阈值策略使供应商承担更多召回成本。当成本系数增大时，供应商利润在大部分的区域均为阈值策略大于线性和比例策略，在较大部分区域比例策略大于线性策略，较小区域存在线性策略超过比例策略的情况，且随着成本系数增大这部分区域面积不断减小。总体上阈值策略相对于线性策略是占优策略。故在需要重视供应商福利的情形下，阈值策略可以在总体上保护供应商福利。当成本系数较大时，比例策略基本是相对于线性策略的占优策略，且在潜在市场份额较小时，比例策略还能带来更高的供应商努力水平，所以当市场较小成本系数较大时，采用比例策略在带来更高的供应商努力水平的同时，还能相对于线性策略更好地保障供应商利润。具体利润对比如图 6.7 所示。

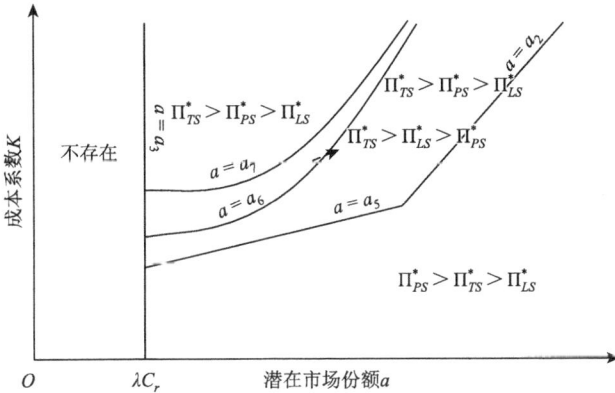

图 6.7　三种策略下供应商最优利润

命题 6.7　在不同召回策略下，制造商的最优利润与成本系数和潜在市场份额有关。当潜在市场份额 $a > \dfrac{2K}{\lambda C_r} + \lambda C_r$ 时，最优利润 $\Pi_{TM}^* > \Pi_{LM}^* > \Pi_{PM}^*$ 始终成立。

命题 6.7 说明了当成本系数较小时，制造商采用何种分配方式将直接决定其利润水平的高低，阈值策略总可以带来最高的利润，线性策略略微小于阈值策略，比例策略给制造商带来的利润是最少的。所以在成本系数较小时，制造商会倾向于采取阈值策略，此时随着潜在市场份额的增大，制造商与供应商都将积极努力，最终二者稳定在相同的努力水平。所以综合三种策略，在制造商只考虑自身利润的情况下，较小的成本系数将带来确定的策略选择——制造商将选择阈值策略为分配策略。

命题 6.8　　在不同召回合约下，供应链的最优利润与成本系数和潜在市场份额有关。

（1）当潜在市场份额 $a > \dfrac{2K}{\lambda C_r} + \lambda C_r$ 时，最优供应链利润 $\Pi_T^* > \Pi_L^* > \Pi_P^*$ 始终成立。

（2）当潜在市场份额 $a > \lambda C_r$ 时，最优供应链利润 $\Pi_T^* > \Pi_P^*$ 始终成立。

命题 6.8 论证了供应链的总利润在成本系数较小时同样具有一个确定的最优利润的排序，阈值策略下的供应链最优利润最大，说明此时采取阈值策略对整条供应链更有利。线性策略位居第二，而比例策略带来的供应链总利润最低，显然此时双边际效应并不有助于供应链总利润的提升。命题 6.3 证明了对于提升供应链利润，阈值策略相对于比例策略是占优策略。当成本系数较大时，采用数值研究方法，线性策略受成本系数影响更明显，成本系数增大时总利润迅速下降，阈值策略与比例策略下降则相对平缓，并且二者下降幅度差异较小。

命题 6.9　　成本分担合约对供应链绩效的影响与潜在市场规模有关，具有较大的潜在市场规模 $a \in \left(\dfrac{2K}{\lambda C_r} + \lambda C_r, +\infty \right)$，$\Pi_{TM}^* > \Pi_{LM}^* > \Pi_{PM}^*$，并且 $\Pi_T^* > \Pi_L^* > \Pi_P^*$。

命题 6.9 说明在成本系数较低时，制造商采取的分配策略在使自身利润最大化的同时也可带来最大的供应链利润。当潜在市场份额很大时，由制造商选取分担方式是十分有效的，虽然制造商会根据自身利润最大化的准则进行选取，但此时制造商的利益与供应商的利益并不矛盾，只要制造商采用最利己的分担方式，就能带来最有利于供应链的策略。

6.5　数　值　分　析

如图 6.8 所示，当成本系数较小时，阈值、比例、线性三种合约下，供应商的召回努力水平不随成本系数 K 增大而变化，其中线性策略为占优策略。随着成本系数增大，比例策略下供应商的召回努力水平迅速上升并超过其他两种策略成为占优策略。其余两种策略下的供应商召回努力水平则显著下降，但线性策略下的供应商召回努力水平仍大于阈值策略。

如图 6.9 所示，在成本系数较小时，比例策略为占优策略，供应商的利润在三种合约下差距不大。当成本系数较大时，随着成本系数的增大，比例策略和线性策略下的供应商最优利润迅速下降，阈值策略下则维持缓慢下降。

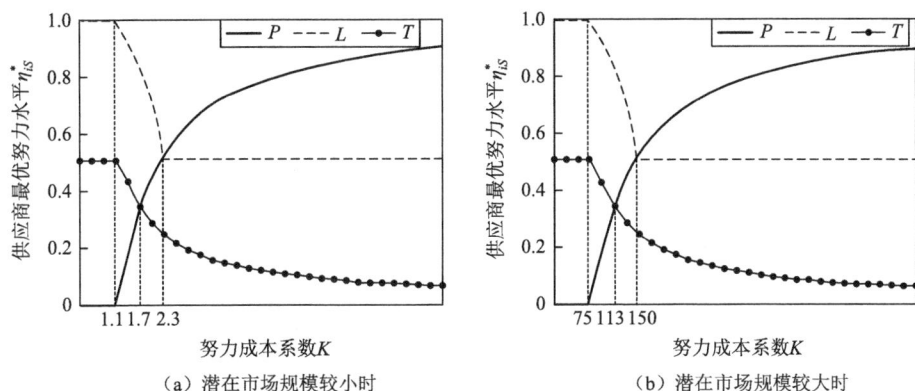

（a）潜在市场规模较小时　　　　　　　（b）潜在市场规模较大时

图 6.8　三种合约下供应商最优努力策略

$\lambda C_r = 0.5$，$a = 5$；$\lambda C_r = 0.5$，$a = 300$

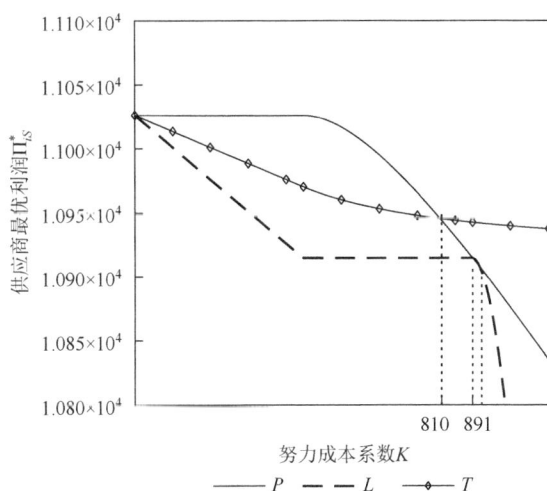

图 6.9　三种合约下供应商最优利润

$\lambda C_r = 3$，$a = 300$

6.6　本　章　小　结

产品召回问题广泛存在于医药、食品、玩具制造等供应链中，考虑产品召回的供应链管理引起了广泛的研究。在传统批发合约下，由于供应商可以通过批发价格转移召回成本，因此其不愿付出召回努力，从而影响整体供应链的绩效。本章站在制造商视角，在二级供应链中，研究不同成本分担合约——比例分担合约

（P）、线性分担合约（L）及阈值分担合约（T），对供应商召回努力优化的影响。本章研究了单制造商和单供应商组成的二级供应链中的供应商召回努力优化，以及成本分担合约对供应商召回努力的影响。本章的目的是通过合约对比来探索不同成本分担合约对激励供应商召回努力的影响及在不同行业场景下的应用优势。

针对一个由单制造商和单供应商组成的二级供应链，在确定性需求下，我们发现线性合约在潜在市场份额较大时更利于供应商努力水平提升，而潜在市场份额较大且成本系数较大时，线性合约的最佳分担方式成了均分，这也验证了当下流行的实践方式。这种供应链模式下，制造商自主进行合约选择对供应链利润是有利的，而采取阈值策略，更加利于制造商与供应链利润。

因此，本书的一些成果有助于从业者共同设计供应链中的召回成本分担合约和定价策略，根据合作侧重方向来选择分担合约。尽管如此，可以在以下方面进行进一步扩展：首先，召回努力的改变将影响召回概率，本章使用了不变的供应链总召回努力水平和外生召回概率，因此，在总召回努力不限定时使用内生召回概率值得进一步研究。其次，另一个潜在的主题是当存在多个供应商时的分担合约设计。因此，探索不同合约下的供应商努力水平和定价策略将会很有意义。

第7章　基于成本分担合约的装配供应链召回努力策略研究

7.1　导　　言

产品召回指在发现安全问题或产品缺陷后应退回产品的要求，在供应链管理中极具挑战。对 CPSC 公示的 2013～2018 年召回事件进行统计，记录数量最少年份 2017 年共 1375 件，最多年份 2018 年共 2106 件，故召回事件具有频发性。由于责任难以鉴定等问题，目前处理召回成本常采用制造商承担或供应链成员均担方式，此举对制造商会造成经济损失、名誉损失、社会责任丧失等不利影响。对 CPSC 数据进行统计，得出引发召回的原因常与原材料污染有关。由此，本章研究了装配供应链中不同召回成本分担合约下，供应商可靠性努力水平的改进。

装配供应链在生产中十分常见，Bernstein 和 DeCroix（2006）试图了解先前对集中式供应链的研究结论是否适用于装配环境。Gurnani 和 Gerchak（2007）考虑了在具有随机元件产量的装配系统下由供应商决定产量，制造商惩罚供应不良的供应商，并得到参与约束下的供应链协调条件。Gerchak 和 Wang（2004）对收益分享合约与具有随机需求的装配系统中的整体销售价格合约进行了比较。Carr 和 Karmarkar（2005）考虑了具有价格敏感但需求为确定性的分散式装配系统。与此同时，各大公司已经在产品召回风险管理方面付出了巨大努力，可以分为可靠性努力和追溯努力两大类。Balachandran 和 Radhakrishnan（2005）证明了制造商向供应商提供质量成本分担合约可以确保质量问题的责任性，并为改进流程提供了激励措施。关于分担合约的论文通常假设供应商的努力是可观测的，因此 Roels 等（2010）考虑与努力相关的合约条款，Chao 等（2009）使用选择性根源分析合约，将早期失败与晚期失败区分开来进行供应链成员努力的改进。刘学勇等（2012）在线性市场需求情形下，通过引入根源分析的成本分担合约，研究了产品召回成本分担与质量激励问题。为提升供应商可靠性努力水平，已有论文考虑了与每个供应商相关的固定成本及对供应商可靠性改进的投资。

大多数研究都集中在关于供应链成员之间质量改进的合约设计上，很少有作者在产品召回的背景下研究装配供应链中产品质量的提高。本章与过往论文不同之处在于，以提升不同成本系数供应商的可靠性努力为重点，考虑供应商竞争及

成本分担合约，依据供应链成员自身努力水平将召回成本在供应链各成员间进行
分担，揭示合约设计与供应商努力和供应链利润的关系：线性召回成本分担合约
相较于固定比例召回成本分担合约是更能有效促进高努力成本供应商（即装配供
应链中核心供应商）提升努力水平的合约形式，且采用固定比例召回成本分担合
约时的制造商利润总是低于采用线性召回成本分担合约。若召回成本明显大于努
力成本，线性召回成本分担合约更有利于提高供应链利润；反之，采用固定比例
合约可以提高供应链利润，且制造商承担比例越小越利于供应链利润。

7.2　装配供应链召回努力问题建模

考虑一条单个制造商与两个供应商组成的二级装配供应链，两个供应商向制
造商提供数量一致的零配件，制造商将二者提供的零配件加工组装后形成最终产
品。供应商可以通过质量改进决定自身应承担的召回成本，不同成本系数供应商
同时决策自身努力水平，提升努力水平时，努力成本上升。由于一些行业具有准
入标准，制造商必须排查零配件故障，其需要付出的最大努力水平取决于质量较
差的一方供应商，若两方供应商努力水平分别为 η_L，η_H，则制造商需做出的努
力为 $1-\min(\eta_L,\eta_H)$。由于制造商最终将生产努力补充到最佳，所以选定外生召回
概率 λ，努力成本系数 $\dfrac{K}{2}\eta^2$，K 为成本系数，两个供应商均具有自身的努力成本
系数 K_L 与 K_H。由于专注于考量合约设计与努力水平，不决策定价与需求，若供
应链主导者为制造商，制造商向供应商提供两种召回成本分担合约——固定比例
召回分担合约与线性召回成本分担合约，应用 Stackelberg 博弈。参数定义如表 7.1
所示。

表 7.1　参数定义

参数	定义	参数	定义
η_i	制造商或供应商努力水平，$i=s,m$	K_i	努力成本系数，$i=M,L,m$
g_L	供应商间分担函数	λ	召回概率
θ	制造商承担召回成本比例	C_r	单位召回成本
p	零售价	w	零售价
Π_{Fi}	固定比例召回成本分担合约下 i 最优利润，$i=M,L,H$	Π_i	线性召回成本合约下 i 最优利润，$i=M,L,H$
η_{Fi}^*	固定比例召回成本分担合约下最优供应商努力水平，$i=L,H$	η_i^*	线性召回成本分担合约下最优供应商努力水平，$i=L,H$

7.3 固定比例分担合约下供应商可靠性召回努力策略

此合约中供应商与制造商间按固定比例分担，供应商之间根据各自的努力水平采用线性分担方式，供应商同时决策自身努力水平。g_L 为供应商间分担函数，λC_r 为单位期望召回成本，采用 KKT 法求解该问题。

$$\Pi_{SL} = w - (1-\theta)g_L \lambda C_r - \frac{K_L}{2}\eta_{SL}^2 \tag{7.1}$$

$$\text{s.t.} \quad 0 \leqslant \eta_{SL} \leqslant 1 \tag{7.2}$$

$$g_L = \frac{1}{2} + \frac{\eta_{SH} - \eta_{SL}}{2} \tag{7.3}$$

定理 7.1 固定比例召回成本分担合约下的供应商最优努力策略是分担比例的阈值策略。

（1）当固定分配比例较大 $\theta \geqslant 1 - \dfrac{2K_L}{\lambda C_r}$ 时，高低成本系数供应商最优努力水平是其成本系数与分配比例的函数，$\eta_{FL}^* = \dfrac{(1-\theta)\lambda C_r}{2K_L}$，$\eta_{FH}^* = \dfrac{(1-\theta)\lambda C_r}{2K_H}$。

（2）当固定分配比例较小 $\theta < 1 - \dfrac{2K_L}{\lambda C_r}$ 时，高低成本系数供应商将采取最高努力水平 $\eta_{FL}^* = \eta_{FH}^* = 1$。

证明 低成本系数供应商的利润函数为 $\Pi_{SL} = w_L - \dfrac{1}{2}K_L\eta_{SL}^2 - (1-\theta)\left(\dfrac{1}{2} + \dfrac{1}{2}(\eta_{SH} - \eta_{SL})\right)\lambda C_r$，拉格朗日函数为 $L(\eta_{SL}, \lambda_1, \lambda_2) = w_L - \dfrac{1}{2}K_L\eta_{SL}^2 + \eta_{SL}\lambda_1 + (1-\eta_{SL})\lambda_2 - (1-\theta)\left(\dfrac{1}{2} + \dfrac{1}{2}(\eta_{SH} - \eta_{SL})\right)\lambda C_r$。根据 KKT 条件可得 $\dfrac{\partial L}{\partial \eta_{SL}} = -K_L\eta_{SL} + \lambda_1 - \lambda_2 + \dfrac{1}{2}(1-\theta)\lambda C_r = 0$，$\lambda_1\eta_{SL} = 0$，$\lambda_2(1-\eta_{SL}) = 0$，$0 \leqslant \eta_{SL} \leqslant 1$，$\lambda_1, \lambda_2 \geqslant 0$。下面我们分情况进行讨论。情况①：当 $\lambda_1 = \lambda_2 = 0$ 时，$\eta_{SL} = \dfrac{(1-\theta)\lambda Cr}{2K_L}$，由 $0 < \eta_{SL} < 1$ 得 $\dfrac{(1-\theta)\lambda C_r}{2K_L} < 1$。情况②：当 $\lambda_1 = 0$，$\lambda_2 > 0$ 时，$\eta_{SL} = 1$，$\lambda_2 = \dfrac{1-\theta}{2}\lambda C_r - K_L > 0$，即 $\dfrac{(1-\theta)\lambda C_r}{2K_L} > 1$。情况③：当 $\lambda_1 > 0$，$\lambda_2 = 0$ 时，$\eta_{SL} = 0$，$\lambda_1 = -\dfrac{(1-\theta)}{2}\lambda C_r$，由于对偶问题不可行，舍去。情况④：当 $\lambda_1 > 0$，$\lambda_2 > 0$，不存在。综上所述，在固定比例分担合约下，当 $\theta \geqslant 1 - \dfrac{2K_L}{\lambda C_r}$ 时，$\eta_{FL}^* = \dfrac{(1-\theta)\lambda C_r}{2K_L}$，当 $\theta < 1 - \dfrac{2K_L}{\lambda C_r}$ 时，$\eta_{FL}^* = 1$。证毕。

定理 7.1 表明固定比例召回成本分担合约下供应商与制造商间的分配比例将影响供应商的最优努力水平，当制造商承担的比例较高时，供应商的努力水平与制造商承担的比例有关，且与自身的努力成本有关。而当供应商承担的比例较低时，由于需要分担的召回成本较高，供应商将采取更高的努力水平，而二者由于同时决策，将把努力水平都定在最大数值。

命题 7.1　固定比例召回成本分担合约下供应商最优努力策略与制造商承担比例 θ 成反比。

命题 7.1 表明固定比例召回成本分担合约下制造商分担比例将影响供应商的最优努力水平，当制造商承担的比例较高时，供应商没有提高努力水平的趋势，且制造商承担越多，供应商努力水平越低。

7.4　线性召回成本分担合约下供应商可靠性召回努力策略

此合约中制造商 M 以 θ 作为自身承担比例与供应商分担召回成本。θ 为供应商最低努力水平与制造商努力水平的线性相关形式，即 $\theta = \dfrac{1}{2} - \dfrac{\eta_M - \min(\eta_{SL}, \eta_{SH})}{2}$。针对 $1-\theta$ 比例的召回成本，根据线性成本分担合约，供应商 L 承担 $\dfrac{1}{2} + \dfrac{\eta_{SH} - \eta_{SL}}{2}$ 比例，高成本系数供应商 H 承担 $\dfrac{1}{2} - \dfrac{\eta_{SH} - \eta_{SL}}{2}$ 比例。图 7.1 描述了线性召回成本分担合约下供应链召回努力的决策顺序，制造商 M 与低成本系数供应商 L 的召回努力决策模型分别为

$$\max \Pi_M = (p-w) - \theta \lambda C_r - \frac{K_M}{2}\eta_M^2 \tag{7.4}$$

$$\text{s.t.} \quad \eta_M = 1 - \min(\eta_{SL}, \eta_{SH}) \tag{7.5}$$

$$\theta = \frac{1}{2} - \frac{\eta_M - \min(\eta_{SL}, \eta_{SH})}{2} \tag{7.6}$$

$$\max \Pi_{SL} = w_L - (1-\theta)g_L\lambda(2 - \eta_M - \min(\eta_{SL}, \eta_{SH}))C_r - \frac{K_{SL}}{2}\eta_{SL}^2 \tag{7.7}$$

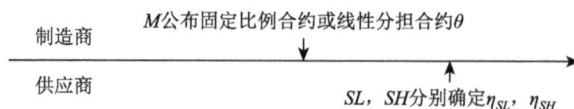

图 7.1　线性召回成本分担合约下供应链召回努力模型决策顺序

$$\text{s.t.} \quad g_L = \frac{1}{2} + \frac{\eta_{SH} - \eta_{SL}}{2} \tag{7.8}$$

$$0 \leqslant \eta_{SL} \leqslant 1 \tag{7.9}$$

定理 7.2 线性召回成本分担合约下的供应商最优努力策略是成本系数的阈值策略。

（1）K_L 较高，K_H 较低，且两者差异较大，$K_L \geqslant 2K_H + \frac{\lambda C_r}{2}$ 时，二者存在具体的努力水平使利润最大化 $\eta_{SH}^* = \frac{2K_L \lambda C_r}{\lambda C_r^2 + 4K_L K_H + 4\lambda C_r K_H}$，$\eta_{SL}^* = \frac{\lambda C_r^2 + 4K_H \lambda C_r}{\lambda C_r^2 + 4K_L K_H + 4\lambda C_r K_H}$。

（2）K_H 较高，K_L 较低，且两者差异较大，$0 < K_L \leqslant \frac{K_H}{2} - \frac{\lambda C_r}{2}$ 时，二者存在具体的努力水平使利润最大化 $\eta_{SH}^* = \frac{\lambda C_r^2 + 4K_L \lambda C_r}{\lambda C_r^2 + 4K_L K_H + 4\lambda C_r K_L}$，$\eta_{SL}^* = \frac{2K_H \lambda C_r}{\lambda C_r^2 + 4K_L K_H + 4\lambda C_r K_L}$。

（3）当供应商间存在成本差异且差异较小，$K_H < K_L \leqslant 2K_H + \frac{\lambda C_r}{2}$ 时，二者努力水平均相当，$\eta_{SL}^* = \eta_{SH}^* = \frac{2\lambda C_r}{2K_L + \lambda C_r}$。

（4）当供应商间存在成本差异且差异较小，$\frac{K_H}{2} - \frac{\lambda C_r}{2} < K_L \leqslant K_H$ 时，二者努力水平均相当，$\eta_{SL}^* = \eta_{SH}^* = \frac{\lambda C_r}{2K_H + \lambda C_r}$。

证明 根据两个供应商努力程度的大小分情况进行讨论。情况 i[①]，当 $\eta_{SH} \geqslant \eta_{SL}$ 时，低成本系数供应商的利润为 $\Pi_{SL} = w_L + \frac{1}{2}(-1 + \eta_{SL})(1 + \eta_{SH} - \eta_{SL})\lambda C_r - \frac{K_L}{2}\eta_{SL}^2$，化简得 $\Pi_{SL} = -\frac{1}{2}(\lambda C_r + K_L)\eta_{SL}^2 + \frac{\lambda C_r}{2}(\eta_{SH} + 2)\eta_{SL} + w_L - \frac{\lambda C_r}{2}(\eta_{SH} + 1)$，同理得高成本系数供应商的利润为 $\Pi_{SH} = -\frac{K_H}{2}\eta_{SH}^2 - \frac{\lambda C_r}{2}(\eta_{SH} - 1)\eta_{SH} + w_H - \frac{\lambda C_r}{2}(1 - \eta_{SL}^2)$，则拉格朗日函数为 $L(\eta_{SL}, \lambda_1, \lambda_2) = -\frac{1}{2}(\lambda C_r + K_L)\eta_{SL}^2 + \frac{\lambda C_r}{2}(\eta_{SH} + 2)\eta_{SL} + w_L - \frac{\lambda C_r}{2}(\eta_{SH} + 1) + \lambda_1 \eta_{SL} + \lambda_2(\eta_{SH} - \eta_{SL})$，根据 KKT 条件可得 $\frac{\partial L}{\partial \eta_{SL}} = -(\lambda C_r + K_L)\eta_{SL} + \frac{\lambda C_r}{2}(\eta_{SH} + 2) + \lambda_1 - \lambda_2 = 0$，则 $\lambda_1 \eta_{SL} = 0$，$\lambda_2(\eta_{SH} - \eta_{SL}) = 0$，$0 \leqslant \eta_{SL} \leqslant \eta_{SH}$，$\lambda_1, \lambda_2 \geqslant 0$。情形①，当 $\lambda_1 = \lambda_2 = 0$ 时，$\eta_{SL} = \frac{\lambda C_r(\eta_{SH} + 2)}{2(K_L + \lambda C_r)}$，得 $\frac{\lambda C_r(\eta_{SH} + 2)}{2(K_L + \lambda C_r)} < 1$，$\eta_{SH} < \frac{2K_L}{\lambda C_r}$，

---

① 情况 i 是高成本系数供应商的努力程度较大时的情况，情况 ii 是低成本系数供应商努力程度较大的情况。

由 $\eta_{SH} \leqslant 1$ 得 $K_L \geqslant \dfrac{\lambda C_r}{2}$，此时由 $\eta_{SH} \geqslant \eta_{SL}$ 得 $\eta_{SH} \geqslant \dfrac{2\lambda C_r}{2K_L + \lambda C_r}$，即 $\dfrac{2\lambda C_r}{2K_L + \lambda C_r} \leqslant$

$\eta_{SH} \leqslant \dfrac{2K_L}{\lambda C_r}$。情形②，当 $\lambda_1 = 0$，$\lambda_2 > 0$ 时，$\eta_{SL} = \eta_{SH}$，$\lambda_2 = \dfrac{\lambda C_r}{2}(\eta_{SH} + 2) - \lambda C_r -$

K_L，此时 η_{SH} 取 1，$\lambda_2 = \dfrac{\lambda C_r}{2} - K_L$，得 $K_L < \dfrac{\lambda C_r}{2}$。情形③，当 $\lambda_1 > 0$，$\lambda_2 = 0$ 时，

$\eta_{SL} = 0$，$\lambda_1 = -\dfrac{\lambda C_r}{2}(\eta_{SH} + 2) < 0$ 不存在，舍去。情形④，当 $\lambda_1 > 0$，$\lambda_2 > 0$ 时，

η_{SL} 不存在，$\eta_L^* = \eta_H = 0$，$\lambda C_r + \lambda_1 - \lambda_2 = 0$。同理，高成本系数供应商的拉格朗

日函数为 $L(\eta_{SH}, \lambda_1, \lambda_2) = -\dfrac{K_H}{2}\eta_{SH}^2 - \dfrac{\lambda C_r}{2}(\eta_{SL} - 1)\eta_{SH} + w_H - \dfrac{\lambda C_r}{2}(1 - \eta_{SL}^2) + \lambda_1(\eta_{SH} -$

$\eta_{SL}) + \lambda_2(1 - \eta_{SH})$，根据 KKT 条件可得 $\dfrac{\partial L}{\partial \eta_{SH}} = -K_H \eta_{SH} - \lambda C_r(\eta_{SL} - 1) + \lambda_1 - \lambda_2 = 0$，

$\lambda_1(\eta_{SH} - \eta_{SL}) = 0$，$\lambda_2(1 - \eta_{SH}) = 0$，$\eta_{SH} - \eta_{SL} \geqslant 0$，$\eta_{SH} \leqslant 1$，$\lambda_1, \lambda_2 \geqslant 0$。情形①，

当 $\lambda_1 = \lambda_2 = 0$ 时，$\eta_{SH} = -\dfrac{\lambda C_r}{2K_H}(\eta_{SL} - 1) = \dfrac{\lambda C_r}{2K_H}(1 - \eta_{SL})$，由 $\eta_{SH} \geqslant \eta_{SL}$ 得 $\eta_{SL} \leqslant$

$\dfrac{\lambda C_r}{2K_H + \lambda C_r}$，联立一阶条件 $\eta_{SL} = \dfrac{\lambda C_r(\eta_{SH} + 2)}{2(K_L + \lambda C_r)}$，$\eta_{SH} = \dfrac{\lambda C_r}{2K_H}(1 - \eta_{SL})$ 得到 $\eta_L^* =$

$\dfrac{\lambda^2 C_r^2 + 4K_H \lambda C_r}{4K_H K_L + 4\lambda C_r K_H + \lambda^2 C_r^2}$，$\eta_H^* = \dfrac{2K_L \lambda C_r}{\lambda^2 C_r^2 + 4K_L K_H + 4\lambda C_r K_H}$，验证原问题和对偶问

题的可行性可得 $K_L > \dfrac{\lambda C_r}{2}$，$0 < K_H < \dfrac{\lambda C_r}{2}$。情形②，当 $\lambda_1 = 0$，$\lambda_2 > 0$ 时，$\eta_{SH} = 1$，

$\lambda_2 = \dfrac{\lambda C_r}{2}(1 - \eta_{SL}) - K_H$。情形③，当 $\lambda_1 > 0$，$\lambda_2 = 0$ 时，$\eta_{SH} = \eta_{SL}$，$\lambda = K_H \eta_{SL} +$

$\dfrac{C}{2}(\eta_{SL} - 1) > 0$，$\eta_{SL} > \dfrac{\lambda C_r}{2K_H + C}$。情形④，当 $\lambda_1 > 0$，$\lambda_2 > 0$ 时，η_{SH} 不存在，

舍去。综上所述：当 $K_L \geqslant 2K_H + \dfrac{\lambda C_r}{2}$ 时，$\eta_H^* = \dfrac{2K_L \lambda C_r}{\lambda^2 C_r^2 + 4K_L + K_H}$，$\eta_L^* =$

$\dfrac{\lambda^2 C_r^2 + 4K_H \lambda C_r}{4K_H K_L + 4\lambda C_r K_H + \lambda^2 C_r^2}$。情况 ii：同理当 $K_L \leqslant \dfrac{K_H}{2} - \dfrac{\lambda C_r}{2}$ 时，$\eta_L^* =$

$\dfrac{2K_H \lambda C_r}{\lambda^2 C_r^2 + 4K_H + K_L}$，$\eta_H^* = \dfrac{\lambda^2 C_r^2 + 4K_L \lambda C_r}{4K_L K_H + 4\lambda C_r K_L + \lambda^2 C_r^2}$。

证毕。

定理 7.2 表明供应商最优努力策略与二者的努力成本系数差异有关，当一方
的成本相较于另一方很低时，二者的最优努力策略存在差异，此时的努力策略由
两者的成本系数决定；当双方的成本差异很小时，两者将采取相同的最优努力策

略，并且此时的最优努力水平由成本较高的一方的成本系数决定。策略变化的阈值是供应商双方努力成本系数的函数。具体最优召回努力的策略分布图如图 7.2 所示。

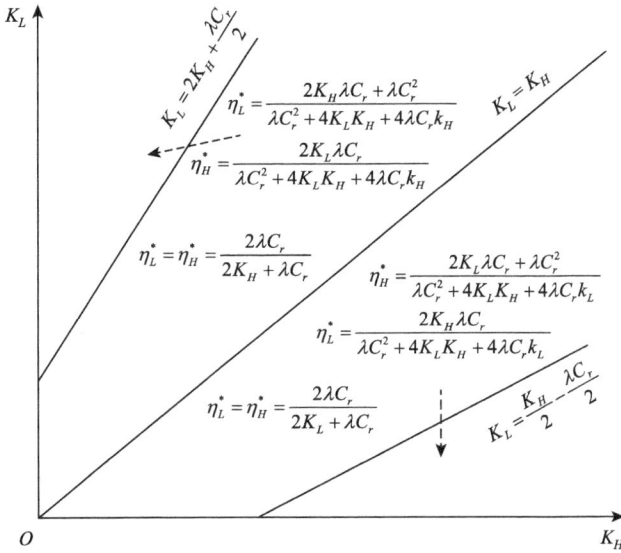

图 7.2 线性召回成本分担合约下供应链最优召回努力

7.5 不同成本分担合约的对比分析

本节重点研究固定比例召回成本分担合约与线性召回成本分担合约下供应商最优努力策略的比较。

定理 7.3 比较固定比例与线性召回成本分担合约下供应商努力，假设 $K_L < K_H$，合约选择策略是 K_L 的阈值策略。

（1）当低成本系数供应商的成本系数较大，$K_L > \dfrac{\lambda C_r}{2}$，且固定比例分配合约中设定分配比例较小，$\theta < \dfrac{4K_L \lambda C_r + \lambda C_r^2}{4K_L \lambda C_r + 4K_L K_H + \lambda C_r^2}$ 时，$\eta_H^* > \eta_{FH}^*$，$\eta_L^* < \eta_{FL}^*$。

（2）当低成本系数供应商成本系数较大，$K_L > \dfrac{\lambda C_r}{2}$，且固定比例分配合约中设定分配比例较大，$\theta > \dfrac{4K_L \lambda C_r + \lambda C_r^2}{4K_L \lambda C_r + 4K_L K_H + \lambda C_r^2}$ 时，$\eta_H^* > \eta_{FH}^*$，$\eta_L^* > \eta_{FL}^*$。

（3）当低成本系数供应商成本系数较小，$K_L \leqslant \dfrac{\lambda C_r}{2}$ 时，$\eta_H^* > \eta_{FH}^*$，$\eta_L^* \geqslant \eta_{FL}^*$。

证明 设 $K_L < K_H$。

（1）比较上半部区域 η_L，当 $\dfrac{(1-\theta)\lambda C_r}{2K_H} > \dfrac{2\lambda C_r}{2K_H + C_r}$ 时，有 $\dfrac{1-\theta(2K_H + \lambda C_r)}{2K_H} > 1$，

即 $1 - \theta(K_H + \lambda C_r) > 2K_H$，得 $\theta > \dfrac{2K_H}{2K_H + \lambda C_r}$，对比此时 η_H^* 与 η_{FH}^* 条件，可知

$\eta_H^* > \eta_{FH}^*$ 恒成立，同理可得 $\eta_L^* > \eta_{FL}^*$ 在 $K_L > \dfrac{K_H}{2} - \dfrac{\lambda C_r}{2}$ 时恒成立。

（2）①比较下半部区域 η_H，当 $\dfrac{(1-\theta)\lambda C_r}{2K_H} > \dfrac{\lambda C_r^2 + 4K_L \lambda C_r}{4K_H K_L + 4\lambda C_r K_L + \lambda C_r^2}$ 时，即

$\dfrac{(1-\theta)(4K_H K_L + 4\lambda C_r K_L + \lambda C_r^2)}{(\lambda C_r + 4K_L)2K_H} > 1$，即 $(1-\theta)(4K_H K_L + 4\lambda C_r K_L + \lambda C_r^2) > (\lambda C_r + $

$4K_L)2K_H$，$\theta < \dfrac{4K_L \lambda C_r + \lambda C_r^2 + 2K_H \lambda C_r - 4K_H K_L}{4K_H K_L + 4\lambda C_r K_L + \lambda C_r^2}$，对比此时 η_H^* 与 η_{FH}^* 条件，可

知 $\eta_H^* > \eta_{FH}^*$ 在 $K_L < \dfrac{K_H}{2} - \dfrac{\lambda C_r}{2}$ 时恒成立；②比较下半部区域 η_L，当 $\dfrac{(1-\theta)\lambda C_r}{2K_L} >$

$\dfrac{2K_H \lambda C_r}{4K_H K_L + 4\lambda C_r K_L + \lambda C_r^2}$ 时，$\dfrac{(1-\theta)(4K_H K_L + 4\lambda C_r K_H + \lambda C_r^2)}{4K_L K_H} > 1$ 即 $\theta < $

$\dfrac{4K_L \lambda C_r + \lambda C_r^2}{4K_H K_L + 4\lambda C_r K_L + \lambda C_r^2}$，此时 θ 值与边界吻合，则当 $K_L > \dfrac{\lambda C_r}{2}$ 时，$\eta_{FL}^* > \eta_L^*$，

$K_L \leqslant \dfrac{\lambda C_r}{2}$ 时 $\eta_{FL}^* \leqslant \eta_L^*$。

证毕。

定理 7.3 表明固定比例召回成本分担合约与线性召回成本分担合约的最优努力策略的高低关系受低成本供应商成本系数影响，当供应商 L 努力成本系数也较高时，若固定比例召回成本分担合约选择了较高的供应商分担比例，则固定比例合约下供应商采取的努力都将小于线性召回成本分担合约下的供应商努力；而当固定比例合约选择较小的供应商分配比例时，供应商 H 的努力策略在线性召回成本分担合约中依旧大于固定比例召回成本分担合约，而供应商 L 的努力策略在线性召回成本分担合约下将小于固定比例召回成本分担合约。具体策略分布情况如图 7.3 所示。

命题 7.2 线性召回成本分担合约下高、低成本系数供应商努力策略与单位召回成本成正比。

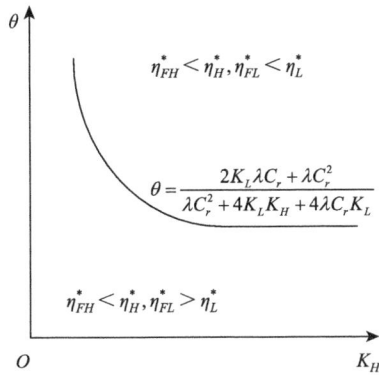

图 7.3　固定比例合约与线性召回成本分担合约下最优召回努力决策对比

证明　求解 η_L^* 关于 λC_r 导数

$$\frac{\partial \eta_L^*}{\partial \lambda C_r} = -\frac{(2\lambda C_r + 4K_H)(\lambda C_r^2 + 4\lambda C_r K_H)}{(\lambda C_r^2 + 4\lambda C_r K_H + 4K_H K_L)^2} + \frac{2\lambda C_r + 4K_H}{\lambda C_r^2 + 4\lambda C_r K_H + 4K_H K_L} > 0 \quad (7.10)$$

证毕。

命题 7.2 表明当单位召回成本上升时，供应商所要承担的部分由自身努力水平决定，受到较高召回成本的压力，高、低成本系数的供应商都将随着召回成本的上升而提升自身的努力水平。

命题 7.3　线性召回成本分担合约下，供应商均衡召回努力策略与自身的成本系数成反比，当自身的成本系数更高时，与对方的成本系数也成反比。

证明　分析 η_L^* 关于 K_L 的单调性，由于 K_L 始终在均衡努力水平的分母上，且系数均为正，因此，低成本系数供应商的努力策略与自身的努力成本系数成反比。分析 η_L^* 关于 K_H 的单调性，当 K_L 较大且成本系数差异较大时，$\frac{\partial \eta_L^*}{\partial K_H} = -\frac{4K_L \lambda C_r^2}{[4K_H(K_L + \lambda C_r) + \lambda C_r^2]^2} < 0$。当成本系数差异较小时，$\frac{\partial \eta_L^*}{\partial K_H} = -\frac{4\lambda C_r}{(4K_H + \lambda C_r)^2} < 0$。同理可以分析出 η_H^* 关于 K_L 和 K_H 的单调性。

证毕。

命题 7.3 表明当努力成本上升时，供应商将降低自身努力水平，当召回成本一定时，供应商将权衡自身努力成本，成本上升导致努力水平降低。

7.6　数　值　分　析

本节重点研究固定比例召回成本分担合约及线性召回成本分担合约在不同情形下对于供应链成员和供应链总体利润的影响，从而决策合约选择。根据 Robust

团队对通用汽车公司的调研，现阶段通用汽车公司采取与供应商平分召回成本的固定比例分担方式，本节验证模型结果对现实案例的改进效果。

首先研究不同合约下供应商努力水平，如图 7.4 所示，线性召回成本分担合约下高努力成本供应商努力水平始终高于其在固定比例合约下的努力水平；低努力成本系数供应商的努力水平与合约选择以及定理 7.3 所给阈值相关；结论与定理 7.3 相吻合。站在制造商视角，更加倾向于选择线性召回成本分担合约。随着成本较大的供应商一方努力成本的增大，在给定参数条件下，固定比例合约与线性比例合约下的供应商努力水平都将下降，固定比例召回成本分担合约下，高成本系数供应商在自身努力成本不断增大时，努力水平下降最快，最终趋近于零。线性召回成本分担合约相比平分召回成本的固定比例分担合约更有利于提升供应商努力。

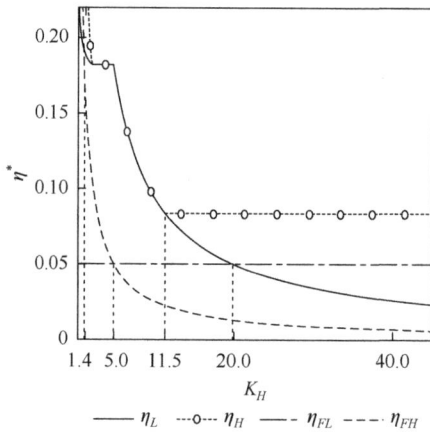

图 7.4　不同合约下供应商努力水平

$\lambda C_r = 5$，$p = 30$，$w = 15$，$K_M = 3$

比较不同合约下制造商利润如图 7.5 所示，线性召回成本分担合约下制造商利润最大，而固定比例分担合约下制造商利润与自身承担召回成本分担比例呈负相关。站在制造商视角更倾向于选择线性召回成本分担合约，不仅可以带来更高的供应商努力水平，也能为自身带来更高利润水平。当固定比例合约采用的分担比例越接近 1，即制造商越趋近于承担所有召回成本时，其利润越低。在高成本系数供应商的努力成本上升的前期，即其成本还处于较低的水平时，制造商利润下降速率较小，而当较高的努力成本达到一定阈值时，制造商利润水平开始以较大的速率下降。线性召回成本分担合约相较平分召回成本的固定比例分担合约更有利于提升制造商利润。

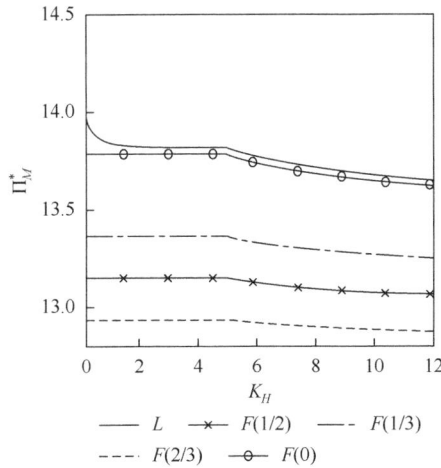

图 7.5　不同合约下制造商利润水平

$\lambda C_r = 5$，$p = 30$，$w = 15$，$K_M = 3$

　　站在供应商视角研究供应商在不同合约下的利润如图 7.6 所示，两种供应商都倾向于制造商承担较大比例的固定比例成本分担合约。高努力成本系数供应商利润随着自身的努力成本上升利润始终处于下降状态，在给定参数条件下，线性召回成本分担合约最不利于高成本系数供应商的利润，可达到的最大利润小于固定比例召回成本分担合约，且下降速度最快。如图 7.6（a）所示，高努力成本系

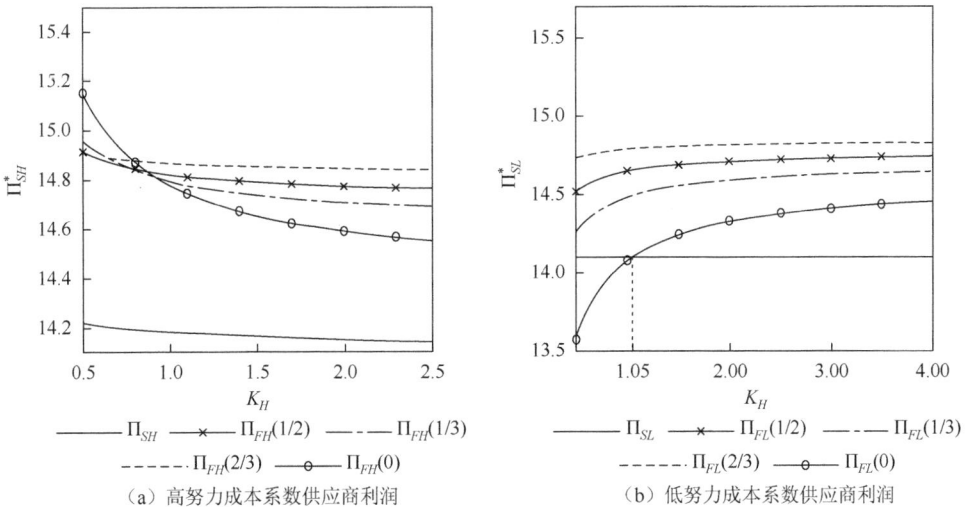

（a）高努力成本系数供应商利润

（b）低努力成本系数供应商利润

图 7.6　不同合约下供应商利润

$\lambda C_r = 5$，$p = 30$，$w = 15$，$K_M = 3$

数供应商在其成本系数较低时，使用固定比例合约，自身利润与制造商承担比例成反比；此时其倾向于与低努力成本供应商承担更高比例的召回成本。低努力成本系数供应商努力水平如图 7.6（b）所示，随着高努力成本系数供应商的成本系数上升，低努力成本系数供应商利润以较小的速率上升，这是由于此时高努力成本系数供应商将采取较低的努力水平，而低努力成本系数供应商只需采取较低的成本保持其努力水平高于高努力成本系数供应商，负担的召回成本可占很小的部分，而高努力成本系数供应商则进入了高召回成本与高努力成本的两难权衡。低努力成本系数供应商倾向于选择固定比例分担合约，并与高努力成本系数供应商一同承担较小比例的召回成本。

比较供应链总利润，当召回成本较大且努力成本系数较大时，如图 7.7（a）所示，线性召回成本分担合约对于供应链是比较有利的；若此时采取固定比例合约，则制造商需要设定一个较高的自身承担比例才对供应链有利，由于此时供应商的努力成本相较于召回成本较小，他们会提供较高的努力水平来避免负担过多的召回成本，而致使花费了较大努力成本的同时还负担了较高的总的召回成本，损害供应商利润，对整个供应链不利。

当召回成本较小且努力成本系数较小时，如图 7.7（b）所示，线性召回成本分担合约并不利于供应链总利润的提高。固定比例合约下当较高的成本系数处在较小的水平时，制造商分担三分之一的召回成本将使供应链利润达到最大，而供应商不承担召回成本则会给供应链带来较大的利润损失；当高努力成本系数供应商的努力成本不断增大，处于中等水平时，固定比例召回成本分担合约使供应链利

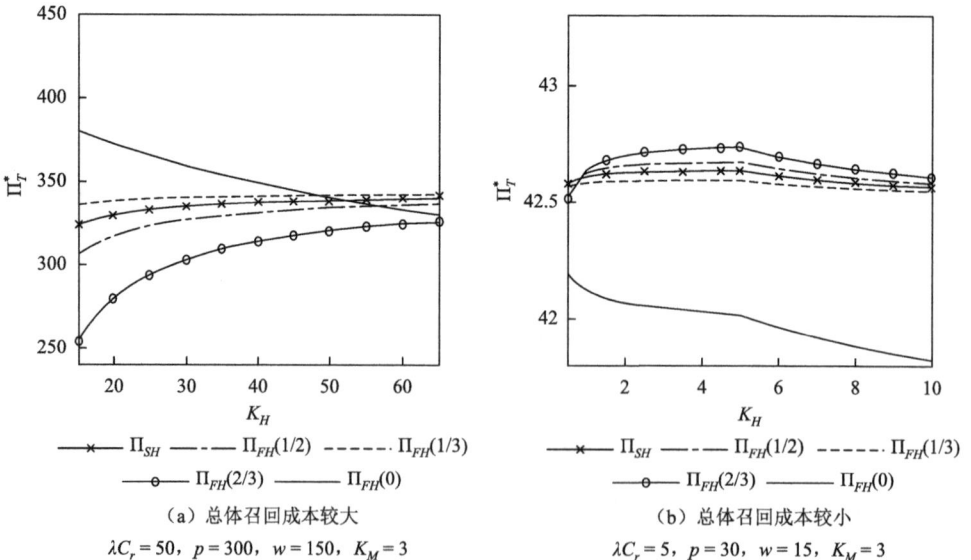

（a）总体召回成本较大
$\lambda C_r = 50$，$p = 300$，$w = 150$，$K_M = 3$

（b）总体召回成本较小
$\lambda C_r = 5$，$p = 30$，$w = 15$，$K_M = 3$

图 7.7　不同合约下供应链利润

润上升，且制造商负担的部分越少，对供应链越有利，此时制造商使用将较低的召回成本全部使供应商负担的方式来刺激供应商努力，对整条供应链是有利的；当高努力成本系数供应商的努力成本已经很高，供应商仍旧设定一个很低的自身负担比例来使用召回成本迫使供应商努力时，对供应链是有害的，这个比例越低，供应链利润下降越快。当召回成本较大时，制造商采取线性召回成本分担合约相比均分召回成本合约更有利于供应链利润的提高，而当召回成本较小时，制造商承担召回成本比例越小越有利于供应链利润的提高，故均分召回成本并非最优选择。

7.7 本章小结

在一条二级装配供应链中，制造商向两个供应商订购相同数量的零配件并进行加工，本章研究了两种情形下的召回成本分担合约：首先供应商与制造商按照固定比例进行分担后供应商间进行线性分担，以及供应商与制造商首先进行线性分担后供应商间进行线性分担。研究发现在固定比例合约中制造商承担较大比例时供应商采取的最优努力水平与自身努力成本系数有关，而当制造商承担较小比例时，供应商努力水平达到极致，此时若召回成本较小则对供应链利润是有利的，但若召回成本较大，会严重影响供应商的利润从而损害供应链利润。在线性召回成本分担合约中供应商的努力与自身以及对方的努力成本有关，当两者努力成本系数相差较小时，两个供应商将采取相等的努力水平，由于装配系统中制造商采取的补充努力只与努力水平较低的供应商有关，此时的努力水平与高成本系数供应商有关，低成本系数供应商也将采取高成本系数供应商采取的较低努力。

此外，将两种合约下的供应商努力水平进行比较，会发现线性召回成本分担合约相较于固定比例合约是较有效促进供应商努力的合约。比较结果与较低努力成本与固定比例设定有关，当较低努力成本相较于召回成本较高时，制造商设定较小的自身承担比例会提升低成本系数供应商的努力，效果优于线性召回成本分担合约。在其他情形中线性召回成本分担合约提升高、低成本系数供应商努力的效果均优于固定比例合约。若召回成本明显大于努力成本，线性召回成本分担合约对于供应链利润是很有利的，若召回成本相较于努力成本较小，可以采取固定比例合约，且制造商承担比例越小越利于供应链利润，目前实际应用中的均分召回成本合约并非最优合约。

需要指出的是，本章专注研究了合约设计对于供应商努力水平的影响，因此并未考量成本对价格及订货量的影响。因此本章可以从以下方面进行拓展：考虑批发价格合约内生下召回成本分担的合约形式，更进一步考虑需求不确定情况下的合约比较，现实中供应商努力成本信息往往是不对称的，应当考虑信息不对称对供应商努力的影响。

第8章　考虑产品召回的供应链固定保险合约与订货决策

8.1　导　　言

产品召回会给供应链带来多方面的损失，主要体现在要召回的产品数目所带来的产品召回成本上，而要召回的产品数目与召回概率及产品的销量有关。在考虑不确定市场需求的情况下，由于产品的销量等于制造商的订货量与不确定市场需求中的较小者，因此，即使在外生的产品召回概率下，产品召回会给供应链带来不确定损失，即产品召回成本是不确定的。此外，在不确定市场需求的情形下，制造商对市场需求的预测会变得不准确，此时，订货过多会带来不确定的库存积压损失，订货过少会带来不确定的机会成本损失，这些不确定损失明显给沃尔玛的订货决策增加了难度，从而导致其商品库存水平波动，遭受 30 亿美元以上的损失。因此，在传统的批发合约情形下，不确定市场需求和产品召回均会给制造商带来不确定损失，这不仅给制造商的订货决策带来了挑战，同时还影响了整体供应链的绩效。

对产品召回现象的研究，近年来吸引了许多学者的关注。第一个方面的研究是通过降低产品召回发生的概率来提高供应链的绩效，如建立追溯系统进行供应链追踪来有效降低召回成本等。Liu 等（2009）将 RFID 技术用于肉类食品供应链的追踪过程和产品召回，同时运用追踪能力的信息来判断供应链污染的准确位置，找到最小的召回批次以达到降低召回成本的目的。Wang 等（2009）建立了一个关于易变质食品最优追踪能力的模型以使得食品召回影响最小。Fritz 和 Schiefer（2009）将复杂性与追踪模型联系起来，特别是从多个供应链水平的角度（包括企业、部门和政府）分析了成本与收益。第二个方面的研究是通过合约设计来降低产品召回带来的影响，从而提高供应链的绩效。Chao 等（2009）研究了产品召回成本分担和质量激励的合约设计，研究发现合约不仅可以减少由于信息不对称所带来的制造商成本，而且可以提高产品质量。Dai 等（2015b）利用收益共享合约研究了一个制造商和两个供应商组成的二级供应链中的产品召回问题，发现该合约可以提高每个供应链主体的利益。刘学勇等（2012）在线性市场需求情形下，通过引入根源分析的成本分担合同，研究了产品召回成本分担与质量激励问题，研究发现该合同可以实现供应商和制造商的利润最大化，并且在根源分析成本可忽略的情况下，实现供应链协调。第三个方面的研究为损失共担。保险合约作为一种损失共担的手段，在企业中有广泛的应用，关于保险的研究近几年来引起了许多学者的关注。Lodree 和 Taskin（2008）针对非营利组织和政府机构提出了一种保险机制来得到供应链扰动情形下的最优库存水平，通过引入保险策略来规避库存波动带来的损失。Lin 等（2010）利用保险合约，研究了由零售商和供应商组成的二级供应链中损失共担问题。以上研究仅仅解决了需求不确定性所带来的损失。Dong 和 Tomlin（2012）研究了营业中断保险和运营指标之间的关系，发现保险可以增加库存的边际价值和紧急采购的整体价值。Dong 等（2018）研究了企业生产链上库存、中断保险和准备行动之间的相互影响。Zhen 等（2016）以一个配送中心为研究对象，研究通过营业中断保险和备用运输两种减少损失的管理方法使配送中心获得更大的利益。文献中供应链企业之间保险合约的实质是在销售期前，供应链一方给另一方支付一定数量的费用，另一方承诺在销售实现后，分担一定比例或者全部的损失。这种承诺机制类似于专业保险公司的保险合约，所以在大量文献中供应链企业之间的这种合约也称为保险合约，本书的研究中沿用了这一说法。在供应链协调方面，根据 Cachon 和 Lariviere（2005）的定义，供应链协调是指利用相关的契约设计等协调方法，以实现供应链节点企业对非合作博弈下绩效的帕累托改进。供应链协调是供应链管理研究领域的热点问题之一，吸引了大量学者的关注。Cachon 和 Lariviere（2005）利用收益共享合约研究了报童类产品供应链中的供应链协调问题。张汉江和甘兴（2015）利用最优销售价格激励契约，研究了一条只生产新产品和一条同时生产新产品和再制造品的二级供应链的供应链协调问题。王丽梅等（2009）研究了电子市场下的供应链协调问题。但是，目前还没有学者研究考虑产品召回情形下的供应链协调问题。Echazu 和 Frascatore（2012）在考虑产品召回的情形下，研究了确定性需求下的保险合约设计与供应商努力程度决策。但他们假设需求量是确定的，即只存在产品召回情形下的供应链保险合约设计，而没有考虑供应链协调。本章采用保险合约的目的是研究基于风险分担的供应链保险合约是否能够改善供应链绩效及制造商利润。

本章在考虑产品召回与不确定市场需求的情形下，研究了供应链保险合约下的最优订货决策，以及保险合约对最优订货决策的影响；研究了在考虑产品召回与不确定市场需求的情形下实现供应链协调的最优保险合约决策；研究了产品召回概率、市场需求大小与波动性对最优保险合约决策与最优订货决策的影响关系。

本章结构如下：8.2 节对研究问题及相关假设条件进行说明；8.3 节考虑了非保险合约下供应链的订货决策作为基准模型；8.4 节在基准情况中引入保险合约，研究供应链的最优订货策略和供应链协调问题，并考虑当市场需求服从均匀分布时，供应链的保险决策；8.5 节做出总结并提出建议。

8.2 保险合约与订货策略问题阐述

我们在单周期需求环境下，考虑了一个由单一供应商和单一制造商组成的二级供应链系统。其中，制造商从供应商处以价格 w 批发半成品或原材料，经过加工和包装等工序形成最终产品，最后以 p 的销售价格直接投入市场销售来满足顾客需求。供应商向制造商提供的产品或原材料可能存在质量缺陷，导致最终产品销售到市场后可能会面临产品召回问题。由于制造商直接向顾客出售产品，所以当发生产品召回时，由制造商负责召回有质量缺陷的产品，产品召回成本由制造商承担。产品召回成本取决于产品召回概率 λ 和产品的销售量 $S(q)$。在考虑不确定市场需求的情况下，即需求存在波动或对需求预测不准确时，产品的销量等于制造商的订货量与不确定市场需求中的较小者，此时，订货过多会带来不确定的库存积压损失，订货过少会带来不确定的机会成本损失。因此，产品召回这个现象发生的概率与不确定市场需求，以及制造商的订货量共同决定了产品召回成本。在传统的批发合约情形下，不确定市场需求和产品召回均会给制造商带来不确定损失，这不仅给制造商的订货决策带来了挑战，同时还影响了整体供应链的绩效。

从制造商角度出发，研究在同时考虑产品召回与不确定市场需求带来的不确定损失的情形下，制造商通过供应链定额保险合约来改善自己及供应链的绩效。具体地，制造商和供应商签订供应链保险合约，合约中约定在市场实现之前，制造商向供应商支付一笔固定数额的保险费用 I，我们称为定额保险。相应地，在市场实现之后，供应商承担制造商的一部分可能损失。模型中用到的参数如表 8.1 所示。为了便于研究，我们做出如下假设。

表 8.1 参数定义

参数	含义	参数	含义
p	产品的零售价格	$f(\cdot)$	市场需求的概率密度函数
w	供应商提供给制造商的产品批发价格	$F(\cdot)$	市场需求的分布函数
c	供应生产产品的单位成本	$F^{-1}(\cdot)$	反需求函数
v	未销售产品的单位残值	μ	市场需求的均值
s	产品的缺货损失	λ	制造商召回产品的概率（$0 < \lambda < 1$）
q	制造商的订货量	I	制造商向供应商支付的保险数额
x	市场需求	α	制造商承担的损失比例（$0 < \alpha < 1$）

假设 1：制造商和供应商是风险中性和完全理性的，即根据各自利润最大化原则进行决策。

假设 2：信息对称，制造商和供应商完全知道彼此的信息。

假设 3：制造商直接向消费者销售产品，市场需求不足时，过剩的产品具有残值；反之，当市场需求量大于制造商的订货量时，制造商会存在一定的缺货损失成本。

假设 4：市场需求是连续的，即市场需求的分布函数 $F(x)$ 为可微严格单调递增函数。

假设 5：发生产品召回时，制造商从消费者手中以产品销售价格召回缺陷产品。

假设 6：产品召回概率 λ 是外生变量，产品召回成本取决于制造商的订货量。

在本章的供应链保险合约中，制造商首先决策最优订货量，其次在供应链协调的情况下决策最优保险费用。不失一般性，可以假设 $0 < v < c < w < p$，$0 < v < s < w$。根据上述假设，制造商的期望销售量为

$$S(q) = E\min(q, x) \tag{8.1}$$

由于召回概率为 λ，产品的销售价格为 p，因此，产品召回给制造商造成的期望损失为 $\lambda pS(q)$。进一步，由于产品在市场上的需求是不确定的，如果制造商的订货量大于市场需求量，多出的产品每单位具有 v 的残值，单位产品的损失为 $p - v$；如果订货量小于市场需求，每单位产品会给制造商带来 s 的缺货损失。根据假设，可以得出由市场不确定性给制造商造成的期望损失为

$$L(q) = (p - v)E(q - x)^{+} + sE(x - q)^{+} \tag{8.2}$$

8.3　非保险合约下供应链的订货决策

8.3.1　考虑产品召回与不确定市场需求情形下的集中式供应链模式

集中式供应链将供应商和制造商作为一个整体系统进行研究，用 Π_c 表示集中式供应链的期望利润，在不考虑保险策略，订货量为 q 时的期望利润函数为

$$\Pi_c q = (p - c)q - \lambda pS(q) - L(q) \tag{8.3}$$

$L(q)$ 是不确定市场需求给供应链带来的损失，$(p - c)q - L(q) = (pq - L(q)) - cq$ 是供应链不发生产品召回时，供应链的期望利润。其中，$pq - L(q)$ 为不确定市场需求下供应链的期望销售收入；cq 为生产成本；$\lambda pS(q)$ 为发生产品召回时，供应链支付的产品召回成本。这三个部分组成了式（8.3）中，供应链在同时面临产品召回和不确定市场需求情形下的期望利润函数。

由于我们假设产品召回概率是外生的，所以产品召回成本取决于供应链的订货量。同时，在不考虑的产品召回情形下，供应链的利润也取决于订货量的大小。

因此，在没有考虑供应链保险合约的基准模型中，集中式供应链的利润取决于供应链的订货决策，我们得到以下命题。

命题 8.1　当 $0 < \lambda < 1 - \dfrac{c-s}{p}$ 时，不考虑保险合约，集中式供应链下的最优订货量 q_c^* 存在且唯一，且 $q_c^* = F^{-1}\left(\dfrac{(1-\lambda)p+s-c}{(1-\lambda)p+s-v}\right)$。

证明　由式（8.1）和式（8.2）可得

$$S(q) = \int_0^q xf(x)\mathrm{d}x + \int_q^{+\infty} qf(x)\mathrm{d}x = q - \int_0^q F(x)\mathrm{d}x \tag{8.4}$$

$$L(q) = (p-v)(q - S(q)) + s(\mu - S(q)) \tag{8.5}$$

将式（8.4）和式（8.5）代入式（8.1），并对 q 求一阶条件，得到：

$$\frac{\mathrm{d}\Pi_c(q)}{\mathrm{d}q} = (1-\lambda)p + s - c - ((1-\lambda)p+s-v)F(q) = 0 \tag{8.6}$$

由式（8.3）对 q 求二阶条件得到 $\dfrac{\mathrm{d}^2\Pi_c(q)}{\mathrm{d}q} = -((1-\lambda)p+s-v)f(q)$，由假设可知 $\dfrac{\mathrm{d}^2\Pi_c(q)}{\mathrm{d}q} < 0$，$\Pi_c(q)$ 是关于订货量 q 的严格凹函数，故式（8.6）的解即唯一最优解。最优解满足：

$$F(q) = \frac{(1-\lambda)p+s-c}{(1-\lambda)p+s-v} \tag{8.7}$$

又 $F(x)$ 为可微严格单调递增函数，且 $0 < F(x) \leqslant 1$，由式（8.7）可得 $0 < \dfrac{(1-\lambda)p+s-c}{(1-\lambda)p+s-v} \leqslant 1$，即当 $0 < \lambda < 1 - \dfrac{c-s}{p}$ 时，集中式供应链下的最优订货量为

$$q_c^* = F^{-1}\left(\frac{(1-\lambda)p+s-c}{(1-\lambda)p+s-v}\right) \tag{8.8}$$

进一步，令 $\Gamma(q) = \int_0^q x\mathrm{d}F(x)$，我们可以得到集中式供应链的最优利润为

$$\Pi_c^* = ((1-\lambda)p+s-v)\Gamma(q_c^*) - s\mu \tag{8.9}$$

证毕。

8.3.2　考虑产品召回与不确定市场需求情形下的分散式供应链模式

在分散式供应链模式下，制造商和供应商分别根据自身利益最大化原则进行决策。用 Π_m 和 Π_s 分别表示制造商和供应商的期望利润，当订货量为 q 时，双方的期望利润函数分别为

$$\Pi_m(q) = (p-w)q - \lambda pS(q) - L(q) \tag{8.10}$$

$$\Pi_s(q) = (w-c)q \tag{8.11}$$

在不考虑供应链保险合约的分散式供应链下，产品的销售价格为 p，产品的批发价格为 w，制造商的边际利润为 $p-w$，不确定市场需求的损失 $L(q)$ 和产品召回的损失 $\lambda pS(q)$ 全部由制造商承担。供应商的利润为传统批发价格合约下利润，供应商的边际利润为 $w-c$，其中，c 为产品的生产成本。不考虑供应链保险合约时，制造商通过决策订货量来最优化其利润，我们可以得到以下命题。

命题 8.2　当 $0 < \lambda < 1 - \dfrac{w-s}{p}$ 时，不考虑保险策略，分散式供应链下的最优订货量 q_d^* 存在且唯一，且 $q_d^* = F^{-1}\left(\dfrac{(1-\lambda)p+s-w}{(1-\lambda)p+s-v}\right)$。

证明　我们对式（8.10）中制造商的利润函数进行优化，证明方法同命题 8.1，得到当 $0 < \lambda < 1 - \dfrac{w-s}{p}$ 时，分散式供应链中制造商订货量的最优解为

$$q_d^* = F^{-1}\left(\frac{(1-\lambda)p+s-w}{(1-\lambda)p+s-v}\right) \tag{8.12}$$

进一步，可以得到分散式供应链下，制造商的最优利润为

$$\Pi_m(q_d^*) = ((1-\lambda)p+s-v)\Gamma(q_d^*) - s\mu \tag{8.13}$$

证毕。

由命题 8.1 和命题 8.2 可以看出，在集中式供应链和分散式供应链两种模式下，制造商的最优订货量与供应商的生产成本，产品的定价、残值、缺货、召回概率及市场需求的分布有关。比较集中式决策和分散式决策两种模式，可以得到定理 8.1。

定理 8.1　不考虑供应链保险合约，两种模式下有如下结论。

（1）集中式供应链的最优订货量大于分散式供应链的最优订货量。

（2）随着召回概率的增加，两种模式下供应链的最优订货量和最优利润均趋于减少，但最优订货量的差距逐渐增大。

证明　结合命题 8.1 和命题 8.2，可知 $0 < \dfrac{(1-\lambda)p+s-w}{(1-\lambda)p+s-v} < \dfrac{(1-\lambda)p+s-c}{(1-\lambda)p+s-v} < 1$。由于 $F(\cdot)$ 是严格单调递增函数，所以 $F^{-1}(\cdot)$ 是单调递增函数。因此，$F^{-1}\left(\dfrac{(1-\lambda)p+s-c}{(1-\lambda)p+s-v}\right) > F^{-1}\left(\dfrac{(1-\lambda)p+s-w}{(1-\lambda)p+s-v}\right)$，即

$$\Delta = q_c^* > q_d^* \tag{8.14}$$

因此，可知集中式供应链的最优订货量大于分散式供应链的最优订货量。

式（8.8）对产品概率 λ 求一阶条件，可得 $\dfrac{\mathrm{d}q_c^*}{\mathrm{d}\lambda} = \dfrac{\dfrac{\partial F(q_c^*)}{\partial \lambda}}{\dfrac{\partial F(q_c^*)}{\partial q_c^*}} = -\dfrac{p(c-v)}{((1-\lambda)p+s-v)^2 f(q_c^*)} <$

0，因此可知在集中式供应链模式下，制造商的订货量随着召回概率的增大而减小，同理，式（8.12）对产品召回概率 λ 求一阶条件，可以得到分散式供应链模式下 $\dfrac{\mathrm{d}q_d^*}{\mathrm{d}\lambda} < 0$，即制造商的最优订货量随产品召回概率的增加而减少。

式（8.9）对产品召回概率 λ 求一阶条件，可得 $\dfrac{\mathrm{d}\Pi_c^*}{\mathrm{d}\lambda} = -p\Gamma(q_c^*) + ((1-\lambda)p+s-$

$v)q_c^* f(q_c^*)\dfrac{\mathrm{d}q_c^*}{\mathrm{d}\lambda} < 0$，所以在集中式供应链模式下，制造商的利润随着召回概率的增大而减小，同理式（8.13）对产品召回概率 λ 求一阶条件，可以得到分散式供应链模式下 $\dfrac{\mathrm{d}q_d^*}{\mathrm{d}\lambda} < 0$，即制造商的最优利润随着产品召回概率的增加而减少。

集中式供应链和分散式供应链下最优订货量的差距用 Δ 表示，由式（8.8）和式（8.12）可得

$$\Delta = q_c^* - q_d^* = F^{-1}\left(\frac{(1-\lambda)p+s-c}{(1-\lambda)p+s-v}\right) - F^{-1}\left(\frac{(1-\lambda)p+s-w}{(1-\lambda)p+s-v}\right) \qquad (8.15)$$

式（8.15）对产品召回概率 λ 求一阶条件，可以得到 $\dfrac{\mathrm{d}\Delta}{\mathrm{d}\lambda} = \dfrac{\mathrm{d}q_c^*}{\mathrm{d}\lambda} - \dfrac{\mathrm{d}q_d^*}{\mathrm{d}\lambda} =$

$\dfrac{p(f(q_c^*)(w-v)-f(q_u^*)(c-v))}{((1-\lambda)p+s-v)^2 f(q_c^*)f(q_u^*)} > 0$，所以随着召回概率的增加，集中式决策和分散

式决策两种模式下供应链最优订货量的差距越来越大。证毕。

由式（8.15）可知，两种模式下供应链最优订货量的差距受到产品召回概率和市场需求的分布的影响。根据 Lin 等（2010），令 $p=10$，$w=8$，$c=7$，$v=5$，$s=6$，假设市场平均需求为 100 个单位，在指数分布、正态分布及均匀分布等常见的连续分布情形下，最优订货量差距与产品召回概率的关系如图 8.1 所示。

在文献的参数假设下，当召回概率大于 0.8 时，制造商的最优利润为零，因此最优订货量减少为零；当召回概率大于 0.9 时，供应链系统的最优利润为零，所以最优订货量也为零。

当召回概率小于 0.8，市场需求服从指数分布时，最优订货量的差距 $\Delta =$

$\dfrac{1}{\lambda}\ln\dfrac{w-v}{c-v}$ 为一个常数；当市场需求服从正态分布，市场波动性比较小时，集中式供应链的最优订货量与分散式供应链的最优订货量差距越来越大，反之则越来

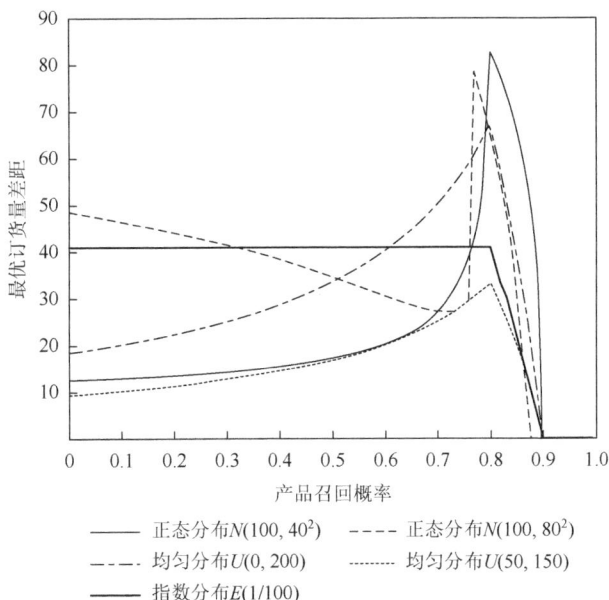

正态分布$N(100, 40^2)$　　$----$ 正态分布$N(100, 80^2)$
$-\cdot-\cdot$ 均匀分布$U(0, 200)$　　$\cdots\cdots$ 均匀分布$U(50, 150)$
—— 指数分布$E(1/100)$

图 8.1　不同需求分布下两种供应链模式最优订货量差距与召回概率的关系

小；当市场需求服从均匀分布时，随着产品召回概率的增加，集中式供应链的最优订货量与分散式供应链的最优订货量差距越来越大。因此，当市场规模一定时，不同的需求分布下，市场波动性对 Δ 的影响是不同的。

当召回概率大于 0.8 且小于 0.9 时，由于分散式供应链制造商的最优订货量减少为零，此时 $\Delta = q_c^*$，所以，在区间（0.8, 0.9），图 8.1 中的曲线其实是对应召回概率下集中式供应链的最优订货量。当召回概率大于 0.9 且小于 1 时，集中式供应链期望利润也会减少到零，此时制造商订货量也会减少为零，所以 $\Delta = 0$。

通常集中式供应链的最优利润大于分散式供应链的利润，这一点在本章中也可以得到验证。同时，结合定理 8.1 可以看出，在考虑产品召回与不确定市场需求的情形下，集中式供应链在最优订货量、最优利润方面比分散式供应链表现得更为优越，因为损失在供应链中被内部化了。在现实中，制造商通常只考虑自身利益最大化，而不是考虑整个供应链的利益。为了减少损失，制造商通常会采取相应的措施，其中供应链保险合约就是一种常见的选择。

8.4　保险合约下供应链的订货决策

在本章中，供应链是由制造商主导的，制造商面临产品召回与不确定的市场需求两种情形，为了减少这两种情形带来的损失，在销售实现前，制造商与供应

商签订保险合约 (I,α) ，由制造商向供应商支付 I 的定额保险费用；在销售实现后，制造商只承担 α 比例的产品召回损失和不确定市场需求带来的损失，其余 $1-\alpha$ 比例的损失由供应商分担。通过保险合约，制造商把一部分损失转移给供应商。但是，供应商为制造商承担了一些产品召回和不确定市场需求的风险，为此制造商须向供应商支付预先约定的保险费用 I 。如果产品召回和不确定市场需求真的发生了，供应商承担 $1-\alpha$ 比例的产品召回费用与不确定市场需求带来的损失；如果意外没有发生，供应商就可以将制造商支付的保险费用作为自己的利润。具体表现为制造商在向供应商订货时，通过谈判向供应商定额保险费用 I ，相应地，供应商承诺销售实现后承担制造商 $1-\alpha$ 比例的损失。通过这种保险合约设计，可能减少制造商的利润损失。本章目的是研究基于风险分担的供应链定额保险合约是否能够改善供应链绩效及制造商利润。在供应链定额保险合约下，供应链的决策事件顺序如图8.2所示。

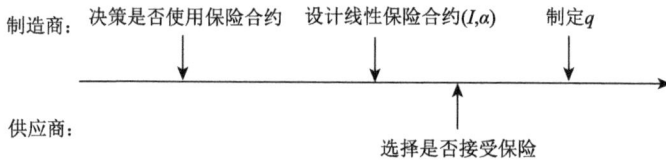

图 8.2 供应链决策事件顺序图

本章中的供应链定额保险合约，其实质相当于制造商预先将利润的一部分转移给供应商，使供应商承诺分担一定的风险，这种风险分担发生于供应链系统内部。因此，引入供应链定额保险合约后，集中式供应链的利润函数和传统批发价格合约下的利润函数相同，因此供应链的最优订货量也相同，对此我们不做过多研究，本节我们重点研究供应链定额保险合约下，分散式供应链中制造商的订货决策。用 $\Pi_{m,I}(q)$ 和 $\Pi_{s,I}(q)$ 分别表示保险合约下制造商和供应商的期望利润，根据我们设计的供应链定额保险合约，制造商和供应商的期望利润函数表达式分别为

$$\Pi_{m,I}(q) = (p-w)q - \alpha(\lambda p S(q) + L(q)) - I \qquad (8.16)$$

$$\Pi_{s,I}(q) = (w-c)q - (1-\alpha)(\lambda p S(q) + L(q)) + I \qquad (8.17)$$

命题 8.3 供应链定额保险合约下制造商的最优订货量 q_I^* 存在且唯一，且 $q_I^* = F^{-1}\left(\dfrac{(1-\lambda\alpha)p + \alpha s - w}{\alpha((1-\lambda)p + s - v)}\right)$ 。

证明 把式（8.4）和式（8.5）代入式（8.16），并对 q 求一阶条件，得到

$$\frac{\mathrm{d}\Pi_{m,I}(q)}{\mathrm{d}q} = (1-\lambda\alpha)p + \alpha s - w - \alpha((1-\lambda)p + s - v)F(q) = 0 \qquad (8.18)$$

式（8.16）对 q 求二阶条件，得到 $\dfrac{\mathrm{d}^2\Pi_{m,I}(q)}{\mathrm{d}q^2}=-\alpha((1-\lambda)p+s-v)f(q)<0$，所以 $\Pi_{m,I}(q)$ 是关于订货量 q 的严格凹函数。因此，式（8.18）为 0 的解即唯一最优解，可以得到最优解满足：

$$F(q)=\frac{(1-\lambda\alpha)p+\alpha s-w}{\alpha((1-\lambda)p+s-v)} \tag{8.19}$$

进一步，当 $0<\dfrac{(1-\lambda\alpha)p+\alpha s-w}{\alpha((1-\lambda)p+s-v)}<1$，且 $0<\alpha<1$ 时，供应链定额保险合约下制造商的最优订货量为

$$q_I^*=F^{-1}\left(\frac{(1-\lambda\alpha)p+\alpha s-w}{\alpha((1-\lambda)p+s-v)}\right) \tag{8.20}$$

其中制造商承担的损失比例 α 与产品召回概率 λ 满足：当 $0<\lambda<1-\dfrac{w-s}{p}$ 时，$\dfrac{p-w}{p-v}<\alpha<1$；当 $1-\dfrac{w-s}{p}<\lambda<1$ 时，$\dfrac{p-w}{p-v}<\alpha<\dfrac{p-w}{\lambda p-s}$，证毕。

通过观察式（8.16）和式（8.17），我们可以知道：当 $\alpha=0$ 时，制造商的利润函数为 $\Pi_{m,I}(q)=(p-w)q-I$，供应商的利润函数为 $\Pi_{s,I}(q)=(w-c)q-\lambda pS(q)-L(q)+I$。在这种特殊情形下，制造商通过定额保险费用 I，将产品召回的损失和不确定市场需求的损失完全转移给了供应商。因此，这种情况下制造商的最优订货量越大越好。当 $\alpha=1$ 时，制造商并没有把损失转移给供应商，因此也不会选择保险合约，否则将会进一步损失保险费用 I。观察式（8.12）和式（8.20），注意到，当且仅当 $\alpha=1$ 时，$q_I^*=q_d^*$。

根据式（8.20），可知供应链定额保险合约下，分散式供应链中制造商的最优订货量与制造商承担的损失比例 α 与产品召回概率 λ 有关。因此，我们可以得到以下定理。

定理 8.2　保险合约下，制造商承担损失的比例越大，最优订货量越小，且产品召回概率越大，最优订货量越小。

证明　式（8.20）对 α 求一阶条件，得到 $\dfrac{\mathrm{d}q_I^*}{\mathrm{d}\alpha}=\dfrac{\dfrac{\partial Fq_I^*}{\partial\alpha}}{\dfrac{\partial Fq_I^*}{\partial q_I^*}}=-\dfrac{(p-w)}{\alpha^2((1-\lambda)p+s-v)f(q_I^*)}<$

0。因此，制造商的订货量随承担损失比例的增大而减小。

式（8.20）对 λ 求一阶条件，得到 $\dfrac{\mathrm{d}q_I^*}{\mathrm{d}\lambda}=\dfrac{\dfrac{\partial Fq_I^*}{\partial\lambda}}{\dfrac{\partial Fq_I^*}{\partial q_I^*}}=\dfrac{p((p-w)-\alpha(p-v))}{\alpha((1-\lambda)p+s-v)^2f(q_I^*)}$。又

$\alpha > \dfrac{p-w}{p-v}$，所以 $\dfrac{\mathrm{d}q_I^*}{\mathrm{d}\lambda} < 0$，制造商的订货量随产品召回概率的增大而减小。

进一步可以得出保险合约下的制造商和供应商的最优利润分别为

$$\Pi_{m,I}(q_I^*) = \alpha((1-\lambda)p + s - v)\Gamma(q_I^*) - \alpha s\mu - I \qquad (8.21)$$

证毕。

通过比较保险合约和基准模型中的最优订货量，可以得到定理 8.3 和定理 8.4。

定理 8.3　在分散式供应链下，制造商在供应链定额保险合约下的最优订货量大于不考虑供应链定额保险合约下的最优订货量，即供应链定额保险合约提高了制造商的最优订货量。

证明　当 $0 < \lambda < 1 - \dfrac{w-s}{p}$ 时，$\dfrac{(1-\lambda\alpha)p + \alpha s - w}{\alpha((1-\lambda)p + s - v)} - \dfrac{(1-\lambda)p + s - w}{(1-\lambda)p + s - v} = \dfrac{(1-\alpha)(p-w)}{\alpha((1-\lambda)p + s - v)} >$

0。又 $F(\cdot)$ 是单调增函数，所以 $F^{-1}(\cdot)$ 是单调增函数，所以有 $F^{-1}\left(\dfrac{(1-\lambda\alpha)p + \alpha s - w}{\alpha((1-\lambda)p + s - v)}\right) >$

$F^{-1}\left(\dfrac{(1-\lambda)p + s - w}{(1-\lambda)p + s - v}\right)$，即 $q_I^* > q_d^*$；当 $\lambda > 1 - \dfrac{w-s}{p}$ 时，由于 $q_d^* = 0$，所以 $q_I^* > q_d^*$。

总之，可以得到：

$$q_I^* > q_d^* \qquad (8.22)$$

证毕。

由定理 8.3 可以知道，制造商可以通过供应链定额保险合约提高最优订货量。接下来，我们研究该供应链定额保险合约是否可以实现供应链协调。

在分散式供应链下，制造商可以通过协调合同来提高供应链绩效。本节中，我们设计的供应链定额保险合约是基于风险分担，通过将产品召回风险和不确定市场需求带来的风险从制造商向供应商进行转移来实现供应链的协调。该合约可以在一定程度上保护制造商免遭不确定市场需求和产品召回的侵害，并改善制造商和整个供应链的绩效。

定理 8.4　当召回概率 $\lambda < 1 - \dfrac{c-s}{p}$ 时，保险合约可以实现供应链协调，且实现供应链协调的最优保险合约为 $(I_L, \bar{\alpha})$，其中，$I_L = (w-c)(q_d^* - q_c^*) + (1-\bar{\alpha})(\lambda p S(q_c^*) + L(q_c^*))$，$\bar{\alpha} = \dfrac{p-w}{p-c}$。

证明　在供应链定额保险合约下，实现供应链协调需要满足 $q_I^* = q_c^*$，即

$F^{-1}\left(\dfrac{(1-\lambda\alpha)p + \alpha s - w}{\alpha((1-\lambda)p + s - v)}\right) = F^{-1}\left(\dfrac{(1-\lambda)p + s - w}{(1-\lambda)p + s - v}\right)$。由于 $F(\cdot)$ 是单调增函数，所以

$F^{-1}(\cdot)$ 是单调增函数，所以上式等价于 $\dfrac{(1-\lambda\alpha)p + \alpha s - w}{\alpha((1-\lambda)p + s - v)} = \dfrac{(1-\lambda)p + s - c}{(1-\lambda)p + s - v}$，化简

可以得到 $\bar{\alpha} = \dfrac{p-w}{p-c}$。当 $0 \leqslant \lambda \leqslant 1 - \dfrac{w-s}{p}$ 时，$\bar{\alpha} \in \left[\dfrac{p-w}{p-c}, 1 \right]$；当 $1 - \dfrac{w-s}{p} \leqslant \lambda \leqslant$

$1 - \dfrac{c-s}{p}$ 时，$\bar{\alpha} \in \left[\dfrac{p-w}{p-v}, \dfrac{p-w}{\lambda p - s} \right]$。因此，当 $0 \leqslant \lambda \leqslant 1 - \dfrac{w-s}{p}$ 时，供应链定额保

险合约可以实现供应链协调。

但是 $\bar{\alpha} = \dfrac{p-w}{p-c}$ 并不是实现供应链协调的唯一条件，为了实现供应链协调，则

必须在 $\bar{\alpha} = \dfrac{p-w}{p-c}$ 的条件下，使供应商和制造商双方都接受该供应链定额保险合

约，需要满足以下条件。

（1）在供应链协调情形下，制造商的个人理性约束为 $\Pi_{m,I}(q_c^*) \geqslant \Pi_m(q_d^*)$，即

$$(p-w)q_c^* - \alpha(\lambda p S(q_c^*) + L(q_c^*)) - I \geqslant (p-w)q_d^* - \lambda p S(q_d^*) + L(q_d^*) \tag{8.23}$$

由式（8.23）可以得到：

$$I \leqslant (p-w)(q_c^* - q_d^*) - \alpha(\lambda p S(q_c^*) + L(q_c^*)) + \lambda p S(q_d^*) - L(q_d^*) \tag{8.24}$$

令 $I_U = (p-w)(q_c^* - q_d^*) - \alpha[\lambda p S(q_c^*) + L(q_c^*)] + \lambda p S(q_d^*) - L(q_d^*)$，则 I_U 为制造商

可以向供应商支付的最大保险额度。当 $I = I_U$ 时，供应商将获得全部的供应链协

调收益。

（2）在供应链协调情形下，供应商的个人埋性约束为 $\Pi_{s,I}(q_c^*) \geqslant \Pi_s(q_d^*)$，即

$$(w-c)q_c^* + I - (1-\alpha)(\lambda p S(q_c^*) + L(q_c^*)) \geqslant (w-c)q_d^* \tag{8.25}$$

由式（8.25）可以得到：

$$I \geqslant (w-c)(q_d^* - q_c^*) + (1-\alpha)(\lambda p S(q_c^*) + L(q_c^*)) \tag{8.26}$$

令 $I_L = (w-c)(q_d^* - q_c^*) + (1-\alpha)(\lambda p S(q_c^*) + L(q_c^*))$，则 I_L 为供应商可以接受的制

造商给予的最小保险费用支付额度。当 $I = I_L$ 时，制造商将获得全部的供应链协

调收益。

由于 $I_U - I_L = (p-c)(q_c^* - q_d^*) + \lambda p S(q_d^*) + L(q_d^*) - (\lambda p S(q_c^*) + L(q_c^*))$，令 $g(q) =$

$(p-c)q - \lambda p S(q) - L(q)$，那么 $I_U - I_L = g(q_c^*) - g(q_d^*)$。因为 $\dfrac{\mathrm{d}g(q)}{\mathrm{d}q} = ((1-\lambda)p + s -$

$c) - ((1-\lambda)p + s - v)F(q)$，当 $q = q_c^*$ 时，$\dfrac{\mathrm{d}g(q)}{\mathrm{d}q} = 0$；当 $q = q_d^*$ 时，$\dfrac{\mathrm{d}g(q)}{\mathrm{d}q} = w - c > 0$。

所以，$g(q)$ 是 (q_d^*, q_c^*) 上的单调增函数，因此 $I_U - I_L > 0$。

从制造商个人理性约束和供应商个人理性约束的条件中，我们可以得出制造

商向供应商支付的保险费用 $I \in [I_L, I_U]$，当 $I = I_L$ 时，供应链协调的利润全部为制

造商所获取；当 $I = I_U$ 时，供应链协调的利润全部归供应商所有；当 $I \in (I_L, I_U)$ 时，

供应链协调的利润在制造商和供应商之间分配。

由于在本章中，供应链定额保险合约是由制造商制定的，因此，在保证供应商接受该供应链定额保险合约的条件下，制造商支付的保险费用越少越有利于制造商。因此，制造商向供应商支付的保险费用为 I_L，进而我们得到供应链的最优保险合约形式为 $(I_L, \bar{\alpha})$。此时，制造商的利润与非保险合约下的利润相比提高了，供应商的利润则等于非保险合约下的利润，供应链的整体绩效提高了，实现了供应链协调。

证毕。

为了具体说明供应链定额保险合约下我们研究得出的结论，假设市场需求服从均匀分布，可利用算例分析的方法研究产品召回概率、市场规模和市场波动性分别对最优保险费用、供应链利润的影响，得到定理 8.5 如下。

定理 8.5 当市场需求服从均匀分布时，从制造商角度出发，最优订货量与实现供应链协调最优保险合约费用分别为

$$q_I^* = \frac{2b((1-\lambda\alpha)p + \alpha s - w)}{\alpha((1-\lambda)p + s - v)} + \mu - b \tag{8.27}$$

$$I_L = \frac{b(w-c)}{(1-\lambda)p+s-v}\left(2((1-\lambda)p+s-w) - \frac{((1-\lambda)p+s-c)^2}{p-c}\right) - \frac{w-c}{p-c}(\mu-b)(\lambda p - s)$$

$$- \frac{(w-c)(\mu-b)^2}{4b(p-c)}((1-\lambda)p+s-v) + \frac{w-c}{p-c}s\mu \tag{8.28}$$

证明 若市场需求服从区间 $(\mu-b, \mu+b)$ 上的均匀分布，其中 μ 为市场规模，b 为市场波动性，在供应链定额保险合约下，制造商的最优订货量为

$$q_I^* = \frac{2b((1-\lambda\alpha)p + \alpha s - w)}{\alpha((1-\lambda)p + s - v)} + \mu - b \tag{8.29}$$

集中式供应链下的最优订货量为

$$q_c^* = \frac{2b((1-\lambda\alpha)p + s - c)}{(1-\lambda)p + s - v} + \mu - b \tag{8.30}$$

供应链协调情形下，把 $q_I^* = q_c^*$，$\alpha = \bar{\alpha} = \dfrac{p-w}{p-c}$ 和式（8.29）代入 I_L 的表达式，可以得到：

$$I_L = \frac{b(w-c)}{(1-\lambda)p+s-v}\left(2((1-\lambda)p+s-w) - \frac{((1-\lambda)p+s-c)^2}{p-c}\right) - \frac{w-c}{p-c}(\mu-b)(\lambda p - s)$$

$$- \frac{(w-c)(\mu-b)^2}{4b(p-c)}((1-\lambda)p+s-v) + \frac{w-c}{p-c}s\mu \tag{8.31}$$

证毕。

同时，根据定理 8.5，可以得到制造商向供应商支付的保险费用最大额度为

$$I_U = \frac{b}{(1-\lambda)p+s-v}\left(\frac{p-w}{p-c}((1-\lambda)p+s-c)^2 - ((1-\lambda)p+s-w)^2\right) + \left(\frac{p-w}{p-c}((1-\lambda)p\right.$$

$$\left. + s - c) - ((1-\lambda)p + s - w)\right)(\mu - b) - \frac{(w-c)(\mu-b)^2}{4b(p-c)}((1-\lambda)p+s-v) + \frac{w-c}{p-c}s\mu$$

$$\text{（8.32）}$$

由式（8.27）可知，当市场需求服从均匀分布时，供应链定额保险合约下制造商的最优订货量随市场规模增大而增加。但是，随着市场波动性的增大，制造商的最优订货量趋于减少。

在假设的参数条件下，在均匀分布下 I_L 和 I_U 的关系如图 8.3 所示。当产品召回概率小于 0.9 时，供应链最优保险费用 I_L 随着产品召回概率先增大后减少，呈现倒"U"形关系。同时，I_U 大于 I_L，且均为非负，这意味着存在最优的保险费用使得供应商和制造商均愿意接纳与采用供应链定额保险合约；当产品召回概率大于 0.9 小于 1 时，制造商的最优订货量为零，因此期望利润也为零，此时供应链定额保险合约失效。

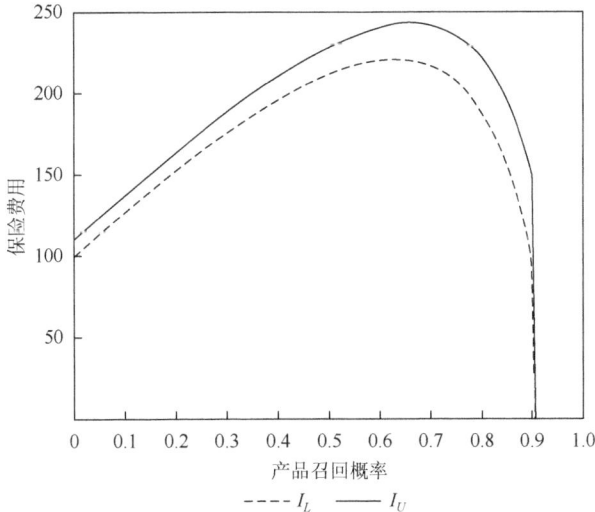

图 8.3　最优保险费用和产品召回概率的关系

图 8.4 和图 8.5 分别是在均匀分布下，假设产品召回概率为 0.15 时，最优保险费用与市场规模和市场波动性的关系。图 8.4 和图 8.5 具有相似的性质，当市场规模或市场波动性较小时，产品召回和不确定市场需求给制造商带来的损失较小，这些损失制造商可以自己承担，因此，制造商的最优策略是不选择供应链定额保

险合约。但是，随着市场规模或市场波动性的增大，产品召回和不确定市场需求给制造商带来的损失会增大，此时，制造商的最优策略是通过供应链定额保险合约与供应商分担损失，而制造商支付给供应商的最优保险费用也会先增大后减少。

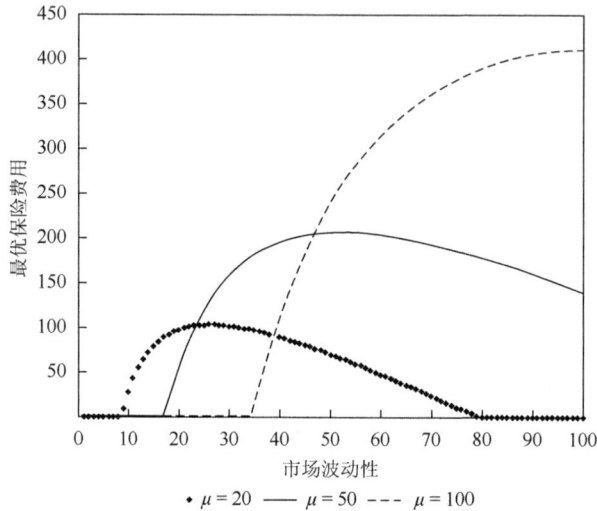

图 8.4　最优保险费用与市场波动性的关系

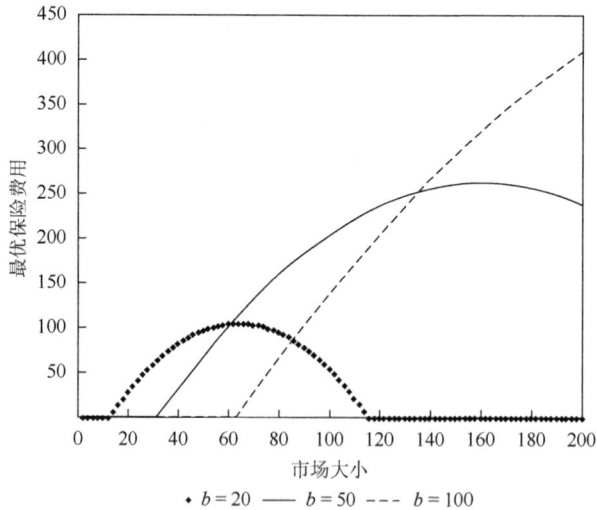

图 8.5　最优保险费用与市场大小的关系

在假设的参数条件下，图 8.6 是 $\mu = 100$，$b = 20$ 单位时，供应链定额保险合约下制造商、供应商及供应链总利润与产品召回概率的关系。当产品召回概率小于 0.9 时，供应链定额保险合约下，制造商的最优利润大于供应商的最优利润。当召回概率大于 0.9 时，制造商的最优订货量为零，所以制造商、供应商及供应链最优利润均为零。

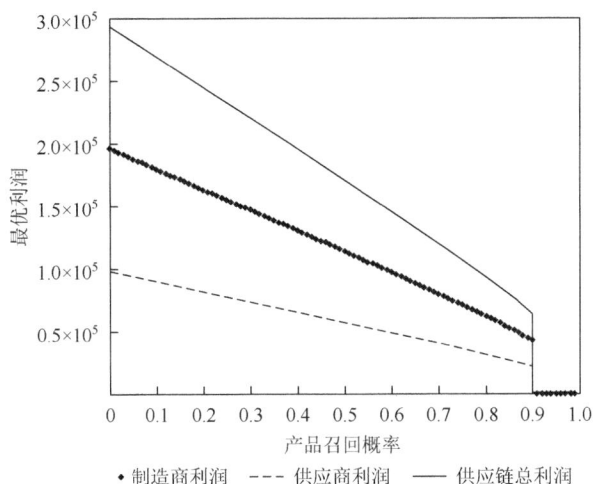

图 8.6　保险合约下最优利润与产品召回概率的关系

8.5　本章小结

本章针对单供应商和单制造商组成的二级供应链，在考虑产品召回与不确定市场需求的情形下，以制造商利润最大化为目标，研究了供应链保险合约下制造商的订货决策，以及实现供应链协调的最优保险合约决策。研究表明，保险合约可以提高制造商的最优订货量来降低双边边际效益。同时，存在一个最优且唯一的保险合约来实现供应链协调，并且制造商通过保险合约可以独占供应链协调带来的收益。更进一步，我们研究了产品召回概率、市场规模和市场波动性对最优保险合约的影响，发现它们与最优保险合约中供应商承担的损失比例无关，但是与最优保险费用和最优订货量有关。当召回概率较小时，随着市场规模或市场波动性的增大，最优保险费用会呈现先增大后减少的趋势，而最优订货量随产品召回概率、市场波动性及制造商承担损失比例的增加而减少，但是，随着市场规模的增大，最优订货量不断增加。

需要指出的是，当前的研究只考虑由单供应商和单制造商组成的供应链，而现实中往往存在多个相互竞争的供应商或制造商，因此，考虑竞争下的供应链保险合约是一个值得研究的问题。同时，现实中制造商往往会面临资金约束，考虑资金约束下的供应链保险合约设计也是一个非常有意义的研究问题。

第9章 产品召回供应链中线性保险合约与订货决策

9.1 导　　言

受到经济全球化和日益激烈竞争的影响，外包和成本驱动的全球采购盛行于企业之间，这些策略在给企业带来成本优势的同时，也给企业带来诸多风险，特别是产品召回风险。近年来，频发的产品召回事件给制造商带来巨大的损失。譬如，在 2007 年，美泰公司在全球召回数百万件具有高安全隐患的含铅玩具，花费了 1.1 亿美元的召回成本，严重损害了品牌声誉[①]。2010 年，由于细菌污染，Sampco公司召回 8.7 万磅牛肉产品，一天之后，Montclair Meat 公司召回 5.3 万磅牛肉产品，这些召回带来了巨大的公众恐慌，而且给公司增加了财务负担[②]。2016 年 10 月 26 日，丰田汽车公司宣布在世界范围内召回 580 万辆安全气囊气体发生器缺陷的汽车，召回数量超过其一年的总销量，不仅打击了消费者信心，更是给公司造成了数十亿美元的直接经济损失[③]。2016 年 10 月 13 日，由于电池爆炸事故，三星对旗下 Galaxy Note 7 手机发布了全球召回声明，预计召回数量达数百万台，经济损失达 170 亿美元[④]。频发的产品召回事件表明产品召回在许多行业已经成为一个普遍的现象，在移动互联网和社会网络飞速发展的环境下，产品召回给企业与供应链带来的损失越发显著，因此，在考虑产品召回的情况下研究供应链决策引起了学者的广泛关注。

产品召回会给供应链带来多方面的损失，主要体现在由产品召回数目引发的产品召回成本上，而产品召回数目与召回概率和产品销量有关。实际上，产品召回概率是不确定的，并且在考虑不确定市场需求的情况下，产品销量为制造商的订货量与不确定市场需求中的较小者。因此，产品召回现象给制造商带来的损失是不确定的，即产品召回成本是不确定的。另外，在不确定市场需求的情形下，制造商对市场需求的预测也会变得不准确，此时，订货过多或过少都会给制造商带来不确定的损失，这些不确定损失增加了制造商进行订货决策的难度。据报道，沃尔玛因其订货决策带来的商品库存水平的波动，遭受了 30 亿美元以上的损失[⑤]。因此，若在传统的批发合约情形

---

① Hoyt D W, Lee H L, Tseng M M. Unsafe for Children: Mattel's Toy Recalls and Supply Chain Management[M]. Boston: Harvard Business Publishing, 2008.

② Gianforti A. Illinois firm recalls imported beef products due to potential animal drug contaminant[N]. States News Service, 2010-05-14.

③ Reuters. Why Toyota is recalling 5.8 million cars worldwide[N]. FORTUNE, 2016-10-26.

④ Samsung. Samsung expands recall to all Galaxy Note7 devicesIN]. Samsung Newsroom U.S., 2016-10-13.

⑤ Rosenblum P. Walm art's out of stock problem: only half the story?[N]. Forbes, 2014-04-15.

下，产品召回和不确定市场需求均会给制造商带来不确定的损失，这不仅给制造商的订货决策带来了挑战，更是影响了整个供应链的绩效。到目前为止，大量文献主要集中于研究只考虑不确定市场需求下的订货决策，并发现通过风险共担模式的合约设计可以改善供应链的绩效。但是，基本上没有学者研究过同时考虑产品召回与不确定市场需求下的订货决策问题，特别是线性保险合约下的订货决策问题。

本书站在制造商角度，在不确定市场需求情形下考虑产品召回，研究供应链保险合约设计和订货决策。目标是探究最优的供应链线性保险合约设计与相应的订货决策来改善制造商和供应链的绩效，同时揭示不同情形下制造商的保险策略，以及产品召回概率对线性保险合约、制造商最优订货决策与制造商最优利润的影响。

本章结构如下：9.2 节介绍考虑在不确定性市场中，产品召回供应链中线性保险合约与订货决策的模型构建及求解思路；9.3 节研究集中式和分散式供应链下利润最大化时的最优订货量；9.4 节研究了线性保险合约下的分散式供应链决策；9.5 节为本章的结论。

9.2　产品召回供应链中线性保险合约与订货决策的问题描述

在单周期需求环境下，以一个由单一供应商和单一制造商组成的二级供应链系统为研究对象。制造商从单一供应商处采购半成品或原材料，经过加工和包装等工序形成最终产品，然后直接投入市场销售。由于制造商向供应商采购的不是最终产品，因此当产品投入市场后因质量问题而发生产品召回的责任由制造商承担，这会给制造商带来不确定的产品召回成本，该成本由产品召回概率和制造商的订货决策共同决定。同时，制造商面临不确定的市场需求，即制造商对市场预测不准确，这会给制造商带来不确定的损失。因此，在不确定市场需求情形下考虑产品召回，制造商考虑使用线性保险合约来改善自己的绩效。首先，制造商决策是否使用保险合约，然后根据自身利润最大化原则设计保险合约；其次，供应商决策是否接受制造商设计的保险合约；最后，制造商向供应商订货。供应链决策顺序如图 9.1 所示。

图 9.1　供应链决策顺序图

模型的基本假设如下：①制造商是风险中性和完全理性的，即根据自身利润最大化原则进行决策；②供应商的策略为 "take-it-or-leave-it"，即只有当供应商接受了制造商设计的保险合约，制造商才会向供应商订货，否则，制造商就不会向供应商订货；③信息对称，制造商和供应商完全知道对方的信息；④制造商直接向消费者销售产品，当制造商的订货量大于市场需求时，库存商品残值为零，反之制造商会存在一定的缺货损失成本；⑤市场需求是连续的；⑥制造商从消费者手中以零售价格召回产品。相关参数定义见表 9.1。

表 9.1　参数定义

参数	定义	参数	定义
p	产品的零售价格	$F(\cdot)$	市场需求的概率分布函数
w	供应商提供给制造商的产品批发价格	$F^{-1}(\cdot)$	反需求函数
c	供应商的生产成本	μ	市场需求的均值
s	制造商的缺货成本	λ	制造商召回产品的概率 $(0 < \lambda < 1)$
q	制造商的订货量	K	线性保险合约的固定费用
x	市场需求	α	线性保险费率 $(0 \leqslant \alpha \leqslant 1)$
$f(\cdot)$	市场需求的概率密度函数		

9.3　考虑产品召回的集中式和分散式供应链模式

9.3.1　不确定市场需求情形下考虑产品召回的集中式供应链模式

集中式供应链将供应商和制造商作为一个整体系统进行研究，该系统决策的目标是最大化整个供应链的利润。在不考虑供应链保险策略的情形下，用 Π_c 表示集中式供应链的期望利润，则供应链订货量为 q 时的期望利润函数表达式为

$$\Pi_c(q) = (p - c)q - \lambda p S(q) - L(q) \tag{9.1}$$

其中，$S(q) = \int_0^q x f(x)\mathrm{d}x + q\int_q^{+\infty} x f(x)\mathrm{d}x$，$L(q) = p(q - S(q)) + s(\mu - S(q))S$。

命题 9.1　在不确定市场需求情形下，考虑产品召回的集中式供应链中的最优订货量存在且唯一。当召回概率较大时 $\left(1 - \dfrac{c - s}{p} < \lambda < 1\right)$，供应链的最优订货量为 0；否则，供应链的最优订货量为 $F^{-1}\left(\dfrac{(1-\lambda)p + s - c}{(1-\lambda)p + s}\right)$。

证明　将 $S(q)$ 和 $L(q)$ 代入式（9.1），对订货量 q 求一阶条件可以得到：

$$\frac{d\Pi_c(q)}{dq} = (1-\lambda)p + s - c - ((1-\lambda)p + s)F(q) \tag{9.2}$$

当 $(1-\lambda)p + s - c < 0$，即 $1 - \dfrac{c-s}{p} < \lambda < 1$ 时，又因为 $(1-\lambda)p + s > 0$，所以

$\dfrac{d\Pi_c(q)}{dq} < 0$，即供应链的利润随订货量的增加而减少，所以最优订货量 $q_c^* = 0$。

当 $(1-\lambda)p + s - c > 0$，即 $0 < \lambda < 1 - \dfrac{c-s}{p}$，又 $\dfrac{d^2\Pi_c(q)}{dq^2} = -((1-\lambda)p + s)$

$f(q) < 0$，即 $\Pi_c(q)$ 是关于订货量 q 的严格凹函数，最优解存在且唯一，根据一阶条件，最优解为

$$q_c^* = F^{-1}\left(\frac{(1-\lambda)p + s - c}{(1-\lambda)p + s}\right) \tag{9.3}$$

进一步，可以得到集中式供应链的最优利润为

$$\Pi_c^* = ((1-\lambda)p + s)\int_0^{q_c^*} x\,dF(x) - s\mu \tag{9.4}$$

证毕。

9.3.2　不确定市场需求情形下考虑产品召回的分散式供应链模式

在分散式供应链模式下，制造商和供应商分别根据自身利益最大化原则进行决策。用 Π_m 和 Π_s 分别表示制造商和供应商的期望利润，当订货量为 q 时，双方的期望利润函数分别为

$$\Pi_m(q) = (p-w)q - \lambda pS(q) - L(q) \tag{9.5}$$

$$\Pi_s(q) = (w-c)q \tag{9.6}$$

命题 9.2　不确定市场需求情形下考虑产品召回的分散式供应链的最优订货量存在且唯一。当召回概率较大时 $\left(1 - \dfrac{w-s}{p} < \lambda < 1\right)$，最优订货量为 0，反之，

最优订货量为 $F^{-1}\left(\dfrac{(1-\lambda)p + s - w}{(1-\lambda)p + s}\right)$。

证明　方法同命题 9.1，对式（9.5）求一阶条件得到：

$$\frac{d\Pi_m(q)}{dq} = (1-\lambda)p + s - w - ((1-\lambda)p + s)F(q) \tag{9.7}$$

式（9.7）中第一项为制造商订一单位货的利润，其中 $(1-\lambda)p$ 为制造商订一单位货的收益，s 为订一单位货所减少的机会成本损失，w 为订一单位货所付出的成本。当制造商订购单位商品所获得的利润小于零时，制造商不会选择去订货，

即当 $1-\dfrac{w-s}{p}<\lambda<1$ 时，制造商最优订货量为 $q_d^*=0$ ；当制造商订购单位商品所

获的利润大于零时，即当 $0<\lambda<1-\dfrac{w-s}{p}$ 时，制造商的最优订货量为

$$q_d^* = F^{-1}\left(\frac{(1-\lambda)p+s-w}{(1-\lambda)p+s}\right) \tag{9.8}$$

进一步可以得出分散式供应链下，制造商的最优利润为

$$\Pi_m(q_d^*) = ((1-\lambda)p+s)\int_0^{q_d^*} x\mathrm{d}F(x) - s\mu \tag{9.9}$$

证毕。

定理 9.1　随着产品召回概率的增加：①两种模式下最优订货量的差距越来越
大；②产品召回降低了分散式供应链中各成员及供应链的绩效；③与集中式供应
链相比，产品召回加剧了分散式供应链的利润损失。

证明　因为 $\dfrac{\mathrm{d}q_c^*}{\mathrm{d}\lambda} = \dfrac{\partial F(q_c^*)}{\partial\lambda} \Big/ \dfrac{\partial F(q_c^*)}{\partial q_c^*} = -\dfrac{p(c-v)}{((1-\lambda)p+s-v)^2 f(q_c^*)}$ ， $\dfrac{\mathrm{d}q_d^*}{\mathrm{d}\lambda} = \dfrac{\partial F(q_d^*)}{\partial\lambda} \Big/$

$\dfrac{\partial F(q_d^*)}{\partial q_d^*} = \dfrac{p(s-v)}{((1-\lambda)p+s-v)^2 f(q_d^*)}$ ，所以

$$\frac{\mathrm{d}(q_c^*-q_d^*)}{\mathrm{d}\lambda} = \frac{\mathrm{d}q_c^*}{\mathrm{d}\lambda} - \frac{\mathrm{d}q_d^*}{\mathrm{d}\lambda} = \frac{p(f(q_c^*)(w-v)-f(q_d^*)(c-v))}{((1-\lambda)p+s-v)^2 f(q_c^*)f(q_d^*)} > 0$$

因此，随着召回概率的增加，两种模式下最优订货量的差距越来越大。

因为 $\dfrac{\mathrm{d}q_d^*}{\mathrm{d}\lambda}<0$ ，可知在分散式供应链模式下，制造商的订货量随着召回概率的增

大而减小；又 $\dfrac{\mathrm{d}\Pi_m(q_d^*)}{\mathrm{d}\lambda} = -p\int_0^{q_d^*} x\mathrm{d}F(x) + ((1-\lambda)p+s-v)q_d^* f(q_d^*)\dfrac{\mathrm{d}q_d^*}{\mathrm{d}\lambda} < 0$ ， $\dfrac{\mathrm{d}\Pi_s(q_d^*)}{\mathrm{d}\lambda} =$

$(w-c)\dfrac{\mathrm{d}q_d^*}{\mathrm{d}\lambda}<0$ ，所以在分散式供应链模式下，制造商和供应商的利润随着召

回概率的增大而减小。又 $\dfrac{\mathrm{d}\Pi_c^*}{\mathrm{d}\lambda} = -p\int_0^{q_c^*} x\mathrm{d}F(x) + ((1-\lambda)p+s-v)q_c^* f(q_c^*)\dfrac{\mathrm{d}q_c^*}{\mathrm{d}\lambda}$ ，所以

$$\frac{\mathrm{d}(\Pi_c^* - \Pi_m(q_d^*) - \Pi_s(q_d^*))}{\mathrm{d}\lambda} = \frac{\mathrm{d}\Pi_c^*}{\mathrm{d}\lambda} - \left(\frac{\mathrm{d}\Pi_m(q_d^*)}{\mathrm{d}\lambda} + \frac{\mathrm{d}\Pi_s(q_d^*)}{\mathrm{d}\lambda}\right) = p\left(\int_0^{q_d^*} x\mathrm{d}F(x) - \int_0^{q_c^*} x\mathrm{d}F(x)\right) -$$

$(w-c)\dfrac{\mathrm{d}q_d^*}{\mathrm{d}\lambda} + ((1-\lambda)p+s-v)\left(q_c^* f(q_c^*)\dfrac{\mathrm{d}q_c^*}{\mathrm{d}\lambda} - q_d^* f(q_d^*)\dfrac{\mathrm{d}q_d^*}{\mathrm{d}\lambda}\right) > 0$ 。因此，随着召回概

率的增加，两种模式下最优订货量及供应链利润的差距增大。证毕。

由命题 9.1 和命题 9.2 可以看出，两种模式下，制造商的最优订货量与供应商
的生产成本，产品的定价、批发价格、缺货成本、召回概率及市场需求的分布有关。

9.4　线性保险合约下的分散式供应链决策

9.4.1　不确定市场需求情形下考虑产品召回与线性保险合约的订货决策

在分散式供应链中，制造商面临产品召回和不确定市场需求带来的损失，在文献中，通过风险共担可以提高制造商及供应链的绩效（Bernstein and Federgruen，2005；Xia et al.，2011）。保险合约是一种风险分担的方式，本章站在制造商角度，设计了一个线性保险合约。在这个保险合约中，α 为线性保险费率，即制造商的风险承担比例，相应地，$1-\alpha$ 为供应商的风险承担比例；$K(1-\alpha)$ 为制造商向供应商支付的保险费用，来帮助制造商减少不确定损失，其中 K 为线性保险合约的固定费用。在本章中，保险合约只决策了 α，假设 K 是外生的。K 是 $\alpha=0$ 时，即当产品召回和不确定市场需求的损失完全由供应商承担时，制造商支付给供应商的一笔固定费用，这个固定费用是用来弥补供应商承担产品召回和不确定市场需求的损失的费用。在本章中线性保险合约的结构决定了 K 是固定的，保险费用的大小可以通过 α 来协调，而且在实际应用中，固定的 K 更具有可操作性。此时，制造商和供应商的期望利润分别为

$$\Pi_{m,l}(q,\alpha)=(p-w)q-\alpha(\lambda pS(q)+L(q))-K(1-\alpha) \tag{9.10}$$

$$\Pi_{s,l}(q,\alpha)=(w-c)q-(1-\alpha)(\lambda pS(q)+L(q))+K(1-\alpha) \tag{9.11}$$

当 $\alpha=1$ 时，式（9.10）和式（9.11）变为传统批发合约下的利润函数。

命题 9.3　不确定市场需求情形下考虑产品召回和供应链线性保险合约的最优订货量存在且唯一。

（1）当线性保险费率较小时 $\left(0\le\alpha<\dfrac{p-w}{p}\right)$，制造商的最优订货量为正无穷大。

（2）当线性保险费率较大时 $\left(\dfrac{p-w}{p\lambda-s}<\alpha\le1\right)$，制造商的最优订货量 $q^*(\alpha)=0$。

（3）当线性保险费率适中时 $\left(\dfrac{p-w}{p}\le\alpha\le\min\left\{1,\dfrac{p-w}{\lambda p-s}\right\}\right)$，制造商的最优订货量 $q^*(\alpha)=F^{-1}\left(\dfrac{(1-\lambda\alpha)p+\alpha s-w}{\alpha((1-\lambda)p+s)}\right)$。

证明　式（9.10）对订货量求一阶偏导数得到

$$\frac{\partial \Pi_{m,I}(q,\alpha)}{\partial q} = (1-\lambda\alpha)p + \alpha s - w - \alpha((1-\lambda)p+s)F(q) \qquad (9.12)$$

其中，$(1-\lambda\alpha)p + \alpha s - w$ 为在考虑线性保险合约下，制造商订购单位商品所获得的期望利润。因此，制造商订购单位商品所获得的期望利润小于零时，即当 $(1-\lambda\alpha)p + \alpha s - w < 0$，等价于 $\frac{p-w}{p\lambda - s} < \alpha$ 时，由式（9.12）可得 $\frac{\partial \Pi_{m,I}(q,\alpha)}{\partial q} < 0$。制造商的最优利润随订货量的增大而减少，所以最优订货量 $q^*(\alpha) = 0$。

当制造商订购单位商品所获得的期望利润大于零时，制造商才会向供应商订货。根据式（9.12），我们将制造商会向供应商订货的情形分两种情况讨论。

当 $(1-\lambda\alpha)p + \alpha s - w > 0$，且 $(1-\lambda\alpha)p + \alpha s - w < \alpha((1-\lambda)p+s)$ 时，同时由于 $\alpha \leqslant 1$，即当 $\frac{p-w}{p} \leqslant \alpha \leqslant \min\left\{1, \frac{p-w}{\lambda p - s}\right\}$ 时，可得 $F(q) = \frac{(1-\lambda\alpha)p + \alpha s - w}{\alpha((1-\lambda)p+s)}$。

又 $\frac{\partial^2 \Pi_{m,I}}{\partial q^2} = -\alpha((1-\lambda)p + s - v)f(q) < 0$，即 $\Pi_{m,I}(q,\alpha)$ 是关于订货量 q 的严格凹函数，可得制造商的最优订货量为

$$q^*(\alpha) = F^{-1}\left(\frac{(1-\lambda\alpha)p + \alpha s - w}{\alpha((1-\lambda)p+s)}\right) \qquad (9.13)$$

当 $(1-\lambda\alpha)p + \alpha s - w > 0$，且 $(1-\lambda\alpha)p + \alpha s - w > \alpha((1-\lambda)p+s)$ 时，即 $\lambda < \frac{p-w}{\alpha p} + \frac{s}{p}$，$\alpha < \frac{p-w}{p}$ 时，由式（9.12）可得 $\frac{\partial \Pi_{m,I}(q,\alpha)}{\partial q} > 0$。制造商的最优利润随订货量的增大而增加，所以最优订货量为 $q^*(\alpha) = +\infty$。

制造商最优订货量如图 9.2 所示。

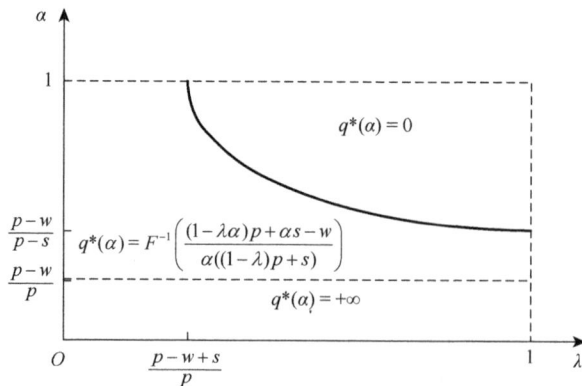

图 9.2　不同召回概率与线性保险费率下的制造商最优订货量

证毕。

定理 9.2　在不确定市场需求情形下考虑产品召回的分散式供应链模式中，当线性保险费率较大时，线性保险合约可以提高制造商的最优订货量。

证明　当 $0<\lambda<\dfrac{p-w+s}{p}$ ，且 $0<\alpha<\dfrac{p-w}{p}$ 时，$q^*(\alpha)=+\infty$ ，$q_d^*=F^{-1}$ $\left(\dfrac{(1-\lambda)p+s-w}{(1-\lambda)p+s}\right)$ ，又 $0<q_d^*<+\infty$ ，所以 $q^*(\alpha)\gg q_d^*$ ，在线性保险合约下，制造商通过线性保险合约将大部分产品召回和不确定市场需求的损失转嫁给了供应商，这种情况下制造商的利润会随着订货量的增加而增加，所以制造商的最优订货量特别大；当 $\lambda<\dfrac{p-w+s}{p}$ ，且 $\dfrac{p-w}{p}\leqslant\alpha\leqslant1$ 时，$q^*(\alpha)=F^{-1}\left(\dfrac{(1-\lambda\alpha)p+\alpha s-w}{\alpha((1-\lambda)p+s)}\right)$ ，$q_d^*=0$ ，所以 $q^*(\alpha)>q_d^*$ 。因此，当产品召回概率小于 $\dfrac{p-w+s}{p}$ 时，$q^*(\alpha)>q_d^*$ ，线性保险合约提高了制造商的订货量。

当 $\lambda>\dfrac{p-w+s}{p}$ ，且 $\dfrac{p-w}{p}\leqslant\alpha\leqslant\dfrac{p-w}{\lambda p-s}$ 时，$q^*(\alpha)=F^{-1}\left(\dfrac{(1-\lambda\alpha)p+\alpha s-w}{\alpha((1-\lambda)p+s)}\right)$ ，$q_d^*=0$ ，所以 $q^*(\alpha)>q_d^*$ ，线性保险合约提高了制造商的订货量；当 $\lambda>\dfrac{p-w+s}{p}$ ，且 $\dfrac{p-w}{\lambda p-s}<\alpha\leqslant1$ 时，$q^*(\alpha)=q_d^*=0$ ，此时，线性保险合约没有提高制造商的订货量。因此，当产品召回概率大于 $\dfrac{p-w+s}{p}$ 时，$q^*(\alpha)\geqslant q_d^*$ 。

综上所述，当 $\lambda<\dfrac{p-w+s}{p}$ 且 $\dfrac{p-w}{p}\leqslant\alpha\leqslant1$ ，或者当 $\lambda>\dfrac{p-w+s}{p}$ 且 $\dfrac{p-w}{p}\leqslant\alpha\leqslant\dfrac{p-w}{\lambda p-s}$ 时，线性保险合约可以提高制造商的最优订货量，即 $q^*(\alpha)>q_d^*$ 。证毕。

推论 9.1　引入保险合约降低了制造商不订货的可能性。

证明　由命题 9.2 可知，在非保险合约下，当 $\dfrac{p-w+s}{p}<\lambda<1$ 时，制造商最优订货量为 $q_d^*=0$ ；由命题 9.3 可知，在线性保险合约下，当 $\dfrac{p-w}{\lambda p-s}<\alpha\leqslant1$ 时，$q^*(\alpha)=0$ ，即当 $\dfrac{\dfrac{p-w}{\alpha}+s}{p}<\lambda<1$ 时，$q^*(\alpha)=0$ 。由于 $\dfrac{\dfrac{p-w}{\alpha}+s}{p}>\dfrac{p-w+s}{p}$ ，所

以线性保险合约降低了制造商不订货的可能性。证毕。

9.4.2 不确定市场需求情形下考虑产品召回的线性保险合约决策

根据上面的最优订货决策，制造商接下来可以决策自己的最优线性保险合约，即线性保险费率的决策。根据"take-it-or-leave-it"的合约特性，我们可以设定供应商的保留利润为0。因此，制造商的最优线性保险费率决策模型为

$$\max \Pi_{m,I}(q^*(\alpha),\alpha) \tag{9.14}$$

$$\text{s.t.} \Pi_{s,I}(q^*(\alpha),d) \geqslant 0 \tag{9.15}$$

$$0 \leqslant \alpha \leqslant 1 \tag{9.16}$$

在进行模型求解前，我们先分析下不确定需求情形下考虑产品召回与线性保险合约的制造商与供应商利润函数的性质。

定理 9.3 不确定需求情形下考虑产品召回与线性保险合约的制造商利润函数是线性保险费率的凹函数。

证明 当最优订货量 $q^*(\alpha)=0$ 时，制造商的利润函数为 $\Pi_{m,I}(0,\alpha)=-K+\alpha(K-s\mu)$。因此，$\dfrac{\partial^2 \Pi_{m,I}(q^*(\alpha),\alpha)}{\partial \alpha^2}=0$。当最优订货量 $q^*(\alpha)=+\infty$ 时，$\Pi_{m,I}(+\infty,\alpha)=\lim\limits_{q\to+\infty}(p-w)q-\alpha qg+\alpha(1-\lambda)p\mu-K(1-\alpha)$。因此，$\dfrac{\partial^2 \Pi_{m,I}(q^*(\alpha),\alpha)}{\partial \alpha^2}=0$。

当最优订货量 $q^*(\alpha)=F^{-1}\left(\dfrac{(1-\lambda\alpha)p+\alpha s-w}{\alpha((1-\lambda)p+s)}\right)$ 时，制造商的利润函数为 $\Pi_{m,I}(q^*(\alpha),\alpha)=(p-w)q^*(\alpha)-\alpha(\lambda p S(q^*(\alpha))+L(q^*(\alpha)))-K(1-\alpha)$，求一阶导数可得

$$\frac{\partial \Pi_{m,I}(q^*(\alpha),\alpha)}{\partial \alpha}=(p-w)\frac{dq^*(\alpha)}{d\alpha}-\alpha\left(\lambda p\frac{dS(q^*(\alpha))}{d\alpha}+\frac{dL(q^*(\alpha))}{d\alpha}\right) \tag{9.17}$$
$$+K-(\lambda p S(q^*(\alpha))+L(q^*(\alpha)))$$

由于 $\dfrac{dS(q^*(\alpha))}{d\alpha}=(1-F(q^*(\alpha)))\dfrac{dq^*(\alpha)}{d\alpha}$，$\dfrac{dL(q^*(\alpha))}{d\alpha}=p\dfrac{dq^*(\alpha)}{d\alpha}-(p+s)(1-F(q^*(\alpha)))\dfrac{dq^*(\alpha)}{d\alpha}$，因此：

$$\frac{\partial \Pi_{m,I}(q^*(\alpha),\alpha)}{\partial \alpha}=K-(\lambda p S(q^*(\alpha))+L(q^*(\alpha))) \tag{9.18}$$

又由于：

$$\frac{dq^*(\alpha)}{d\alpha}=\frac{dF(q^*(\alpha))}{d\alpha}\bigg/\frac{dF(q^*(\alpha))}{dq^*(\alpha)}=-\frac{p-w}{\alpha^2((1-\lambda)p+s)f(q^*(\alpha))}<0 \tag{9.19}$$

式（9.18）对 α 求导可得

$$\frac{\partial^2 \Pi_{m,I}(q^*(\alpha),\alpha)}{\partial \alpha^2} = -\frac{p-w}{\alpha}\frac{\mathrm{d}q^*(\alpha)}{\mathrm{d}\alpha} > 0 \qquad （9.20）$$

证毕。

综上所述，不确定需求情形下考虑产品召回与线性保险合约的制造商利润函数是线性保险费率的凹函数。

定理 9.4　不确定需求情形下考虑产品召回与线性保险合约的供应商利润函数对线性保险费率的函数性质与不确定需求的密度函数有关。当密度函数的倒数的导数足够大时，供应商利润函数是线性保险费率的凹函数。

证明　当最优订货量 $q^*(\alpha)=0$ 时，供应商的利润函数为 $\Pi_{s,I}(0,\alpha)=(1-\alpha)$ $(K-s\mu)$。因此，$\dfrac{\partial^2 \Pi_{s,I}(q^*(\alpha),\alpha)}{\partial \alpha^2}=0$。当最优订货量 $q^*(\alpha)=+\infty$ 时，$\Pi_{s,I}(+\infty,\alpha)=$ $\lim\limits_{q\to+\infty}(w-(1-\alpha)p)q-\alpha pq+(1-\alpha)(1-\lambda)p\mu+K(1-\alpha)$。因此，$\dfrac{\partial^2 \Pi_{s,I}(q^*(\alpha),\alpha)}{\partial \alpha^2}=0$。

当最优订货量 $q^*(\alpha)=F^{-1}\left(\dfrac{(1-\lambda\alpha)p+\alpha s-w}{\alpha((1-\lambda)p+s)}\right)$ 时，供应商的利润函数为 $\Pi_{s,I}(q^*(\alpha),$ $\alpha)=(w-c)q^*(\alpha)-(1-\alpha)(\lambda p S(q^*(\alpha))+L(q^*(\alpha)))+K(1-\alpha)$，求一阶导数可得

$$\frac{\partial \Pi_{s,I}(q^*(\alpha),\alpha)}{\partial \alpha} = \left(p-\frac{p-w}{\alpha}\right)\frac{\mathrm{d}q^*(\alpha)}{\mathrm{d}\alpha} - K + (\lambda p S(q^*(\alpha))+L(q^*(\alpha))) \quad （9.21）$$

进一步求导可得二阶倒数为

$$\frac{\partial^2 \Pi_{s,I}(q^*(\alpha),\alpha)}{\partial \alpha^2} = \left(1+\frac{1}{\alpha}\right)\frac{p-w}{\alpha}\frac{\mathrm{d}q^*(\alpha)}{\mathrm{d}\alpha} + \left(p-\frac{p-w}{\alpha}\right)\frac{\mathrm{d}^2 q^*(\alpha)}{\mathrm{d}\alpha^2} \quad （9.22）$$

由于：

$$\frac{\mathrm{d}^2 q^*(\alpha)}{\mathrm{d}\alpha^2} = \frac{p-w}{(1-\lambda)p+s}\frac{2\alpha+\dfrac{p-w}{(1-\lambda)p+s}\dfrac{\mathrm{d}f(f(q^*(\alpha))^{-1})}{\mathrm{d}q^*(\alpha)}}{\alpha^4 f^3(q^*(\alpha))} \qquad （9.23）$$

因此：

$$\frac{\partial^2 \Pi_{s,I}(q^*(\alpha),\alpha)}{\partial \alpha^2} = -\frac{(1+\alpha)(p-w)^2}{\alpha^4((1-\lambda)p+s)f(q^*(\alpha))}$$

$$+\left(p-\frac{p-w}{\alpha}\right)\frac{p-w}{(1-\lambda)p+s}\frac{2\alpha+\dfrac{p-w}{(1-\lambda)p+s}\dfrac{\mathrm{d}f(f(q^*(\alpha))^{-1})}{\mathrm{d}q^*(\alpha)}}{\alpha^4 f(q^*(\alpha))}$$

$$（9.24）$$

当 $\dfrac{df(f(q^*(\alpha))^{-1})}{dq^*(\alpha)} > -\dfrac{\alpha((1-\lambda)p+s)}{\alpha p-p+w}\dfrac{\alpha p+\alpha w-3p+3w}{p-w}$ 时, $\dfrac{\partial^2\Pi_{s,l}(q^*(\alpha),\alpha)}{\partial\alpha^2} > 0$,

否则, $\dfrac{\partial^2\Pi_{s,l}(q^*(\alpha),\alpha)}{\partial\alpha^2} < 0$ 。由于 $\dfrac{\alpha((1-\lambda)p+s)}{\alpha p-p+w} > \dfrac{(1-\lambda)p+s}{w}$, $\dfrac{\alpha p+\alpha w-3p+3w}{p-w} >$

$\dfrac{4w-2p}{p-w}$, 在大多数情况下 $4w-2p > 0$, 因此 $-\dfrac{\alpha((1-\lambda)p+s)}{\alpha p-p+w}\dfrac{\alpha p+\alpha w-3p+3w}{p-w} <$

$-\dfrac{(1-\lambda)p+s}{w}\dfrac{4w-2p}{p-w}$, 则当 $\dfrac{df(f(q^*(\alpha))^{-1})}{dq^*(\alpha)} > -\dfrac{(1-\lambda)p+s}{w}\dfrac{4w-2p}{p-w}$ 时,

$\dfrac{\partial^2\Pi_{s,l}(q^*(\alpha),\alpha)}{\partial\alpha^2} > 0$ 恒成立。证毕。

现实中很多分布都满足上面的不等式, 譬如均匀分布、指数分布、服务水平高于 1/2 的一般对称分布, 如正态分布等。本节主要是研究该情形下的线性保险合约决策。

1) 产品召回概率较小时的线性保险合约决策

当产品召回概率较小时 $\left(\lambda < \dfrac{p-w+s}{p}\right)$, 根据图 9.2 中的最优订货决策, 制造商在线性保险费率较小和较大时分别采取不同的订货决策。因此在进行最优线性保险费率决策的时候需要比较两种订货策略下的最优制造商利润。当线性保险费率较小时, 制造商的最优订货量为 $q^*(\alpha) = +\infty$, 供应商的利润为 $\Pi_{s,l}(+\infty,\alpha) = \lim\limits_{q\to+\infty}\Pi_{s,l}(q,\alpha) = (1-\alpha)((1-\lambda)p\mu+K) + \lim\limits_{q\to+\infty}(w-(1-\alpha)p)q$; 当线性保险费率较大时, 制造商的最优订货量为 $q^*(\alpha) = F^{-1}\left(\dfrac{(1-\lambda\alpha)p+\alpha s-w}{\alpha((1-\lambda)p+s)}\right)$, 供应商的利润为 $\Pi_{s,l}(q^*(\alpha),\alpha)$ 。

定理 9.5　当产品召回概率较小 $\left(\lambda < \dfrac{p-w+s}{p}\right)$ 时, 最优的供应链线性保险费率与固定费用 (K) 及批发合约下的期望损失 ($\lambda pS(q_d^*)+L(q_d^*)$) 有关。当线性保险合约的固定费用较小时 ($K \leqslant \lambda pS(q_d^*)+L(q_d^*)$), 制造商最优的线性保险费率为 $\alpha^* = \bar{\alpha}_1$, 其中 $\bar{\alpha}_1$ 满足 $\Pi_{s,l}(q^*(\bar{\alpha}_1),\bar{\alpha}_1) = 0$, 否则最优的线性保险费率为 $\alpha^* = 1$; 即采用传统的批发合约。

证明　当线性保险费率较小 $\left(0 \leqslant \alpha < \dfrac{p-w}{p}\right)$ 时, 供应商利润为

$$\Pi_{s,l}(+\infty,\alpha) = \lim\limits_{q\to+\infty}\Pi_{s,l}(q,\alpha) = (1-\alpha)((1-\lambda)p\mu+K) + \lim\limits_{q\to+\infty}(w-(1-\alpha)p)q$$

由于此时 $w-(1-\alpha)p < 0$, 因此 $\Pi_{s,l}(+\infty,\alpha) < 0$, 供应商不会接受保险合约,

制造商的实际订货量为零，此时制造商的期望利润为$-s\mu$，实际线性保险费率$\alpha^* = 1$。

当线性保险费率较大$\left(\dfrac{p-w}{p} \leqslant \alpha \leqslant 1\right)$时，最优订货量满足$F(q^*(\alpha)) = \dfrac{(1-\lambda\alpha)p + \alpha s - w}{\alpha((1-\lambda)p+s)}$。

由于$\dfrac{\partial^2 \Pi_{s,I}(q^*(\alpha),\alpha)}{\partial\alpha^2} > 0$，所以$\dfrac{\partial \Pi_{s,I}(q^*(\alpha),\alpha)}{\partial\alpha}$在区间$\alpha \in \left[\dfrac{p-w}{p},1\right]$上单调递增。

又当$\alpha = \dfrac{p-w}{p}$时，$q^*(\alpha) = +\infty$，所以$\lim\limits_{q\to+\infty}\dfrac{\partial \Pi_{s,I}(q^*(\alpha),\alpha)}{\partial\alpha} = \lim\limits_{p\to+\infty} pq - p\mu + \lambda p\mu -$

$K > 0$，因此，在$\alpha \in \left[\dfrac{p-w}{p},1\right]$上$\dfrac{\partial \Pi_{s,I}(q^*(\alpha),\alpha)}{\partial\alpha} > 0$，即$\Pi_{s,I}(q^*(\alpha),\alpha)$在区间$\alpha \in \left[\dfrac{p-w}{p},1\right]$上单调递增。由于当$\alpha = \dfrac{p-w}{p}$时，供应商的利润为负而不接受保险合约；当$\alpha = 1$时，$F(q^*(1)) = \dfrac{(1-\lambda)p + s - w}{(1-\lambda)p+s} \in (0,1)$，$\Pi_{s,I}(q^*(1),1) = wq^*(1) > 0$，所以存在唯一$\bar{\alpha}_1$，使得当$\alpha > \bar{\alpha}_1$时，$\Pi_{s,I}(q^*(\alpha),\alpha) \geqslant 0$，其中$\bar{\alpha}_1$满足$\Pi_{s,I}(q^*(\bar{\alpha}_1),\bar{\alpha}_1) = 0$。则线性保险费率决策模型等价于：

$$\max \Pi_{m,I}(q^*(\alpha),\alpha) \tag{9.25}$$

$$\text{s.t. } \bar{\alpha}_1 < \alpha \leqslant 1 \tag{9.26}$$

当$\alpha = \dfrac{p-w}{p}$时，$\dfrac{\partial \Pi_{m,I}(q^*(\alpha),\alpha)}{\partial\alpha} = \lim\limits_{q\to+\infty} K - (pq - p\mu + \lambda p\mu) < 0$；当$\alpha = 1$时，

$\dfrac{\partial \Pi_{m,I}(q^*(\alpha),\alpha)}{\partial\alpha} = K - (\lambda p S(q_d^*) + L(q_d^*))$。

如果$K \leqslant \lambda p S(q_d^*) + L(q_d^*)$，当$\alpha = 1$时，$\dfrac{\partial \Pi_{m,I}(q^*(\alpha),\alpha)}{\partial\alpha} < 0$。又

$\dfrac{\partial^2 \Pi_{m,I}(q^*(\alpha),\alpha)}{\partial\alpha^2} > 0$，即$\dfrac{\partial \Pi_{m,I}(q^*(\alpha),\alpha)}{\partial\alpha}$在区间$\alpha \in \left[\dfrac{p-w}{p},1\right]$上单调递增，所以在区间$\alpha \in \left[\dfrac{p-w}{p},1\right]$上$\dfrac{\partial \Pi_{m,I}(q^*(\alpha),\alpha)}{\partial\alpha} < 0$恒成立，即$\Pi_{m,I}(q^*(\alpha),\alpha)$在区间$\alpha \in \left[\dfrac{p-w}{p},1\right]$上单调递减，因此最优的线性保险费率$\alpha^* = \bar{\alpha}_1$，制造商的最优利润$\Pi_{m,I}^*(q^*(\bar{\alpha}_1),\bar{\alpha}_1) = (p-w)q^*(\bar{\alpha}_1) - \bar{\alpha}_1(\lambda p S(q^*(\bar{\alpha}_1)) + L(q^*(\bar{\alpha}_1))) - K(1-\bar{\alpha}_1)$，由于此时供应商的利润刚好为$0$，则制造商的利润为$\Pi_{m,I}^*(q^*(\bar{\alpha}_1),\bar{\alpha}_1) = pq^*(\bar{\alpha}_1) - (\lambda p S(q^*(\bar{\alpha}_1)) + L(q^*(\bar{\alpha}_1))) > -s\mu$。因此最优线性保险费率为$\alpha^* = \bar{\alpha}_1$。

如果 $K > \lambda p S(q_d^*) + L(q_d^*)$ ，当 $\alpha = 1$ 时， $\dfrac{\partial \Pi_{m,l}(q^*(\alpha),\alpha)}{\partial \alpha} > 0$ 。又

$\dfrac{\partial^2 \Pi_{m,l}(q^*(\alpha),\alpha)}{\partial \alpha^2} > 0$ ，则制造商的利润函数在 $\alpha \in \left[\dfrac{p-w}{p}, 1 \right]$ 上是一个严格凹函数，

因此最优利润只会在端点取得。当 $\alpha = \dfrac{p-w}{p}$ 时，供应商刚好处于不接受保险合约

的情况，制造商的利润为 $-s\mu$ ，当 $\alpha = 1$ 时，制造商的利润为 $\Pi_{m,l}(q_d^*,1) = (p-w)$

$q_d^* - \lambda p S(q_d^*) - L(q_d^*) > 0$ ，因此，最优的线性保险费率为 $\alpha^* = 1$ 。

证毕。

在实际中，当产品召回概率较小时，意味着制造商的产品召回损失较小，制造商偏向于自己承担这部分损失，因此，是否采用线性保险合约取决于线性保险合约的固定费用。当固定费用较小时，制造商会采用该线性保险合约。但是，当固定费用较大时，采用该线性保险合约会加剧制造商的利润损失，因此，制造商根据自身利润最大化原则，不会采用该线性保险合约。

2）产品召回概率较大时的线性保险合约决策

当产品召回概率较大时 $\left(\lambda > \dfrac{p-w+s}{p} \right)$ ，根据图 9.2 中的最优订货决策，制造商在线性保险费率较小、适中和较大时分别采取不同的订货决策。因此在进行最优线性保险费率决策的时候需要比较三种订货策略下的最优制造商利润。当线性保险费率较小时，制造商的最优订货量为 $q^*(a) = +\infty$ ，供应商的利润为 $\Pi_{s,l}(+\infty,\alpha) = \lim\limits_{q \to +\infty} \Pi_{s,l}(q,\alpha) = (1-\alpha)((1-\lambda)p\mu + K) + \lim\limits_{q \to +\infty}(w-(1-\alpha)p)q$ ；当线性保险费率较大时，制造商的最优订货量为 $q^*(\alpha) = 0$ ，则供应商的利润为 0；当线性保险费率适中时，制造商的最优订货量为 $q^*(\alpha) = F^{-1}\left(\dfrac{(1-\lambda\alpha)p + \alpha s - w}{\alpha((1-\lambda)p+s)} \right)$ ，供应商的利润为 $\Pi_{s,l}(q^*(\alpha),\alpha)$ 。

定理 9.6 当产品召回概率较大 $\left(\lambda > \dfrac{p-w+s}{p} \right)$ 时，最优的供应链线性保险费率与不确定市场需求的概率密度函数和保险合约的固定费用有关。

证明 当线性保险费率较小时 $\left(0 \leqslant \alpha < \dfrac{p-w}{p} \right)$ 时，供应商利润为 $\Pi_{s,l}(+\infty,\alpha) = \lim\limits_{q \to +\infty} \Pi_{s,l}(q,\alpha) = (1-\alpha)((1-\lambda)p\mu + K) + \lim\limits_{q \to +\infty}(w-(1-\alpha)p)q$ ，由于此时 $w-(1-\alpha)$ $p < 0$ ，因此 $\Pi_{s,l}(+\infty,\alpha) < 0$ ，供应商不会接受保险合约，制造商的实际订货量为 0，供应商的利润为 0，制造商的期望利润为 $-s\mu$ ，实际线性保险费率 $\alpha^* = 1$ 。

当线性保险费率较大时$\left(\alpha > \dfrac{p-w}{\lambda p - s}\right)$时，制造商的最优订货量为 0，同理可知，供应商的利润为 0，制造商的期望利润为 $-s\mu$，实际线性保险费率 $\alpha^* = 1$。

当线性保险费率适中$\left(\dfrac{p-w}{p} \leqslant \alpha \leqslant \dfrac{p-w}{\lambda p - s}\right)$时，制造商的最优订货量为

$$q^*(\alpha) = F^{-1}\left(\frac{(1-\lambda\alpha)p + \alpha s - w}{\alpha((1-\lambda)p + s)}\right) \tag{9.27}$$

由定理 9.4 的证明可知，$\Pi_{s,I}(q^*(\alpha),\alpha)$ 在区间 $\alpha \in \left[\dfrac{p-w}{p}, \dfrac{p-w}{\lambda p - s}\right]$ 上单调递增。

当 $\alpha = \dfrac{p-w}{\lambda p - s}$ 时，$q^*(\alpha) = 0$，$\Pi_{s,I}\left(q^*\left(\dfrac{p-w}{\lambda p - s}\right),\dfrac{p-w}{\lambda p - s}\right) = \left(1 - \dfrac{p-w}{\lambda p - s}\right)(K - s\mu)$。

当 $K < s\mu$ 时，$\Pi_{s,I}\left(q^*\left(\dfrac{p-w}{\lambda p - s}\right),\dfrac{p-w}{\lambda p - s}\right) < 0$，意味着在整个区间 $\alpha \in \left[\dfrac{p-w}{p},\right.$ $\left.\dfrac{p-w}{\lambda p - s}\right]$，供应商的利润均为负，供应商不会接受保险合约。那么实际的订货量为 0，制造商的期望利润为 $-s\mu$，实际线性保险费率 $\alpha^* = 1$。

当 $K \geqslant s\mu$ 时，$\Pi_{s,I}\left(q^*\left(\dfrac{p-w}{\lambda p - s}\right),\dfrac{p-w}{\lambda p - s}\right) \geqslant 0$，由于当 $\alpha = \dfrac{p-w}{p}$ 时，供应商的利润为负而不接受保险合约，所以存在唯一 $\bar{\alpha}_2$，使得当 $\alpha > \bar{\alpha}_2$ 时，$\Pi_{s,I}(q^*(\alpha),$ $\alpha) \geqslant 0$，其中 $\bar{\alpha}_2$ 满足 $\Pi_{s,I}(q^*(\bar{\alpha}_2),\bar{\alpha}_2) = 0$。则线性保险费率决策模型等价于：

$$\max \Pi_{m,I}(q^*(\alpha),\alpha) \tag{9.28}$$

$$\text{s.t. } \bar{\alpha}_2 < \alpha \leqslant \frac{p-w}{\lambda p - s} \tag{9.29}$$

当 $\alpha = \dfrac{p-w}{p}$ 时，目标函数式（9.28）对保险费率 α 求一阶条件得到，

$\dfrac{\partial \Pi_{m,I}(q^*(\alpha),\alpha)}{\partial \alpha} = \lim\limits_{q \to \infty} K - (pq - p\mu + \lambda p\mu) < 0$；当 $\alpha = \dfrac{p-w}{\lambda p - s}$ 时，$\dfrac{\partial \Pi_{m,I}(q^*(\alpha),\alpha)}{\partial \alpha} =$

$K - s\mu > 0$。又 $\dfrac{\partial^2 \Pi_{m,I}(q^*(\alpha),\alpha)}{\partial \alpha^2} \geqslant 0$，则制造商的利润函数在 $\alpha \in \left[\dfrac{p-w}{p}, 1\right]$ 上是

一个凹函数，因此最优利润只会在端点取得。当 $\alpha = \dfrac{p-w}{p}$ 时，供应商刚好处于不

接受保险合约的情况，制造商的利润为 $-s\mu$，当 $\alpha = \dfrac{p-w}{\lambda p - s}$ 时，制造商的利润为

$$\Pi_{m,l}\left(q^*\left(\frac{p-w}{\lambda p-s}\alpha\right),\frac{p-w}{\lambda p-s}\right)=\frac{p-w}{\lambda p-s}s\mu-K \quad。 \quad 当 \quad K>\left(1+\frac{p-w}{\lambda p-s}\right)s\mu \quad 时，$$

$$\Pi_{m,l}\left(q^*\left(\frac{p-w}{\lambda p-s}\alpha\right),\frac{p-w}{\lambda p-s}\right)<-s\mu，最优的线性保险费率为 \alpha^*=1；当 s\mu\leqslant K\leqslant$$

$$\left(1+\frac{p-w}{\lambda p-s}\right)s\mu 时，\quad \Pi_{m,l}\left(q^*\left(\frac{p-w}{\lambda p-s}\alpha\right),\frac{p-w}{\lambda p-s}\right)\geqslant-s\mu，最优的线性保险费率为$$

$$\alpha^*=\frac{p-w}{\lambda p-s}。证毕。$$

综上所述，在不同产品召回概率和不同线性保险合约固定费用下的制造商最优订货策略和保险策略如图 9.3 所示。

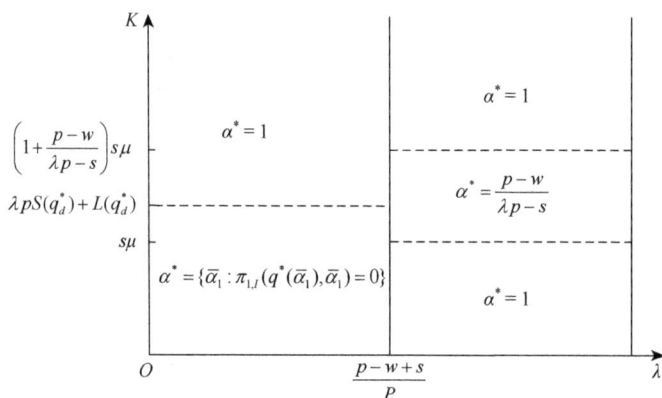

图 9.3　不同产品召回概率与线性保险合约固定费用下制造商的最优线性保险费率

当产品召回概率较小时，产品召回损失较小，制造商可以控制风险，此时，如果线性保险合约固定费用较小，制造商选择使用线性保险合约，否则制造商不会使用线性保险合约，因为过高的线性保险合约固定费用会加剧制造商的风险。当产品召回概率较大时，产品召回损失也较大，如果线性保险合约固定费用较小或较大，这个固定费用不足以弥补供应商承担产品召回和不确定市场需求的损失费用，供应商不会接受线性保险合约，只有当线性保险合约固定费用适中时，供应链双方才会接受该线性保险合约。

9.4.3　均匀分布情况下考虑产品召回的订货与线性保险合约决策

当市场需求服从区间 $(\mu-b,\mu+b)$ 上的均匀分布时，其中 μ 为市场规模，b 为

市场波动性。由式（9.13）可得线性保险合约下的最优订货量为

$$q^*(\alpha) = \frac{2b((1-\lambda\alpha)p + \alpha s - w)}{\alpha((1-\lambda)p + s)} + \mu - b \qquad (9.30)$$

由式（9.30）显然可得，当保险费率增大时，最优订货量降低。

由图 9.4（a）和图 9.4（b）可知，当产品召回概率小于 0.125 时，线性保险合约下制造商的最优利润等于一般批发合约下的最优利润，这种情形下，传统的批发合约为供应链线性保险合约的一种特殊情况；当产品召回概率大于 0.125 时，在一般批发合约下，制造商的最优订货量为 0，因此最优利润为–100，而在线性保险合约下，制造商和供应商的最优利润随着产品召回概率的增加而减少。比较图 9.4（a）和图 9.4（b）可知，当线性保险合约中制造商向供应商支付的最大保险金额越大，该合约对制造商越不利，因为线性保险合约中制造商向供应商支付的最大保险金额越大，意味着制造商向供应商支付的保险费用越多，当产品召回概率非常大时，该合约不能帮助制造商减少不确定损失，此时制造商的最优策略是不向上游供应商订货。

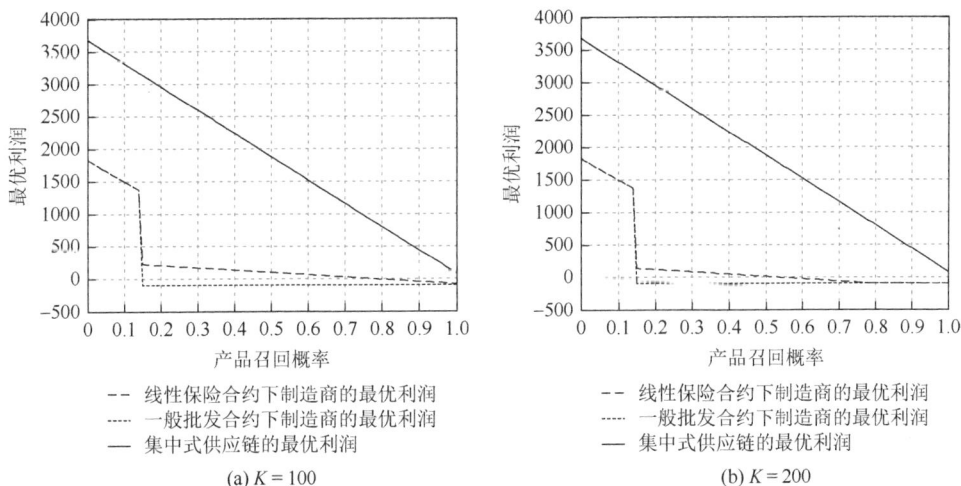

图 9.4 不同产品召回概率和线性保险合约固定费用对制造商以及集中式供应链利润的影响

9.5 本 章 小 结

本章针对单供应商和单制造商组成的供应链模型，在不确定市场需求情形下考虑产品召回，以制造商利润最大化为目标，设计了一个供应链线性保险合约来研究制造商的最优订货决策和线性保险合约决策。研究表明，不确定市场需求情

形下考虑产品召回与线性保险合约的制造商最优订货量和保险费率存在且唯一，且供应链线性保险合约可以提高制造商的最优订货量。最优的订货决策与产品召回概率及线性保险费率相关，但对于密度函数倒数的导数较大的一般需求分布函数，最优的线性保险费率仅与线性保险合约的固定费用及产品召回概率有关。当产品召回概率和线性保险合约的固定费用均较小时或者产品召回概率较大但线性保险合约的固定费用适中时，在供应商接受线性保险合约的约束下，制造商通过选择线性保险合约可以提高自己的利润。本章对考虑产品召回与不确定市场需求情形下的订货与线性保险合约决策有实践指导意义。

需要指出的是，当前的研究只考虑由单供应商和单制造商组成的供应链，而现实中往往存在多个相互竞争的供应商或制造商。同时，在考虑资金约束的情形下，考虑产品召回现象的供应链线性保险合约设计是一个非常有意义的研究问题。

第10章 需求不确定下的召回供应链合约设计研究

10.1 导　　言

在供应链管理中，由于供应链成员都从自身利润最大化的角度做出决策，因而不可避免会与集中式供应链下利润最大化的最优决策相违背，为了避免单独个体的利益与供应链绩效最大化的冲突，我们需要进行供应链合约设计。周端继和秦进（2016）认为供应链合约设计的目的是解决供应链成员追求自身利益最大化所导致的双重边际效应和信息不对称所导致的牛鞭效应。供应链合约本质是一种激励机制，通过控制和协调供需双方之间的物流、信息流和资金流来优化个体和供应链整体的利益（杨明义和许茂增，2007）。

本章主要从收益共享合约和成本分担合约两个角度介绍供应链合约。首先是收益共享合约，供应商和零售商事先约定批发价格和销售分成比例，从而降低零售商的进货成本，提高零售商的订货量。Liu 等（2016）考虑了制造商的短视行为，研究了收益共享合约在动态供应链中的应用。庞庆华（2010）以一条三级供应链为研究对象，分析了收益共享合约在需求中断情况下的应用。但收益共享合约也存在一些局限性。Cachon 和 Lariviere（2005）研究表明在考虑销售努力的情况下，收益共享合约不能协调供应链的需求。Zhang 等（2016）对比了收益共享合约与回购合约，发现尽管这两种合约在很多情况下是等价的，但事实上供应商对合约的选择及具体参数设置与其损失厌恶程度有关。其次是成本分担合约，合约方根据某种分配机制对特定成本进行分担，从而降低单个主体的成本压力。目前，常用的成本分担机制包括：固定比例分担、浮动比例分担、线性分担、比例分担和阈值分担。Lim（2001）通过固定比率的外部质量成本分摊合约来研究供应商的质量选择和制造商的检查策略。Yang 和 Chen（2018）从零售商的角度进行研究，比较了收益共享合约和固定比例成本分担合约对制造商的碳减排努力的影响。Brown 和 Sappington（2019）设计了比例分担合约，以激励电力公司管理其分布式能源资源（distributed energy resource，DER）项目的成本。

成本分担合约被广泛运用于质量控制、产能投资、供应链中断等问题中，但很少有人在召回供应链背景下对其进行研究。因此，考虑到收益共享合约的局限性，本章在随机市场需求下，从收益共享和成本分担的角度设计了三种复合合约，研究了供应链合约对供应链成员的召回努力水平的激励作用，主要目的是研究如何设计合约以优化供应链成员的召回努力策略和定价策略，并进一步分析供应链协调性。

本章结构如下：10.2 节介绍考虑不确定性市场的供应链合约设计的问题描述及求解思路；10.3 节研究集成和分散式供应链下利润最大化时的最优订货量和最优召回努力水平；10.4 节研究了不同合约下供应链的协调性；10.5 节展示了本章的结论。

10.2 需求不确定召回供应链合约设计模型描述与假设

考虑一条由单个供应商和单个制造商组成的二级供应链，供应商生产零部件并出售给下游制造商，制造商对零部件进一步加工得到最终产品。由于市场的不确定性，制造商根据历史销售信息决策订货量 q，假设实际市场需求为 x，且 x 在区间 $[\mu-a, \mu+a]$ 上服从分布函数 $F(x)$，$f(x)$ 为密度函数，μ 为市场需求均值，a 反映了市场需求的波动性。借鉴戴宾和苏洋洋（2017）用报童模型来刻画市场需求的不确定性的方法，制造商直接出售产品给消费者，期望销售量为

$$S(q) = E\min(q, x) = \int_{\mu-a}^{q} xf(x)\mathrm{d}x + \int_{q}^{\mu+a} qf(x)\mathrm{d}x = q - \int_{\mu-a}^{q} F(x)\mathrm{d}x \quad (10.1)$$

考虑到市场的不确定性，当制造商的订货量超过市场需求时，若不考虑产品的残值，则单位产品造成的损失为 p。当制造商的订货量小于市场需求时，则每单位产品会产生 s 的缺货成本。因此市场的不确定性给制造商带来的期望损失为

$$L(q) = pE(q-x)^+ + s(x-q)^+ \quad (10.2)$$

由于最终产品不可能完全可靠，有一定概率发生召回事件。同第 8 章和第 9 章，令供应商和制造商的召回努力水平分别为 $(\eta_s, \eta_m) \in [0,1] \times [0,1]$，产品的召回概率为 $\lambda(2 - \eta_s - \eta_m)$。相关参数解释如表 10.1 所示。

表 10.1　参数解释

符号	定义	符号	定义
i	合约 $i(i = R, F, L, T)$	$\eta_s^{*c}(\eta_m^{*c})$	协调的供应商（制造商）召回努力水平
w	产品批发价	$k_s(k_m)$	供应商（制造商）召回努力成本系数
c	供应商生产成本	λ	供应商或制造商发生故障的初始概率
p	产品销售价格	C_r	初始单位召回成本
s	制造商缺货成本	λC_r	召回成本因子

续表

符号	定义	符号	定义
q	产品销量	ρ^i	合约 i 下的供应商召回成本分担比率
q^{*i}	合约 i 下的最优订货量	ϕ^i	合约 i 下的供应商收益分摊比率
q^{*c}	协调的订货量	T	召回成本阈值
$\eta_s^{*i}(\eta_m^{*i})$	合约 i 下的供应商（制造商）最优召回努力水平	β^i	批发价格系数

该模型的基本假设如下。我们假设需求信息是公共信息，努力决策是可以观察到的，这与运营管理中的经典文献，如 Chao 等（2009）、Xiao 和 Qi（2008）的研究一致。考虑到需求的不确定性，我们假设需求分布函数的广义失效率足够大。例如，如果需求服从参数为 θ 的指数分布，那么密度函数为 $f(x)=\dfrac{1}{\theta}\mathrm{e}^{-\frac{x}{\theta}}$，概率密度函数为 $F(x)=1-\mathrm{e}^{-\frac{x}{\theta}}$，广义失效率为 $\dfrac{1}{\theta}$。这意味着预期需求足够大，这与采用按库存生产策略的制造业（如汽车业）是一致的。此外，关于需求广义失效率的假设广泛应用于现有的经济学和运营管理研究中，如 Petruzzi 和 Dada（1999）假设失效率不断增加，更重要的是，增加失效率的假设也支持足够大的广义失效率的假设。不失一般性地，我们假设不存在剩余成本，这是供应链管理文献中的一个常见假设，如 Cachon 和 Lariviere（2005）的研究。

事件决策顺序见图 10.1。首先，制造商提出一种合约，若供应商选择接受，则随后制造商决策其召回努力水平和订货量，供应商观测到制造商的行动后再决策其召回努力水平；其次，供应商开始生产零部件，制造商向供应商订购零部件并生产最终产品；最后，市场需求已知，制造商直接销售产品，若发生召回事件，则由制造商承担所有召回成本，若合约与召回成本有关，则双方按照合约分担召回成本。

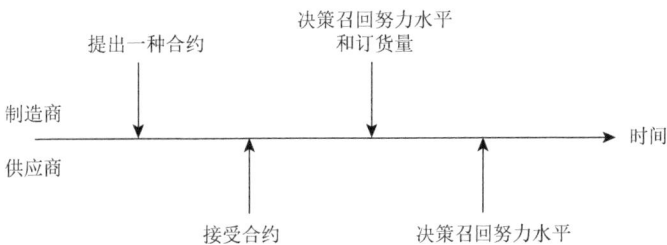

图 10.1　采取合约时供应链决策事件图

下面我们将分别介绍收益共享合约（合约 R）、收益共享与固定比例召回成本分担合约（合约 F）、收益共享与线性比例召回成本分担合约（合约 L），以及收益共享与阈值召回成本分担合约（合约 T）。作为比较的基准，我们首先研究集中式供应链下利润最大化时的最优订货量和最优召回努力水平。

10.3　不同合约下最优召回努力与订货决策

在本节中，我们首先表述供应商和制造商的问题，然后优化各个合约下的订货量和召回努力。我们求解了集中式供应链中的最优订货量、最优召回努力和最优供应链利润作为基准。

10.3.1　集中式供应链下最优召回努力及订货决策

在集中式供应链中，供应链决策者在以整体收益最大化为目的的同时决策制造商和供应商的召回努力水平及订货量，优化模型如下：

$$\max_{\eta_s,\eta_m,q} \Pi_c = pq - \lambda C_r(2-\eta_s-\eta_m)S(q) - cq - L(q) - \frac{k_s\eta_s^2}{2} - \frac{k_m\eta_m^2}{2}$$
$$\text{s.t.} \qquad 0 \leqslant \eta_s \leqslant 1 \qquad\qquad (10.3)$$
$$0 \leqslant \eta_m \leqslant 1$$

其中，pq 为产品销售收入；$\lambda C_r(2-\eta_s-\eta_m)S(q)$ 为发生产品召回时供应链的召回成本；cq 为生产成本；$L(q)$ 为市场不确定带来的损失；$\dfrac{k_s\eta_s^2}{2}$ 和 $\dfrac{k_m\eta_m^2}{2}$ 分别为供应商和制造商为减少召回概率而付出的努力成本。同时优化 η_s、η_m、q 可得定理 10.1。

定理 10.1　在集中式供应链中，存在唯一最优解 $(\eta_s^{*C},\eta_m^{*C},q^C)$ 使得供应链利润最大化，且 $\eta_s^{*C} = \dfrac{\lambda C_r S(q^{*C})}{k_s}$，$\eta_m^{*C} = \dfrac{\lambda C_r S(q^{*C})}{k_m}$，最优订货决策满足隐函数：

$$q^{*C} = F^{-1}\left[\frac{p+s-c-\lambda C_r\left(2 - \dfrac{\lambda C_r S(q^{*C})}{k_s} - \dfrac{\lambda C_r S(q^{*C})}{k_m}\right)}{p+s-\lambda C_r\left(2 - \dfrac{\lambda C_r S(q^{*C})}{k_s} - \dfrac{\lambda C_r S(q^{*C})}{k_m}\right)} \right]$$

证明　$\Pi_c(\eta_s,\eta_m,q)$ 分别对 η_s、η_m、q 求一阶偏导可得

$$\frac{\partial \Pi_c(\eta_s,\eta_m,q)}{\partial \eta_s} = \lambda C_r S(q) - k_s \eta_s$$

$$\frac{\partial \Pi_c(\eta_s,\eta_m,q)}{\partial \eta_m} = \lambda C_r S(q) - k_m \eta_m$$

$$\frac{\partial \Pi_c(\eta_s,\eta_m,q)}{\partial q} = p - \lambda C_r(2 - \eta_s - \eta_m)S'(q) - c - L'(q)$$

联立上述方程组求解，为求得唯一最优解，海塞矩阵需负定：

$$H = \begin{bmatrix} -k_s & 0 & \lambda C_r S'(q) \\ 0 & -k_m & \lambda C_r S'(q) \\ \lambda C_r S'(q) & \lambda C_r S'(q) & -(p + s - \lambda C_r(2 - \eta_s - \eta_m))f(q) \end{bmatrix}$$

对 $S(q)$ 求 q 的一阶导为 $S'(q) = 1 - F(q)$，对 $L(q)$ 求 q 的一阶导为 $L'(q) = p(1 - S'(q)) - sS'(q) = (p + s)F(q) - s$，要使 H 负定，则 $H_{11} = -k_s < 0$，

$$\begin{vmatrix} H_{11} & H_{12} \\ H_{21} & H_{22} \end{vmatrix} = k_s k_m > 0$$

且 $|H| < 0$。$|H| = -k_s k_m(p + s - \lambda C_r(2 - \eta_s - \eta_m))f(q) + (\lambda C_r S'(q))^2(k_s + k_m)$，要使 $|H| < 0$，需满足 $-k_s k_m(p + s - 2\lambda C_r)f(q) + (\lambda C_r S'(q))^2(k_s + k_m) < 0$，化简可得 $\frac{f(q)}{(1 - F(q))^2} > \frac{(\lambda C_r)^2(k_s + k_m)}{k_s k_m(p + s - 2\lambda C_r)}$，因为 $1 - F(q) \leqslant 1$，则 $\frac{f(q)}{(1 - F(q))^2} \geqslant \frac{f(q)}{1 - F(q)}$，因此，要保证海塞矩阵负定，需求函数的广义失效率需满足 $\frac{f(q)}{1 - F(q)} > \frac{(\lambda C_r)^2(k_s + k_m)}{k_s k_m(p + s - 2\lambda C_r)}$。许多分布函数都满足该条件。例如，若分布函数为均匀分布，密度函数 $f(q) = \frac{1}{2a}$，则满足 $f(q) > \frac{(\lambda C_r)^2(k_s + k_m)}{k_s k_m(p + s - 2\lambda C_r)}$ 即可，解得 $a < \frac{k_s k_m(p + s - 2\lambda C_r)}{2(\lambda C_r)^2(k_s + k_m)}$，这表明为保证海塞矩阵成立，市场波动性不应过大；若需求函数为参数为 θ 的指数分布，密度函数 $f(q) = \frac{1}{\theta}e^{-\frac{q}{\theta}}$，概率分布函数 $F(q) = 1 - e^{-\frac{q}{\theta}}$，则 $\frac{f(q)}{1 - F(q)} = \frac{1}{\theta}$，为使 $|H| < 0$，需满足 $\frac{f(q)}{1 - F(q)} > \frac{(\lambda C_r)^2(k_s + k_m)}{k_s k_m(p + s - 2\lambda C_r)}$，解得 $\theta < \frac{k_s k_m(p + s - 2\lambda C_r)}{(\lambda C_r)^2(k_s + k_m)}$，由于参数 $\frac{1}{\theta}$ 可以用需求均值 μ 进行估计，指数分布函数下，市场需求不应太小。

由一阶条件可得最优召回努力水平分别满足 $\eta_s^*(q) = \frac{\lambda C_r S(q)}{k_s}$，$\eta_m^*(q) = \frac{\lambda C_r S(q)}{k_m}$，

求解最优订货量，由 $\dfrac{\partial \Pi_c(\eta_s,\eta_m,q)}{\partial q} = p+s-c-\lambda C_r(2-\eta_s-\eta_m)-(p+s-\lambda C_r(2-\eta_s-\eta_m))F(q)$。

当 $p+s-\lambda C_r(2-\eta_s-\eta_m)-c>0$ 时，即 $\lambda C_r < \dfrac{p+s-c}{2-\eta_s-\eta_m}$，又 $\dfrac{\partial^2 \Pi_c(\eta_s,\eta_m,q)}{\partial q^2} = -(p+s-\lambda C_r(2-\eta_s-\eta_m))f(q)<0$，即 $\Pi_c(\eta_s,\eta_m,q)$ 是订货量 q 的严格凹函数，最优订货量存在且唯一，由一阶条件并代入 $\eta_s^*(q)$ 和 $\eta_m^*(q)$ 可得

$$q^{*C} = F^{-1}\left(\frac{p+s-c-\lambda C_r\left(2-\dfrac{\lambda C_r S(q^{*C})}{k_s}-\dfrac{\lambda C_r S(q^{*C})}{k_m}\right)}{p+s-\lambda C_r\left(2-\dfrac{\lambda C_r S(q^{*C})}{k_s}-\dfrac{\lambda C_r S(q^{*C})}{k_m}\right)}\right)$$

当 $p+s-\lambda C_r(2-\eta_s-\eta_m)-c<0$ 且 $p+s-\lambda C_r(2-\eta_s-\eta_m)>0$ 时，即 $\dfrac{p+s-c}{2-\eta_s-\eta_m}<\lambda C_r<\dfrac{p+s}{2-\eta_s-\eta_m}$，此时 $\dfrac{\partial \Pi_c(\eta_s,\eta_m,q)}{\partial q}<0$，即订货量越大，供应链利润越小，因此最优订货量为 0。

当 $p+s-\lambda C_r(2-\eta_s-\eta_m)-c<0$ 且 $p+s-\lambda C_r(2-\eta_s-\eta_m)<0$ 时，$|H|>0$，与海塞矩阵负定条件矛盾，不考虑。

综合以上讨论，当 $\lambda C_r < \dfrac{p+s-c}{2-\eta_s^{*C}-\eta_m^{*C}}$ 时，存在唯一最优订货量满足 $q^{*C} = F^{-1}$

$$\left(\frac{p+s-c-\lambda C_r\left(2-\dfrac{\lambda C_r S(q^{*C})}{k_s}-\dfrac{\lambda C_r S(q^{*C})}{k_m}\right)}{p+s-\lambda C_r\left(2-\dfrac{\lambda C_r S(q^{*C})}{k_s}-\dfrac{\lambda C_r S(q^{*C})}{k_m}\right)}\right),$$ 否则，$q^{*C}=0$，证毕。

定理 10.1 给出了集中式供应链中的最优生产量和最优召回努力。为了简便，我们重命名集中式供应链下的最优订货量为协调的订货量。相似地，我们分别重命名集中式供应链下的最优供应商（制造商）召回努力水平为协调的供应商（制造商）召回努力水平。如果协调的订货量或召回努力是在一定的合约下实现的，我们定义该合约可以在订货量或召回努力上协调产品召回供应链。

10.3.2 传统供应链下最优召回努力及订货决策

在分散式供应链中，制造商为市场领导者，先决策其召回努力水平及订货量，供应商为跟随者，接受制造商的订单后决策其召回努力水平，双方分别以自身利

润最大化为目标进行决策。若发生产品召回事件，则由制造商承担全部召回成本，双方的利润优化模型分别如下：

$$\max_{\eta_s} \Pi_s = (w-c)q - \frac{k_s \eta_s^2}{2} \tag{10.4}$$

$$\text{s.t.} \quad 0 \leqslant \eta_s \leqslant 1$$

$$\max_{\eta_m, q} \Pi_m = (p-w)q - \lambda C_r(2 - \eta_s - \eta_m)S(q) - L(q) - \frac{k_m \eta_m^2}{2} \tag{10.5}$$

$$\text{s.t.} \quad 0 \leqslant \eta_m \leqslant 1$$

其中，$(w-c)q$ 为供应商的毛利润；$(p-w)q$ 为制造商的毛利润；$\lambda C_r(2-\eta_s-\eta_m)S(q)$ 为制造商的召回成本；$L(q)$ 为市场不确定带来的损失；$\frac{k_s \eta_s^2}{2}$ 和 $\frac{k_m \eta_m^2}{2}$ 分别为双方的召回努力成本。我们采取逆向推导法求解该问题，先优化 η_s，再同时优化 η_m 和 q。

定理 10.2 分散式供应链下，存在唯一均衡解 $(\eta_s^{*D}, \eta_m^{*D}, q^{*D})$ 使双方利润最大化，其中 $\eta_s^{*D} = 0$，$\eta_m^{*D} = \dfrac{\lambda C_r S(q^{*D})}{k_m}$，最优订货量满足隐函数 $q^{*D} = F^{-1}$

$$\left(\frac{p + s - w - \lambda C_r \left(2 - \dfrac{\lambda C_r S(q^{*D})}{k_m}\right)}{p + s - \lambda C_r \left(2 - \dfrac{\lambda C_r S(q^{*D})}{k_m}\right)} \right), \text{ 且 } q^{*D} < q^{*C}。$$

证明 首先，我们优化供应商的召回努力水平。对式（10.4）求 η_s 的一阶偏导，$\dfrac{\partial \Pi_s(\eta_s)}{\partial \eta_s} = -k_s \eta_s < 0$，这表明供应商的召回努力水平越高，其利润越低。由于制造商承担了所有的召回风险，供应商没有动力采取召回努力。

其次，我们优化制造商的决策变量。将 $\eta_s^{*D} = 0$ 代入式（10.5）得 $\Pi_m(\eta_m, q) = pq - wq - \lambda C_r(2 - \eta_m)S(q) - L(q) - \dfrac{k_m \eta_m^2}{2}$，对 $\Pi_m(\eta_m, q)$ 分别求 η_m 和 q 的一阶偏导得 $\dfrac{\partial \Pi_m(\eta_m, q)}{\partial \eta_m} = \lambda C_r S(q) - k_m \eta_m$，$\dfrac{\partial \Pi_m(\eta_m, q)}{\partial q} = p - w - \lambda C_r(2 - \eta_m)S'(q) - L'(q)$。联立求解两式，海塞矩阵如下：

$$H = \begin{bmatrix} -k_m & \lambda C_r S'(q) \\ \lambda C_r S'(q) & (p + s - \lambda C_r(2 - \eta_m^{*D}))S''(q) \end{bmatrix}$$

为保证海塞矩阵负定，则需满足 $|H| = k_m(p + s - \lambda C_r(2 - \eta_m^{*D}))f(q) - (\lambda C_r S'$

$(q))^2 > 0$，化简该式可得 $\dfrac{f(q)}{1-F(q)} > \dfrac{(\lambda C_r)^2}{k_m(p+s-2\lambda C_r)}$。

根据一阶条件，可得 $\eta_m^{*D} = \dfrac{\lambda C_r S(q^{*D})}{k_m}$，$q^{*D} = F^{-1}\left(\dfrac{p+s-w-\lambda C_r\left(2-\dfrac{\lambda C_r S(q^{*D})}{k_m}\right)}{p+s-\lambda C_r\left(2-\dfrac{\lambda C_r S(q^{*D})}{k_m}\right)}\right)$。

对比 q^{*D} 和 q^{*C} 可得 $q^{*D} < q^{*C}$ 且 $\eta_m^{*D} < \eta_m^{*C}$。

定理 10.2 表明，在传统分散式供应链中，双方都以自身的利润最大化为目标，由于制造商承担了全部召回成本，供应商的收益取决于订货量，在收到制造商的订货量后，供应商就没有动力进行召回努力。这导致产品的可靠性降低，期望召回成本增加，为了减小产品召回的风险，制造商考虑到供应商的行动只能减少订货量并且降低召回努力水平，最终导致双方的效益都减少。

传统分散式供应链下双方的决策都偏离集中式供应链下的最优水平，供应链绩效下降。为了解决这个问题，我们从合约设计的角度进行研究，双方通过签订合约来设置收益或成本的转移，激励双方做出更加积极的决策。常用的合约形式有收益共享合约、回购合约、成本分担合约、数量折扣合约等，其中收益共享合约的应用最为广泛，下面我们研究收益共享合约是否能改善双方的决策，达到协调供应链的效果。

10.4　不同合约的协调性分析

10.4.1　收益共享合约（R）下协调性分析

在本节，我们研究采取收益共享合约来最大化供应商和制造商的利润。供应商和制造商事先约定采取收益共享合约 (w,ϕ)，制造商除了支付供应商批发价 w，每销售单位产品还要给予供应商 ϕ 比例的返现。若发生产品召回，制造商依然承担所有召回风险。则收益共享合约下双方的利润优化模型分别如下：

$$\max_{\eta_s} \Pi_s = (w-c)q + \phi pq - \frac{k_s \eta_s^2}{2} \tag{10.6}$$
$$\text{s.t.} \qquad 0 \leqslant \eta_s \leqslant 1$$

$$\max_{\eta_m,q} \Pi_m = (1-\phi)pq - wq - \lambda C_r(2-\eta_s-\eta_m)S(q) - L(q) - \frac{k_m \eta_m^2}{2} \tag{10.7}$$
$$\text{s.t.} \qquad\qquad 0 \leqslant \eta_m \leqslant 1$$

我们同样采用逆向推导法解决该问题，求解可得定理 10.3。

定理 10.3　收益共享合约下，存在唯一最优解 $(\eta_s^{*R}, \eta_m^{*R}, q^{*R})$ 最大化供应商和制造商的利润，其中，$\eta_s^{*R} = 0$，$\eta_m^{*R} = \dfrac{\lambda C_r S(q^{*R})}{k_m}$，最优订货量满足隐函数

$$q^{*R} = F^{-1}\left(\frac{(1-\phi)p + s - w - \lambda C_r\left(2 - \dfrac{\lambda C_r S(q^{*R})}{k_m}\right)}{p + s - \lambda C_r\left(2 - \dfrac{\lambda C_r S(q^{*R})}{k_m}\right)}\right)$$

证明　先优化 η_s，对式（10.6）求 η_s 的一阶和二阶偏导得 $\dfrac{\partial \Pi_s(\eta_s)}{\partial \eta_s} = -k_s \eta_s < 0$，

$\dfrac{\partial \Pi_s(\eta_s)}{\partial \eta_s} = -k_s < 0$。这表明收益共享合约不能激励供应商进行召回努力，$\eta_s^{*R} = 0$，

将 η_s^{*R} 代入式（10.7）同时优化 η_m 和 q，对 $\Pi_m(\eta_m, q)$ 分别求 η_m 和 q 的一阶偏导：

$$\frac{\partial \Pi_m(\eta_m, q)}{\partial \eta_m} = \lambda C_r S(q) - k_m \eta_m$$

$$\frac{\partial \Pi_m(\eta_m, q)}{\partial q} = (1-\phi)p - \lambda C_r(2 - \eta_m)S'(q) - w - L'(q)$$

为保证上方程组存在唯一最优解，海塞矩阵需负定，解得广义失效率需满足 $\dfrac{f(q)}{1-F(q)} > \dfrac{(\lambda C_r)^2}{k_m(p + s - 2\lambda C_r)}$。由一阶条件可得 $\eta_m^{*R}(q) = \dfrac{\lambda C_r S(q)}{k_m}$，将 $\eta_m^{*R}(q)$ 代入

$\dfrac{\partial \Pi_m(\eta_m, q)}{\partial q}$ 中，由一阶条件解得 $q^{*R} = F^{-1}\left(\dfrac{(1-\phi)p + s - w - \lambda C_r\left(2 - \dfrac{\lambda C_r S(q^{*R})}{k_m}\right)}{p + s - \lambda C_r\left(2 - \dfrac{\lambda C_r S(q^{*R})}{k_m}\right)}\right)$，

证毕。

定理 10.3 给出了收益共享合约的均衡解。我们发现供应商仍然没有动机付出召回努力。这可以解释为该合约没有根据供应商的召回努力向其分配召回成本。为了简便性，我们定义 $w^R = (\beta^R - 1)p + \beta^R c$ 和 $\phi^R = \left(\left(2p + s - \lambda C_r\left(2 - \dfrac{\lambda C_r S(q^{*C})}{k_m}\right)\right) - \right.$

$\left.\beta^R\left(2p + s - \lambda C_r\left(2 - \dfrac{\lambda C_r S(q^{*C})}{k_s} - \dfrac{\lambda C_r S(q^{*C})}{k_m}\right)\right)\right) / p$。这里，定义 β^R 为批发价格因

子，为 $\dfrac{p+w}{p+c}$。当其为 1 时，批发价格和单位生产成本相同。随着该值的增加，收益共享合约下的批发价格也增加。当批发价格因子小于 1 时，表明供应商收取了一个比单位生产成本更小的批发价格以促进制造商订货。为了检验收益共享合

约是否能够协调供应链，我们将其与集中式供应链中的均衡解进行了比较，得到如下命题。

命题 10.1　采用收益共享合约 ($w = w^R$和$\phi = \phi^R$)，制造商的最优订货量可被协调，但最优召回努力水平仍然不能被协调。

证明　为使制造商的最优订货量达到集中式供应链下的最优水平，需满足 $q^{*R} = q^{*C}$，我们引入变量 $\alpha(\alpha > 0)$，有以下方程组：

$$(1-\phi)p+s-w-\lambda C_r\left(2-\frac{\lambda C_r S(q^{*R})}{k_m}\right) = \alpha\left(p+s-c-\lambda C_r\left(2-\frac{\lambda C_r S(q^{*C})}{k_s}-\frac{\lambda C_r S(q^{*C})}{k_m}\right)\right)$$

（10.8）

$$p+s-\lambda C_r\left(2-\frac{\lambda C_r S(q^{*R})}{k_m}\right) = \alpha\left(p+s-\lambda C_r\left(2-\frac{\lambda C_r S(q^{*C})}{k_s}-\frac{\lambda C_r S(q^{*C})}{k_m}\right)\right)$$

（10.9）

同时求解式（10.8）和式（10.9）可得 $w = \alpha c - \phi p$。在这种条件下，最优订货量达到最优水平。

若收益共享合约能协调供应链，则收益共享合约下供应链总的召回努力水平（供应商和制造商的召回努力水平之和）需等于集中式供应链下的最优水平。那么，根据定理 10.3，$\eta_s^{*R}(q) + \eta_m^{*R}(q) = \dfrac{\lambda C_r S(q^{*R})}{k_m}$，而在集中式供应链下，$\eta_s^{*C}(q) + \eta_m^{*C}(q) = \dfrac{\lambda C_r S(q^{*C})}{k_s} + \dfrac{\lambda C_r S(q^{*C})}{k_m}$。因为 $q^{*R} \leqslant q^{*C}$，可得 $\eta_s^{*R}(q) + \eta_m^{*R}(q) < \eta_s^{*C}(q) + \eta_m^{*C}(q)$，因此，最优召回努力水平小于集中式供应链，收益共享合约无法协调供应链。证毕。

命题 10.1 表明，简单的收益共享合约不能达到协调分散式供应链的水平。但是，不考虑供应商的收益，当批发价足够低时，制造商能订购更多原材料从而使订货量达到最优水平。在这种情况下，制造商会提高召回努力水平以降低发生产品召回的概率，而由于召回成本没有直接影响供应商的收益，供应商依然没有动力采取召回努力。因此，我们需要考虑成本分担合约，下面，我们结合收益共享合约和几种成本分担机制设计了三种复合合约，并讨论这三种合约对双方决策的影响。

10.4.2　收益共享与固定比例召回成本分担合约（F）下协调性分析

在本节，我们将收益共享合约和固定比例召回成本分担合约进行组合，在合约 $F(\phi, w, \rho)$ 下，双方除了共享收益外，还要共同面对产品召回的风险，一旦发生产品召回事件，供应商承担 ρ 比例的召回成本，其他则由制造商负担。那么，双方的目标函数分别如下：

$$\max_{\eta_s} \Pi_s = (w-c)q + \phi pq - \rho\lambda C_r(2-\eta_s-\eta_m)S(q) - \frac{k_s\eta_s^2}{2} \quad (10.10)$$

$$\text{s.t.} \qquad\qquad 0 \leqslant \eta_s \leqslant 1$$

$$\max_{\eta_m,q} \Pi_m = (1-\phi)pq - wq - L(q) - (1-\rho)\lambda C_r(2-\eta_s-\eta_m)S(q) - \frac{k_m\eta_m^2}{2} \quad (10.11)$$

$$\text{s.t.} \qquad\qquad 0 \leqslant \eta_m \leqslant 1$$

求解该问题可得到定理 10.4。

定理 10.4　在合约 F 下，存在唯一最优解 $(\eta_s^{*F}, \eta_m^{*F}, q^{*F})$ 最大化供应商和制造商的利润，其中 $\eta_s^{*F} = \dfrac{\rho\lambda C_r S(q^{*F})}{k_s}$，$\eta_m^{*F} = \dfrac{(1-\rho)\lambda C_r S(q^{*F})}{k_m}$，最优订货量满足隐函数：

$$q^{*F} = F^{-1}\left(\frac{(1-\phi)p+s-w+\dfrac{\rho(1-\rho)(\lambda C_r)^2 S(q^{*F})}{k_s} - (1-\rho)\lambda C_r\left(2 - \dfrac{(1-\rho)\lambda C_r S(q^{*F})}{k_m} - \dfrac{\rho\lambda C_r S(q^{*F})}{k_s}\right)}{p+s+\dfrac{\rho(1-\rho)(\lambda C_r)^2 S(q^{*F})}{k_s} - (1-\rho)\lambda C_r\left(2 - \dfrac{\rho\lambda C_r S(q^{*F})}{k_s} - \dfrac{(1-\rho)\lambda C_r S(q^{*F})}{k_m}\right)} \right)$$

证明　我们先优化供应商的召回努力水平。对式（10.10）分别求 η_s 的一阶和二阶偏导：$\dfrac{\partial \Pi_s(\eta_s)}{\partial \eta_s} = \rho\lambda C_r S(q) - k_s\eta_s$，$\dfrac{\partial^2 \Pi_s(\eta_s)}{\partial \eta_s^2} = -k_s < 0$。因此，供应商利润函数 $\Pi_s(\eta_s)$ 是关于召回努力水平 η_s 的严格凹函数，存在唯一最优召回努力水平使供应商利润最大。由一阶条件可得 $\eta_s^{*F}(q) = \dfrac{\rho\lambda C_r S(q)}{k_s}$。

将 $\eta_s^{*F}(q)$ 代入式（10.11），对 $\Pi_m(\eta_m,q)$ 分别求 η_m 和 q 的一阶偏导：

$$\frac{\partial \Pi_m(\eta_m,q)}{\partial \eta_m} = (1-\rho)\lambda C_r S(q) - k_m\eta_m$$

$$\frac{\partial \Pi_m(\eta_m,q)}{\partial q} = (1-\phi)p + (1-\rho)\lambda C_r S(q)\frac{\rho\lambda C_r S'(q)}{k_s}$$
$$- w - (1-\rho)\lambda C_r(2 - \eta_s^{*F}(q) - \eta_m)S'(q) - L'(q)$$

联立求解该方程组，海塞矩阵如下：

$$H = \begin{bmatrix} -k_m & (1-\rho)\lambda C_r S'(q) \\ (1-\rho)\lambda C_r S'(q) & \dfrac{\partial^2 \Pi_m(\eta_m,q)}{\partial q^2} \end{bmatrix}$$

其中，$\dfrac{\partial^2 \Pi_m(\eta_m, q)}{\partial q^2} = \left(p + s + \dfrac{\rho(1-\rho)(\lambda C_r)^2 S(q)}{k_s} + (1-\rho)\lambda C_r(2 - \eta_s^{*F}(q) - \eta_m) \right) S''(q) -$

$\dfrac{\rho(1-\rho)(\lambda C_r)^2 (S'(q))^2}{k_s}$。证方程组有解，海塞矩阵需负定，求解 $|H| > 0$ 可得需求

分布函数的广义失效率存在下界：$\dfrac{f(q)}{1 - F(q)} > \dfrac{(1-\rho)(\lambda C_r)^2 \left(1 - \left(1 - \dfrac{k_m}{k_s} \right)\rho \right)}{k_m(p + s - 2(1-\phi)\lambda C_r)}$。

由于制造商利润函数 $\Pi_m(\eta_m, q)$ 是关于 η_m 的严格凹函数，由一阶条件可得制造商唯一最优召回努力水平 $\eta_m^{*F}(q) = \dfrac{(1-\rho)\lambda C_r S(q)}{k_m}$。将 $\eta_m^{*F}(q)$ 代入 $\dfrac{\partial \Pi_m(\eta_m, q)}{\partial q} = 0$ 可得最优订货量

$$q^{*F} = F^{-1} \left(\dfrac{(1-\phi)p + s - w + \dfrac{\rho(1-\rho)(\lambda C_r)^2 S(q^{*F})}{k_s} - (1-\rho)\lambda C_r \left(2 - \dfrac{(1-\rho)\lambda C_r S(q^{*F})}{k_m} - \dfrac{\rho\lambda C_r S(q^{*F})}{k_s} \right)}{p + s + \dfrac{\rho(1-\rho)(\lambda C_r)^2 S(q^{*F})}{k_s} - (1-\rho)\lambda C_r \left(2 - \dfrac{\rho\lambda C_r S(q^{*F})}{k_s} - \dfrac{(1-\rho)\lambda C_r S(q^{*F})}{k_m} \right)} \right)$$

证毕。

定理 10.4 给出了固定比率成本分担策略下收益共享合约的均衡解。为了检验合约 F 是否能协调产品召回供应链，我们比较了合约 F 与集中式供应链的均衡解，并考察了合约 F 是否能对供应链进行帕累托改进。为了简便，我们定义

$$w^F = (\beta^F - 1)p + \beta^F c, \quad \phi^F = \left(2p + s + \dfrac{\rho(1-\rho)(\lambda C_r)^2 S(q^{*C})}{k_s} - (1-\rho)\lambda C_r \right.$$

$$\left(2 - \dfrac{\rho\lambda C_r S(q^{*C})}{k_s} - \dfrac{(1-\rho)\lambda C_r S(q^{*C})}{k_m} \right) - \beta^F \left(2p + s - \lambda C_r \left(2 - \dfrac{\lambda C_r S(q^{*C})}{k_s} - \dfrac{\lambda C_r S(q^{*C})}{k_m} \right) \right) \right) / p,$$

$$\underline{\beta^F} = \left(\left(2p + s + \dfrac{\rho(1-\rho)(\lambda C_r)^2 S(q^{*C})}{k_s} - (1-\rho)\lambda C_r \left(2 - \dfrac{\rho\lambda C_r S(q^{*C})}{k_s} - \dfrac{(1-\rho)\lambda C_r S(q^{*C})}{k_m} \right) \right) \right.$$

$$S(q^{*C}) + (1-\rho)\lambda C_r S(q^{*C}) \left(2 - \dfrac{\rho\lambda C_r S(q^{*C})}{k_s} - \dfrac{(1-\rho)\lambda C_r S(q^{*C})}{k_m} \right) + L(q^{*C}) \dfrac{((1-\rho)\lambda C_r S(q^{*C}))^2}{2k_m} +$$

$$\Pi_m^{*D} - p(S(q^{*C}) + q^{*C}) \right) \left(\left(2p + s - \lambda C_r \left(2 - \dfrac{\lambda C_r S(q^{*C})}{k_s} - \dfrac{\lambda C_r S(q^{*C})}{k_m} \right) \right) S(q^{*C}) - (p + c)q^{*C} \right)^{-1} 和$$

$$\overline{\beta^F} = \left(\left(2p + s + \dfrac{\rho(1-\rho)(\lambda C_r)^2 S(q^{*C})}{k_s} - (1-\rho)\lambda C_r \left(2 - \dfrac{\rho\lambda C_r S(q^{*C})}{k_s} - \dfrac{(1-\rho)\lambda C_r S(q^{*C})}{k_m} \right) \right) \right.$$

$$S(q^{*C})-(p+c)q^{*C}-\rho\lambda C_r S(q^{*C})\left(2-\frac{\rho\lambda C_r S(q^{*C})}{k_s}-\frac{(1-\rho)\lambda C_r S(q^{*C})}{k_m}\right)-\frac{(\rho\lambda C_r S(q^{*C}))^2}{2k_s}-\Pi_s^{*D}\right)$$

$$\left(\left(2p+s-\lambda C_r\left(2-\frac{\rho\lambda C_r S(q^{*C})}{k_s}-\frac{(1-\rho)\lambda C_r S(q^{*C})}{k_m}\right)\right)S(q^{*C})-(p+c)q^{*C}\right)^{-1}。命题 10.2$$

陈述了比较结果。

命题 10.2　采取合约 F（$w=w^F$ 和 $\phi=\phi^F$）时，制造商的最优订货量可被协调，而供应链最优召回努力水平低于协调召回努力水平。但当 $\rho^*=\dfrac{k_m}{k_m+k_s}$ 时，供应链利润最大化。特别地，当 $\beta^F\in[\underline{\beta^F},\overline{\beta^F}]$ 时，合约 F 可以帕累托改进产品召回供应链。

证明　比较 q^{*F} 与 q^{*C}，当制造商的最优订货量达到集中式供应链下最优水平时，引入变量 $\beta(\beta>0)$，我们有如下关系：

$$(1-\phi)p+s-w+\frac{\rho(1-\rho)(\lambda C_r)^2 S(q^{*C})}{k_s}-(1-\rho)\lambda C_r\left(2-\frac{(1-\rho)\lambda C_r S(q^{*C})}{k_m}-\frac{\rho\lambda C_r S(q^{*C})}{k_s}\right)$$

$$=\beta\left(p+s-\lambda C_r\left(2-\frac{\lambda C_r S(q^{*C})}{k_s}-\frac{\lambda C_r S(q^{*C})}{k_m}\right)-c\right)$$

$$(10.12)$$

$$(2-\phi)p+s+\frac{\rho(1-\rho)(\lambda C_r)^2 S(q^{*C})}{k_s}-(1-\rho)\lambda C_r\left(2-\frac{\rho\lambda C_r S(q^{*C})}{k_s}-\frac{(1-\rho)\lambda C_r S(q^{*C})}{k_m}\right)$$

$$=\beta\left(2p+s-\lambda C_r\left(2-\frac{\lambda C_r S(q^{*C})}{k_s}-\frac{\lambda C_r S(q^{*C})}{k_m}\right)\right)$$

$$(10.13)$$

求解该方程组，可得 $\rho=(\lambda^2 C_r^2 S(q^{*C})(2k_m-k_s))^{-1}\Big(\lambda^2 C_r^2 S(q^{*C})(k_m-k_s)+\lambda C_r k_m k_s+$

$k_m k_s\lambda C_r\left(\left(\left(1+\lambda C_r S(q^{*C})\left(\frac{1}{k_s}-\frac{1}{k_m}\right)\right)^2-\left(S(q^{*C})(2k_m-k_s)((p+S(q^{*C})(\beta-1)k_m k_s+\right.\right.\right.$

$2(1-\beta)\lambda C_r k_m k_s+\lambda^2 C_r^2 S(q^{*C})(\beta k_m-(1-\beta)k_s)))\Big)k_m^{-2}k_s^{-2}\Big)^{\frac{1}{2}}\Big)$，$w=\beta c-\phi p$，$\beta>0$。

同样地，对比采取合约 F 与集中式供应链下的最优召回努力水平：

$$\eta_s^*(q^{*F})+\eta_m^*(q^{*F})=\lambda C_r S(q^{*F})\left(\frac{\rho}{k_s}+\frac{(1-\rho)}{k_m}\right)\qquad(10.14)$$

$$\eta_s^*(q^{*C}) + \eta_m^*(q^{*C}) = \lambda C_r S(q^{*C})\left(\frac{1}{k_s} + \frac{1}{k_m}\right) \tag{10.15}$$

当 $q^{*F} = q^{*C}$ 时，$\lambda C_r S(q^{*C})\left(\dfrac{\rho}{k_s} + \dfrac{(1-\rho)}{k_m}\right) < \lambda C_r S(q^{*C})\left(\dfrac{1}{k_s} + \dfrac{1}{k_m}\right)$。因此，不存在这样的固定比例 ρ 使召回努力水平达到最优水平，合约 F 不能协调供应链。

然而，可以发现固定比例 ρ 能够影响供应链的利润，将最优订货量 q^{*C} 代入供应链利润函数可得 $\Pi_c^*(\rho) = \Pi_s^{*F} + \Pi_m^{*F} = pq^{*C} - \lambda C_r\left(2 - \dfrac{\rho\lambda C_r S(q^{*C})}{k_s} - \dfrac{(1-\rho)\lambda C_r S(q^{*C})}{k_m}\right)$
$S(q^{*C}) - cq^{*C} - L(q^{*C}) - \dfrac{\rho(\lambda C_r S(q^{*C}))^2}{2k_s} - \dfrac{(1-\rho)(\lambda C_r S(q^{*C}))^2}{2k_m}$。对 $\Pi_c^*(\rho)$ 求 ρ 的一阶和二阶偏导：$\dfrac{\partial \Pi_c^*(\rho)}{\partial \rho} = (\lambda C_r S(q^{*C}))^2\left(\dfrac{1}{k_s} - \dfrac{1}{k_m}\right) - \dfrac{\rho(\lambda C_r S(q^{*C}))^2}{k_s} + \dfrac{(1-\rho)(\lambda C_r S(q^{*C}))^2}{k_m}$，
$\dfrac{\partial^2 \Pi_c^*(\rho)}{\partial \rho^2} = -\dfrac{(\lambda C_r S(q^{*C}))^2}{k_s} - \dfrac{(\lambda C_r S(q^{*C}))^2}{k_m} < 0$。因此，供应链利润函数是关于 ρ 的严格凹函数，由一阶条件可解得唯一最优解 $\rho^* = \dfrac{k_m}{k_m + k_s}$。

在分散式供应链中，将最优解 $(\eta_s^{*D}, \eta_m^{*D}, q^{*D})$ 分别代入式（10.4）和式（10.5）可得到供应商和制造商的利润：$\Pi_s^{*D} = (w - c)q^{*D}$，$\Pi_m^{*D} = pq^{*D} - \lambda C_r\left(2 - \dfrac{\lambda C_r S(q^{*D})}{k_m}\right)$
$S(q^{*D}) - wq^{*D} - L(q^{*D}) - \dfrac{(\lambda C_r S(q^{*D}))^2}{2k_m}$。

采取合约 F 时，将最优解 $(\eta_s^{*F}, \eta_m^{*F}, q^{*F})$ 分别代入式（10.10）和式（10.11）可得 $\Pi_s^{*F} = (\beta - 1)(p + c)q^{*C} + \phi pq^{*C} - \rho\lambda C_r S(q^{*C})\left(2 - \dfrac{\rho\lambda C_r S(q^{*C})}{k_s} - \dfrac{(1-\rho)\lambda C_r S(q^{*C})}{k_m}\right) - \dfrac{(\rho\lambda C_r S(q^{*C}))^2}{2k_s}$，$\Pi_m^{*F} = (1 - \phi)pq^{*C} - ((\beta - 1)p + \beta c)q^{*C} - (1 - \rho)\lambda C_r S(q^{*C})\left(2 - \dfrac{\rho\lambda C_r S(q^{*C})}{k_s} - \dfrac{(1-\rho)\lambda C_r S(q^{*C})}{k_m}\right) - L(q^{*C}) - \dfrac{((1-\rho)\lambda C_r S(q^{*C}))^2}{2k_m}$。对供应商利润函数 Π_s^{*F} 求 β 的一阶偏导：$\dfrac{\partial \Pi_s^{*F}}{\partial \beta} = (p + c)q^{*C} - \left(p + s - \lambda C_r\left(2 - \dfrac{\lambda C_r S(q^{*C})}{k_s} - \dfrac{\lambda C_r S(q^{*C})}{k_m}\right)\right)S(q^{*C}) < -\left(p + s - c - \lambda C_r\left(2 - \dfrac{\lambda C_r S(q^{*C})}{k_s} - \dfrac{\lambda C_r S(q^{*C})}{k_m}\right)\right)S(q^{*C})$。考虑到边际收益不能为负，

则 $p+s-c-\lambda C_r\left(2-\dfrac{\lambda C_r S(q^{*C})}{k_s}-\dfrac{\lambda C_r S(q^{*C})}{k_m}\right)>0$，可得 $\dfrac{\partial \Pi_s^{*F}}{\partial \beta}<0$。因此，随着 β 减小，批发价降低，但由于收益共享合约的影响占主导，这导致供应商的利润增加。又因为供应链的总利润是不随 β 变化的常数，则制造商的利润减少。由此可见，参数 β 决定了供应链利润在供应商和制造商之间的分配。

考虑到只有当供应商和制造商的利润都得到改进时，双方才会采取合约 F。求解方程组 $\Pi_s^{*F}-\Pi_s^{*D}\geqslant 0$ 和 $\Pi_m^{*F}-\Pi_m^{*D}\geqslant 0$ 可分别得到下界 $\underline{\beta}$ 和上界 $\overline{\beta}$，证毕。

命题 10.2 表明，即使在合约 F 下存在帕累托改进，与分散式供应链相比，合约 F 也不能协调供应链。然而，与收益共享合约相比，在合约 F 中，供应商有动机做出召回努力，因为它分担了制造商的召回成本。因此，合同 F 可以激励供应商做出召回努力。然而，随着 ρ 的增加，供应商分担的召回成本增加，制造商承担的召回成本减少，这表明制造商付出召回努力的动机减小。因此，对于两个供应链成员来说，其最优召回努力水平都不能达到协调的召回努力水平。

10.4.3　收益共享与线性召回成本分担合约（L）下协调性分析

在本节中，我们研究合约 L，该合约包含收益共享合约与线性召回成本分担机制两部分。考虑这样的合约 $L(\phi,w)$，除了收益共享，供应商和制造商根据双方的召回努力水平决定召回成本的分配。参考 Cachon 和 Lariviere（2005），供应商承担 $\dfrac{1}{2}+\dfrac{\eta_m-\eta_s}{2}$ 比例的召回成本，而其他部分则由制造商承担。显然，若供应商提高召回努力水平，制造商将承担更多召回成本，反之亦然，双方的利润优化模型分别如下：

$$\max_{\eta_s} \Pi_s = (w-c)q+\phi pq-\left(\frac{1}{2}+\frac{\eta_m-\eta_s}{2}\right)\lambda C_r(2-\eta_s-\eta_m)S(q)-\frac{k_s\eta_s^2}{2}$$
$$\text{s.t.} \qquad\qquad 0\leqslant \eta_s \leqslant 1$$

$$\tag{10.16}$$

$$\max_{\eta_m,q} \Pi_m = (1-\phi)pq-wq-\left(\frac{1}{2}+\frac{\eta_s-\eta_m}{2}\right)\lambda C_r(2-\eta_s-\eta_m)S(q)-L(q)-\frac{k_m\eta_m^2}{2}$$
$$\text{s.t.} \qquad\qquad 0\leqslant \eta_m \leqslant 1$$

$$\tag{10.17}$$

其中，$\left(\dfrac{1}{2}+\dfrac{\eta_m-\eta_s}{2}\right)\lambda C_r(2-\eta_s-\eta_m)S(q)$ 为供应商分担的召回成本，而 $\left(\dfrac{1}{2}+\dfrac{\eta_s-\eta_m}{2}\right)\lambda C_r(2-\eta_s-\eta_m)S(q)$ 为制造商分担的召回成本。求解该问题可得到定理 10.5。

定理 10.5　采取合约 L 时，存在唯一最优解 $(\eta_s^{*L}, \eta_m^{*L}, q^{*L})$ 最大化供应商和制造商的利润，其中 $\eta_s^{*L} = \dfrac{3\lambda C_r S(q^{*L})}{2(k_s + \lambda C_r S(q^{*L}))}$，$\eta_m^{*L} = \dfrac{3\lambda C_r S(q^{*L})}{2(k_m + \lambda C_r S(q^{*L}))}$，最优订货量满足

隐函数 $q^{*L} = F^{-1}\left(\dfrac{(1-\phi)p + s - w - \lambda C_r x(q^{*L}) - y(q^{*L})}{p + s - \lambda C_r x(q^{*L}) - y(q^{*L})}\right)$，$x(q) = \left(2 - \dfrac{3\lambda C_r S(q)}{2(k_s + \lambda C_r S(q))} - \right.$

$\dfrac{3\lambda C_r S(q)}{2(k_m + \lambda C_r S(q))}\left.\right)\left(\dfrac{1}{2} + \dfrac{3\lambda C_r S(q)}{4(k_s + \lambda C_r S(q))} - \dfrac{3\lambda C_r S(q)}{4(k_m + \lambda C_r S(q))}\right)$，

$y(q) = \dfrac{3k_s(\lambda C_r)^2 S(q)(k_s - 2\lambda C_r S(q))}{4(k_s + \lambda C_r S(q))^3}$。

证明　求解该问题，先优化 η_s，对式（10.16）求 η_s 的一阶和二阶偏导：

$\dfrac{\partial \Pi_s(\eta_s)}{\partial \eta_s} = \left(\dfrac{3}{2} - \eta_s\right)\lambda C_r S(q) - k_s \eta_s$，$\dfrac{\partial^2 \Pi_s(\eta_s)}{\partial \eta_s^2} = -\lambda C_r S(q) - k_s < 0$。因此，$\Pi_s(\eta_s)$

是关于 η_s 的严格凹函数，由一阶导条件可得唯一最优解 $\eta_s^*(q) = \dfrac{3\lambda C_r S(q)}{2(k_s + \lambda C_r S(q))}$，

将 $\eta_s^*(q)$ 代入式（10.15）中，同时优化 q 和 η_m，对 $\Pi_m(\eta_m, q)$ 分别求 η_m 和 q 的一阶导可得

$$\frac{\partial \Pi_m(\eta_m, q)}{\partial \eta_m} = \left(\frac{3}{2} - \eta_m\right)\lambda C_r S(q) - k_m \eta_m$$

$$\frac{\partial \Pi_m(\eta_m, q)}{\partial q} = p - \lambda C_r(2 - \eta_s^*(q) - \eta_m)\left(\frac{1 + \eta_s^*(q) - \eta_m}{2}\right)S'(q) - w - L'(q) - \frac{\lambda C_r S(q)(1 - 2\eta_s)}{2}\frac{\partial \eta_s^*(q)}{\partial q}$$

其中，$\dfrac{\partial \eta_s^*(q)}{\partial q} = \dfrac{3\lambda C_r k_s S'(q)}{2(k_s + \lambda C_r S(q))^2}$ 为保证方程组存在唯一最优解，海塞矩阵需负定：

$$H = \begin{bmatrix} -\lambda C_r S(q) - k_m & \left(\dfrac{3}{2} - \eta_m\right)\lambda C_r S'(q) \\ \left(\dfrac{3}{2} - \eta_m\right)\lambda C_r S'(q) & \dfrac{\partial^2 \Pi_m(\eta_m, q)}{\partial q^2} \end{bmatrix}$$

其中，$\dfrac{\partial^2 \Pi_m(\eta_m, q)}{\partial q^2} = \left(p + s - \lambda C_r(2 - \eta_s^*(q) - \eta_m)\left(\dfrac{1 + \eta_s^*(q) - \eta_m}{2}\right)\right)S''(q) + \lambda C_r S'(q)$

$\left(\eta_s^*(q) - \dfrac{1}{2}\right)\dfrac{\partial \eta_s^*(q)}{\partial q} - \dfrac{\lambda C_r S(q)(1 - 2\eta_s^*(q))}{2}\dfrac{\partial^2 \eta_s^*(q)}{\partial q^2} - \dfrac{\lambda C_r}{2}\dfrac{\partial \eta_s^*(q)}{\partial q}\left((1 - 2\eta_s^*(q))S'(q) - 2S(q)\dfrac{\partial \eta_s^*(q)}{\partial q}\right)$，

为保证海塞矩阵负定，$(-\lambda C_r S(q) - k_m)\dfrac{\partial^2 \Pi_m(\eta_m, q)}{\partial q^2} - \left(\left(\dfrac{3}{2} - \eta_m\right)\lambda C_r S'(q)\right)^2 > 0$，

当 k_m 足够大时该式成立。

联立以上方程组求解，由一阶条件可得 $\eta_m^*(q) = \dfrac{3\lambda C_r S(q)}{2(k_m + \lambda C_r S(q))}$，将 $\eta_m^*(q)$ 代入

$\dfrac{\partial \Pi_m(\eta_m, q)}{\partial q}$ 可得 $\dfrac{\partial \Pi_m(\eta_m, q)}{\partial q} = (1-\phi)p + s - w - \lambda C_r x(q) - y(q) - (p + s - \lambda C_r x(q) - y(q))F(q)$，

其中 $x(q) = \left(2 - \dfrac{3\lambda C_r S(q)}{2(k_s + \lambda C_r S(q))} - \dfrac{3\lambda C_r S(q)}{2(k_m + \lambda C_r S(q))}\right)\left(\dfrac{1}{2} + \dfrac{3\lambda C_r S(q)}{4(k_s + \lambda C_r S(q))} - \dfrac{3\lambda C_r S(q)}{4(k_m + \lambda C_r S(q))}\right)$，

$y(q) = \dfrac{3k_s (\lambda C_r)^2 S(q)(k_s - 2\lambda C_r S(q))}{4(k_s + \lambda C_r S(q))^3}$，令 $\dfrac{\partial \Pi_m(\eta_m, q)}{\partial q} = 0$ 可解得最优订货量满足

$q^{*L} = F^{-1}\left[\dfrac{(1-\phi)p + s - w - \lambda C_r x(q^{*L}) - y(q^{*L})}{p + s - \lambda C_r x(q^{*L}) - y(q^{*L})}\right]$，证毕。

定理 10.5 给出了线性成本分担策略下收益共享合约的均衡解。为了检验合约 L 能否协调产品召回供应链，我们将合约 L 的均衡解与集中式供应链的均衡解进行了比较。然后我们进一步研究合约 L 是否能帕累托改进供应链。为了简便，我们定义

$w^L = (\beta^L - 1)p + \beta^L c$，$\phi^L = 2 - \dfrac{1}{p}\left(\beta^L\left(2p + s - \lambda C_r\left(2 - \dfrac{\lambda C_r S(q^{*C})}{k_s} - \dfrac{\lambda C_r S(q^{*C})}{k_m}\right)\right) + \right.$

$\lambda C_r x(q^{*C}) + y(q^{*C}) - s\Big)$，$\underline{\beta^L} = \Big((2p + s - \lambda C_r x(q^{*C}) - y(q^{*C}))S(q^{*C}) + \lambda C_r x(q^{*C})S(q^{*C}) + $

$L(q^{*C}) + \dfrac{9k_s(\lambda C_r S(q^{*C}))^2}{8(k_s + \lambda C_r S(q^{*C}))^2} + \Pi_m^{*D} - p(S(q^{*C}) + q^{*C})\Big)\left(\left(2p + s - \lambda C_r\left(2 - \dfrac{\lambda C_r S(q^{*C})}{k_s} - \right.\right.\right.$

$\left.\left.\left.\dfrac{\lambda C_r S(q^{*C})}{k_m}\right)\right)S(q^{*C})\quad(p+c)q^{*C}\right)^{-1}$ 和 $\overline{\beta^L} = \Big((2p + s - \lambda C_r x(q^{*C}) - y(q^{*C}))S(q^{*C}) - $

$(p+c)q^{*C} - \lambda C_r z(q^{*C})S(q^{*C}) - \dfrac{9k_s(\lambda C_r S(q^{*C}))^2}{8(k_s + \lambda C_r S(q^{*C}))^2} - \Pi_s^{*D}\Big)\left(\left(2p + s - \lambda C_r\left(2 - \dfrac{\lambda C_r S(q^{*C})}{k_s} - \right.\right.\right.$

$\left.\left.\left.\dfrac{\lambda C_r S(q^{*C})}{k_m}\right)\right)S(q^{*C}) - (p+c)q^{*C}\right)^{-1}$。命题 10.3 陈述了比较结果。

命题 10.3　采用合约 L（$w = w^L$ 和 $\phi = \phi^L$）时，制造商最优订货量总是可以被协

调的，而召回努力水平只有在 k_s 和 k_m 满足 $S(q^{*C}) = \dfrac{k_m k_s + \sqrt{7k_m^2 k_s^2 + k_m^4 + k_s^4} - k_m^2 - k_s^2}{2\lambda C_r(k_m + k_s)}$

时才能被协调。只有在 $\beta^L \in [\underline{\beta^L}, \overline{\beta^L}]$ 时，合约 L 才能帕累托改进产品召回供应链。

证明　若合约 L 能协调供应链，则订货量和双方的召回努力水平同时达到集中式供应链下最优水平。首先，我们比较订货量 q^{*L} 和 q^{*C}，引入变量 $\gamma(\gamma > 0)$，

我们有如下关系式：

$$(1-\phi)p - \lambda C_r x(q^{*C}) - y(q^{*C}) + s - w = \gamma\left(p + s - \lambda C_r\left(2 - \frac{\lambda C_r S(q^{*C})}{k_s} - \frac{\lambda C_r S(q^{*C})}{k_m}\right) - c\right)$$

(10.18)

$$p - \lambda C_r x(q^{*C}) - y(q^{*C}) + s = \gamma\left(p + s - \lambda C_r\left(2 - \frac{\lambda C_r S(q^{*C})}{k_s} - \frac{\lambda C_r S(q^{*C})}{k_m}\right)\right)$$

(10.19)

求解方程组式（10.18）和式（10.19）可得 $w = \gamma c - \phi p$ 且 $\gamma > 0$。

比较供应链召回努力水平：

$$\eta_s^*(q^*) + \eta_m^*(q^*) = \frac{3\lambda C_r S(q^*)}{2}\left(\frac{1}{k_s + \lambda C_r S(q^*)} + \frac{1}{k_m + \lambda C_r S(q^*)}\right) \quad (10.20)$$

$$\eta_s^*(q^{*C}) + \eta_m^*(q^{*C}) = \lambda C_r S(q^{*C})\left(\frac{1}{k_s} + \frac{1}{k_m}\right) \quad (10.21)$$

当合约 L 能协调供应链时，总召回努力水平应达到最优水平，即 $\eta_s^*(q^{*L}) + \eta_m^*(q^{*L}) = \eta_s^*(q^{*C}) + \eta_m^*(q^{*C})$，求解该式可得 $S(q^{*C}) = \dfrac{k_m k_s + \sqrt{7k_m^2 k_s^2 + k_m^4 + k_s^4} - k_m^2 - k_s^2}{2\lambda C_r(k_m + k_s)}$。因此，

当合约 L 满足 $w = \gamma c - \phi p$，$S(q^{*C}) = \dfrac{k_m k_s + \sqrt{7k_m^2 k_s^2 + k_m^4 + k_s^4} - k_m^2 - k_s^2}{2\lambda C_r(k_m + k_s)}$ 时，合约 L 能协调供应链。

将最优解 $(\eta_s^{*L}, \eta_m^{*L}, q^{*L})$ 分别代入式（10.4）和式（10.5），$\Pi_s^{*L} = (\beta-1)(p+c)q^{*C} + \phi p q^{*C} - \lambda C_r z(q^{*C}) S(q^{*C}) - \dfrac{9k_s(\lambda C_r S(q^{*C}))^2}{8(k_s + \lambda C_r S(q^{*C}))^2}$，$\Pi_m^{*L} = (1-\phi)p q^{*C} - ((\beta-1)p + \beta c)q^{*C} - \lambda C_r x(q^{*C}) S(q^{*C}) - L(q^{*C}) - \dfrac{9k_s(\lambda C_r S(q^{*C}))^2}{8(k_s + \lambda C_r S(q^{*C}))^2}$，$z(q^{*C}) = \left(2 - \dfrac{3\lambda C_r S(q)}{2(k_s + \lambda C_r S(q))} - \dfrac{3\lambda C_r S(q)}{2(k_m + \lambda C_r S(q))}\right)\left(\dfrac{1}{2} + \dfrac{3\lambda C_r S(q)}{4(k_m + \lambda C_r S(q))} - \dfrac{3\lambda C_r S(q)}{4(k_s + \lambda C_r S(q))}\right)$。分别比较合约 L 和集中式供应链下双方的最优利润，求解方程组 $\Pi_s^{*L} - \Pi_s^{*D} \geqslant 0$ 和 $\Pi_m^{*L} - \Pi_m^{*D} \geqslant 0$，证毕。

命题 10.3 表明，合约 L 可以在与 k_s 和 k_m 相关的特定条件下协调供应链。根据合约 L，供应商（制造商）在召回努力少于制造商（供应商）时，将承担更多的召回成本。因此，合约 L 可以激励供应商和制造商付出召回努力。对于制造商来说，合约 L 可以降低召回成本，提高最优订货量。此外，当最优订货量达到第一个最佳水平时，我们发现协调条件与 k_s 和 k_m 有关。表 10.2 给出了合约 L 下的

供应链效率，我们发现当供应商和制造商具有相同的召回努力成本系数时，合约 L 可以协调供应链。

表 10.2 合约 L 下供应链利润的有效性

k_s/k_m	合约 L	集中式供应链	有效性/%
0.5	510.90	543.98	93.92
0.6	450.18	464.97	96.82
0.7	403.05	409.07	99.53
0.9	335.34	335.74	99.88
1.0	310.41	310.41	100.00
1.1	289.58	289.84	99.91
1.3	256.91	258.43	99.41
2.3	177.10	184.82	95.82
3.0	153.06	162.93	93.94
4.0	133.68	143.56	93.12

图 10.2 显示了召回成本因子 β^L 对合约 L 中收益共享比率的影响。β^L 的增加，意味着批发价格的增加，制造商的收益共享比率 ϕ 减少，这与传统的收益共享合约是一致的。与无产品召回的供应链相比，召回成本因子与收益共享比率的关系是非单调的，表现为先增大后减小。

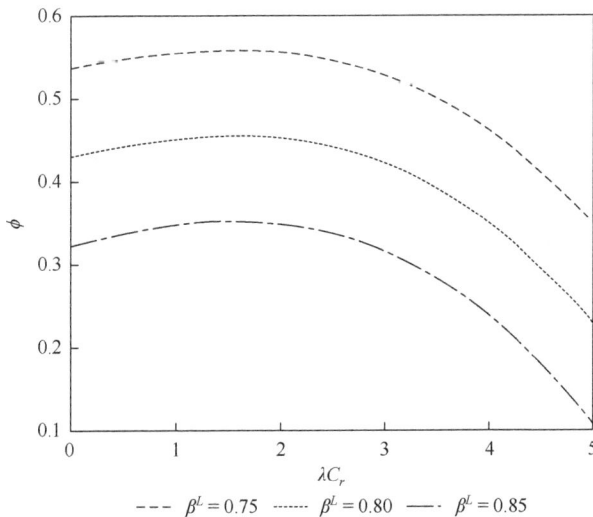

图 10.2 合约 L 下 λC_r 和 β^L 对收入分享率 ϕ 的影响

$\mu = 100$，$a = 20$，$p = 20$，$c = 10$，$s = 3$，$k_s = 500$，$k_m = 450$

10.4.4 收益共享与阈值召回成本分担合约（T）下协调性分析

在本节中，我们综合固定比例成本分担机制和线性召回成本分担机制，设计了合约 T。考虑合约 (ϕ, w, ρ, T)，当发生产品召回事件时，如果总召回成本超过阈值 T，则供应商和制造商根据线性分担机制分配召回成本，若总召回成本超过 T，则超过部分双方根据固定比例分担机制进行分配。供应商和制造商的目标函数分别如下：

$$\max_{\eta_s} \Pi_s = (w-c)q + \phi pq - \left(\frac{1}{2} + \frac{\eta_m - \eta_s}{2}\right)\min(T, \lambda C_r(2 - \eta_s - \eta_m)S(q))$$
$$- \rho(\lambda C_r(2 - \eta_s - \eta_m)S(q) - T)^+ - \frac{k_s\eta_s^2}{2}$$

s.t. $\qquad\qquad 0 \leqslant \eta_s \leqslant 1$

（10.22）

$$\max_{\eta_m, q} \Pi_m = (1-\phi)pq - wq - \left(\frac{1}{2} + \frac{\eta_s - \eta_m}{2}\right)\min(T, \lambda C_r(2 - \eta_s - \eta_m)S(q))$$
$$- (1-\rho)(\lambda C_r(2 - \eta_s - \eta_m)S(q) - T)^+ - L(q) - \frac{k_m\eta_m^2}{2}$$

s.t. $\qquad\qquad 0 \leqslant \eta_m \leqslant 1$
$$\lambda C_r(2 - \eta_s - \eta_m)S(q) \geqslant T$$

（10.23）

其中，$\left(\frac{1}{2} + \frac{\eta_m - \eta_s}{2}\right)\min(T, \lambda C_r(2 - \eta_s - \eta_m)S(q))$ 为阈值 T 以内供应商承担的召回成本，$\rho(\lambda C_r(2 - \eta_s - \eta_m)S(q) - T)^+$ 为召回成本超出阈值 T 部分中供应商承担的召回成本，其余部分则由制造商承担。特别地，当总召回成本小于阈值时，合约 T 退化为合约 L，所以本节我们讨论召回成本较大的情形：$\lambda C_r(2 - \eta_s - \eta_m)S(q) \leqslant T$。

定理 10.6 采取合约 T 时，当 k_s 和 k_m 足够大时，$\dfrac{1}{k_s} + \dfrac{1}{k_m} \leqslant \dfrac{2 - \dfrac{T}{\lambda C_r}}{\dfrac{T}{2} + \lambda C_r S(q)}$ ，存在

唯一最优解 $(\eta_s^{*T}, \eta_m^{*T}, q^{*T})$ 最大化供应商和制造商的利润，其中 $\eta_s^{*T} = \dfrac{\dfrac{T}{2} + \rho\lambda C_r S(q^{*T})}{k_s}$ ，

$\eta_m^{*T} = \dfrac{\dfrac{T}{2} + (1-\rho)\lambda C_r S(q^{*T})}{k_m}$ ，最优订货量满足 $q^{*T} = F^{-1}\left(1 - (p+w)\left(p + s + \right.\right.$

$$\frac{\rho\lambda C_r\left[(1-\rho)\lambda C_r S(q^{*T})-\dfrac{T}{2}\right]}{k_s}-(1-\rho)\lambda C_r\left(2-\frac{\dfrac{T}{2}+\rho\lambda C_r S(q^{*T})}{k_s}-\frac{\dfrac{T}{2}+(1-\rho)\lambda C_r S(q^{*T})}{k_m}\right)\right)^{-1}\right).$$

证明　同样按照逆向推导法求解，我们首先优化供应商的召回努力水平。对式（10.22）分别求关于 η_s 的一阶和二阶偏导得 $\dfrac{\partial\Pi_s(\eta_s)}{\partial\eta_s}=\dfrac{T}{2}+\rho\lambda C_r S(q)-k_s\eta_s$，

$\dfrac{\partial^2\Pi_s(\eta_s)}{\partial\eta_s^2}=-k_s<0$。因此，供应商利润函数 $\Pi_s(\eta_s)$ 是关于 η_s 的严格凹函数。由

一阶条件可得供应商的最优召回努力水平 $\eta_s^{*T}(q)=\dfrac{\dfrac{T}{2}+\rho\lambda C_r S(q)}{k_s}$。

然后，我们优化制造商的决策。将 $\eta_s^{*T}(q)$ 代入式（10.23），对制造商的利润函数分别求关于 η_m 和 q 的一阶偏导得 $\dfrac{\partial\Pi_m(\eta_m,q)}{\partial\eta_m}=\dfrac{T}{2}+(1-\rho)\lambda C_r S(q)-k_m\eta_m$，

$\dfrac{\partial\Pi_m(\eta_m,q)}{\partial q}=(1-\phi)p-w-T\dfrac{\partial\eta_s^{*T}(q)}{\partial q}-(1-\rho)\lambda C_r(2-\eta_s^{*T}(q)-\eta_m)S'(q)+(1-\rho)\lambda C_r S(q)$

$\dfrac{\partial\eta_s^{*T}(q)}{\partial q}-L'(q)$，其中，$\dfrac{\partial\eta_s^{*T}(q)}{\partial q}=\dfrac{\rho\lambda C_r S'(q)}{k_s}$。

方程组的海塞矩阵如下：

$$H=\begin{bmatrix}-k_m & (1-\rho)\lambda C_r S'(q)\\[2mm](1-\rho)\lambda C_r S'(q) & \dfrac{\partial^2\Pi_m(\eta_m,q)}{\partial q^2}\end{bmatrix}$$

其中，$\dfrac{\partial^2\Pi_m(\eta_m,q)}{\partial q^2}=-\dfrac{T\rho\lambda C_r S''(q)}{2k_s}+\dfrac{\rho(1-\rho)(\lambda C_r)^2(S'(q))^2}{k_s}-(1-\rho)\lambda C_r\left(2-\right.$

$\left.\dfrac{\dfrac{T}{2}+\rho\lambda C_r S(q)}{k_s}-\eta_m\right)S''(q)+\dfrac{\rho(1-\rho)(\lambda C_r)^2}{k_s}((S'(q))^2+S(q)S''(q))-L''(q)$。化简

该式可得 $\dfrac{\partial^2\Pi_m(\eta_m,q)}{\partial q^2}=\left(p+s-\dfrac{T\rho\lambda C_r}{2k_s}-(1-\rho)\lambda C_r\left(2-\dfrac{\dfrac{T}{2}+\rho\lambda C_r S(q)}{k_s}-\eta_m\right)+\right.$

$\left.\dfrac{\rho(1-\rho)(\lambda C_r)^2 S(q)}{k_s}\right)S''(q)+\dfrac{2\rho(1-\rho)(\lambda C_r)^2(S'(q))^2}{k_s}$。为保证方程组存在唯一最优解，

海塞矩阵需负定，即 $|H| = -k_m \dfrac{\partial^2 \Pi_m(\eta_m, q)}{\partial q^2} - ((1-\rho)\lambda C_r S'(q))^2 > 0$。求解该不等式可

得需求分布函数的广义失效率存在下界：$\dfrac{f(q)}{1-F(q)} > \dfrac{(1-\rho)(\lambda C_r)^2(1-\rho+2\rho k_m/k_s)}{k_m\left(p+s-\dfrac{T\rho\lambda C_r}{2k_s}-2(1-\rho)\lambda C_r\right)}$。

令 $\dfrac{\partial \Pi_m(\eta_m, q)}{\partial \eta_m}$ 和 $\dfrac{\partial \Pi_m(\eta_m, q)}{\partial q}$ 均等于 0，可分别求解出制造商的最优召回努力水平

$\eta_m^{*T}(q)$ 和最优订货量 q^{*T}。考虑到召回成本需足够大 $\lambda C_r(2-\eta_s-\eta_m)S(q) \leq T$，将

$\eta_s^{*T}(q)$ 和 $\eta_m^{*T}(q)$ 代入约束条件可得 $\lambda C_r S(q)\left(2-\dfrac{\dfrac{T}{2}+\rho\lambda C_r S(q)}{k_s}-\dfrac{\dfrac{T}{2}+(1-\rho)\lambda C_r S(q)}{k_m}\right) \geq T$，

化简该式可得 $\dfrac{1}{k_s}+\dfrac{1}{k_m} \leq \dfrac{2-\dfrac{T}{\lambda C_r}}{\dfrac{T}{2}+\lambda C_r S(q)}$。因此，采取合约 T 需保证供应商和制造商

的召回努力成本系数足够大，证毕。

定理 10.6 给出了阈值成本分担策略下收益共享合约的均衡解。为了检验合约 T 是否能够协调产品召回供应链，我们将合约 T 与集中式供应链的均衡解进行了比较，并进一步研究了合约 T 是否能够对供应链进行帕累托改进。为了简便，我们定

义 $w^T = (\beta^T - 1)p + \beta^T c$，$T^T = \dfrac{2\lambda C_r S(q^{*C})\left(\dfrac{1-\rho}{k_s}+\dfrac{\rho}{k_m}\right)}{\dfrac{1}{k_s}+\dfrac{1}{k_m}}$，$\rho^T = ((\lambda^2 C_r^2 (4k_m^2 k_s^2(k_m+k_s) +$

$(S(q^{*C})(c\beta^T - \rho(3-3\beta^T - 2\phi) - 2t\beta^T + 2t - w) + k_m + k_s) + \lambda^2 S(q^{*C})^2 C_r^2((10-8\beta^T)k_m^3 k_s +$
$(19-16\beta^T)k_m^2 k_s^2 + (10-8\beta^T)k_m k_s^3 + k_m^4 + k_s^4) - 4\lambda S(q^{*C})C_r k_m k_s(k_m+k_s)((5-4\beta^T)k_m k_s +$
$k_m^2 + k_s^2)))^{\frac{1}{2}} + 2\lambda C_r k_m k_s^2 + 2\lambda C_r k_m^2 k_s - \lambda^2 S(q^{*C})C_r^2 k_m k_s + \lambda^2(-S(q^{*C}))C_r^2 k_m^2 - \lambda^2 S(q^{*C})C_r^2 k_s^2)$
$(4\lambda^2 S(q^{*C})C_r^2 k_m k_s)^{-1}$。命题 10.4 陈述了比较结果。

命题 10.4　合约 T（$w=w^T$ 和 $\phi=\phi^T$）能够协调供应链。且当 $\beta^T \in \left[1, \dfrac{2p}{p+c}\right]$ 时

合约 T 可以帕累托改进供应链。

证明　首先比较订货量 q^{*T} 和 q^{*C}，引入变量 $\epsilon(\epsilon > 0)$，当订货量达到集中式供应链下最优水平时，我们有如下关系：

$$(1-\phi)p+s-w+\frac{\rho\lambda C_r\left((1-\rho)\lambda C_r S(q)-\dfrac{T}{2}\right)}{k_s}-(1-\rho)\lambda C_r\left(2-\frac{\dfrac{T}{2}+\rho\lambda C_r S(q)}{k_s}\right.$$

$$\left.-\frac{\dfrac{T}{2}+(1-\rho)\lambda C_r S(q)}{k_m}\right)=\epsilon\left(p+s-\lambda C_r\left(2-\frac{\lambda C_r S(q^{*C})}{k_s}-\frac{\lambda C_r S(q^{*C})}{k_m}\right)-c\right)$$

$$（10.24）$$

$$p+s+\frac{\rho\lambda C_r\left((1-\rho)\lambda C_r S(q)-\dfrac{T}{2}\right)}{k_s}-(1-\rho)\lambda C_r\left(2-\frac{\dfrac{T}{2}+\rho\lambda C_r S(q)}{k_s}-\frac{\dfrac{T}{2}+(1-\rho)\lambda C_r S(q)}{k_m}\right)$$

$$=\epsilon\left(p+s-\lambda C_r\left(2-\frac{\lambda C_r S(q^{*C})}{k_s}-\frac{\lambda C_r S(q^{*C})}{k_m}\right)\right)$$

$$（10.25）$$

然后，判断供应链总召回努力水平是否达到最优水平。合约 T 下，供应链最优召回努力水平为 $\eta_s^{*T}(q)+\eta_m^{*T}(q)=\dfrac{T}{2}\left(\dfrac{1}{k_s}+\dfrac{1}{k_m}\right)+\lambda C_r S(q)\left(\dfrac{\rho}{k_s}+\dfrac{1-\rho}{k_m}\right)$。令 $\eta_s^{*T}(q^{*C})+\eta_m^{*T}(q^{*C})=\eta_s^{*C}(q^{*C})+\eta_m^{*C}(q^{*C})$，可得

$$\eta_s^{*T}(q)+\eta_m^{*T}(q)=\frac{T}{2}\left(\frac{1}{k_s}+\frac{1}{k_m}\right)+\lambda C_r S(q^{*C})\left(\frac{\rho}{k_s}+\frac{1-\rho}{k_m}\right) \qquad（10.26）$$

$$\eta_s^{*C}(q^{*C})+\eta_m^{*C}(q^{*C})=\lambda C_r S(q^{*C})\left(\frac{1}{k_s}+\frac{1}{k_m}\right) \qquad（10.27）$$

联立方程组式（10.24）～式（10.27），同时求解可得供应链协调条件。

协调参数批发价满足 $w=\epsilon c-\phi p$。对于供应商，不妨令 $\epsilon=1$，$\phi=0$，即 $w=c$，则合约 T 下它的最优利润为 $\Pi_s^{*T}=-\left(\dfrac{1}{2}+\dfrac{\eta_m^{*C}-\eta_s^{*C}}{2}\right)T-\rho(\lambda C_r(2-\eta_s^{*C}-\eta_m^{*C})$ $S(q^{*C})-T)-\dfrac{k_s\eta_s^{*C2}}{2}$。而在传统分散式供应链中，供应商最优利润为 $\Pi_s^{*D}=(w-c)$ $q-\dfrac{k_s\eta_s^2}{2}$。比较 Π_s^{*T} 和 Π_s^{*D} 可得 $\Pi_s^{*T}<0<\Pi_s^{*D}$。考虑到合约 T 下供应链的总利润比分散式供应链的更大，可得 $\Pi_m^{*T}-\Pi_m^{*D}>0$。

对于制造商，当 $\epsilon=\dfrac{p}{c}$，$\phi=0$，即 $w=p$ 时，则合约 T 下它的最优利润为

$$\Pi_m^{*T}=-\left(\frac{1}{2}+\frac{\eta_s^{*C}-\eta_m^{*C}}{2}\right)T-(1-\rho)(\lambda C_r(2-\eta_s^{*C}-\eta_m^{*C})S(q^{*C})-T)-L(q^{*C})-\frac{k_m\eta_m^{*C2}}{2}<0。$$

而在分散式供应链中，$\Pi_m^{*D} = pq^{*D} - \lambda C_r(2-\eta_m^{*D})S(q^{*D}) - wq^{*D} - L(q^{*D}) - \dfrac{k_m\eta_m^{*D2}}{2} >$

$pq^{*D} - \lambda C_r(2-\eta_m^{*D})S(q^{*D}) - pq^{*D} - L(q^{*D}) - \dfrac{k_m\eta_m^{*D2}}{2}$ 。比较 Π_m^{*T} 与 Π_m^{*D} ，可得

$\Pi_m^{*D} - \Pi_m^{*T} > 0$ 。考虑到合约 T 下供应链总利润高于分散式供应链，可得 $\Pi_s^{*T} - \Pi_s^{*D} > 0$ 。

综合上述讨论，我们可以得到 $\left(\Pi_s^{*T} - \Pi_s^{*D}\big|_{\epsilon=1}\right)\left(\Pi_s^{*T} - \Pi_s^{*D}\big|_{\epsilon=\frac{p}{c}}\right) < 0$ 和 $\left(\Pi_m^{*T} -\right.$

$\left.\Pi_m^{*D}\big|_{\epsilon=1}\right)\left(\Pi_m^{*T} - \Pi_m^{*D}\big|_{\epsilon=\frac{p}{c}}\right) < 0$ ，根据零点存在定理，存在 $\epsilon_1 \in \left(1, \dfrac{p}{c}\right)$ 使 $\Pi_s^{*T} = \Pi_s^{*D}$ 。

考虑到利润函数是连续的且 $\Pi_s^{*T} - \Pi_s^{*D}\big|_{\epsilon=\frac{p}{c}} > 0$ ，则存在 $\epsilon \in \left(\epsilon_1, \dfrac{p}{c}\right)$ 使得 $\Pi_s^{*T} >$

Π_s^{*D} 。对制造商的利润同样如此，存在 $\epsilon \in (1, \epsilon_2)$ 使得 $\Pi_m^{*T} > \Pi_m^{*D}$ 。当 $\epsilon = \epsilon_1$ 时，

$\Pi_m^{*T} > \Pi_m^{*D}$ ，当 $\epsilon = \epsilon_2$ 时，$\Pi_s^{*T} > \Pi_s^{*D}$ ，则 $\epsilon_2 > \epsilon_1$ 。因此，合约 T 下，存在

$\epsilon\left(1 < \epsilon_1 < \epsilon < \epsilon_2 < \dfrac{p}{c}\right)$ 使得合约 T 能同时改善供应商与制造商的利润，证毕。

命题 10.4 表明，合约 T 可以协调供应链。由于线性成本分担政策会过度激励供应商进行召回努力，引入召回成本阈值，可以控制这种过度激励效应，从而解释为什么合约 T 能够协调产品召回供应链。

图 10.3（a）显示了召回成本因子 λC_r 和批发价格因子 β^T 对合约 T 下的最优成本分摊率 ρ 的影响。最优成本分摊率 ρ 随 λC_r 的变化是非单调的。当召回成本因子足够小时，供应商承担超过 T 的所有额外召回成本，然后随着 λC_r 的增加，最优成本分摊率 ρ 先减小后增大。这可以解释为固定比率成本分担策略在供应商召回努力的过度激励效应中的调节作用。当召回成本很小时，要求高成本分担率，以促使供应商降低召回努力。图 10.3（b）显示了 λC_r 和 β^T 对召回成本阈值 T 的影响。随着 λC_r 或 β^T 的增加，召回成本阈值 T 增加，这与直观感觉一致。

10.4.5　不同合约下最优策略对比

在本节，我们对比了上文讨论的四种合约及传统供应链下的最优决策，包括最优订货量与最优召回努力水平。

命题 10.5　与集中式供应链相比，采取合约 R、合约 F、合约 L 和合约 T 时，制造商都能实现最优订货量，而关于最优召回努力水平的大小关系分别如下。

（1）合约 F 下，供应商的召回努力水平关系为 $\eta_s^{*R} < \eta_s^{*F} < \eta_s^{*C}$ ，制造商的召回努力水平关系为 $\eta_m^{*F} < \eta_m^{*R} \leqslant \eta_m^{*C}$ 。而对于供应链的总召回努力水平，当 $k_m > k_s$ 时，$\eta_s^{*C} + \eta_m^{*C} > \eta_s^{*F} + \eta_m^{*F} > \eta_s^{*R} + \eta_m^{*R}$ ，否则，$\eta_s^{*C} + \eta_m^{*C} > \eta_s^{*R} + \eta_m^{*R} \geqslant \eta_s^{*F} + \eta_m^{*F}$ 。

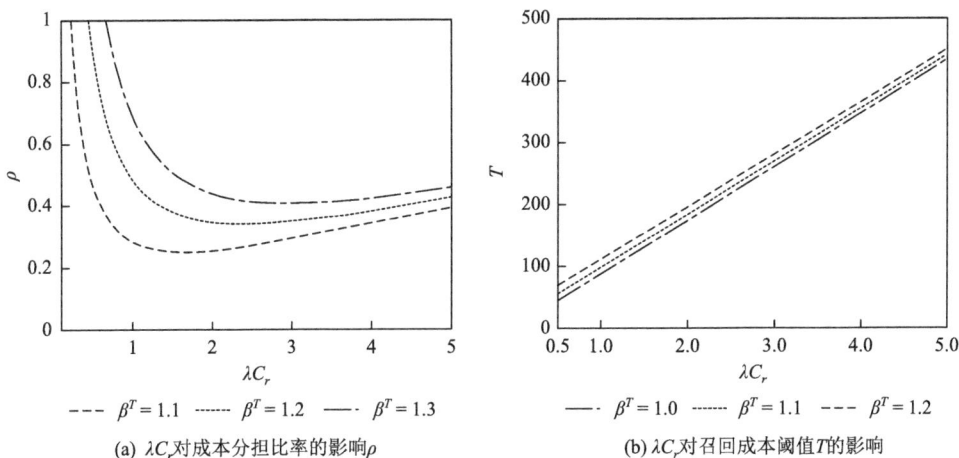

图 10.3　λC_r 对合约 T 下参数的影响

$\mu = 100$，$a = 20$，$p = 20$，$c = 10$，$s = 1$，$\lambda C_r = 3$，$k_s = 1000$，$k_m = 950$

（2）合约 L 下，供应商和制造商的召回努力水平大小关系分别为：当 $k_s > 2\lambda C_r S(q^{*C})$ 时，$\eta_s^{*L} > \eta_s^{*C}$，否则，$\eta_s^{*L} \leqslant \eta_s^{*C}$。当 $k_m > 2\lambda C_r S(q^{*C})$ 时，$\eta_m^{*L} > \eta_m^{*C}$ 否则，$\eta_m^{*L} \leqslant \eta_m^{*C}$。而对于供应链的总召回努力水平，当 $k_s, k_m > 2\lambda C_r S(q^{*C})$ 时，$\eta_s^{*L} + \eta_m^{*L} > \eta_s^{*C} + \eta_m^{*C}$，否则，$\eta_s^{*L} + \eta_m^{*L} \leqslant \eta_s^{*C} + \eta_m^{*C}$。

（3）合约 T 下，供应商与制造商都能实现最优召回努力水平，$\eta_s^{*T} + \eta_m^{*T} = \eta_s^{*C} + \eta_m^{*C}$。

证明　（1）根据定理 10.4 和定理 10.3，合约 F 与合约 R 下供应商与制造商的最优召回努力水平分别为 $\eta_s^{*F} = \dfrac{\rho \lambda C_r S(q^{*F})}{k_s}$，$\eta_m^{*F} = \dfrac{(1-\rho)\lambda C_r S(q^{*F})}{k_m}$ 和 $\eta_s^{*R} = 0$，

$\eta_m^{*R} = \dfrac{\lambda C_r S(q^{*R})}{k_m}$。当订货量取得最优时，经比较可得 $\eta_m^{*F} < \eta_m^{*R} \leqslant \eta_m^{*C}$。供应链的召

回努力水平分别为 $\eta_s^{*F} + \eta_m^{*F} = \lambda C_r S(q^{*F}) \left(\dfrac{\rho}{k_s} + \dfrac{1-\rho}{k_m} \right)$，$\eta_s^{*R} + \eta_m^{*R} = \dfrac{\lambda C_r S(q^{*R})}{k_m}$，而集

中式供应链下最优召回努力水平为 $\eta_s^{*C} + \eta_m^{*C} = \lambda C_r S(q^{*C}) \left(\dfrac{1}{k_s} + \dfrac{1}{k_m} \right)$。令 $q^{*F} = q^{*R} =$

q^{*C}，当 $\eta_s^{*F} + \eta_m^{*F} = \eta_s^{*R} + \eta_m^{*R}$ 时，即 $\lambda C_r S(q^{*F}) \left(\dfrac{\rho}{k_s} + \dfrac{1-\rho}{k_m} \right) = \dfrac{\lambda C_r S(q^{*R})}{k_m}$，解得 $k_m = k_s$。

当 $k_m > k_s$ 时，$\lambda C_r S(q^{*F}) \left(\dfrac{\rho}{k_s} + \dfrac{1-\rho}{k_m} \right) > \dfrac{\lambda C_r S(q^{*R})}{k_m}$，当 $k_m < k_s$ 时，$\lambda C_r S(q^{*F})$

$$\left(\frac{\rho}{k_s}+\frac{1-\rho}{k_m}\right)<\frac{\lambda C_r S(q^{*R})}{k_m}。$$

（2）根据定理 10.5，$\eta_s^{*L}=\dfrac{3\lambda C_r S(q^{*L})}{2(k_s+\lambda C_r S(q^{*L}))}$，$\eta_m^{*L}=\dfrac{3\lambda C_r S(q^{*L})}{2(k_m+\lambda C_r S(q^{*L}))}$。令 $q^{*L}=q^{*C}$，当 $\eta_s^{*L}>\eta_s^{*C}$，$\eta_m^{*L}>\eta_m^{*C}$ 时，分别解得 $k_s>2\lambda C_r S(q^{*C})$ 和 $k_m>2\lambda C_r S(q^{*C})$。同理，我们可以比较供应链的召回努力水平。

（3）根据定理 10.6，合约 T 可以协调供应链，则 $\eta_s^{*T}+\eta_m^{*T}=\eta_s^{*C}+\eta_m^{*C}$ 且 $q^{*T}=q^{*C}$。

由于收益共享合约通过降低批发价激励制造商增加订货量，因此合约 F、合约 L 和合约 T 下订货量都能达到集中式供应链下最优水平。不同合约下召回努力水平的大小关系与努力成本系数有关。合约 F 提高了供应商的召回努力水平而降低了制造商的召回努力水平，与合约 R 相比，供应链的召回努力水平主要取决于供应商，当 k_m 大于 k_s 时，供应商的努力成本系数较低，因而有更大的动机进行召回努力并提高整个供应链的召回努力水平，否则，供应商进行召回努力会增加整个供应链的成本，合约 F 的召回成本分担机制反而会增加产品的召回概率。

此外，合约 L 可能会过度激励供应商和制造商采取召回努力。当努力成本系数较大时，供应商和制造商会权衡努力成本和产品的召回成本再决策努力水平，但是在合约 L 下，双方都会增加努力水平从而减少分担的召回成本，尽管这会使它们的利润下降。因此，合约 L 有利于降低产品的召回概率。而合约 T 包含了合约 F 的固定比例成本分担机制和合约 L 的线性成本分担机制，能够协调供应链。全部决策比较见表 10.3。

表 10.3　不同合约下供应链决策比较

情形	η_s^{*}	η_m^{*}	$\eta_s^{*}+\eta_m^{*}$	q^{*}
集中式供应链	η_s^{*C}	η_m^{*C}	$\eta_s^{*C}+\eta_m^{*C}$	q^{*C}
分散式供应链	0	$\eta_m^{*D}<\eta_m^{*C}$	$\eta_s^{*D}+\eta_m^{*D}<\eta_s^{*R}+\eta_m^{*R}$	$q^{*D}<q^{*R}$
合约 R	0	$\eta_m^{*R}>\eta_m^{*D}$	$\eta_s^{*R}+\eta_m^{*R}>\eta_s^{*D}+\eta_m^{*D}$	$q^{*R}=q^{*C}$
合约 F	$\eta_s^{*F}>\eta_s^{*R}$	$\eta_m^{*F}<\eta_m^{*R}$	当 $k_m>k_s$，$\eta_s^{*F}+\eta_m^{*F}>\eta_s^{*R}+\eta_m^{*R}$	$q^{*F}=q^{*C}$
合约 L	当 $k_s>2\lambda C_r S(q^{*C})$，$\eta_s^{*L}>\eta_s^{*C}$	当 $k_m>2\lambda C_r S(q^{*C})$，$\eta_m^{*L}>\eta_m^{*C}$	当 $k_s,k_m>2\lambda C_r S(q^{*C})$，$\eta_s^{*L}+\eta_m^{*L}>\eta_s^{*C}+\eta_m^{*C}$	$q^{*L}=q^{*C}$
合约 T	$\eta_s^{*T}=\eta_s^{*C}$	$\eta_m^{*T}=\eta_m^{*C}$	$\eta_s^{*T}+\eta_m^{*T}=\eta_s^{*C}+\eta_m^{*C}$	$q^{*T}=q^{*C}$

10.4.6　数值分析

为了验证上述结果,我们对参数的临界值进行了灵敏度分析数值实验。为了进一步探讨合约设计的管理意义,我们讨论了合约设计对盈利能力、召回努力和召回概率的影响。此外,我们还研究了产品召回和需求不确定性对供应链运作的影响。为简单起见,我们将预期需求标准化为 100。根据我们对汽车行业的调查,月需求的变化系数约为 12%,因此,遵循 $[\mu - a, \mu + a]$ 均匀分布的需求将在预期需求的 20% 左右变化,即 $a = 20$。

1）合约设计对盈利能力的影响

在本节中,我们将重点讨论合约选择对供应链成员盈利能力的影响。由于合约 T 可以协调产品召回供应链,因此在下面的分析中,我们将合约 T 视为集中式供应链。图 10.4 给出了各种合约下的最优供应链利润。我们发现,最优供应链利润随着召回成本因子的增加而减少,并且与使用批发合约的分散式供应链相比,所有四种合约都有可能改善供应链的绩效。另外,供应链利润从合约 T、合约 L、合约 F 到合约 R 递减。当召回努力系数较小时,合约 L 几乎可以协调供应链。这为在产品召回成本不太显著的行业中使用合约 L 提供了理论支撑。此外,随着召回努力系数的增加,合约之间的差距增大。根据命题 10.2,利用合约 F,我们可以计算出当 $\rho = 0.49$ 时,供应链利润最大,这说明了固定成本分担在汽车行业得到了广泛的应用,如通用汽车公司采用固定比例召回成本分担合约。

图 10.5 比较了供应商和制造商在不同合约下的利润。随着召回成本因子的增加,两者的利润都会直观地减少。与仅采用批发合约的分散式供应链相比,合约 T 可以提高供应商和制造商的利润,合约 L 和 F 相较于合约 R 更能提高供应商和制造商的利润,这表明召回成本分担有利于供应链的绩效。从供应商的角度来看,除了合约 T 总是比较有利外,其他合约只有在召回成本因子低于一个临界值时才能提高供应商的利润。这说明当召回成本因子足够大时,供应商的召回成本转移效应将占主导地位。当召回成本因子较小时,供应商偏好合约 L,反之,则偏好合约 T。然而,从制造商的角度来看,只有当召回成本因子足够大时,具有成本分担的收益共享合约才更能提高制造商的利润。随着召回成本因子的增加,改进的幅度也随之增加。当召回成本较低时,制造商倾向于合约 T,反之,制造商倾向于合约 F。这解释了为何固定费率成本分担合约会在汽车制造企业主导供应链的行业中得到广泛应用。

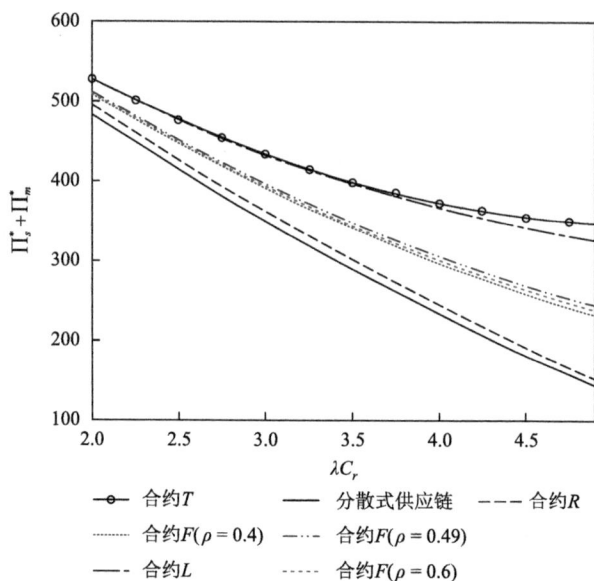

图 10.4 供应链利润比较

$p=22$，$w=15$，$c=10$，$s=1$，$k_s=1000$，$k_m=950$

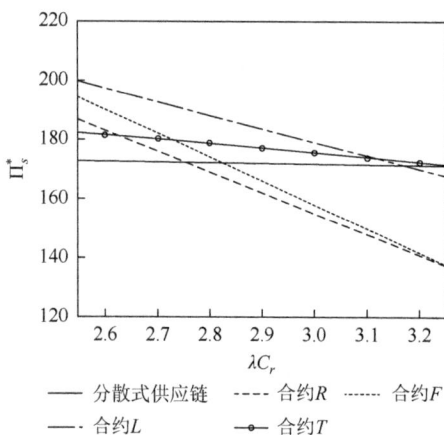

(a) 供应商利润比较

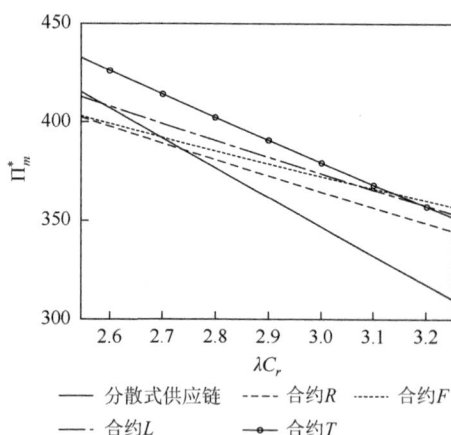

(b) 制造商利润比较

图 10.5 供应链成员利润比较

$p=22$，$w=15$，$c=10$，$s=1$，$k_s=1000$，$k_m=950$

2）批发价格因素对盈利能力的影响

在本节中，我们重点讨论批发价格因子对供应链成员在各种合约下的盈利能力的影响。表 10.4 显示了合约 F、合约 L 和合约 T 对提高供应链成员利润的影响，并以批发合约为基准。它表明当批发价格因子增大时，在合约 T 下，供应商的增量利润增加，制造商的增量利润减少；而在合约 F 和 L 下，供应商的增量利润减少，制造商的增量利润增加。这意味着只有当批发价格足够小（大）时，供应商才愿意接受合约 F 或合约 L（合约 T）。但是，只有当批发价格足够大（小）时，制造商才愿意提供合约 F 或合约 L（合约 T）。特别的是，当合约 T 的批发价格因子为 1.25 左右，合约 F 的批发价格因子为 0.55 左右，合约 L 的批发价格因子为 0.60 左右时，收益共享与成本共享能够帕累托改进供应链，验证了命题 10.2～命题 10.4 的结果。

表 10.4　批发价格因子对以分散式供应链为基准的利润增量的影响

β^i	合约 F		合约 L		合约 T	
	供应商	制造商	供应商	制造商	供应商	制造商
0.20	266.95	−251.29	292.05	−254.99	−2026.54	2065.93
0.40	121.26	−105.60	146.36	−109.29	−1630.74	1670.13
0.50	48.41	−32.75	73.51	−36.44	−1433.19	1472.58
0.55	11.98	3.67	37.09	−0.02	−1334.52	1373.91
0.60	−24.44	40.09	0.66	36.40	−1235.93	1275.32
0.65	−60.86	76.52	−35.76	72.83	−1137.42	1176.81
0.70	−97.29	112.94	−72.18	109.25	−1039.01	1078.40
0.80	−170.13	185.79	−145.03	182.10	−842.51	881.90
1.00	−315.83	331.48	−290.73	327.79	−451.32	490.71
1.20	−461.52	477.18	−436.42	473.49	−64.60	103.99
1.25	−497.95	513.60	−472.84	509.91	30.58	8.81
1.30	−534.37	550.03	−509.27	546.33	124.40	−85.01
1.35	−570.79	586.45	−545.69	582.76	215.01	−175.62
1.40	−607.22	622.87	−582.12	619.18	300.79	−261.40
1.60	−752.91	768.57	−727.81	764.88	705.63	−666.24

注：$p = 22$，$c = 10$，$s = 3$，$\lambda C_r = 3$，$k_s = 1000$，$k_m = 950$

3）合约设计对召回努力的影响

在本节中，我们分析了合约设计对最优召回努力和召回概率的影响。图 10.6 显示了不同合约下召回努力的比较。可以看出，随着召回成本因子的增加，双方都需要付出更多的召回努力来降低召回成本。合约 L 过度激励供应商和制造商做出召回努力，而此时的召回努力大于协调的召回努力。然而，合约 F 不足以激励供应商和制造商做出协调的召回努力。此外，图 10.7 显示了不同合约下召回概率的比较。我们发现，随着召回成本因子的增加，召回概率降低，这与直观感觉是一致的。此外，均衡召回概率按如下合约顺序依次增大：合约 L、合约 T、合约 F、合约 R。这意味着合约 L 有可能适用于产品召回可能带来严重后果或公共卫生问题的行业，如食品和药品行业。

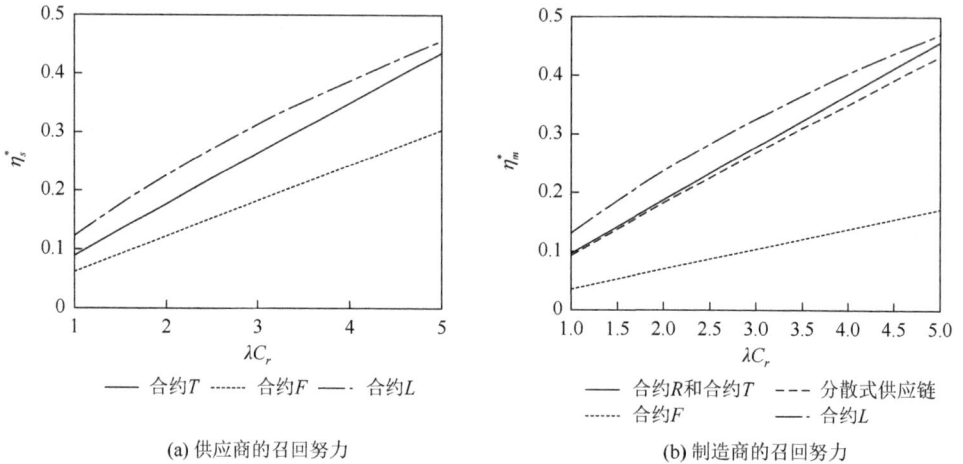

(a) 供应商的召回努力   (b) 制造商的召回努力

图 10.6 供应链成员召回努力的比较研究

$p=22$ ， $w=15$ ， $c=10$ ， $s=1$ ， $k_s=1000$ ， $k_m=950$

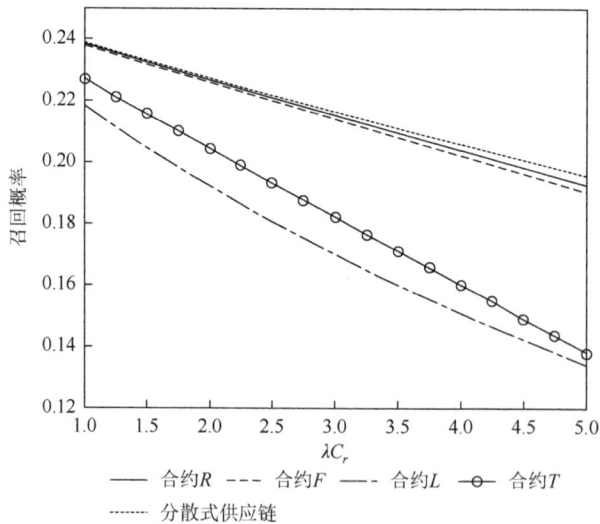

图 10.7 召回概率比较

$\lambda=0.25$ ， $p=22$ ， $w=15$ ， $c=10$ ， $s=1$ ， $k_s=1000$ ， $k_m=95$

4）产品召回与需求不确定性对供应链运作的影响

在本节中，我们研究了产品召回和需求不确定性对合约 T 下供应链运作的影响。表 10.5 显示了召回成本因子和需求不确定性对均衡的交互作用。可以看出，召回成本因子和需求不确定性对均衡订货量和均衡召回努力的交互作用分别是互补的和替代的。这可以解释为需求的不确定性导致制造商下少量订单，从而降低了供应链召回成本。随着需求不确定性的增加，产品召回努力的增量随产品召回成本因子的增大而减小，这表明需求不确定性会减轻产品召回对产品召回努力激励的影响。这为不同需求不确定性行业的召回努力选择提供了启示，需求不确定性高会导致低的均衡召回努力水平以及高的召回概率。

表 10.5　合约 T 下召回成本因子和需求不确定性对均衡解的影响

a	$\lambda C_r = 1$			$\lambda C_r = 3$		
	η_s^{*T}	η_m^{*T}	q^{*T}	η_s^{*T}	η_m^{*T}	q^{*T}
5	0.098	0.103	97.920	0.291	0.307	97.523
10	0.095	0.100	95.839	0.283	0.298	95.027
15	0.093	0.097	93.756	0.275	0.289	92.513
20	0.090	0.095	91.672	0.266	0.280	89.981
25	0.088	0.092	89.586	0.258	0.271	87.430
30	0.085	0.089	87.498	0.249	0.262	84.859

注：$p=22$，$w=15$，$c=10$，$s=3$，$k_s=1000$，$k_m=950$

表 10.6 给出了产品召回和需求不确定性对合约 T 参数的交互作用。直观地说，随着产品召回成本因子的增加，合约 T 中的召回成本阈值增加，但由于需求不确定性会降低均衡订货量和总召回成本，因此需求不确定性会降低阈值差异。有趣的是，我们发现当召回成本和需求不确定性都接近零时，合约 T 中供应商的成本分担率接近 0.5。这是因为线性成本分担会过度激励供应商进行召回努力，因此小于 0.5 的固定比例分担可以缓解过度激励效应，以协调召回努力。随着产品召回成本的增加，供应商的成本分担率将显著降低，需求不确定性将放大降低的幅度。这意味着，汽车行业广泛采用的等成本分担策略只有在召回成本因子较小时才接近最优。

表 10.6　产品召回和需求不确定性对合约 T 参数的影响

a	$\lambda C_r = 1$		$\lambda C_r = 3$	
	T	ρ	T	ρ
1	99.265	0.471	296.019	0.370
5	96.917	0.469	287.996	0.364

续表

a	$\lambda C_r = 1$		$\lambda C_r = 3$	
	T	ρ	T	ρ
10	93.980	0.467	277.913	0.356
15	91.042	0.464	267.769	0.348
20	88.103	0.462	257.562	0.341
25	85.162	0.460	247.291	0.333
30	82.221	0.457	236.956	0.325

注：$p = 22$，$c = 10$，$s = 3$，$k_s = 1000$，$k_m = 950$，$\beta^T = 1.21$.

10.5 本 章 小 结

在本章中，我们研究了不确定市场需求下一条包含单个供应商和单个制造商的召回供应链。制造商向供应商采购原材料并生产产品销售给消费者。产品的召回概率与供应商和制造商都有关且双方可以采取召回努力来降低召回概率。传统制造商通常承担了所有的召回风险而供应商没有动机进行召回努力，这导致制造商只能减少订货量并给整条供应链的绩效带来负面影响。因此，我们通过组合收益共享合约和成本分担合约设计了三种复合合约，分别是收益共享与固定比例召回成本分担合约、收益共享与线性召回成本分担合约，以及收益共享与阈值召回成本分担合约。我们的研究显示合约 T 能够使订货量和召回努力水平达到最优水平并协调供应链。特别地，当双方的努力成本系数相同时，合约 L 也能够实现供应链协调。我们还给出了不同合约下的最优策略。我们发现，收益共享合约只能使订货量达到集中式供应链下最优水平而不能改善供应商的召回努力水平。但是，召回成本分担机制能够激励双方采取召回努力。不仅如此，比较显示，合约 F 强化了供应商的努力动机而削弱了制造商的努力动机，合约 L 会过度激励供应商和制造商采取高于集中式供应链下最优水平的召回努力。最后，我们进行了一些数值分析来验证我们的结论。

我们的研究给管理实践带来了一些启示。首先，合约 F 有着施行简单、改善效果明显的特点，相较于单纯的收益共享合约，其在实际中具有更广泛的应用价值，这是由于合约 F 不仅降低了制造商面对的召回风险，还降低了它的召回努力成本，合约 F 对制造商更加有利。其次，一方面，合约 L 虽然有利于提高供应链的召回努力水平，但对供应商和制造商的召回努力行为有过度激励的效果，甚至使供应链的召回努力水平超过了集中式供应链下的最优水平，同时也会导致供应链成员在召回努力上付出额外的成本；另一方面，当降低产品的召回概率优先级较高时，特别是对于医药食品行业，企业可能被要求不计成本地降低召回概率，此时合约 L 就更有应用价值。最后，合约 T 是固定比例分担机制和线性成本分担机制的混合合约，供应链的领导者能够根据实际供应链成员的实力灵活调整阈值的大小来影响两种分担机制的作用范围，从而最大化自己的利润。

产品召回涉及的因素有很多，关于控制产品召回带来的损失的相关研究也十分丰富。鉴于时间和能力有限，本章还存在许多不足之处，未来的研究方向还可以从以下方面展开。首先，我们考虑市场信息是对称的，供应链成员的成本结构都是公开透明的，这显然是不符合实际情况的，未来可以从信息不对称的角度进行研究；其次，我们考虑的供应链结构比较简单，当制造商面对多个供应商或者一个供应商向多个相互竞争的制造商供货时，成员之间的召回努力决策和定价决策也是值得关注的；最后，召回努力实施的方式各异，但我们没有在模型的层面上进行区分，在未来的研究中可以考虑。

第11章　总结与展望

　　本书针对存在产品召回风险的召回供应链，从供应链追溯能力视角研究供应链追溯能力与价格的联合优化、产品召回努力决策及合约设计。在全球供应链环境下，随着供应链的复杂性和全球化程度的提高，近年来，在汽车、电子产品、食品、医药、玩具、家具等各个行业，由于原材料供应、运输、生产、存储等供应链环节出现污染或者瑕疵，产品召回事件频频发生。这不仅给企业带来了巨大的产品更换、修复等召回成本损失，同时也严重影响了企业的信誉、品牌和市场价值，以及消费者对政府在产品安全监管方面的信心，甚至危害到社会公共安全。这促使企业在传统供应链运营管理决策的基础上，不可回避地要考虑产品召回因素，因此，面向产品召回风险的召回供应链管理已经成为供应链管理的一个重要议题。而产品召回的损失取决于产品召回事件的概率及每次召回的产品的数量，目前，供应链追溯是降低产品召回经济损失最有前景的方式之一。因此，从供应链追溯能力视角研究召回供应链管理理论能够提高供应链成员应对产品召回问题的能力，降低召回事件发生的概率及召回造成的损失，优化企业的资源配置，使企业创造竞争优势。

　　首先，本书研究产品召回供应链中追溯能力与价格的优化。在内生定价下供应链追溯能力和价格的联合优化方面，本书从组合数学视角提出了一个召回成本计量模型，在集中式供应链和分散式供应链中对追溯能力及价格进行联合优化，并进一步探究了追溯能力与供应链决策之间的交互关系。研究发现，存在唯一的追溯能力和零售、批发价格使得供应链的利润最大化。最优追溯策略的选择受到的影响因素包括单位追溯能力、单位召回成本比率及质量检测标准。当成本比率较大或者较小时，追溯能力的改善会扩大或者缓解双重边际效应。本书还研究了不同召回策略下供应商追溯能力与定价策略。在一个零售价格内生的产品召回供应链中，联合优化供应商的追溯能力和价格，研究追溯能力与供应链决策，以及单位追溯成本、单位召回成本、制造商质量检测水平如何对供应商追溯能力、价格和利润产生影响。研究结果表明，在制造商召回的背景下，存在唯一的供应商最优追溯能力及零售、批发价格使得供应链的利润最大化，同时，单位召回成本、单位追溯成本或单位检测成本的增大，会导致最优零售价格和最优批发价格增大，而供应商的最优利润减小。除此之外，本书还研究了存在产品召回的竞争供应链中追溯能力与可靠性优化的交互作用。通过使用 Stackelberg 博弈模型来捕获两个制造商、两个零售商间的相互作用，考虑了制造商无追溯、单制造商追溯、双制造商追溯三种模式，研究制造商最优的产品可靠性努力和追溯努力策略，以及两个竞争制造商的均衡追溯模式。在不对称的市场需求的情景下，研究对制造商最优的产品可靠性努力及追溯努力策略的影响。分析发现，当追溯能力投资成本系数较低时，追溯能力可以完全替代产品可靠性；而当成本系数较高但可靠性投资成本系数较低时，追溯能力可以提高产品可靠性。投资追溯能力始终对制造商自身有利，当追溯能力投资成本系数足够大时，投资追溯能力还会使没有追溯的竞争者受益。投资了追溯能力的制造商的利润会随着追溯能力竞争强度的增加而增加。

其次，本书研究了召回努力决策。本书研究了同时考虑促销努力与生产努力的召回努力策略。通过构建一个供应商领导的 Stackelberg 模型，在三种不同的努力情况下，即仅考虑供应商和制造商的召回努力，同时考虑供应链召回努力和制造商的促销努力，以及同时考虑供应链召回努力和供应商的生产努力，决策供应链的最优努力策略。并且，研究初始期望单位召回成本、潜在市场规模、召回努力成本系数及生产努力成本系数对召回努力、制造商促销努力和供应商的生产努力的影响。最终，对比分析不同努力策略情形下供应链的最优策略。研究发现，只有当潜在市场规模足够大时，供应链才会有生产销售活动，且潜在市场规模越大，供应链两个主体的召回努力均越大。此外，供应链最优召回努力策略与潜在市场规模和初始期望单位召回成本有关。制造商和供应商的努力成本系数是供应链选择生产努力还是促销努力的决定因素。接着，本书研究了成本分担合约下的供应商可靠性召回努力策略。考虑由单个制造商与两个供应商组成的二级装配供应链，制造商设计召回成本分担方式以促进努力成本系数不同的两个供应商提升质量改进努力。研究发现，供应商间进行线性分担比进行固定比例分担更能刺激高努力成本系数供应商提升努力。并且，努力成本系数较大，阈值策略会保护供应商利润，当面临一些高成本投入的供应商时，采取阈值策略可以增加制造商自身利润，使供应联盟更加长久稳定。随后，本书研究了成本分担合约对供应商可靠性召回努力策略的影响，包括比例分担合约、线性分担合约及阈值分担合约几种情形下的最优供应商可靠性努力策略。在不同的潜在市场规模下，比较了不同合约下的供应商最优可靠性努力、最优的零售价格、供应链各成员及供应链总体的利润。研究发现，三种合约下最优供应商可靠性努力和最优利润的大小受潜在市场规模的大小的影响。而制造商和供应链的最优利润受到成本系数和潜在市场份额的影响。另外，本书研究了装配供应链在成本分担合约下的召回努力策略。在单个制造商与两个供应商组成的二级装配供应链中，制造商向两个供应商订购相同数量的零配件并进行加工。此外，本书研究了比例分担合约、线性分担合约下供应商最优的召回努力策略，对两种合约下的最优召回努力策略进行对比。研究发现，供应商倾向于采用固定比例合约，制造商更倾向于线性召回成本分担合约。线性召回成本分担合约更能激励供应商提升可靠性努力水平，两种合约在不同的召回成本下可以增加供应链的利润。

最后，本书在不确定需求下研究了召回供应链中的合约设计来改善供应链绩效或协调供应链。本书首先研究了召回供应链中的固定保险合约与订货决策。在由单供应商和单制造商组成的二级供应链中，研究供应链保险合约下的订货决策及实现供应链协调的最优保险合约决策，讨论产品召回概率、制造商承担损失的比例和保险合约对最优订货量的影响。研究发现，保险合约可以提高制造商的最优订货量来降低双重边际化效应。并且存在一个最优且唯一的保险合约来实现供应链协调。接着，本书研究了产品召回供应链中线性保险合约与订货决策。在线性保险合约的情形下，最优的订货决策与产品召回概率及线性保险系数相关，存在唯一的最优订货量最大化制造商的利润。并且最优的线性保险系数与线性保险合约的固定费用及产品召回概率有关。随后，本书研究了召回供应链合约设计来协调召回努力与数量。考虑由单个供应商和单个制造商组成的二级供应链，分别研究了收益共享合约、收益共享与固定比例召回成本分担合约、收益共享与线性召回成本分担合约，以及收益共享与阈值召回成本分担合约下制造商最优订货量和供应链各成员最优召回努力水平，并对四种合约及传统供应链下的最优决策进行对比。研究发现，收益共享与阈值召回成本分担合约及收益共享与线性召回成本分担合约下的最优订货量和最优召回努力水平可以协调供应链。

本书的主要创新点包括以下几点。

（1）在供应链追溯能力研究方面，现有文献大多是基于分散式来优化追溯能力，没有考虑追溯能力在降低召回成本和提高可追溯性方面的效益。更重要的是，其没有量化召回成本与追溯能力之间的关系，以及追溯能力优化和供应链决策之间的交互作用。因此，本书利用外部召回概率，采用组合理论建立了一个包含供应商和制造商追溯能力的显式召回成本模型，同时比较了两种不同模式下制造商的最优批量（最优追溯能力），以及对各个参数做了灵敏度分析，研究了追溯能力和供应链决策之间的相互作用，如问题参数对双重边际化效应的影响。

（2）供应链追溯能力作为用于识别诸多产品缺陷问题的主要手段之一，已成为供应链可见性能力的重要特征。供应链风险管理的相关文献大多数涉及的努力是审计、检验及质量改进，而本书主要考虑的是可靠性努力与可追溯性。此外，本书关注竞争性供应链背景下追溯能力与产品可靠性优化的相互作用，讨论了追溯能力竞争对供应链决策的具体影响机制，并进一步研究了竞争制造商的均衡追溯能力决策。研究具有产品召回的竞争性供应链中的最优产品可靠性和追溯能力，丰富了经典供应链风险管理方面的文献，展示了可追溯性如何与传统的产品可靠性及两个竞争制造商的追溯决策相互影响。在竞争性供应链中，除了产品差异化和渠道差异化的价格竞争外，还考虑了可追溯性差异化的竞争，证明了这种竞争不会影响两个竞争制造商的均衡努力决策结构。

（3）在召回努力策略的研究方面，大部分文献通过激励供应商或制造商提升召回努力来降低产品召回概率，很少在召回供应链中同时考虑销售或生产努力。而本书的市场需求与产品价格和努力水平有关。在此基础上，本书还分别考虑了制造商的促销努力和供应商的生产努力对供应链召回努力决策的影响。在线性市场需求下，考虑了内生的批发价格，研究了不同潜在市场规模和初始期望单位召回成本下供应链的最优召回努力策略；在供应链召回努力的基础上，同时优化了供应链召回努力策略、制造商的促销努力策略和供应商的生产努力，分别研究了促销努力及生产努力对供应链召回努力和召回概率的影响。从产品召回概率的角度分别研究了确定性市场和不确定性市场下供应链的召回努力策略，充实了召回努力策略的研究。

（4）考虑装配供应链的召回努力策略，大多数研究都集中在关于供应链成员之间质量改进的合约设计上，很少有作者在产品召回的背景下研究装配供应链中产品质量的提高。本书的创新之处在于，以提升不同成本系数供应商的可靠性努力为重点，考虑了供应商竞争和成本分担合约，依据供应链成员自身努力水平将召回成本在供应链各成员间进行分担，揭示合约设计与供应商努力及供应链利润的关系。通过考虑供应商层面的召回努力竞争，在由单制造商和双供应商组成的装配供应链中，研究了不同成本分担合约对供应商召回努力优化的影响机制。

（5）在传统的批发合约情形下，产品召回和不确定市场需求均会给制造商带来不确定的损失，这不仅仅给制造商的订货决策带来了挑战，更影响了整个供应链的绩效。目前大量文献主要集中于研究只考虑不确定市场需求下的订货决策，并发现通过风险共担模式的合约设计可以改善供应链的绩效。但是，基本上没有学者研究过同时考虑产品召回与不确定市场需求下的订货决策问题，特别是线性保险合约下的订货决策问题。而本书则是在同时考虑产品召回与不确定市场需求带来的双重不确定损失的情形下，研究了制造商的订货策略，以及制造商应该采取什么形式的供应链保险合约来改善自己及供应链的绩效，同时研究了供应链保险合约下的最优订货决策，以及保险合约对最优订货决策的影响机制。探索了不确定需求下召回供应链的最优保险合约决策，并研究了产品召回概率、市场需求大小与波动性对最优保险合约决策与最优订货决策的影响关系。

（6）成本分担合约被广泛运用于质量控制、产能投资、供应链中断等问题中，但很少有人在召回供应链背景下对其进行研究。因此，考虑到收益共享合约的局限性，本书在产品召回的背景下同时从收益共享和召回成本共享的角度设计供应链合约，结合了三种常用的成本分担机制：固定比例成本分担机制、线性成本分担机制和阈值成本分担机制对收益共享合约做出了改进，并对比分析了这三种合约的激励机制，充实了供应链合约设计理论。

　　产品召回事件的频发给企业造成了巨大经济损失，影响了公众的生命财产安全。产品召回逐渐受到学者和企业的重视。然而，已有的研究局限于确定性需求和单独优化召回问题，已渐渐不能满足企业和市场的实际需要。

　　在国内，有关于产品召回的研究还不是很多，产品召回还没有引起足够的重视。主要有两个原因：其一，企业管理者对问题的重要性认识不足，导致这方面研究的迟滞；其二，研究和实践之间的脱节，导致许多研究者没有认识到企业的实际需求。因此，除理论研究外，以后的研究更要关注研究成果的实际应用，本书中的研究成果在制造业等领域得到了较好的应用。希望今后将该研究成果扩展到更多有益于社会发展的领域，如食品、药品等行业。总之，以后的研究方向应该针对不断出现的新兴实践问题，结合实际行业情况研究召回供应链管理理论。

参 考 文 献

代建生. 2018. 风险厌恶销售商促销下供应商的退货政策. 管理工程学报, 32（1）：1-8.

戴宾, 蔡莎莎, 张永喆. 2021. 基于成本分担合约的装配供应链召回努力策略研究. https://kns.cnki.net/kcms/detail/31.1738.t.20210107.1730.024.html[2021-11-19].

戴宾, 陈诗淼, 李建斌. 2020. 考虑促销努力与生产努力的供应链召回努力策略研究. 运筹与管理, 29（6）：19-32.

戴宾, 苏洋洋. 2017. 考虑产品召回的供应链保险合约与订货决策. 系统工程, 35（10）：123-130.

戴宾, 苏洋洋, 李建斌. 2020. 产品召回供应链中线性保险合约与订货决策. 管理工程学报, 34（2）：145-155.

丁焕, 人和. 2008. 良心行业不能承受之痛!——三聚氰胺问题奶粉事件. 食品工业科技, （10）：18, 20, 22.

董雪. 2010. 有机蔬菜质量控制及可追溯体系研究综述. 吉林农业科学, 35（3）：51-56.

房磊. 2013. 强生频繁召回产品引关注. 国际品牌观察, （7）：13.

冯永琴, 刘红喜, 曾凌云, 等. 2015. 消费品安全法与我国产品安全相关法律的关系研究. 标准科学, （5）：6-11.

刚号, 唐小我. 2014. 基于制造商"努力"的供应链最优策略选择. 中国管理科学, 22（4）：36-41.

龚强, 陈丰. 2012. 供应链可追溯性对食品安全和上下游企业利润的影响. 南开经济研究, （6）：30-48.

顾巧论, 高铁杠, 石连栓. 2005. 基于博弈论的逆向供应链定价策略分析. 系统工程理论与实践, 25（3）：20-25.

何必. 2007. 美泰事件：凸显中国玩具品牌短板. 中国质量万里行, （10）：56-57.

胡本勇, 曲佳莉. 2015. 基于双重努力因素的供应链销量担保期权模型. 管理工程学报, 29（1）：74-81, 113.

胡军, 张镓, 芮明杰. 2013. 线性需求条件下考虑质量控制的供应链协调契约模型. 系统工程理论与实践, 33（3）：601-609.

琚磊. 2015. 软法、硬法视角下的产品召回制度研究. 北京：中国政法大学出版社.

林晶, 王健. 2016. LR-型模糊需求下供应链的质量控制与成本分担. 控制与决策, 31（4）：678-684.

林凌. 2009. 我国食品安全可追溯体系研究. 标准科学, （4）：55-60.

刘学勇, 熊中楷, 熊榆. 2012. 线性需求下的产品召回成本分担和质量激励. 系统工程理论与实践, 32（7）：1400-1407.

鲁其辉, 朱道立. 2009. 质量与价格竞争供应链的均衡与协调策略研究. 管理科学学报, 12（3）：56-64.

孟卫东, 代建生, 熊维勤, 等. 2013. 基于纳什谈判的供应商-销售商联合促销线性合约设计. 系统工程理论与实践, 33（4）：870-877.

庞庆华. 2010. 收益共享契约下三级供应链应对突发事件的协调研究. 中国管理科学, 18 (4): 101-106.

庞庆华, 蒋晖, 侯岳铭, 等. 2013. 需求受努力因素影响的供应链收益共享契约模型. 系统管理学报, 22 (3): 371-378.

钱建平, 刘学馨, 杨信廷, 等. 2014. 可追溯系统的追溯粒度评价指标体系构建. 农业工程学报, 30 (1): 98-104.

石岿然, 盛昭瀚, 马胡杰. 2014. 双边不确定性条件下制造商质量投资与零售商销售努力决策. 中国管理科学, 22 (1): 37-44.

苏洋洋. 2018. 产品召回环境下供应链保险合约与订货策略研究. 武汉: 武汉大学.

王丽梅, 姚忠, 刘鲁. 2009. 电子市场下供应链协调研究进展. 系统工程, (3): 1-9.

魏光兴, 覃燕红. 2010. 激励合约线性结构的行为合约理论解释. 管理科学, 23 (1): 75-80.

肖迪, 潘可文. 2012. 基于收益共享契约的供应链质量控制与协调机制. 中国管理科学, 20 (4): 67-73.

解慧慧, 廖貅武, 陈刚. 2012. 引入保险机制的 IT 外包合同设计及分析. 系统工程学报, 27 (3): 302-310.

杨明义, 许茂增. 2007. 供应链合同研究综述. 重庆交通大学学报 (社会科学版), (1): 62-65.

张汉江, 甘兴. 2015. 供应链协调的最优销售价格激励契约设计. 系统工程, 33 (2): 100-104.

张学庆. 2019. 长生生物退市倒计时. 理财周刊, (3): 40-41.

赵晓光, 等. 2008. 欧美产品召回制度. 北京: 清华大学出版社.

周端继, 秦进. 2016. 基于供应链成员风险态度的保险契约研究. 中国科学技术大学学报, 46 (11): 954-962.

Agrawal N, Nahmias S. 1997. Rationalization of the supplier base in the presence of yield uncertainty. Production and Operations Management, 6 (3): 291-308.

Aiello G, Enea M, Muriana C. 2015. The expected value of the traceability information. European Journal of Operational Research, 244: 176-186.

Akkerman R, Farahani P, Grunow M. 2010. Quality, safety and sustainability in food distribution: a review of quantitative operations management approaches and challenges. OR Spectrum, 32 (4): 863-904.

Aljazeera. 2015. US firm recalls children's drugs. http://www.aljazeera.com/news/americas/2010/05/2010518535960539.html[2022-03-16].

Appelhanz S, Osburg V S, Toporowski W, et al. 2016. Traceability system for capturing, processing and providing consumer-relevant information about wood products: system solution and its economic feasibility. Journal of Cleaner Production, 110: 132-148.

Baiman S, Fischer P E, Rajan M V. 2000. Information, contracting, and quality costs. Management Science, 46 (6): 776-789.

Baiman S, Fischer P E, Rajan M V. 2001. Performance measurement and design in supply chains. Management Science, 47 (1): 173-188.

Baker J, Steiner J. 2015. Blockchain: the solution for transparency in product. https://www.provenance. org/whitepaper[2022-03-16].

Bala R, Bhardwaj P, Chintagunta P K. 2017. Pharmaceutical product recalls: category effects and competitor response. Marketing Science，36（6）：813-1017.

Balachandran K R，Radhakrishnan S. 2005. Quality implications of warranties in a supply chain. Management Science，51（8）：1266-1277.

Ball G P，Shah R，Wowak K D. 2018. Product competition，managerial discretion，and manufacturing recalls in the U.S. pharmaceutical industry. Journal of Operations Management，58：59-72.

Banker R D，Khosla I，Sinha K K. 1988. Quality and competition. Management Science，44（9）：1179-1192.

Barber B M，Darrough M N. 1996. Product reliability and firm value: the experience of American and Japanese automakers，1973-1992. Journal of Political Economy，104（5）：1084-1099.

Berman B. 1999. Planning for the inevitable product recall. Business Horizons，42：69-78.

Bernstein F，DeCroix G A. 2006. Inventory policies in a decentralized assembly system. Operations Research，54（2）：324-336.

Bernstein F，Federgruen A. 2005. Decentralized supply chains with competing retailers under demand uncertainty. Management Science，51（1）：18-29.

Bernstein F，Kök A G，Meca A. 2015. Cooperation in assembly systems: The role of knowledge sharing networks. European Journal of Operational Research，240（1）：160-171.

Bollen A F，Riden C P，Cox N R. 2007. Agricultural supply system traceability，Part I: Role of packing procedures and effects of fruit mixing. Biosystems Engineering，98（4）：391-400.

Bose A，Pal D，Sappington D E M. 2011. On the performance of linear contracts. Journal of Economics & Management Strategy，20（1）：159-193.

Brown D P，Sappington D E M. 2019. Employing cost sharing to motivate the efficient implementation of distributed energy resources. Energy Economics，81：974-1001.

Cachon G P，Lariviere M A. 2005. Supply chain coordination with revenue-sharing contracts: strengths and limitations. Management Science，51（1）：30-44.

Carr S M，Karmarkar U S. 2005. Competition in multiechelon assembly supply chains. Management Science，51（1）：45-59.

Cebeci Z，Erdogan Y，Alemdar T，et al. 2009. Development of an ICT-based traceability system in compound feed industry. https://www.researchgate.net/publication/267990572_DEVELOPMENT_ OF_AN_ICT-BASED_TRACEABILITY_SYSTEM_IN_COMPOUND_FEED_INDUSTRY [2022-06-16].

Chao G H，Iravani S M R，Savaskan R C. 2009. Quality improvement incentives and product recall cost sharing contracts. Management Science，55（7）：1122-1138.

Chen C. 2001. Design for the environment: a quality-based model for green product development. Management Science，47（2）：250-263.

Chen L，Lee H L. 2017. Sourcing under supplier responsibility risk: the effects of certification，audit，and contingency payment. Management Science，63（9）：2795-2812.

Choi S C. 1996. Price competition in a duopoly common retailer channel. Journal of Retailing，72（2）：117-134.

Corbett C J，Montes-Sancho M J，Kirsch D A. 2005. The financial impact of ISO 9000 certification in the United States: an empirical analysis. Management Science，51（7）：1046-1059.

Cui Y, Hu M, Liu J. 2019. Values of traceability in supply chains. https://papers.ssrn.com/sol3/papers.cfm?abstract_id=3291661[2021-12-15].

Dabbene F, Gay P. 2011. Food traceability systems: performance evaluation and optimization. Computers and Electronics in Agriculture, 75: 139-146.

Dai B, Nu Y, Xie X, et al. 2021. Interactions of traceability and reliability optimization in a competitive supply chain with product recall. European Journal of Operational Research, 290 (1): 116-131.

Dai H Y, Ge L, Zhou W H. 2015a. A design method for supply chain traceability systems with aligned interests. International Journal of Production Economics, 170: 14-24.

Dai H Y, Tseng M M, Zipkin P H. 2015b. Design of traceability systems for product recall. International Journal of Production Research, 53 (2): 511-531.

Dai J B, Fan L, Lee N K S, et al. 2017. Joint optimisation of tracking capability and price in a supply chain with endogenous pricing. International Journal of Production Research, 55 (18): 5465-5484.

Dessureault S. 2006. An assessment of the business value of traceability in the Canadian diary processing industry. Guelph: University of Guelph.

Dong L X, Tang S Y, Tomlin B. 2018. Production chain disruptions: inventory, preparedness, and insurance. Production and Operations Management, 27 (7): 1251-1270.

Dong L X, Tomlin B. 2012. Managing disruption risk: the interplay between operations and insurance. Management Science, 58 (10): 1898-1915.

Dupuy C, Botta-Genoulaz V, Guinet A. 2005. Batch dispersion model to optimise traceability in food industry. Journal of Food Engineering, 70: 333-339.

Echazu L, Frascatore M. 2012. Supply chain quality, mandatory insurance, and recall risk. International Journal of Business and Economics, 11 (1): 1-11.

Evans S B. 2010. Menus of linear contracts in procurement with type dependent reservation utility. Hobart: University of Tasmania.

Fan T J, Tao F, Deng S, et al. 2015. Impact of RFID technology on supply chain decisions with inventory inaccuracies. International Journal of Production Economics, 159: 117-125.

Freedman S, Kearney M, Lederman M. 2012. Product recalls, imperfect information, and spillover effects: lessons from the consumer response to the 2007 toy recalls. Review of Economics and Statistics, 94 (2): 499-516.

Fritz M, Schiefer G. 2009. Tracking, tracing, and business process interests in food commodities: a multi-level decision complexity. International Journal of Production Economics, 117: 317-329.

Gallup A M, Newport F. 2008. The Gallup Poll Cumulative Index: Public Opinion, 1998-2007. Plymouth: Rowman & Littlefield Publishers, Inc.

Gandino F, Montrucchio B, Rebaudengo M, et al. 2009. On improving automation by integrating RFID in the traceability management of the agri-food sector. IEEE Transactions on Industrial Electronics, 56 (7): 2357-2365.

Gaukler G M, Özer Ö, Hausman W H. 2008. Order progress information: improved dynamic emergency ordering policies. Production and Operations Management, 17 (6): 599-613.

Gerchak Y, Wang Y Z. 2004. Revenue-sharing vs. wholesale-price contracts in assembly systems with random demand. Production and Operations Management, 13 (1): 23-33.

Ghosh D, Shah J. 2015. Supply chain analysis under green sensitive consumer demand and cost sharing contract. International Journal of Production Economics, 164: 319-329.

Gianforti A. 2010. Illinois firm recalls imported beef products due to potential animal drug contaminant.https://www.fsis.usda.gov/recalls-alerts.Illinois-firm-recalls-imported-beef-products-due-to-potential-animal-drug-contaminant[2022-03-16].

Golan E H, Krissoff B, Kuchler F, et al. 2004. Traceability in the US food supply: economic theory and industry studies. Agricultural Economic Report Number 830.

Guo L. 2009. Quality disclosure formats in a distribution channel. Management Science, 55 (9): 1513-1526.

Gurnani H, Erkoc M. 2008. Supply contracts in manufacturer-retailer interactions with manufacturer-quality and retailer effort-induced demand. Naval Research Logistics (NRL), 55 (3): 200-217.

Gurnani H, Gerchak Y. 2007. Coordination in decentralized assembly systems with uncertain component yields. European Journal of Operational Research, 176 (3): 1559-1576.

Handfield R B, Krause D R, Scannell T V, et al. 2000. Avoid the pitfalls in supplier development. Sloan Management Review, 41 (2): 37-49.

Heese H S, Swaminathan J M. 2006. Product line design with component commonality and cost-reduction effort. Manufacturing & Service Operations Management, 8 (2): 206-219.

Hora M, Bapuji H, Roth A V. 2011. Safety hazard and time to recall: the role of recall strategy, product defect type, and supply chain player in the U.S. toy industry. Journal of Operations Management, 29: 766-777.

Hsiao L, Chen Y J 2014. Return policy: hassle-free or your money-back guarantee? Naval Research Logistics (NRL), 61 (5): 403-417.

Hu B, Kostamis D. 2015. Managing supply disruptions when sourcing from reliable and unreliable suppliers. Production and Operations Management, 24 (5): 808-820.

Huang G Q, Qu T, Zhang Y F, et al. 2012. RFID-enabled product-service system for automotive part and accessory manufacturing alliances. International Journal of Production Research, 50 (14): 3821-3840.

Huang H H, Shiu Y M, Wang C P. 2013a. Optimal insurance contract with stochastic background wealth. Scandinavian Actuarial Journal, (2): 119-139.

Huang J, Leng M M, Parlar M. 2013b. Demand functions in decision modeling: a comprehensive survey and research directions. Decision Sciences, 44 (3): 557-609.

Iyer A V, Schwarz L B, Zenios S A. 2005. A principal-agent model for product specification and production. Management Science, 51 (1): 106-119.

Jarrell G, Peltzman S. 1985. The impact of product recalls on the wealth of sellers. Journal of Political Economy, 93 (3): 467-473.

Jiang B J, Yang B C. 2019. Quality and pricing decisions in a market with consumer information sharing. Management Science, 65 (1): 272-285.

Kalaignanam K, Kushwaha T, Eilert M. 2013. The impact of product recalls on future product reliability and future accidents: evidence from the automobile industry. Journal of Marketing, 77 (2): 41-57.

Karlsen K M, Donnelly K A M, Olsen P. 2011. Granularity and its importance for traceability in a farmed salmon supply chain. Journal of Food Engineering, 102 (1): 1-8.

Karlsen K M, Dreyer B, Olsen P, et al. 2012. Granularity and its role in implementation of seafood traceability. Journal of Food Engineering, 112 (1/2): 78-85.

Kim H M, Fox M S, Grüninger M. 1999. An ontology for quality management—enabling quality problem identification and tracing. BT Technology Journal, 17 (4): 131-140.

Kim S H, Cohen M A, Netessine S. 2007. Performance contracting in after-sales service supply chains. Management Science, 53 (12): 1843-1858.

Kim S H, Netessine S. 2013. Collaborative cost reduction and component procurement under information asymmetry. Management Science, 59 (1): 189-206.

Kisiel R. 2007. Honda and Toyota: early role for suppliers can control costs. Automotive News, 81 (6251): 70.

Klotz D E, Chatterjee K. 1995. Dual sourcing in repeated procurement competitions. Management Science, 41 (8): 1317-1327.

Krishnan H, Kapuscinski R, Butz D A. 2004. Coordinating contracts for decentralized supply chains with retailer promotional effort. Management Science, 50 (1): 48-63.

Kumar S, Schmitz S. 2011. Managing recalls in a consumer product supply chain-root cause analysis and measures to mitigate risks. International Journal of Production Research, 49: 235-253.

Lee D, Park J. 2008. RFID-based traceability in the supply chain. Industrial Management & Data Systems, 108 (6): 713-725.

Lewis T R, Yildirim H. 2002. Managing dynamic competition. American Economic Review, 92 (4): 779-797.

Li C H. 2013. Sourcing for supplier effort and competition: design of the supply base and pricing mechanism. Management Science, 59 (6): 1389-1406 .

Li C H, Debo L G. 2009a. Second sourcing vs. sole sourcing with capacity investment and asymmetric information. Manufacturing & Service Operations Management, 11 (3): 448-470.

Li C H, Debo L G. 2009b. Strategic dynamic sourcing from competing suppliers with transferable capacity investment. Naval Research Logistics (NRL), 56 (6): 540-562.

Lim W S. 2001. Producer-supplier contracts with incomplete information. Management Science, 47 (5): 709-715.

Lin Z B, Cai C, Xu B G. 2010. Supply chain coordination with insurance contract. European Journal of Operational Research, 205: 339-345.

Lindley B. 2007. Trade-off between cost of traceability within a small and large commercial meat plant and economic benefits of reducing the number of recalls and size of recalls. Ames: Iowa State University.

Liu G W, Sethi S P, Zhang J X. 2016. Myopic vs. far-sighted behaviours in a revenue-sharing supply chain with reference quality effects. International Journal of Production Research, 54 (5): 1334-1357.

Liu S H, Zheng H G, Meng H, et al. 2009. Study on full supply chain quality and safety traceability systems for cereal and oilproducts. Computer and Computing Technologies in Agriculture II, 3: 2265-2273.

Loader R, Hobbs J E. 1999. Strategic responses to food safety legislation. Food Policy, 24: 685-706.

Lodree E L, Taskin S. 2008. An insurance risk management framework for disaster relief and supply chain disruption inventory planning. Journal of the Operational Research Society, 59: 674-684.

Ma P, Wang H Y, Shang J. 2013. Supply chain channel strategies with quality and marketing effort-dependent demand. International Journal of Production Economics, 144 (2): 572-581.

Marsh T L, Schroeder T C, Mintert J. 2004. Impacts of meat product recalls on consumer demand in the USA. Applied Economics, 36 (9): 897-909.

Marucheck A, Greis N, Mena C, et al. 2011. Product safety and security in the global supply chain: Issues, challenges and research opportunities. Journal of Operations Management, 29: 707-720.

Memon M S, Lee Y H, Mari S I. 2015. Analysis of traceability optimization and shareholder's profit for efficient supply chain operation under product recall crisis. https://downloads.hindawi.com/journals/mpe/2015/896239.pdf[2021-12-15].

Moothy K S. 1988. Product and price competition in a duopoly. Marketing Science, 7 (2): 141-168.

Ngai E W T, Cheng T C E, Lai K H, et al. 2007. Development of an RFID-based traceability system: experiences and lessons learned from an aircraft engineering company. Production and Operations Management, 16 (5): 554-568.

Nguyen Q V. 2004. Traceability System of Fish Products: Legislation to Implementation in Selected Countries. https://www.grocentre.is/static/gro/publication/120/document/van04prf.pdf[2022-06-30].

Nishantha G G D, Wanniarachchige M K, Jehan S N. 2010. A pragmatic approach to traceability in food supply chains. https://www.icact.org/upload/2010/0192/20100192_finalpaper.pdf[2022-06-16].

Padmanabhan V, Png I P L. 2004. Reply to "do returns policies intensify retail competition?". Marketing Science, 23 (4): 614-618.

Petruzzi N C, Dada M. 1999. Pricing and the newsvendor problem: a review with extensions. Operations Research, 47 (2): 183-194.

Piramuthu S, Farahani P, Grunow M. 2013. RFID-generated traceability for contaminated product recall in perishable food supply networks. European Journal of Operational Research, 225 (2): 253-262.

Plambeck E L, Taylor T A. 2006. Partnership in a dynamic production system with unobservable actions and noncontractible output. Management Science, 52 (10): 1509-1527.

Pouliot S. 2008. Traceability and food safety: liability, reputation, and willingness to pay. Davis: University of California, Davis.

Pouliot S, Sumner D A. 2013. Traceability, recalls, industry reputation and product safety. European Review of Agricultural Economics, 40 (1): 121-142.

Resende-Filho M A, Hurley T M. 2012. Information asymmetry and traceability incentives for food safety. International Journal of Production Economics, 139 (2): 596-603.

Reuters. 2016. Why Toyota is recalling 5.8 million cars worldwide. https://fortune.com/2016/10/26/toyota-recall-takata-airbag-cars[2021-12-15].

Reyniers D J, Tapiero C S. 1995a. Contract design and the control of quality in a conflictual environment. European Journal of Operational Research, 82 (2): 373-382.

Reyniers D J, Tapiero C S. 1995b. The delivery and control of quality in supplier-producer contracts. Management Science, 41 (10): 1581-1589.

Riordan M H. 1996. Contracting with qualified suppliers. International Economic Review, 37: 115-128.

Roels G, Karmarkar U S, Carr S. 2010. Contracting for collaborative services. Management Science, 56 (5): 849-863.

Rong A Y, Akkerman R, Grunow M. 2011. An optimization approach for managing fresh food quality throughout the supply chain. International Journal of Production Economics, 131 (1): 421-429.

Rosenblum P. 2014. Walmart's out of stock problem: only half the story?. https://www.forbes.com/sites/paularosenblum/2014/04/15/walmarts-out-of-stock-problem-only-half-the-story[2021-12-11].

Roth A V, Tsay A A, Pullman M E, et al. 2008. Unraveling the food supply chain: strategic insights from China and the 2007 recalls. The Journal of Supply Chain Management, 44 (1): 22-39.

Ruiz-Garcia L, Steinberger G, Rothmund M. 2010. A model and prototype implementation for tracking and tracing agricultural batch products along the food chain. Food Control, 21 (2): 112-121.

Rupp N G. 2004. The attributes of a costly recall: evidence from the automotive industry. Review of Industrial Organization, 25 (1): 21-44.

Saak A E. 2016. Traceability and reputation in supply chains. International Journal of Production Economics, 177: 149-162.

Samsung. 2016. Samsung expands recall to all galaxy note7 devices. https://pages.samsung.com/us/note7/recall/index.jsp[2022-06-16].

Sanchanta M, Takahasi Y. 2010. Toyota's recall may top $5 billion. Wall Street Journal–Eastern Edition, 255 (56): B2.

Sarvary M, Padmanabhan V. 2001. The informational role of manufacturer returns policies: how they can help in learning the demand. Marketing Letters, 12 (4): 341-350.

Segura-Velandia D M, Kaur N, Whittow W G, et al. 2016. Towards industrial internet of things: Crankshaft monitoring, traceability and tracking using RFID. Robotics and Computer-Integrated Manufacturing, 41: 66-77.

Serpa J C, Krishnan H. 2017. The strategic role of business insurance. Management Science, 63 (2): 384-404.

Shah R, Ball G P, Netessine S. 2017. Plant operations and product recalls in the automotive industry: an empirical investigation. Management Science, 63 (8): 2439-2459.

Sherefkin R. 2002. Ford's recall challenge. Automotive News, 62 (5985): 8-9.

Shugan S M. 1985. Implicit understandings in channels of distribution. Management Science, 31 (4): 435-460.

Steven A B. 2015. Supply chain structure, product recalls, and firm performance: empirically investigating recall drivers and recall financial performance relationships. Decision Sciences, 46 (2): 477-483.

Su X M. 2009. Consumer returns policies and supply chain performance. Manufacturing & Service Operations Management, 11（4）: 595-612.

Sun S N, Wang X P. 2019. Promoting traceability for food supply chain with certification. Journal of Cleaner Production, 217: 658-665.

Tang C S, Yang S A, Wu J. 2018. Sourcing from suppliers with financial constraints and performance risk. Manufacturing & Service Operations Management, 20（1）: 70-84.

Tang S Y, Gurnani H, Gupta D. 2014. Managing disruptions in decentralized supply chains with endogenous supply process reliability. Production and Operations Management, 23（7）: 1198-1211.

Taylor T A. 2002. Supply chain coordination under channel rebates with sales effort effects. Management Science, 48（8）: 992-1007.

Taylor T A, Xiao W Q. 2009. Incentives for retailer forecasting: rebates vs. returns. Management Science, 55（10）: 1654-1669.

Terreri A. 2009. Preventing the next product recall. Food Logistics,（111）: 20-25.

Thakur M, Wang L Z, Hurburgh C R. 2010. A multi-objective optimization approach to balancing cost and traceability in bulk grain handling. Journal of Food Engineering, 101（2）: 193-200.

Thirumalai S, Sinha K K. 2011. Product recalls in the medical device industry: an empirical exploration of the sources and financial consequences. Management Science, 57（2）: 376-392.

Tirole J. 1998. The Theory of Industrial Organization. London: The MIT Press.

Tsay A A. 2001. Managing retail channel overstock: markdown money and return policies. Journal of Retailing, 77（4）: 457-492.

Tunca T I, Wu Q. 2009. Multiple sourcing and procurement process selection with bidding events. Management Science, 55（5）: 763-780.

van Mieghem J A, Dada M. 1999. Price versus production postponement: capacity and competition. Management Science, 45（12）: 1639-1649.

Wan Z X, Beil D R. 2009. RFQ auctions with supplier qualification screening. Operations Research, 57（4）: 934-949.

Wang D T C, Ochoa L F, Harrison G P. 2010. DG impact on investment deferral: Network planning and security of supply. IEEE Transactions on Power Systems, 25（2）: 1134-1141.

Wang W L, Luo J W. 2015. Optimal financial and ordering decisions of a firm with insurance contract. Technological and Economic Development of Economy, 21（2）: 257-279.

Wang X, Li D, O'Brien C. 2009. Optimisation of traceability and operations planning: an integrated model for perishable food production. International Journal of Production Research, 47（11）: 2865-2886.

Wang Y Z, Jiang L, Shen Z J. 2004. Channel performance under consignment contract with revenue sharing. Management Science, 50（1）: 34-47.

Wei S H. 2001. Producer-supplier contracts with incomplete information. Management Science, 47（5）: 709-715.

Xia Y S, Ramachandran K, Gurnani H. 2011. Sharing demand and supply risk in a supply chain. IIE Transactions, 43（6）: 451-469.

Xiao T, Qi X. 2008. Price competition, cost and demand disruptions and coordination of a supply chain with one manufacturer and two competing retailers. Omega, 36 (5): 741-753.

Xie X, Dai B, Du Y W, et al. 2021. Contract design in a supply chain with product recall and demand uncertainty. IEEE Transactions on Engineering Management, (99): 1-17.

Yan X H, Zhao H, Tang K. 2015. Requirement or promise? An analysis of the first-mover advantage in quality contracting. Production and Operations Management, 24 (6): 917-933.

Yang F, Shan F, Jin M. 2017. Capacity investment under cost sharing contracts. International Journal of Production Economics, 191: 278-285.

Yang H X, Chen W B. 2018. Retailer-driven carbon emission abatement with consumer environmental awareness and carbon tax: revenue-sharing versus cost-sharing. Omega, 78: 179-191.

Yao S Q, Zhu K J. 2020. Combating product label misconduct: the role of traceability and market inspection. European Journal of Operational Research, 282 (2): 559-568.

Zhang H, Zhang J, Shen P, et al. 2009. Modeling method of traceability system based on information flow in meat food supply chain. WSEAS Transactions on Information Science and Applications, 6 (7): 1094-1103.

Zhang Y H, Donohue K, Cui T H. 2016. Contract preferences and performance for the loss-averse supplier: buyback vs. revenue sharing. Management Science, 62 (6): 1734-1754.

Zhen X P, Li Y J, Cai G S, et al. 2016. Transportation disruption risk management: business interruption insurance and backup transportation. Transportation Research Part E: Logistics and Transportation Review, 90: 51-68.

Zhu K J, Zhang R Q, Tsung F. 2007. Pushing quality improvement along supply chains. Management Science, 53 (3): 421-436.

Zhu Q H, Sarkis J, Lai K H. 2007. Green supply chain management: pressures, practices and performance within the Chinese automobile industry. Journal of Cleaner Production, 15 (11/12): 1041-1052.

Zhu W G, He Y J. 2017. Green product design in supply chains under competition. European Journal of Operational Research, 258 (1): 165-180.